国家社科基金项目"城镇第一代独生子女父母的养老困境及解决机制研究"(编号 17BRK002)最终成果

国家社科基金丛书
GUOJIA SHEKE JIJIN CONGSHU

城镇第一代独生子女父母养老及困境解决机制研究

Elder Care for Parents of the First Generation of Single-child Families
in Urban China: Dilemma and Resolution

肖富群　著

人民出版社

前　　言

由于经济社会的现代化发展和计划生育政策的持续实施,我国的人口增长模式在短时间内就实现了由传统向现代的转型。计划生育政策下的第一代独生子女父母已经进入老年,成为老年人口的重要组成部分。子女数量的减少、家庭规模的小型化和家庭结构的简单化削弱了家庭的养老功能。频繁的人口流动使亲子之间在居住关系上比以往任何时候都更可能处于"分而又离"的状态。而且经济社会发展滞后于人口老龄化的速度,出现了"未富先老"局面。这些因素叠加在一起,使第一代独生子女父母的养老问题凸显了出来。

第一代独生子女父母的养老问题,自 1988 年开始就有学者关注。经历了长达 20 年的低水平徘徊,在 2008 年达到一个小高潮,在 2013 年则达到了迄今为止的最高峰。一方面,随着第一代独生子女父母年龄的增大,这一问题的关注度有所上升;另一方面,相对于庞大的独生子女父母人口以及养老问题本身的严峻性,对这一问题的研究又很不够。已有研究涉及养老风险、养老认知、养老意愿、养老方式、居住方式、子女支持、家庭代际结构以及"残独""失独"父母的养老等主题,侧重对经济条件、居住方式等客观内容的研究,少有关注生活照料、疾病护理、精神慰藉等过程性、精神性的养老内容。最关键的是,已有研究绝大多数是在第一代独生子女父母尚未进入老年阶段所做的预测性研究,因此对他们进入老年阶段之后的养老生活呈现出何种样态则知之甚少。

　　本研究基于"个体—结构"的分析视角,聚焦城镇第一代独生子女父母的养老问题,以城镇第一代独生子女父母为研究对象,以城镇同龄非独生子女父母为参照,采用定量的调查研究和定性的质性研究相结合的研究方法,从养老方式、养老自主性、自我养老、经济保障、居住安排、生活照料、疾病护理、人际互动、精神慰藉、精神健康等维度,描述与分析养老生活的现实样态,研究和剖析贫困、空巢、独居、疾病、失能等特殊情况下的养老困境,建构缓解养老困境的多元机制,得出如下结论:

　　第一,城镇第一代独生子女父母在养老依靠的选择上表现出明显的理性化特点。养老观念已经发生较大变化,养老意愿出现"去子女化"倾向,自身独立养老和依靠社会化养老的趋势明显。其养老意愿的选择,是对自身的独立养老能力、子女的赡养能力以及代际关系等因素进行综合考量之后做出的理性选择,其目的不仅在于自身福利,也包括子女福利在内的整个家庭福利的最大化。既不拘泥于"养儿防老"的传统观念,也不同于亲子之间的"利益交换"模式,而是倾向于"利他主义/合作群体"模式。

　　第二,城镇第一代独生子女父母的养老主动性处于较低水平,且与同龄非独生子女父母的养老主动性具有较强的趋同性。开始考虑养老事项和实施具体养老行动的时间节点靠后。仍有半数老年人存在"养儿防老"的观念。大部分老年人重视居住地附近的医疗条件和自己的老年生活安排。经济资源、健康资源是老年人首要积累的养老资源,但老年人"开始为自己购买商业保险"的主动性最弱。大部分老年人拥有社会医疗保险和稳定的养老金来源,能够在经济上实现"自主养老",独生子女父母并没有因为子女数量减少而提高养老主动性。影响两类父母之间养老自主性的因素既存在共性,又有差异性。独生子女父母的养老自主性受微观系统因素影响甚微,两类父母的养老自主性均受到中间系统因素和宏观系统因素不同程度的影响。

　　第三,城镇第一代独生子女父母在经济自养、生活自理与精神自足方面存在不平衡性。两类父母拥有较好的经济自养能力:凭借自身的经济收入基本可以满足自身的经济支出;独生子女父母的经济自养风险在于收入来源比较单一,个人养老金、离退休金占到70%以上。两类父母具有很高的生活自理性水平:在生活自理性指标上,两类父母除了外出购物、做家务、使用交通工具分别有11%左右、12%、16%左右需要他人帮助,做重活两类父母有超过30%的人需要他人帮助,其余各项活动需要他人帮助的比例不超过5%。两类父母在养老的精神自足性上各有千秋:两类父母最可能参加的活动是看电视、做家务、锻炼身体、交朋友、照顾孙辈,但独生子女父母更可能上网和旅游,参加社会活动的种类更多,在自我老化态度上更加消极一些,而非独生子女父母更可能看电视和照顾孙辈,社会活动参与水平更低,对未来更加充满信心,更不担心自己的老化。

第四,城镇第一代独生子女父母养老的经济条件较好,自立性较强。独生子女父母人均可支配收入远高于当地城市最低生活保障标准,接近当地城市居民人均可支配收入,有足够的经济收入满足其基本的生活需求。独生子女父母的收入主要来自养老保险金、离退休金、劳动工资收入以及企业年金,对外依赖程度低。两类父母在收入来源和支出结构上没有显著差异,但是独生子女父母得到子女的经济支持要明显少于非独生子女父母。两类父母家庭的财富流动方向相反:独生子女父母家庭为向下流动,亲子关系体现为父母抚养子女,非独生子女父母家庭为向上流动,亲子关系体现为子女赡养父母。60岁,即退休年龄,是两类父母家庭财富代际流动的关键时间节点:独生子女父母在60岁以后向下的代际经济支持逐渐减少,非独生子女父母家庭的财富代际流动方向会发生由向下到向上的转变。

第五,低生育率状态下精神养老资源不足初见端倪。独生子女父母幸福感源于子女的精神慰藉甚于经济支持。子代对亲代的经济支持,对独生子女父母的幸福感有显著的增强作用,而对同龄非独生子女父母的幸福感无显著影响。子女帮父母做家务的频率,对两类父母的幸福感均无显著影响。是否帮子女照料孙子女,与两类父母的幸福感无显著相关。但子女支持老年人意见的频率对两类父母的幸福感均存在显著的正向影响,对非独生子女父母幸福感的增益作用要强于独生子女父母。经济支持、精神慰藉与生活照料对幸福感的影响方向相反:子女支持老年父母意见的频率,对两类父母的幸福感呈显著正向影响;帮子女照顾孙代,对老年人幸福感有显著负向影响。两类父母在代际支持和幸福感方面差异较小。

第六,疾病护理是独生子女独居父母要面临的关键困境。综合分析老年人的居家生活护理、居家心理护理、住院生活护理和住院心理护理,发现城镇第一代独生子女独居父母的疾病护理在上述四个方面都存在困难:居家生活护理的困难表现为自我服务能力有限、家庭支持缺乏、社区服务设施不到位、自身行动受限、家庭支持的间断性、社区服务缺乏专业服务人才;居家心理护理的困难表现为采取消极的应对方式、分离的居住安排、社区服务多样化有待提高;住院生活护理的困难集中体现在日常基本生活护理方面,比如自我照顾能力不足、家庭照护负担重、“医养结合”难以实现;住院心理护理的困难表现在负面情绪难以纾解和价值感缺失这两个方面。解决城镇第一代独生子女独居父母疾病护理困境,需要构建社会、社区、家庭和独生子女父母之间“共担·互补·协调”的网络化支持机制,即责任共担、资源互补、运行协调。

第七,独生与非独生子女父母的精神养老存在一定差异。两类父母在心理健康水平和幸福感上不存在明显差异,都具有良好的社会适应性。两类父母在人际互动(互动对象、互动方式、互动频率)和活动参与(活动类型、活动参与度)方面也不存在明显的差异。但“独子化”生育对独生子女父母的精神赡养具有明显的负面影响:虽然两类父母在精神自养方面没有明显区别,但独生子女父母的精神赡养水平明显不如非独生子女父母。两类父母在精神养老的获得路径上存在差异:独生子女父母的幸福感主要受到是否患有疾病、受教育程度、经济收入自评、婚姻状况和社区设施硬件水平的影响较大,而非独生子女父母的幸福感主要受年龄、居住城市的影响较大;独生子女父母的活动参与度主要受性别、受教育程度和社区设施硬件水平的影响较大,而非独生子女父母的活动参与度主要受原工作单位性质、社区文化软件水平的影响较大。

第八,失能的城镇独生子女父母在精神慰藉上存在"钟摆难题"。城镇第一代独生子女父母在精神慰藉获取方面表现出以打发时间型等简单活动为主、人际互动意愿与质量下降、社会活动参与度不高、价值实现的方式和渠道少四个特点。本质上是因为独生子女家庭支持力度不足和失能独生子女父母精神慰藉外溢需求难以得到满足而形成的"钟摆难题":被迫接受低层次的兴趣爱好和自身机能受限;主动脱离关系网络和被动接受疏离关系;社区活动组织不力且信息缺乏,社会支持和资源缺乏以及自身失能状况的限制;家务劳动参与价值容易被忽视和低估与广泛性和便利性不足致使实现门槛高。解决以上难题,要遵循"一个核心、两个特殊、三个体系、四个主体"四个要点,形成"自助"与"他助"的精神慰藉运行体系。

第九,居住安排、是否独生子女父母与精神健康。两类父母的居住安排存在一定差异:独生子女父母与配偶居住、独自居住的比例要高于非独生子女父母,而非独生子女父母与配偶子女共同居住、与子女居住的比例高于独生子女父母。也就是说独生子女父母"空巢"而居的可能性明显大于非独生子女父母。独生子女父母居住的房间数量要少于非独生子女父母,非独生子女父母比独生子女父母更可能有自己独立的房间。两类父母在自来水、煤气/天然气、洗衣机等基本生活设施和用具上没有明显的差异,而且配备的比例都很高,但是非独生子女父母的住房在适老化设施配备上要高于独生子女父母所住的房间。居住安排与老年人的精神健康具有关联性:老人与配偶、子女居住或者与配偶子女共同住在一起,其幸福感会比较高,但如果离开了这三种对象,其幸福感会明显下降。有独立房间的老年人的幸福感明显要高,而没有独立房间的老年人的幸福感明显偏低。老人与配偶、子女居住或者与配偶子女共同居住在一起,其抑郁水平会比较低,而如果老人与其他人或者单独居住,其抑郁水平明显要高。影响两类父母精神健康的因素具有同质性:居住安排与两类父母的幸福感无显著相关性,是否患病、养老意愿、居住城市这三个变量是影响两类父母幸福感的共同因素,而年收入、年支出会单独影响独生子女父母的幸福感,民族变量会单独影响非独生子女父母的幸福感;居住安排与独生子女父母、非独生子女父母的抑郁水平无显著相关性,影响两类父母抑郁水平的因素是一致的:年收入、年支出、是否患病、养老意愿和居住城市。

第十,第一代独生子女父母的养老问题需要纳入政策议题。第一代独生子女父母通过执行计划生育政策,客观上对促进人口再生产的现代化转型、国民经济增长、性别平等与社会进步,缓解人口与资源环境的紧张关系做了重要贡献。通过对全国及各地的计划生育政策及其配套奖励扶助政策、独生子女父母退休后享受的奖励扶助政策以及养老政策的分析,发现针对独生子女父母的奖扶政策待遇水平低、定位单一,并未真正着眼于解决独生子女父母的养老问题,同时也缺乏精神慰藉、生活照料方面的支持政策。在加强整个养老体系建设的同时,需要将独生子女父母养老纳入政策框架,尤其是他们遇到贫困、灾变、空巢、独居、失能、失智、失独、丧偶等特殊情况的时候。一方面要努力营造尊老、敬老、老年人自我实现的社会文化氛围,从老年人、独生子女父母角度出台和执行相关法规政策。另一方面要建立各养老主体的协调与联动机制、养老资源筹集整合机制、养老方式的整合机制。

在第一代独生子女父母养老过程中,从个体(家庭)—结构(国家)关系视角、养老方式选择到家庭生命周期、家庭结构、居住安排、老年人口流动、资源代际流动、亲子关系等,这些理论视角和命题所涵盖的事实和逻辑是否会发生改变,或者在养老的事实和逻辑业已发生改变的情况下这些理论视角和命题是否得到检验和修正,这是本书要涉及或者要回应的理论旨趣。同时,本书也从养老方式、养老自主性、自我养老、经济保障、居住安排、生活照料、疾病护理、人际互动、精神慰藉、精神健康等维度,描述与分析养老生活的现实样态,研究和剖析贫困、空巢、独居、疾病、失能等特殊情况下的养老困境,从供养主体联动、养老资源筹集、养老方式整合、养老政策创新四个方面,建构独生子女父母养老困境的解决机制。

目　　录

绪　　论

一、研究的背景

（一）独生子女父母逐渐成为老年人口的主体

从 1980 年中共中央发布《关于控制我国人口增长问题致全体共产党员、共青团员的公开信》开始,以"提倡只生一个小孩"为核心的计划生育政策得以成形。这一政策随后写入 1982 年的宪法当中,直到 2016 年全面开放一对夫妇生育两个孩子的政策,独生子女生育政策才成为历史。我国严格的计划生育政策覆盖范围广,且持续了近 40 年,尤其是在城镇地区执行的还是最为严格的独生子女政策。在独生子女政策背景下,诞生了一大批独生子女,相应地也产生了规模更庞大的独生子女父母,成为了中国独特的社会人口现象。

近年来有多项研究对独生子女数量进行过测算,到 2016 年"全面二孩"政策实施、独生子女政策结束时,全国 0—44 岁的独生子女人口已有 1.7 亿左右。① 相应地,独生子女父母的数量达到了 3.4 亿左右。睢党臣等人依据国家统计局、中国产业经济信息网的相关预测数据进行计算,认为在 2020 年,独

---

① 风笑天:《"后独生子女时代"的独生子女问题》,《浙江学刊》2020 年第 5 期。

生子女父母数量可能达到 4 亿,超过总人口的四分之一。① 子女数量的大幅减少明显改变了独生子女父母的家庭结构和代际关系,在强调子女数量的传统孝道文化背景下,这些改变对独生子女父母的养老生活可能造成影响。

如今,第一批受计划生育政策约束的独生子女父母已经步入老年期,开始面临老年生活的现实。按照独生子女父母的生育年龄(25 岁左右)以及计划生育政策开始实行时间(1980 年前后)估算,第一代独生子女父母在 2015 年左右开始大幅度②、大规模地步入老年期,并将逐渐成为老年人口的主体。按照风笑天对第一代独生子女父母的界定,出生于 1948—1960 年的第一代独生子女父母 2022 年时大致在 62—74 岁。③ 本研究在 2019 年底开展的全国五个城市的独生子女父母养老状况的抽样调查也显示,城镇第一代独生子女父母的平均年龄为 62 岁,曾经为社会经济发展做出重要贡献的一批人已经成为老年人,开始面临着子女数量明显缩减后的养老生活现实。

上海市是全国老龄化水平比较突出的几个省市之一,其老龄研究中心 2011 年的研究预测,到 2013 年,上海市新增老龄人口中 80%以上为独生子女父母。④ 大批独生子女父母进入老年阶段是客观事实,除了面临老化带来的生理、心理以及社会关系的变化,子女的唯一性更是直接减少了他们可以从子女那里获取的经济、照料、陪伴等养老资源,削弱了家庭的养老功能。与多子女父母相比,独生子女父母对养老保障的需求更加强烈。⑤ 这使得独生子女

---

① 睢党臣、程旭、李丹阳:《积极应对人口老龄化与我国独生子女父母自我养老问题》,《陕西师范大学学报(哲学社会科学版)》2022 年第 2 期。

② 1979 年 25 岁年龄人口的出生年份大约为 1954 年,到 2015 年大致为 60 岁,在 2015 年左右第一代独生子女父母步入老年期。

③ 风笑天:《第一代独生子女父母的家庭结构:全国五大城市的调查分析》,《社会科学研究》2009 年第 2 期。

④ 上海财经大学人文学院经济与社会发展研究中心:《上海暨长三角城市社会发展报告 2009—2010——老龄化与社会发展》,上海三联书店出版社 2011 年版,第 1 页。

⑤ 睢党臣、程旭、李丹阳:《积极应对人口老龄化与我国独生子女父母自我养老问题》,《陕西师范大学学报(哲学社会科学版)》2022 年第 2 期。

父母的养老困境可能更明显。

　　宏观层面上"倒金字塔"型的人口年龄结构带来的赡养压力集中体现在微观的独生子女父母家庭中。一方面,计划生育政策使得新增人口减少,出生率大幅度降低;另一方面,随着医疗技术的不断发展,人口预期寿命不断延长,死亡率也大幅降低。这使得中国老年人口的比重不断上升,人口老龄化日趋严重。国际上通常的标准是,一个国家或地区中年龄在 60 岁以上的人口占总人口的比重超过 10%,65 岁及以上人口占总人口的比重超过 7% 时,意味着该国家或地区进入老龄化社会。①

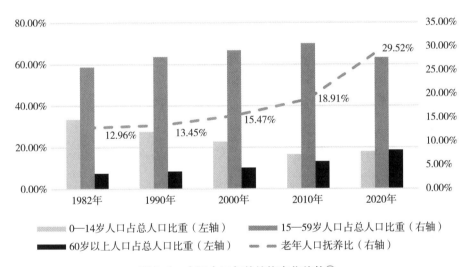

图 0-1　中国人口年龄结构变化趋势②

　　从图 0-1 可以看出,自 2000 年以来,中国逐渐进入老龄化社会,程度不断加深,老龄人口越来越多,2020 年中国 60 岁以上人口为 2.64 亿,占总人口比重的 18.7%。人口老龄化意味着被赡养的老年人不断增多,老年人口抚养比从 1982 年的 12.96% 不断上升,至 2020 年第七次人口普查时已达 29.52%。这使得劳动年龄人口的赡养压力不断增大,平均一位劳动力差不多要赡养 3

---

①　郝乐、苗诗扬:《人口老龄化测量方法的改进》,《统计与决策》2023 年第 12 期。
②　《2020 年第七次全国人口普查主要数据》,中国统计出版社 2021 年版,第 9 页。

位老年人。而且在社会发展、教育年限延长的当下,15—64岁人口中很多并没有参与到社会生产劳动当中,仍旧需要家庭的支持而不是支持家庭。这使得人口年龄的"倒金字塔"结构越加显现出压力效应。

这种赡养压力更多地体现在生育独生子女的家庭当中。从独生子女父母这一代来看,家庭成员逐层向下减少,家庭的代际结构同样呈现出"倒三角"形态。当独生子女婚配类型为"双独"时,即夫妇双方均为独生子女时,形成"四二一"型或"四二二"型家庭代际结构,家庭成员赡养老人的压力就更大。在这种家庭代际结构中,不仅独生子女一代的赡养、抚育压力非常大,独生子女父母的养老资源和养老需求往往也会受到挤压,客观上其养老生活可能陷入困境。

有学者分析指出,"四二一"家庭代际结构带来的家庭养老压力以及社会影响将在2020年前后凸显,持续大约20年,这对中国社会来说确实不是一场虚惊。① 从家庭赡养结构的角度来看可以感受到独生子女父母养老的家庭压力,而第一代独生子女父母步入老年期,家庭及社会所面临的养老压力还只是一个开始。即便我国后续已经开放了"全面二孩""全面三孩"政策,但这些政策考虑更多的是人口年龄结构、社会发展的宏观层面问题,难以实质上解决第一代独生子女父母的具体养老问题。

(二)人口流动成为中国社会的基本特征

人口流动是人们出于各种原因离开户口登记地去往外地暂住的行为,多是由于自然环境、社会经济因素等方面的原因而在空间地域上进行有意识的流动,时间长短不一。除了人们在地理位置上的迁移,人口流动在本质上更多意味着人们的社会关系、社会角色的变动。人口流动的原因和个人、家庭的需求有着密切联系,对流动个体的生活、发展有重要作用。实际上社会结构的变

---

① 风笑天:《"四二一":概念内涵、问题实质与社会影响》,《社会科学》2015年第11期。

迁更深刻地影响了人口流动,社会政策的颁布、社会变迁的方向极大影响了人口流动的规模、方向,而人口流动同样促进了社会的革新与发展。从新中国成立到改革开放、经济体制改革直至今日的新型城镇化、乡村振兴等国家政策的颁布与实施当中,都可以看到我国人口流动的阶段性、政策性特征。

新中国成立以后,为了尽快恢复经济生产、提高人民生活水平,我国确立了赶超型的发展战略,强调集中资源发展生产,这就需要较为稳定的社会发展环境、较为集中的资源优势。以少生优生为核心的计划生育政策是赶超型战略在人口、家庭方面的一个体现,减轻了人口发展与资源环境之间的紧张关系;在社会生活方面,也确立了严格的户籍制度,限制人口流动,减少劳动力大幅度转移造成的城市化压力,促进城市的稳定发展,确保城市当中优先发展重工业的目标。在严格的户籍制度和限制流动的一系列举措下,人口流动的规模较小。

改革开放以后,市场经济发展、经济体制改革等政策对城乡一体化发展的要求更加明显,对劳动力的需求也在增强;而且严格的户籍制度及在其基础上形成的城乡二元的福利、保障、基础设施、教育等多方面的差异,使乡村人口向城市迁移的意愿日益强烈。在经济发展的需要和人们强烈的流动意愿的助推下,我国人口的流动性增强,并愈加频繁。户籍制度对个体所能获取的资源、生活环境的影响非常大,所以学界也多将户籍地与流入地结合起来进行分类,分为乡—城流动、城—城流动、乡—乡流动以及城—乡流动四种类型。[1] 从改革开放到今天,乡—城流动一直是最主要的人口流动类型,流动的原因更多地是为了满足个人及家庭的物质生活需要,朝着经济更加发达的地区流动。

随着时间推移,新型城镇化、脱贫攻坚(易地扶贫搬迁等)政策的颁布实施,使得人口日渐向城市集中,尤其是迁往大城市和特大城市。[2] 近年来,人

---

[1]　马小红、段成荣、郭静:《四类流动人口的比较研究》,《中国人口科学》2014 年第 5 期。

[2]　王桂新:《中国人口流动与城镇化新动向的考察——基于第七次人口普查公布数据的初步解读》,《人口与经济》2021 年第 5 期。

口流动依然强劲,为了谋求更好的就业岗位、发展机会和社会福利,除了农村户籍人口,中小城镇、大城市户籍人口也不断加入到人口流动的浪潮当中。按照人口普查对流动人口的界定,流动人口主要是居住地与户口登记地所在的乡镇街道不一致,且离开登记地半年以上的人口。由于小范围的流动与跨省市流动带来的影响有所不同,所以流动人口当中不包含市辖区内的人户分离人口。总体的人户分离人口是流动人口和市辖区内人户分离人口的总和。

图 0-2　2000—2020 年流动人口、人户分离占总人口比重的变动趋势①

第七次全国人口普查显示,2020 年我国人户分离人口达 4.93 亿,占总人口的 34.9%,与 2010 年相比,增长率达 88.52%;流动人口总量为 3.76 亿人,占总人口比重已达到 26.6%,与 2010 年相比,增长 69.73%;若是单独考虑市辖区内人户分离人口,可以发现其增长更加迅猛,市辖区内人户分离人口达 1.17 亿人,与 2010 年相比,增长 192.66%。② 从图 0-2 可以直观地看到人户分离人口、流动人口、市辖区内人户分离人口的爆发式增长趋势。

① 周皓:《中国人口流动模式的稳定性及启示——基于第七次全国人口普查公报数据的思考》,《中国人口科学》2021 年第 3 期。

② 《2020 年第七次全国人口普查主要数据》,中国统计出版社 2021 年版,第 81 页。

当前大规模的人口流动有两个明显的特征。一是人口流动的趋势正在从以乡—城流动为主向全方位大规模的多元流动格局转变。随着人们生活水平的提高,人口流动呈现发展型流动,更多考虑自身及家庭未来发展的因素,与早期主要为了经济收入增长的生存型流动有明显区别。大城市、特大城市经济发展水平较高,社会服务更加完善,除了吸引农村人口进城,也吸引了许多中小城市人口。2017 年流动人口动态监测数据显示,大城市和特大城市中的青年流动人口有超过 60% 为非农业户籍。① 城市青年在生活环境、思想观念、社会发展程度等方面占据优势的城市环境长大,也更加符合大城市、特大城市的经济发展、产业结构转型升级对新技术、高素质的劳动力需求,城—城流动明显增加。

中国第七次人口普查数据显示,2020 年城—城流动人口为 8201 万人,占总流动人口的 22% 左右,尽管总体占比与 2010 年全国人口普查数据显示的 21% 差别不大,但其绝对规模明显增加:2010—2020 年流动人口共增加 1.54 亿人,城—城流动增加 3506 万人,十年内城—城流动人口增长了 75%。② 城市青年人口更加主动地去往大城市和特大城市,这种主动的城市与城市之间的流动使得他们在流入地的居留时间可能更长。2010 年第六次人口普查数据 1‰ 原始数据库的数据表明,城—城流动人口以中青年为主,40% 左右有大专及以上学历,从事职业较为高端,三成人口流动的时间超过 6 年,居住时间明显要长。③ 由于乡村振兴战略对农村人才的吸引,以及早期进行乡—城流动的人口的年龄增长、主动或被动回流至农村,人口乡—城流动的趋势可能会逐渐减弱,而城—城流动的比重会逐渐增长。这也会给社会带来系统性的影响。

---

①　刘旭阳、原新:《青年流动人才的城市选择及影响机制——基于人才特征视角》,《西北人口》2022 年第 1 期。

②　陆杰华、林嘉琪:《高流动性迁徙的区域性特征、主要挑战及其战略应对——基于"七普"数据的分析》,《中共福建省委党校(福建行政学院)学报》2021 年第 6 期。

③　马小红、段成荣、郭静:《四类流动人口的比较研究》,《中国人口科学》2014 年第 5 期。

二是人口流动的家庭化特征明显,但落户的限制带来了流动家庭的漂浮性质。这些人口无法享受到与户籍制度紧密相连的社会福利待遇,家庭发展受到影响,无法真正落地生根,于社会来讲,也不利于中国城镇化的发展和社会转型的实现。2013 年流动人口动态监测数据显示,家庭式流动已经成为核心家庭(剔除了不在婚的研究对象)流动的主要模式,仅有不到 10% 的核心家庭的成员为单独流动,① 人们在流动和迁移当中从离散走向团聚。2020 年第七次人口普查发现,城镇人口占 63.9%,即城镇化率为 63.9%,而城镇户籍人口仅为 45.4%,居住人口城镇化率远高于户籍人口城镇化率,大约有 20% 的流动人口无法落户,难以真正融入流入地。② 这明显影响了流动人口及其家庭的发展。

处于传统农业社会向现代工业社会转型时期的中国,人口流动越来越频繁。每一位发生流动的个体背后,牵涉了不只一个家庭,不仅包括父母家庭,也包含自身的婚姻家庭,使得家庭不再是一个稳固的静态单位,也导致全社会的流动性、灵活性特质。不分性别、城乡和受教育程度的大规模流动已经成为中国社会的基本特征。

大规模人口流动导致家庭的流动性和脆弱性。子辈离开家庭流动到外地,使得家庭在空间上不断分离,家庭内部抚育、赡养的功能遭到削弱,而子女的唯一性的现实,使许多独生子女老年父母难以获得来自子女的生活照顾和情感交流,进而面临更多的养老风险。人口流动的家庭化特征,表面上是促进家庭在流动中走向团聚,但在福利制度依附于户籍、落户困难、生活环境突然改变等因素的作用下,即便是与子女家庭一同流动、一起居住,同样也会引发父母的不适感。有学者基于对广州 31 个家庭成员的深入访谈资料的分析,指出当前家庭代际关系在现代化转型期不断流变,子女与父母同住体现了不同

---

① 吴帆:《中国流动人口家庭的迁移序列及其政策涵义》,《南开学报(哲学社会科学版)》2016 年第 4 期。

② 《2020 年第七次全国人口普查主要数据》,中国统计出版社 2021 年版,第 80 页。

的代际关系内容,年轻人的就业压力、竞争压力不断加剧,许多家庭照顾责任不得不转移到老年人身上。① 子女一代的需求,是引起子女与老年人同住的主要原因,②③而老年人自身养老需求则相对处于被忽视的状态。

家庭结构的流动性的变化也带来了家庭内在情感关系的变动,年轻一代对家庭成员的主观心理感知在发生变化。有研究发现,青年人将父母当作家人的水平并不高,而且更多是由于生活实践,依赖父母的帮助,才将父母当作自己的家庭成员。随着年龄的增长,青年人对家庭、对家庭成员的认知范围不断缩小,仅局限于与自己同居共财的家庭成员身上。④ 这也可能进一步减少了父母的养老资源获得和情感互动频率。

(三) 家庭代际关系的现代化演变

现代化的人口再生产模式下,出生率大幅降低,家庭规模不断缩减,家庭功能受到了明显削弱。而人口大规模流动以及市场经济的发展进一步加剧了传统家庭的脆弱性。无论是居住安排还是代际关系都具有了新的特征。越来越多的子女远离父母居住,父母家庭和子女家庭的核心化趋势明显,在家庭代际关系中,传统的长辈本位逐渐转为子女本位,代际关系的重心不断下移,"啃老"成为一种常见现象。

代际关系的转向与生活实践密不可分。在传统社会中,家庭是生产单位也是消费单位,家庭发展能力对家庭成员至关重要,长辈往往掌握较多生产资源,通过代际传承不断积累家庭生产资料和文化资源,居住安排也更加重视多代同住,子女奉养父母,继承家庭财产,维持整个家庭的稳定和持续发展。与此同时传统孝道文化也不断强化这种居住格局,家庭代际关系的重心更多是

---

① 石金群:《转型期家庭代际关系流变:机制、逻辑与张力》,《社会学研究》2016 年第 6 期。

② 许琪:《子女需求对城市家庭居住方式的影响》,《社会》2013 年第 3 期。

③ 王萍、李树茁:《中国农村老人与子女同住的变动研究》,《人口学刊》2007 年第 1 期。

④ 徐海东:《家庭认同的代际差异与变迁趋势探究》,《青年研究》2016 年第 2 期。

处在年长一代,长辈本位特征明显。

而在现代社会,家庭不再是主要生产单位,劳动者逐渐从家庭走入社会,个人所能获得的资源逐渐超出家庭的范围,除了家庭内部继承,社会资源更是个人资源的重要组成部分,更多地是依靠更广泛的社会渠道来获取。代际之间的支持走向社会化,如社会养老保险使得年老一代的养老金与年轻一代劳动者的储蓄有了密切的关系,家庭内部的代际传承发生了转变,这也可能引起长辈本位的消解。

计划生育促使生育率大幅下降,在微观的家庭内部,父母会更加重视养育子女的质量。父母为了弥补因为子女数量不足而可能带来的养老风险,会倾向于增加子女投资成本,家庭资源不断向下一代倾斜,进而带来了家庭代际关系重心的下移。家庭代际关系以下一代为重心的特征在独生子女家庭里更加明显,[1]子女的唯一性强化了家庭资源向下流动的分配路径。在家庭资源分配的实践中,家庭代际文化也发生了潜移默化的改变。近期一项研究发现,在多代家庭中,代际经济支持主要表现为向下支持,不仅包括祖辈对子辈(即成年子女)和孙辈的支持,也包含子辈对孙辈的支持。[2]

家庭代际关系涉及父母、子女双方,除了独生子女父母一代人自愿向下分配资源外,独生子女从小处在家庭中心位置的生活经历同样形塑了这一代人的代际文化观念,当他们自己组建新家庭之后,往往也会将注意力集中在自己小家、自己的子女身上,自己父母的养老需求则可能被忽视。在这种代际向下倾斜的文化价值观下,老年父母可获取的资源会进一步减少。即便是子女与父母同住,老年父母所能获得的关注、所能获取的资源都可能有限。"啃老"现象越来越多的现实,反映了家庭内部代际关系的转变,老年人自身也甘愿为子女付出,分担子女的生活压力。

---

① 关颖:《改革开放以来我国家庭代际关系的新走向》,《学习与探索》2010 年第 1 期。
② 吴帆、尹新瑞:《中国三代家庭代际关系的新动态:兼论人口动力学因素的影响》,《人口学刊》2020 年第 4 期。

也有研究表明,年轻一代所面临的社会风险不断增多,以代际需求为导向的同住不断增多,但这种需要更多是为了帮助子女。计划生育政策减少子女数量,也约束家庭对子女性别的选择,客观上促进了社会的性别平等,带来了女性受教育程度的显著提升,[①]越来越多的女性,也加入劳动力市场,双职工家庭不断增多,从子女角度看,也带来了家庭抚育功能的弱化。可以履行抚育、赡养功能的成年人离开家庭,去到其他地方谋生,女性职业化趋势明显,传统家庭中女性作为照料主体的家庭安排发生改变,在生活压力以及个体化价值观的影响下越来越多的女性走上职业道路,减少了抚育、赡养的资源供给。许多父母跟随子女流动,成为"老漂族",主要是为了照料孙辈,尽管这类父母多数与子女同住,但主要是贡献者,而不是享受者。

（四）我国的社会化养老建设还不足

"未富先老"现象是从宏观层次上观察人口老龄化和经济发展程度的关系,指的是人口老龄化日趋严重,但整个社会经济发展却处于较低水平,呈现出不平衡的一种状态。有学者指出,发达国家进入人口老龄化阶段时,人均国内生产总值(GDP)达到了5000—10000美元,整个社会自然而然地进入老龄化社会;而中国2000年进入老龄化社会时的人均国内生产总值(GDP)仅为800美元,处于中等偏下的低收入国家行列。[②] 而且高水平的经济发展也不能一蹴而就,我国的"未富先老"形势将长期存在。[③]

在"未富先老"的情景下,老年人口的社会化养老需求无法得到较好满足。既表现在社会养老保障制度建设不健全,差异较大,保障水平较低,也表现在社会养老服务不完善,社会化养老方式建设滞后,难以承载老年人的养老

---

① 夏怡然、苏锦红:《独生子女政策对人力资本水平的影响研究——基于2005年1%人口抽样调查微观数据的实证研究》,《南方人口》2016年第6期。

② 辜胜阻:《"未富先老"与"未富先骄"发展养老服务业的战略思考》,《人民论坛》2014年第S2期。

③ 田雪原:《"未富先老"视角的人口老龄化》,《南方人口》2010年第2期。

需求。新中国刚成立时,制定了追赶型的发展战略目标,在人口控制、城市工业、经济发展方面有不同的政策性体现,基于城乡不同户籍实行的社会保障制度也是其中之一。尽管社会养老保险制度不断发展和完善,也历经多次改革与合并,但养老保险制度的城乡差异、地区差异还非常明显。对老年人实际生活帮助的水平也并不高,以职工养老保障为例,城镇职工养老保险替代率为城镇职工养老保险金占总消费支出的比重,比重越高则意味着消费能力也越高,但有研究显示,2019 年城镇职工养老保险替代率仅为 36% 左右,[1]而且城镇职工养老保险的水平相对城镇居民养老保险水平还处于较高位置。在养老机构建设方面,民政部 2021 年 4 季度统计数据显示,我国提供住宿的养老机构床位为 501.6 万张,大约只占到现有老年人口的 2%。[2] 众多老年人无法进入社会化养老机构居住,难以满足老年人口的社会化养老需求。

二、研究的问题

第一代独生子女父母的生育受到计划生育政策的约束,一生中仅生育了一个子女。这缓解了我国人口与资源、环境之间的紧张关系,为整个社会减轻人口负担、促进经济社会发展做出了不可磨灭的贡献。而现在这些独生子女父母已经步入老年期,逐渐成为当前人口老龄化迅猛浪潮的重要部分。他们的养老问题自计划生育政策开始执行以来,社会各界就开始担忧,偶尔也会成为学术界研究和讨论的议题,而今这一问题已经在现实的生活中逐步凸显。讨论第一代独生子女父母的养老问题,首先需要明确我国的计划生育政策具有多样性,而且第一代独生子女父母的分布也有着城乡之别,不能一概而论。

---

① 郝晓宁、朱松梅:《长寿风险治理:健康、财务、照护资源的共同储蓄》,《人口与发展》2021 年第 6 期。

② 中华人民共和国民政部:《2021 年 4 季度民政统计数据》,2022 年 3 月 18 日,见https://www.mca.gov.cn/mzsj/tjjb/2021/202104qgsj.html。

　　由于农村的产业主要是农业,对劳动力的数量和体力要求更高,生育一个小孩会导致农村家庭的劳动力不足,难以维持农业生产活动,所以独生子女政策执行之初在农村地区受到了较大抵制。1984 年中共中央转批国家计划生育委员会党组《关于计划生育工作情况的汇报》,继续提倡一对夫妇生育一个孩子,但要求把计划生育政策建立在合情合理、群众拥护、干部好做工作的基础上,进一步完善计划生育具体政策:对农村继续有控制地把口子开得稍大一些,按照规定的条件批准,可以生二胎,但坚决制止开大口子,严禁超计划生育二胎或多胎。这一政策被形象地称为"开小口、堵大口"。

　　我国计划生育政策的执行同时考虑了群众的实际情况,与城市执行严格的独生子女政策相比,农村地区执行的计划生育政策略有宽松:1984 年之后,我国城镇地区以及 4 个直辖市、江苏省和四川省的农村地区执行的是独生子女政策;而有 19 个省、自治区的农村地区实行"一胎半"政策,即如果第一孩是男孩,就只允许生一个小孩,如果第一孩是女孩,隔一定的年限可以再生一个小孩;还有 5 个省、自治区的农村地区实行可以生育两个孩子的政策。①

　　虽然城镇与农村同样受到计划生育政策的约束,但第一代独生子女父母更多地集中在城镇。除了与多子女老人一样面临年龄增长带来的生理状况变化、社会角色丧失、社会关系改变之外,独生子女父母的养老资源更少,在养老方面更加弱势,在经济、社会以及文化转型发展的影响下,第一代独生子女父母面临的养老风险也日益增加。子女的唯一性在客观上减少了独生子女父母的养老资源。在我国传统儒家文化的影响下,依靠子女养老是社会的普遍观念,②来自子女的经济资助、生活照顾以及情感慰藉对老年人尤为重要,"养儿防老""多子多福"等耳熟能详的词汇是这一传统的重要体现。在这种情况下,子女越多,可

---

① 郭志刚、张二力、顾宝昌等:《从政策生育率看中国生育政策的多样性》,《人口研究》2003 年第 5 期。
② 郭庆旺、贾俊雪、赵志耘:《中国传统文化信念、人力资本积累与家庭养老保障机制》,《经济研究》2007 年第 8 期。

以获得的养老资源总量也就越多。而独生子女父母仅有一个子女,在客观上降低了可从子女身上获取的养老资源的总量。2014 年一项数据表明,独生子女父母在过去一年内平均获得子女经济支持的金额为 2340.6 元,比非独生子女父母获得的经济支持金额要少 748.5 元。尽管对经济支持的差异在统计上不显著,但两类父母获得经济支持的渠道有着单一和多重的客观区别,子女数量的不同很可能会导致独生子女父母得到的支持少于非独生子女父母。①

子女数量的减少也可能降低父母与子女同住的可能性。当某个子女出于各种原因无法与父母同住,非独生子女父母仍旧可能与其他子女同住,但对于独生子女父母来说,一旦发生这种情况,和子女同住的可能性就不存在了。尤其是在人口流动日益频繁的今天,成年子女与父母"既分又离"的情况司空见惯,独生子女成年后不与父母共同居住已是常态。与子女分开居住降低了父母获取子女养老支持的便捷性,增加了独生子女父母获取养老资源尤其是非经济资源的风险。

子女的唯一性使得独生子女家庭的生命周期呈现出与一般家庭有所不同的特点,这可能给独生子女父母带来更多的负面心理体验。家庭生命周期指的是家庭的动态发展过程,即家庭产生、发展直至消亡的过程。② 随着夫妇结婚、子女出生成长等家庭成员生命事件的发生,家庭生命周期可以分为形成、扩展、稳定、收缩、空巢以及解体六个阶段。家庭扩展以及收缩阶段和子女的数量有着很大关系,在有多个子女的情况下,家庭生命周期各阶段的变动是缓慢渐进的。从家庭形成开始到全部子女生育完毕,家庭人口逐渐增多,家庭从扩展直至稳定;子女长大成人、依次离开家庭,家庭也从收缩逐渐进入空巢阶段,父母可以在不同的子女离家的过程中不断调整自己的心态,接受家庭生活状态的变化。而对于生育独生子女的家庭来说,家庭的扩展和收缩具有"突

---

① 丁志宏、夏咏荷、张莉:《城市独生子女低龄老年父母的家庭代际支持研究——基于与多子女家庭的比较》,《人口研究》2019 年第 2 期。
② 向洪、张文贤、李开兴:《人口科学大辞典》,成都科技大学出版社 1994 年版,第 66 页。

发即止"的特点,唯一的子女一旦出生,就意味家庭进入扩展和稳定阶段;唯一的子女一旦长大成人、离开家庭,家庭立即进入空巢阶段,同住代际减少,仅剩下夫妻二人。独生子女父母除了要面临生理、社会关系在老年期的变化,还要面临家庭内部生活状态的突然转变,缺少多个子女依次离家的心理缓冲期,遭遇突然空巢的心理落差可能会给他们带来更多的负面情绪。

有研究显示,独生子女父母的空巢期比非独生子女父母要长 3 年左右,①尽管时间相差不大,但两类父母所面临的实际情况以及内心感受截然不同,在老年期所能获得的来自子女的养老资源也可能更少。作为独生子女父母,如何应对老年期的新状况、应对与之前多子女时代大不相同的养老风险,在生活中并无实际经验可以学习借鉴,也增加了第一代独生子女父母的实际困扰。

在人口频繁流动、市场经济不断发展的背景下,家庭不再是一成不变的静态结构,逐渐呈现出流动性特质。② 家庭的流动性进一步弱化了独生子女父母家庭的养老功能。城乡二元结构、市场经济发展、城市化发展,促进了人口的频繁流动,许多年轻人为了获得更好的发展和生活机会而离开家乡,去往城市尤其是大城市。劳动力人口的流动进一步使得独生子女父母与子女分开居住的可能性增大。2015 年对全国 12 个城市 1649 位第一代独生子女的抽样调查数据、2016 年湖北省五市的 417 位第一代独生子女数据显示,城镇第一代独生子女父母与子女分开居住的比例为 55%—65%。③ 可见大部分城镇第一代独生子女父母处在"空巢"状态,夫妇独自面临养老生活中的种种挑战。

家庭代际关系的重心也不断下移,④家庭养老的文化基础也在不断削弱。从独生子女出生开始,子女数量可预期地急剧减少使父母对子女养育质量的更加重视,对子女素质的培育更加关心,父母倾注了更多心血,在潜移默化中

---

① 风笑天:《独生子女父母的空巢期:何时开始? 会有多长?》,《社会科学》2009 年第 1 期。
② 吴小英:《流动性:一个理解家庭的新框架》,《探索与争鸣》2017 年第 7 期。
③ 风笑天:《"空巢"养老? 城市第一代独生子女父母的居住方式及其启示》,《深圳大学学报(人文社会科学版)》2020 年第 4 期。
④ 钟涨宝、冯华超:《论人口老龄化与代际关系变动》,《北京社会科学》2014 年第 1 期。

形成了家庭重心下移的文化氛围。而且即使到了老年期,独生子女父母还会积极为子女及其家庭付出,力所能及地帮助子女。"以下一代为重"的生活经历也很可能让成年的独生子女在赡养父母和抚育下一代之间做选择时,很可能选择后者而忽视前者。老年父母的多方面需求可能得不到保障,即使能获得较好的经济条件,在情感互动尤其是生活照料方面往往会捉襟见肘。独生子女父母家庭资源减少、养老功能弱化的现实引起养老需求的外溢,而我国"未富先老"的局面已成现实,社会化的养老模式并未真正建立起来,难以满足独生子女父母的养老需求。

第一代独生子女父母已经进入老年期,老年生活已经在现实中逐渐展开,而且随着年龄的增大,老年生活的质量越来越可能难以得到保证。本书聚焦于第一代独生子女父母的养老问题。以这一问题为研究中心,从经济保障、生活照料、情感慰藉、居住安排四个方面构建基本框架,以贫困、空巢、疾病、失能四种特殊情况或特殊时期为关注点,描述城镇第一代独生子女父母的养老现状,剖析城镇第一代独生子女父母的老年生活在现阶段可能遇到的困难,寻求缓解甚至解决这些困难的政策机制。

三、研究的意义

(一) 检验和丰富家庭、养老、代际关系等相关理论命题

第一代独生子女父母是受计划生育政策的影响而形成的一代人,他们的出现有着鲜明的时代特征,呈现出中国的家国文化下的特殊性。新中国成立不久,工业现代化、农业现代化、国防现代化、科学技术现代化的"四个现代化"目标的确立,改革开放大幕的徐徐开启,以及为了解决经济社会发展与环境资源禀赋之间的紧张关系,计划生育政策应时而生。这一基本国策在微观上引导和约束育龄夫妇的生育决策,在宏观层面进而促进整个国家的稳定与

发展。在个体(家庭)—结构(国家)关系这一理论视角中,在"多子多福"的生育文化和"人多力量大"的政策号召的交织中,只生育一个小孩的生育行为成为既新鲜又生硬的社会事实。作为因计划生育政策而出现的人口,第一代独生子女及其父母的产生和存在,既会在个体和家庭的微观层面带来复杂的变化,也会在社会和国家的宏观层面对经济社会发展产生系统性的影响。

　　独生子女父母的养老过程与各养老维度的坐标中镶嵌着诸多理论命题,包括从较为宏观的个体—结构的关系、父权制、养老方式选择,到较为微观的家庭生命周期、家庭结构、居住安排、老年人口流动、财富资源流动、亲子关系、子女性别关系等理论命题。而在子女数量的唯一性以及社会的现代化发展、个体化变迁以及市场经济发展、人口流动普遍化的影响下,这些理论命题所涵盖的客观事实很可能已经发生改变,独生子女父母的养老内容与表现形态可能呈现出新的特征,他们的养老状况需要得到进一步的客观呈现、理解与剖析,相关理论命题同样需要得到检验与革新。聚焦到第一代独生子女父母的养老问题上,相关现象及其变化会对上述理论命题的发展提供哪些新鲜的事实呢? 或者上述理论命题需要做出什么样的修正才能更好地将相关现象及其变化纳入理论的解释框架之中呢? 这是本研究在理论上的旨趣。

(二) 深刻了解和把握独生子女父母养老的现实境况

　　已有的研究具有浓厚的价值关怀,在理解和解决独生子女父母的养老问题方面积累了知识、深化了认知,但绝大多数研究者在开展相关研究时第一代独生子女父母尚未进入老年阶段,养老对于他们来说是"将来时"而非"现在时"或"过去时"。①② 大部分的相关研究更多地是对第一代独生子女父母未

①　唐利平、风笑天:《第一代农村独生子女父母养老意愿实证分析——兼论农村养老保险的效用》,《人口学刊》2010 年第 1 期。

②　尹志刚:《我国城市首批独生子女父母养老方式选择与养老模型建构》,《人口与发展》2009 年第 3 期。

来的养老生活的分析与预测,侧重于养老风险、养老意愿、养老担忧等方面的调查与讨论,但彼时的第一代独生子女父母还处于青壮年阶段,养老的事实并未真正展开。第一代独生子女父母大致在 2015 年前后开始进入老年阶段,才开始真正面对老年生活,对他们的养老问题的研究也才开始具有事实基础。

如今第一代独生子女父母已经整体性地进入老年阶段,对其养老问题开展研究,首先就需要客观地了解和把握他们老年生活的现实境况。已有研究在内容上较为全面,涉及养老风险①、养老意愿②、居住安排③、家庭代际结构④、代际支持⑤、生活照料⑥、精神慰藉⑦、养老方式⑧等维度,但对前三个维度的研究相对丰富和深入,对其他维度的研究则相对单薄和浅显,疾病护理则几乎没有涉及,而其他维度和疾病护理却是独生子女父母养老更大的困难之所在。人们之所以关注独生子女父母的养老问题,与其说是关注他们的整个养老问题,还不如说是关注独生子女父母在特殊时期和特殊情况下的养老问题。本书拟对第一代独生子女父母养老的经济保障、居住安排、生活照料、疾病护理、人际互动、精神慰藉、精神健康、养老方式、养老自主性这些养老维度展开调查研究,呈现第一代独生子女父母在低龄老年阶段养老生活的基本情况,进而探讨他们养老的现实困境及其客观原因,从而有效地构建缓解独生子女父母养老困境的机制。

---

① 穆光宗:《独生子女家庭非经济养老风险及其保障》,《浙江学刊》2007 年第 3 期。
② 陶涛、刘雯莉:《独生子女与非独生子女家庭老年人养老意愿及其影响因素研究》,《人口学刊》2019 年第 4 期。
③ 风笑天:《城市独生子女与父母的居住关系》,《学海》2009 年第 5 期。
④ 风笑天:《"四二一":概念内涵、问题实质与社会影响》,《社会科学》2015 年第 11 期。
⑤ 丁志宏、夏咏荷、张莉:《城市独生子女低龄老年父母的家庭代际支持研究——基于与多子女家庭的比较》,《人口研究》2019 年第 2 期。
⑥ 徐俊:《我国农村已婚独生子女养老支持及其影响因素研究——以江苏、安徽、四川为例》,《武汉科技大学学报(社会科学版)》2018 年第 3 期。
⑦ 伍海霞:《照料孙子女对城市第一代老年独生子女父母养老支持的影响》,《社会科学》2019 年第 4 期。
⑧ 徐小平:《城市首批独生子女父母养老方式选择》,《重庆社会科学》2010 年第 1 期。

需要说明的是,独生子女政策只是我国多样化的计划生育政策中的一种。要准确把握独生子女父母的养老状况及其困境,必须在与同龄非独生子女父母的比较中才能将其凸显和剥离出来,否则就会将独生子女父母的养老问题泛化为低生育率状态下老年人口的养老问题,进而使其养老问题的现实描述失去客观性,理论的解释失去针对性,解决的机制也会失去有效性。

（三）构建缓解第一代独生子女父母养老困境的解决机制

年老,在生理上意味着身体机能下降,日常生活与活动开始变得困难;在社会关系上意味着退出劳动力市场、削减社会性角色,回归个体和家庭生活,这些变化几乎是不可逆的,会给老年人带来深远的影响。对于独生子女父母而言,他们进入老年阶段,除了会同样面临上述生理、社会性上的变化外,还有其额外的特殊性。其一是他们养老的家庭条件是特殊的。子女的唯一性,不仅在一定程度上使亲子关系的重心由上向下移动,亲代对子代的抚育和投入由子代延伸到孙代,而且通过影响家庭结构、家庭规模、居住安排,进而削弱家庭、子女的养老功能,减少他们家庭养老资源的获得。他们的养老生活怎么样,既关系到本人的老年生活质量和个人尊严,又关系到子女的家庭建设和事业发展。在市场要素快速流动和人力资本市场竞争日益激烈的当前,父母的养老问题是正处于成家立业的独生子女们必须要面对但解决起来又深感无力的难题。

其二是他们的养老问题与国家的政策有更密切的关系。计划生育政策的执行在短时间内降低了人口生育率,促进我国人口再生产模式的现代化转变,减轻了国家经济社会发展的人口负担,缓解了经济社会发展与环境资源禀赋之间的紧张关系,甚至提升了人口素质,促进了性别关系的平等化发展。这里面就有独生子女父母的重要贡献。正是因为他们在育龄时期响应国家的计划生育政策,选择生育一个子女,进而让计划生育政策起到调节人口生产和发展之间矛盾的社会效果。因为子女数量的急剧减少、家庭规模的缩小、家庭结构的简单化和松散化,独生子女父母的养老问题是显而易见的。早在计划生育政策执行之初,就有学者对独生子女父母在未来可能出现的养老问题进行讨论。① 1980 年中共中央发出的《关于控制我国人口增长问题致全体共产党员、共青团员的公开信》中也提到,"几十年后,一些家庭可能会出现老人身边缺人照顾的问题……我们要注意想办法解决"。改革开放以来,经济的高速发展为人们的生活、福利、条件的改善打下良好的基础,这无疑为第一代独生子女父母养老问题的解决攒下了基本面。但是,无论是从国家政策的制定、执行和完善来说,还是从个体对国家政策的遵循和付出来说,不能否认第一代独生子女父母的养老问题与当前的国家、政府之间存在关联性。

第一代独生子女父母已经进入老年期,并且随着年龄的增长,丧偶、空巢、失独、疾病、失能、失智等情况都可能出现,也可能会遭遇贫困和灾变。在家庭的养老能力不济、社会养老条件不足、未来的养老困境可能更糟的情况下,需要建构缓解独生子女父母养老困境的综合机制。本书将考虑经济保障、居住安排、生活照料、疾病护理、人际互动、精神慰藉、精神健康等维度,以贫困、灾变、空巢、独居、失能、失智、失独、丧偶等特殊情况为着力点,从供养主体联动、养老资源筹集、养老方式整合、养老政策创新四个方面,分析和建构独生子女父母养老困境的解决机制。

四、研究设计与数据资料收集

(一)"个体—结构"的理论视角

社会科学研究某种社会现象,不管是否意识得到,客观上总会持有某种方

---

① 桂世勋:《银色浪潮中的一个重大社会问题——关于独生子女父母年老后生活照顾问题的对策与建议》,《社会科学》1992 年第 2 期。

法论的立场,而方法论影响着研究者对社会现象的探讨和分析的角度。在社会科学的发展史上,个体主义和整体主义是两种相互区别又相互砥砺的方法论。个体主义认为,个体是社会的真实本体,是社会的终极目标,独立的社会实体并不存在,社会只是一个用来指称个体及其行动的集合的"名称",它不能脱离个人而存在;个体及其行动是社会研究的基本单位,只有通过对个体及其行动的意义的理解,才能达到对整体社会现象的因果说明。经过马克斯·韦伯(M. Weber)、波普(K. Popper)、哈耶克(F. Hayek)、霍曼斯(H. Homans)和卢克斯(S. Lukes)等人的提出、论证和修正,个体主义已成为社会科学研究中影响广泛的方法论准则。

而整体主义则强调,社会不是个体的简单相加,而是外在于、独立于个体的结构性属性与秩序,是个体之间的一种关系性和互动性结构,对个体具有客观性、外在性和强制性;社会研究的对象是社会现象,而且只能用一种社会现象去解释另一种社会现象,用个人心理现象去解释社会现象则会犯化约论错误。相比较而言,整体主义的方法论更是处于支配性地位。自孔德(Auguste Comte)、黑格尔(Georg Wilhelm Friedrich Hegel)之后,迪尔凯姆(Émile Durkheim)、帕森斯(Talcot Parsons)、默顿(Robert King Merton)、阿尔都塞(Louis Pierre Althusser)、卢卡奇(Ceorg Lukacs)、达伦多夫(Ralf G. Dahrendorf)、列维-斯特劳斯(Claude Levi-Strauss)、沃勒斯坦(Immanuel Wallerstein)等社会学家,都属于整体主义的方法论阵营。这两种方法论虽各有偏颇却又相得益彰,相互区别却又相互促进,成为社会研究中两种基本的方法论范式。

个体主义重视个体及其行为能力,但忽视社会结构对个体及其行为的约束,简化对复杂社会现象的认识。而整体主义则强调社会结构的客观性及其对个体行为的制约,却忽视对个体行动的意图和动机的考察。实际上,个体作为行动者,具备一定的认知能力和主观能动性,能够反思和调节自身的行动,进而对社会产生影响;而社会结构也是客观存在的,能够影响、制约、形塑个体的生命历程、生活方式、行为观念,并且往往以一种潜移默化、难以令人察觉的方式来进行影响。可以说,个体主义和整体主义都具有部分真理性,又都有明显的偏颇:个体主义消解了"社会"或"结构",却将"个人"物象化了,而整体主义消解了"个人"或"主体",又将"整体"物象化了。①

双方的出路在于超越厚此而薄彼的思维,摆脱二元对立的窠臼,走向综合和统一。社会学家亚历山大(Jeffrey Alexander)的"新功能主义"、卢曼(N.Luhmann)的"一般社会系统理论"、吉登斯(Anthony Giddens)的"结构化理论"、哈贝马斯(Jürgen Habermas)的"沟通行动理论"、布迪厄(Pierre Bourdieu)的"结构主义实践理论"、科林斯(Randall Collins)的"普遍化解释模型"等理论,都是微观视角与宏观视角、行动理论与结构理论相综合的杰出成果。综合与统一的关键在于说明社会结构的发生学根源和再生产条件:从个人的行动寻找社会结构的发生学根源,把行动的生产和结构的再生产统一起来,从而将个体和社会结构沟通起来。② 所以研究者不仅要着眼于描述、分析微观层面更加生动的现象,更重要的是超越这些外在表现,运用社会学的想象力③从更深层次的社会结构角度对文化现象进行分析,需要把握个人生活与作用于个人日常生活的社会力量之间的关系,需要理解个人的生活际遇和公共生活领域中的社会问题之间的关系,进而把握各种微观水平与宏观水平上的社会关系,达到对这一社会现象的深刻理解。

本书将采取个体主义与整体主义相结合的"个体—结构"视角来分析城镇第一代独生子女父母的养老问题。一方面,第一代独生子女父母的养

---

① 王宁:《个体主义与整体主义对立的新思考——社会研究方法论的基本问题之一》,《中山大学学报(社会科学版)》2002 年第 2 期。

② 王宁:《个体主义与整体主义对立的新思考——社会研究方法论的基本问题之一》,《中山大学学报(社会科学版)》2002 年第 2 期。

③ [美]C.赖特·米尔斯:《社会学的想象力》,李康译,北京师范大学出版社 2017 年版,第 4 页。

老问题是独生子女父母自身及家庭所面临的现实境况,独生子女父母在"多子多福"的生育文化中做出了完全不同的家庭生育决策,在一生中仅生育(或收养)了一个子女,带来了家庭外在结构、内部资源和关系的变动。第一代独生子女父母变老后,家庭养老境况愈加引人关注。另一方面,第一代独生子女父母身上有着更多宏观的、结构性的、政策性的烙印,其所面临的养老境况不止是独生子女父母个人、家庭决策所带来的。生育独生子女更多是在中国特殊的社会历史发展阶段、追赶型发展的社会目标以及集体主义文化氛围的共同作用下产生的行为,国家、政府强力的政策干预起到了很大作用。整个社会、国家的平稳运行、稳步前进依靠家庭的牺牲与付出;而伴随着改革开放推进、市场经济发展、社会流动性不断增强的社会现实,弱化了第一代独生子女父母的家庭发展能力,可以说目前第一代独生子女父母养老境况的生成和国家政策、社会结构的影响是分不开的。而且就问题的解决而言,也需要将第一代独生子女父母的养老问题置于"个体—结构"的分析框架之下,因为养老生活是个体生活的重要阶段,自身、子女、家庭需要发挥主观能动性,做出积极的努力,而国家、政府、社会各界在养老资源调动、养老信息平台搭建、养老方式整合多个方面发挥着个体难以企及的作用。

(二) 研究对象的确定

本书的研究对象是我国城镇第一代独生子女父母。首先需要明确何者为第一代独生子女父母。顾名思义,第一代独生子女父母,即第一代独生子女的父母。何谓第一代独生子女呢?"代"原本指相邻两辈人之间的血统、辈份的迁移,也可以特指某一辈人。而这里的"代",并非人口学意义上的"代",主要指的是独生子女政策下所产生的"第一批"独生子女人口。第一代独生子女父母,也就是在独生子女政策下生育"第一批独生子女"的父母们。

在实际调查的操作层面,一些学者对第一代独生子女父母进行了界定。王树新等人依据子女出生的时间去界定,将第一代独生子女界定为1984年调整生育政策以前严格执行计划生育政策,即一对夫妇只能生育一个孩子时所生育的独生子女,具体指1984年及以前所生并领取了独生子女证的独生子女,而其父母则为第一代独生子女父母。① 王跃生认为,以推行独生子女政策的1980年为基点,由此向前后延展,将1975—1985年十年中所出生,且其父母已从政府有关管理机构申领了独生子女证视为标准的第一代独生子女,他们的父母则为第一代独生子女父母。② 风笑天考虑到政策性的独生子女人口是在1979年正式出现,国家统计的"领取独生子女证"的数字开始于1979年,但实际上1979年的领证统计数字中还包含了那些出生于1976年、1977年、1978年的独生子女人口,因此将出生在1976—1985年的独生子女作为第一代独生子女。③ 风笑天还从父母的角度将我国城镇第一代独生子女父母界定为"1948—1960年出生且只生育了一个子女的夫妇",因为根据他对我国第一代城市在职青年独生子女进行考察,发现他们的父母基本上出生于1948—1960年。④

虽然在字面意思上并不难理解,但是要真正把握"第一代独生子女""第一代独生子女父母"概念的内涵和外延却并不容易。不管是对子女也好,还是对父母也好,这里的"代"既是"家系"之"代"(借用家庭成员所形成的亲子不同代际),也是"社群"之"代"(宏观上的同批人),是二者的混称。而且虽然孩子都是在这一时期出生,但他们的父母年龄却可能会有较大差异,因而其

---

① 王树新、赵智伟:《第一代独生子女父母养老方式的选择与支持研究——以北京市为例》,《人口与经济》2007年第4期。

② 王跃生:《城市第一代独生子女家庭代际功能关系及特征分析》,《开放时代》2017年第3期。

③ 风笑天:《第一代独生子女婚后居住方式:一项12城市的调查分析》,《人口研究》2006年第5期。

④ 风笑天:《第一代独生子女父母的家庭结构:全国五大城市的调查分析》,《社会科学研究》2009年第2期。

范围难以确定。综合以上各位研究者的定义,本书将"城镇第一代独生子女父母"具体界定为:(1)第一个小孩出生时具有城镇户口;(2)在 1976 年至 1986 年之间生育第一个小孩(包括收养的小孩);(3)终生只生育或收养一个小孩。这一操作化定义主要是从子女的角度去定义父母,因为子女出生的时间段或者父母生育的时间段是清楚而具体的,而在这个时间段生育小孩的父母的出生时间则没有明确的界限,虽然生育年龄在生理上有限制,但不同个体的具体生育时间并不一致。

本书只关注城镇地区的独生子女父母,而没有把农村地区的独生子女父母纳入进来。这样做主要是出于以下三点考虑。一是我国的独生子女,包括第一代独生子女,主要是在城镇。虽然计划生育政策颁布之初,城镇和农村的政策标准是一样的,但实际的生育情况是城镇育龄夫妇更可能生育独生子女,而农村育龄夫妇更可能生育两个及以上的子女。二是我国的独生子女政策主要存在于城镇地区,对城镇家庭在生育方面的引导和约束更大。城乡统一的独生子女政策在经过简短的摸索执行后,在 1982 年尤其是 1984 年做出了较大调整:城镇地区继续独生子女政策,而农村地区只有江苏、四川、重庆等少数省份保留了该政策,多数省份的农村地区调整为"一胎半"或两胎的政策。三是本书讨论的主题是养老问题,这一主题既与国家政策相关,也与经济社会发展和文化环境有关,在城乡二元结构还明显存在的背景下,将农村和城镇的养老问题放在一起去探讨难以兼顾其间的差异性。

(三) 本书的内容框架

1.城镇第一代独生子女父母的养老现状及其特征

第一代独生子女父母经历了严格的计划生育政策,其职业生涯与市场经济改革、对外开放的浪潮基本重叠,如今他们整体上进入人生的老年阶段。由于家庭规模的缩小、家庭结构的简单化,独生子女父母可以获得的家庭养老资源明显不够,而且社会的流动性不断增强,处于劳动年龄的子女往往与老年父母在居住上"分而又离",独生子女父母面临诸多养老风险。在他们进入老年阶段之前,一些研究者就对他们将来的养老认识、养老意愿、养老需求进行过讨论和预测。在他们已经整体上进入老年阶段几年之后,他们的养老生活实际上是什么状况呢? 他们在老年期的实际生活状态是怎样的? 本书将从经济保障、居住安排、生活照料、疾病护理、人际互动、精神慰藉、精神健康、养老方式、养老自主性这些养老维度展开调查研究,描述第一代独生子女父母在低龄老年阶段养老生活的基本情况。

经济保障是养老的基本内容,既包括他们自身的物质条件、经济能力,又包括子女的经济供养、代际支持,还涉及社会性的养老保险、社会援助、政府救助等。老年人跟谁住在一起,他们的居住条件如何,是养老生活的重要内容。随着年龄的逐渐增大,人体细胞、组织以及各器官的结构和功能日趋老化,体力、智力以及工作能力日益减弱。人进入老年阶段,生活自理能力会逐渐降低,需要得到额外的日常生活照料尤其是生病后的疾病护理。随着人们生活水平提高,社会不断发展进步,物质生活得到满足后,对精神方面的需求逐渐增加,对老年人的精神健康日益关注。独生子女父母会主动维持、参与人际互动,以及接受子女、家人以及外界的精神慰藉。而独生子女父母究竟会选择什么样的养老方式,已有研究做出了各种前期推测和意愿调查,如今他们已经步入老年,这种选择已经有了初步的答案,只是要通过调查研究揭晓这种答案而已。而不管选择什么样的养老方式,独生子女父母的自我养老、养老的自主性尤其重要。

2. 独生子女父母养老困境的表现形式及其原因

计划生育政策降低了整个社会的生育率,不管是生育一个小孩还是生育两个及以上的小孩,相比较计划生政策以前,社会普遍的生育率都大幅降低了。在社会结构性事实层面,不管是独生子女父母还是非独生子女父母,他们的养老条件、所面临的养老资源,是具有基本共性的。当然,独生子女父母的养老也有其特殊性,人们之所以关心他们的养老问题,主要也是基于这种特殊性。尤其是当他们遇到空巢、丧偶、贫困、灾变、独居、失独、失能、失智等特殊时期或特殊情况,因为家庭成员和其他养老资源的不足,上述困难很可能得以强化,表现出新的特征。本书将在经济保障、居住安排、生活照料、疾病护理、人际互动、精神慰藉、精神健康、养老方式、养老自主性这些基本的养老维度中,探讨独生子女父母面临贫困、空巢、丧偶、独居、疾病、失能等情况下的养老困难,从"个体—结构"的视角分析其内在的原因。

3.缓解独生子女父母养老困境的机制

以经济保障、居住安排、生活照料、疾病护理、人际互动、精神慰藉、精神健康、养老方式、养老自主性等养老维度为基本框架,以空巢、丧偶、贫困、灾变、独居、失独、失能、失智八个方面的特殊情况为着力点,从养老主体责任、养老资源筹措、养老方式时间空间对接整合、养老政策构建创新四个方面来构建全面有效的独生子女父母养老困境的解决机制:独生子女父母自身、子女、亲属、社区、单位、社会组织、市场企业、政府部门等供养主体的转承对接联动机制;场地空间、物质财产、设备设施、养老产品、人力资源、技术培训等养老资源的筹集机制;家庭养老、居家养老、机构养老等养老方式的有效衔接整合机制。

(四) 研究方法的选择

调查研究、实验研究、文献研究、实地研究是社会研究的四种基本方式。不同研究方式具有不同特征,其内在逻辑、优点和局限性也各不相同,适用于回答不同类型的研究问题。本书研究的问题决定了本书所需的数据资料需要具备如下特征:随机抽样产生的大样本,结构式问卷调查,描述统计和多元统计分析,因而更加适合用调查研究的方法。调查研究是一种定量研究,这一方式采用自填式问卷或结构式访谈等方式,收集大规模且具有代表性的量化资料,通过对量化资料的统计分析,得到有关研究总体的结论。其关键环节和基本元素是抽样、问卷和统计分析;主要特征是研究内容的广泛性、资料获取的及时性、描述的全面概括性以及实际应用的普遍性。①

研究问题所涉及的部分内容,比如独生子女父母所遭遇的特殊养老困境及其产生的原因,需要深入的过程、机制性的探索,而这需要采用质性的研究方法。独生子女父母是一个很大的群体,同时也是社会中的特定群体,其老年生活与其同龄的非独生子女父母相比,既有共性也有特殊性。这些特殊性的探究往往需要更加深入、细致、生动地描述和剖析。个案研究、实地研究等质性研究方法,可以深入、丰富且生动地描述少数研究对象的内部结构、发展过程,以及内在的、精神的、个体的、特定的行为方式和心理状态,可以很好地回答"如何发生的"问题,深入理解在社会背景中各类因素间的复杂关系。②

本书将运用调查研究和质性研究相结合的研究方法,以养老过程和养老维度为横纵坐标,以同龄非独生子女父母为参照,以遭遇贫困、空巢、独居、疾病、失能、丧偶等情况为重点,在经济保障、居住安排、生活照料、疾病护理、人际互动、精神慰藉、精神健康、养老方式、养老自主性等养老维度上,描述独生子女父母养老的现状与特征,把握独生子女父母养老困境的表现形式,剖析独生子女父母养老困境的形成原因,从供养主体、养老资源、养老方式、养老政策等方面建构解决独生子女父母养老困境的有效机制。

(五)数据资料收集

1.定量的数据资料收集

研究对象是城镇地区第一代独生子女父母,而调查对象除了第一代独生

---

① 风笑天:《社会学研究方法》,中国人民大学出版社 2009 年版,第 70 页。
② 风笑天:《社会研究:设计与写作》,中国人民大学出版社 2014 年版,第 6 页。

子女父母外,还包括与其同龄的城镇非独生子女父母。调查以全国城市为总体,采取立意多段抽样的方式选取调查样本。考虑到城市的区位分布、行政级别、规模大小、经济社会发展水平等方面的多样性,选取北京、南京、郑州、佛山、绵阳五个城市作为调查城市,每个城市要求完成 250 份左右的有效问卷。根据被选中城市设区的数量和人口规模不同,以及所设区之间的异质性,选取要调查的城区。在北京市选取六个城区:大兴区、丰台区、朝阳区、西城区、海淀区、东城区;南京市选取三个城区:鼓楼区、秦淮区、玄武区;郑州市选取四个区:二七区、金水区、中原区、惠济区;佛山市选取三个城区:禅城区、南海区、顺德区;绵阳市选取两个城区:涪城区、游仙区。因为调查对象是平均年龄在 60 岁以上的城市中老年人,所以选择在公园、广场、社区、家属院、小区、超市、商场、小商铺等地开展问卷调查。

具体的数据收集工作委托北京零点市场调查有限公司开展。本研究的课题组与北京零点市场调查有限公司签订正式的业务委托合同。问卷调查的时间段为 2019 年 12 月 12 日至 12 月 26 日,该公司的访问员在接受规范的调查培训之后,在公司调查督导的监督之下到各地开展线下调查。每位访问员每天的访问先使用平板电脑进行(访问或自填)。若平板电脑出现卡断或其他原因导致无法正常使用,则当日可换用纸版问卷执行。无论访问或自填,无论使用平板电脑或纸版问卷,过滤部分必须由访问员面向被访者以一问一答的形式进行,并要有录音,纸版问卷录音开始需报问卷编号,录音只录甄别部分,以此判定该受访者是否为目标访问对象。过滤部分问题访问完成后,询问被访者是否愿意自填,同意即可自填。若被访者说自己不识字或看不清,则需要访问员以一问一答的形式访问。用平板电脑填答时,访问员需手持纸版问卷,以备随时向被访者解释名词概念、题目理解、填答形式等。用纸版问卷自填时,访问员需要在一旁指导填写,尽可能避免在填答过程中出现多选、漏选情况。当被访者填写完毕后,访问员快速浏览问卷,对多选、漏选的题目进行确认。数据需当天录入并上传,同时将录音发给质检员和调查督导。问卷编号需提前写好给到访问员,平板电脑执行也需要填写问卷编号,平板电脑和纸质问卷编号都是唯一编号。

所有的访问都需要提交录音,无录音视作废卷。所有的访问过程都需要使用全球定位系统(GPS)定位。单批次单个访员的电话留置率不能低于60%。各城市的零点调查公司质检员出现场监控时,若出现联系不上某个调查点的对口人,该调查点当天所做样本全部按无效样本处理。未留电话且无面访录音的问卷,录音检查时若发现访问员有严重造假录音,该访问员的全部样本按废卷处理。经零点调查公司质检员多次复核联系不上受访者,又无面访录音,按废卷处理。同一批问卷同一访员,空号错号比例达30%的,此部分问卷无效。同一批问卷同一访员,复核过程中若发现访问员有轻微作弊手段的,则只保留复核成功的样本,其他样本按废卷处理。同一批问卷同一访员,复核过程中若发现访问员严重作弊,该访问员的所有执行样本全部作废。受访者配合度差,不愿意接受访问,在访问过程中出现严重的敷衍,相同分值,或不给明确答案,或随意给出答案且访员也为了快速访完而加快语速,此种问卷作废。如果被访者方言很重、听力或理解能力明显不能理解问卷中的问题,答非所问,此种情况属废卷。访问显示时间、时长明显不合理的情况,按废卷处理。同一份问卷由两个或两个以上的人共同回答,此种问卷属废卷。被访者不符合甄别条件,询问时存在放宽过滤条件现象,此种也属于废卷。甄别题存在诱导情况的,有一处即作废。录音检查时若发现访问员有严重造假录音的,该访问员的全部执行样本按废卷处理。

从调查执行情况看,实际完成有效样本1296个。其中直接使用平板电脑作答的样本有772个,使用纸版问卷作答的样本有524个。具体而言,复核部门实际收到问卷数1340份,复核成功55份,复核率为4.1%;共有废卷44份,废卷率3.3%;最终有效问卷数为1296份,合格率为96.7%。具体样本情况见表0-1。

表 0-1　样本分布

是否独生子女父母	北京市	南京市	郑州市	佛山市	绵阳市	合计
是	204	170	177	169	161	881
否	66	85	78	97	89	415
合计	270	255	255	266	250	1296

2.定性的个案资料收集

当独生子女父母遭遇特殊养老困境,如贫困、空巢、独居、疾病、失能、丧偶等情况时,需要探讨这些特殊情况的过程阶段、具体表现、内在原因,这就需要质性研究。考虑到本书的对象绝大多数处于低龄老年阶段,选择了空巢、独居、失能三类特殊养老状况开展研究。具体开展质性的个案资料收集的时间为 2018—2019 年。总共涉及的个案 44 个,具体情况如下:

(1)空巢的城镇第一代独生子女父母。依据家庭生命周期理论,按照研究需要,在访谈个案资料收集中,将空巢家庭界定为成年子女离家、不和父母一起居住的家庭,家庭中只有夫妻共同居住或夫妻中只剩一个人居住的状况(既包括家庭生命周期中的空巢阶段也包括空巢解体的独居阶段),其子女不与父母居住在同一社区,但可以是居住在同一城市。采取熟人介绍、滚雪球方法在湖南省常德市 G 社区选取了 19 位空巢的第一代独生子女父母进行深度访谈。这 19 位空巢的独身子女父母,大部分有配偶同住,少部分为单独居住。

(2)独居的城镇第一代独生子女父母。通过这一类对象的考察,主要用来关注在无人同住的情况下,第一代独生子女父母在养老的生活、疾病照料方面的困境。独居是指子女由于学业、工作、成家等原因从父母家庭中分离出去,家庭先成为"空巢",而后配偶由于疾病或意外事故去世而独自一人居住生活的家庭模式,同样也包括因离婚而在年老后独居的情况。依据不同的疾病原因、不同疾病护理地点、不同自我照顾能力及照护需求情况,于 2018—

2019年采取熟人介绍、滚雪球方法在河南省信阳市R社区选取了11位独居的城镇第一代独生子女父母和3位同龄非独生子女父母进行深度访谈。

（3）失能的城镇第一代独生子女父母。依据不同失能原因、失能程度以及不同社会特征（受教育水平、经济水平、子女状况等）等情况，采取熟人介绍、滚雪球方法在广西壮族自治区桂林市X养老院选取了11位失能的城镇第一代独生子女父母进行深度访谈。

定性的资料收集工作均由本课题组的研究人员执行。在进行正式访谈之前，消除自身先入为主的影响，加强对研究人员自身角色的认识，研究人员能融入研究对象所阐述的情境中，做到客观呈现访谈资料。除了对研究对象进行访谈，还利用"三角校正法"①，根据独生子女父母的具体情况和研究需要有针对性地对其子女、朋友、护工等进行访问，以获得特殊境遇下独生子女父母在生活起居、疾病护理等方面更客观、更详细的资料。

在访谈资料记录与整理方面，使用录音设备、手动记录访谈笔记相结合的方法。进行访谈时，研究人员主要使用录音设备进行记录，在录音之前告知访谈对象此次录音的用途并征求其同意，如遇不同意，会向访谈对象解释清楚目的及意义，消除其防备心理，尊重访谈对象意愿。经过对录音资料转换为文字并校正，以备分析时使用。在访谈时手动记录访谈笔记，在沟通过程中，随时记录访谈对象的神态、肢体动作等难以由录音所涵盖的细节。在访谈结束后及时进行反思与自评。在录音资料、访谈笔记的基础上归纳、总结访谈资料的内容。

---

① ［美］麦克斯维尔:《质性研究设计》,陈浪译,中国轻工业出版社2008年版,第119—120页。

第一章　独生子女父母养老
问题研究文献述评

　　我国计划生育政策的制定与执行,尤其是城镇地区的独生子女政策,是以特定时期的国情为基础的。这一政策及时抑制了我国人口的过快增长,为改革开放初期经济社会的快速发展减轻了人口负担,缓解了经济社会发展与环境资源禀赋不足之间的矛盾。但对具体的独生子女父母来说,这一政策会给他们带来一定的风险。有学者推算,截止到 2016 年"全面二孩"政策实施、独生子女政策正式结束,全国 0—44 周岁的独生子女人口已有 1. 7 亿左右。[①]如果独生子女父母双方均健在,这意味着独生子女父母这一群体几乎占到我国现有人口规模的四分之一。风笑天认为,对第一代独生子女父母的界定,要抓住两点:一是出生于 1948—1960 年,二是只生育或领养一个孩子的父母,[②]而到 21 世纪 20 年代,他们都年逾花甲甚至已逾古稀,其养老已经成为摆在面前的现实问题。[③]

　　居家养老、机构养老等社会化的养老方式虽然已经出现,但我国目前处于

---

　　① 风笑天:《"后独生子女时代"的独生子女问题》,《浙江学刊》2020 年第 5 期。

　　② 风笑天:《第一代独生子女父母的家庭结构:全国五大城市的调查分析》,《社会科学研究》2009 年第 2 期。

　　③ Cui R. ,Yu J.& Zhu Y. ,"Research on Endowment Rural Only Child" , *Studies in Asian Social Science* ,Vol.2 ,No.1(2015) ,pp.19-23.

支配地位的养老方式依然是家庭养老。在独生子女家庭,每个家庭只有一个孩子,依靠这一个孩子对父母双亲进行赡养的客观基础已经被严重削弱,[1]面临着子女数量不足、养老支持渠道单一、精神慰藉资源薄弱的难题[2][3]。早在1985年,边燕杰就指出独生子女父母将来可能面临养老困境,尤其当独生子女结婚离家后,原本由一家三口组成的家庭结构便会立刻解体,对父母老年后的家庭生活带来不便。[4] 而时至今日,时间过去了近四十年,国内外学术界对独生子女父母的养老问题做了哪些探讨呢? 本章将对独生子女父母养老问题的研究文献进行梳理和分析,力求呈现一幅该领域研究的梗概图景,为后续的实证研究和政策分析确立出发点。

一、独生子女父母养老问题研究的概况

与独生子女父母养老问题相关的文献,绝大多数是中文文献,外文文献很少。少量的相关外文文献主要是对中国失独家庭所面临的困境开展研究。这与独生子女政策为我国特有的人口政策、政策下的独生子女及其父母为我国特有人口群体,进而给国外学者开展相关研究带来不便有关。另外,就目前情况而言,在独生子女父母养老问题的文献中,"独生子女父母养老"和"独生子女家庭养老"所指的是同一个意思,即第一代独生子女父母的养老。虽然独生子女父母的子女仍可能生育独生子女,其家庭仍然可能是独生子女家庭,将来也会面临养老问题,但第一代独生子女目前正值中年,远未进入老年阶段,

---

① 风笑天:《从"依赖养老"到"独立养老"——独生子女家庭养老观念的重要转变》,《河北学刊》2006 年第 3 期。

② 风笑天:《独生子女——他们的家庭、教育和未来》,社会科学文献出版社 1992 年版,第 230—234 页。

③ 石燕:《关于我国独生子女养老经济负担的调查研究——以镇江为例》,《中国青年研究》2008 年第 10 期。

④ 边燕杰:《独生子女家庭的增长与未来老年人的家庭生活问题》,《天津社会科学》1985 年第 5 期。

目前相关文献中所涉及的独生子女父母养老均为其父母的养老。

（一）相关研究的数量及期刊发表

在"中国知网"上以"独生子女父母养老"为关键词进行检索，可检索到718条结果（注：检索日期为2021年4月21日），其中期刊文献339篇。在期刊文献的339条检索结果中用"独生子女家庭养老"为关键词进行二次检索，得到171篇文献，占相关期刊文献总数的50.5%。独生子女父母养老的文献基本涵盖了独生子女家庭养老的文献，因而不再用"独生子女家庭养老"为关键词对相关文献进行检索。在上述339篇期刊文献中，以南京大学中文社会科学引文索引来源期刊（CSSCI）、北京大学全国中文核心期刊以及中国科学引文数据库来源期刊（CSCD）为筛选条件继续搜索，剩下138篇文献，占相关期刊文献总数的40.7%。

上述情况可以说明两点。一是从相关文献的数量上看，学术界对独生子女父母的养老问题开展了一定的研究，但相对于作为基本国策的计划生育政策，相对于数量庞大的独生子女父母群体，学术界的研究还是不够的，关注这一研究领域的研究人员及研究成果并不多。二是从相关文献的质量上看，相关研究的质量整体上不错。

（二）相关期刊文献的时间分布

以发表年份为横轴、文献数量为纵轴，将独生子女父母养老问题的期刊论文做成计量分析图，如图1-1所示。图1-1表明，相关研究的发表有两个高峰，一个高峰是2008年，从1988年正式发表相关论文开始，经历二十年时间的低水平徘徊，在2008年达到第一个小高潮；第二个高峰是2013年，相关论文发表在第一个小高潮的基础上继续攀升，到2013年达到了迄今为止的最高峰，随后虽然维持较多的论文发表量，但总体上数量在减少。

用上述两个期刊论文发表高峰的年份作为时间节点，将独生子女父母养

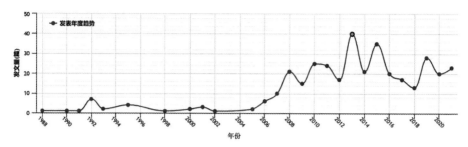

图 1-1 "独生子女父母养老"主题论文发表的数量趋势

老问题的相关研究分为三个阶段,每个阶段相关期刊论文的发表数量如表 1-1 所示。

表 1-1 "独生子女父母养老"主题论文发表的阶段与数量

时间划分	论文数量(篇)	百分比(%)
第一阶段:1988—2007 年	41	12.1
第二阶段:2008—2012 年	102	30.1
第三阶段:2013—2021 年	196	57.8
合计	339	100

注:依据中国知网检索,检索时间截至 2021 年 4 月 21 日。

第一阶段为 1988—2007 年,是独生子女父母养老问题研究的探索期。这一阶段的时间跨度达到二十年,但仅发表 41 篇相关论文,年均发表论文 2 篇左右。当时第一代独生子女父母尚未进入老年阶段,多数还处于中年青年的年龄段,养老问题还是一个将来的问题,少有人研究这一问题自在情理之中。

第二阶段为 2008—2012 年,是独生子女父母养老问题研究的上升期。这一阶段相关论文的发表数量明显上升,五年时间里共有 102 篇论文发表,年均发表量超过 20 篇。有两个方面的原因。一是随着第一代独生子女逐渐长大成年,因求学、就业而离开家庭的情况增多,独生子女父母家庭进入"空巢"的可能性逐渐增加。① 这一现象受到较多学者的关注,并且开始出现一些与预

———————————

① 石燕:《城市独生子女空巢家庭的阶段划分与特征》,《南京人口管理干部学院学报》2008 年第 1 期。

测独生子女父母养老需求和意愿的实证研究。二是由于长时期的低生育率和人口老龄化逐渐深化,学术界对人口政策走向的讨论开始增多,作为受到计划生育政策影响的第一代独生子女父母的养老问题自然而然就会进入研究者的视野。

第三阶段为2013—2021年,是独生子女父母养老问题研究的发展期。该阶段文献的发表数量继续增加,八年时间共有196篇论文公开发表,年均发表量24.5篇。这一阶段里,第一代独生子女父母逐渐进入退休和老年期,养老问题不再是遥远的"将来时"而是迫在眉睫的"进行时",相关研究的主题也从养老的意愿、需求和预测逐渐转向对养老问题的现实分析。而且从2013年到2016年,我国计划生育政策做了重大调整,从"双独二孩"政策到"单独二孩"政策再到"全面二孩"政策。在国家调整生育政策以回应与人力资源相关的社会系统的需求的同时,作为直接受到严格的计划生育政策约束的、逐渐进入老年阶段的独生子女父母,自然会得到多一些的关注。

(三) 相关期刊文献的主题

对独生子女父母养老问题的研究,具体主题主要集中在以下三个方面。

一是独生子女父母的养老意愿和居住方式。各自要占到现有文献的三分之一左右,尤其是关于养老意愿的研究最多。第一代独生子女父母进入老年阶段的时间并不长,之前很长一段时间开展的关于他们养老问题的研究,最自然选择的主题就是养老意愿。而居住方式则是内含于养老意愿、养老方式的一项重要内容,对于独生子女父母家庭来说就更是如此。

二是对养老内容的研究,侧重在经济保障方面。养老的内容主要包含经济保障、生活照料和精神慰藉三个方面,[1]目前对独生子女父母的养老内容的关注主要在经济保障方面。不管是分析其养老风险、养老意愿,还是探讨其养

---

[1]　陈赛权:《中国养老模式研究综述》,《人口学刊》2000年第3期。

老认知、养老支持,多数都包含经济状况、经济保障的指标。相对而言,对独生子女父母生活照料、精神慰藉方面的研究则少得多。这与第一代独生子女父母目前较为年轻,多数属于低龄老人,生活照料、精神慰藉等方面的需求还没有完全凸显出来有关。

三是对"失独"父母群体的关注。对于这一特殊群体,现有研究关注较多。主要是关注这一群体的精神状况、心理创伤及其缓解、心理困境及其恢复重建,对其养老的问题则少有直接涉及。

表1-2 "独生子女父母养老"主题文献统计表

类别	数量(篇)	百分比(%)
1. 养老风险	11	7.6
2. 养老认识	7	4.8
3. 养老意愿	29	20
4. 养老支持	16	11
5. 居住方式与家庭代际结构	24	16.6
6. 失独群体养老困境、创伤恢复、救济机制	49	33.8
7. 文献综述	9	6.2
合计	145	100

注:只统计相关主题明确的文献,包括外文文献,但不包括20篇背景类文献(如子女数量、解决机制)。

二、独生子女父母养老问题
研究的主要结论或观点

现有相关研究可以分为客观和主观两种切入维度。客观的切入维度主要是基于独生子女父母所处的社会环境与实际养老状况,对其所面临的养老风险和实际的居住方式、养老支持等方面进行研究。主观方面的切入维度集中在独生子女父母的养老认识和养老意愿两方面。如果独生子女发生残疾、死亡等意外事件,其父母所面临的养老问题则比较特殊,因此也有学者专门对"残独"和"失独"父母进行研究。

(一)独生子女父母面临的养老风险

独生子女父母的养老风险源于他们对子女的依赖性养老需求得不到满足或得到满足的程度较低的可能性。[1] 首先,从养老的经济保障方面看,生于 20 世纪五六十年代的第一代独生子女父母,受历史条件限制,普遍缺乏接受中高等教育的机会,在职业技能方面获得的培训也较少,大部分独生子女父母的实际收入水平并不高,[2]缺乏支付当今较高养老成本的经济条件。[3] 独生子女面临赡养老人与哺育下一代子女的双重负担,已婚生育的独生子女如果在家庭资源分配上侧重下一代的教育和成长,则可能挤占分配给上一辈的养老资源。[4] 而且随着时间的推移,独生子女父母在将来所面临的生活照料与精神慰藉方面的非经济保障风险要远大于经济保障风险。[5]

其次,从养老的生活照料方面看,一项对北京市城区的家庭调查显示,无论是与子女同住的核心家庭、主干家庭,还是与子女分住的"空巢"家庭,独生子女父母对生活照料、看病就医陪护的需求比较高,选择希望子女陪同看病的达到 50% 左右,处于核心家庭、主干家庭的独生子女父母有 49% 认为"应建立家庭病房,上门送药,打针、护理"。[6]

最后,从养老的精神慰藉方面看,穆光宗基于 2000 年国家老龄委发布的

---

[1]　于长永:《农村独生子女家庭的养老风险及其保障》,《西北人口》2009 年第 6 期。

[2]　邵希言、赵仲杰:《北京城区首批独生子女家庭养老风险及规避对策研究》,《中国人口·资源与环境》2016 年第 S1 期。

[3]　徐俊、风笑天:《独生子女家庭养老责任与风险研究》,《人口与发展》2012 年第 5 期。

[4]　乐章、陈璇、风笑天:《城市独生子女家庭养老问题》,《福建论坛(经济社会版)》2000 年第 2 期。

[5]　穆光宗:《独生子女家庭非经济养老风险及其保障》,《浙江学刊》2007 年第 3 期。

[6]　赵仲杰:《北京城区独生子女家庭的养老问题研究》,知识产权出版社 2012 年版,第 121—131 页。

数据,指出"家庭空巢化"是一种必然趋势,独生子女父母不仅日常生活照料资源存在短缺,而且其心理状态也可能因为身边无子女相伴而变得脆弱。[1] 在经济条件不足、难以去养老院或雇请保姆的情况下,独生子女父母往往依靠配偶之间的支持来度过老年生活,然而随着自身年龄的不断增大,夫妻之间的照顾能力逐渐下降,必然面临更大的生活照料、精神慰藉方面的风险。[2] 而且,随着经济的发展、社会保障的不断完善,独生子女父母养老的经济条件可以得到逐步改善,但这种经济条件的改善却难以缓解其未来可能面临的精神慰藉困境。[3]

另外,有两类独生子女父母的养老风险需要额外关注。一类是农村独生子女父母。由于在城乡二元结构的长期存在,农村独生子女父母比城镇独生子女父母面临着更严重的经济困境。[4] 2010 年一项对江苏省高淳县 195 位 50 岁以上的独生子女父母的调查显示,68.9%的农村独生子女父母人均年收入不超过 3000 元,若将江苏省当年的低保标准人均 2880 元作为温饱线,则近七成的农村独生子女父母处在低保线以下。[5] 而且,由于城乡之间经济社会发展水平的差距,人口流动的方向往往是从农村到城市的单向流动,亲子之间"既分又离"的居住情形的可能性在农村要远大于城市,这给农村独生子女父母的生活照料与精神慰藉带来更大的困难。[6] 与城市相比,农村也更缺乏护理院和社区养老资源,使得老年人的精神慰藉风险更大。[7]

---

[1]　穆光宗:《独生子女家庭非经济养老风险及其保障》,《浙江学刊》2007 年第 3 期。

[2]　于长永、乐章:《城镇独生子女家庭的养老风险及其规避》,《社会科学管理与评论》2009 年第 2 期。

[3]　穆光宗:《独生子女家庭非经济养老风险及其保障》,《浙江学刊》2007 年第 3 期。

[4]　Cui R., Yu J.& Zhu Y.,"Research on Endowment Rural Only Child", *Studies in Asian Social Science*, Vol.2, No.1(2015), pp.19–23.

[5]　周长洪、刘颂、毛京沭等:《农村 50 岁以上独生子女父母与子女经济互动及养老预期——基于对全国 5 县调查》,《人口学刊》2012 年第 5 期。

[6]　于长永:《农村独生子女家庭的养老风险及其保障》,《西北人口》2009 年第 6 期。

[7]　Cui R., Yu J.& Zhu Y.,"Research on Endowment Rural Only Child", *Studies in Asian Social Science*, Vol.2, No.1(2015), pp.19–23.

另一类是遭遇子女残疾、死亡的独生子女父母。子女的唯一性使得独生子女家庭的结构更加脆弱。当唯一的子女遭受伤害、残疾甚至死亡,这类家庭会转为弱势家庭、缺损家庭,这类家庭的养老风险会急剧放大。[1] 尤其是子女在成年以后发生意外伤亡,其家庭是无法化解这种破坏性风险所导致的后果的。[2] 如果说子女健全的独生子女父母在养老方面尚且存在困难,那么子女遭遇残疾、死亡的独生子女父母所面临的困难无疑更大更深。他们不仅在心理上会长期陷入悲痛状态,也不得不面临无儿女养老的境地。[3]

（二）独生子女父母对养老的认识

对于什么是养老认识,风笑天认为是主观上如何认识养老生活,包括对养老方式和养老保障问题的心理准备,并将这一概念操作化为养老担心度、对子女的依赖心态以及对机构养老的态度三个方面[4]。也有研究者认为养老担心度集中反映为养老的心态与认识,在研究中将养老认识界定为养老担心度或养老焦虑(本研究统称养老担心度)。[5][6] 独生子女父母对养老的担心度、对机构养老、子女依赖等养老相关问题的态度是现有研究主要关注的几个方面。同时,现有研究也致力于剖析独生子女父母与非独生子女父母在前述几个问题上的差异性。

---

[1] 赵仲杰:《北京城区独生子女家庭的养老问题研究》,知识产权出版社2012年版,第89页。

[2] 潘金洪:《独生子女家庭养老风险研究》,中国社会出版社2009年版,第66页。

[3] 徐俊、风笑天:《独生子女家庭养老责任与风险研究》,《人口与发展》2012年第5期。

[4] 风笑天:《面临养老:第一代独生子女父母的心态与认识》,《江苏行政学院学报》2010年第6期。

[5] 徐俊:《农村第一代已婚独生子女父母养老心态及其影响因素分析》,《人口与经济》2016年第3期。

[6] 王树新、张戈:《我国城市第一代独生子女父母养老担心度研究》,《人口研究》2008年第4期。

养老担心度,指独生子女父母对养老生活的总体担心程度。① 现有研究主要从养老内容上,即从经济支持、生活照料、精神慰藉三个方面来讨论独生子女父母的养老心态如何。首先,在是否担心的问题上,研究显示独生子女父母对自己未来养老生活存在一定程度的担心,但并不严重,而且和非独生子女父母相比也没有显著差异。张戈在 2006 年对北京、山东和吉林三省市的独生子女父母调查显示,独生子女父母对自身的养老问题存在一定的担心,但并不是特别严重。② 这一结果与 2008 年对北京、上海、南京、武汉、成都五大城市的抽样调查结果基本一致:在 48—60 岁的 1005 名城市已婚中老年人中,独生子女父母与非独生子女父母对未来养老生活有所担心的比例不高,分别为23.4% 和 18.5%,而且二者之间的差异并不明显。③ 2008 年对江苏和四川两省 810 户农村居民入户问卷调查显示,在 1955—1965 年出生的 407 位农村独生子女父母中大约有三分之一的人担心自己的养老问题,一半以上表示不太担心或根本不担心,而且这一结果与非独生子女父母没有明显区别。④ 徐俊的研究表明,农村独生子女父母和非独生子女父母非常担心和比较担心自身养老问题的比例都在 35% 左右。⑤ 周长洪等人对全国五个县的调查也表明农村独生子女父母的乐观心态,他们当中有 80% 认为当年老后遇到生活和医疗方面的困难,其子女肯定或可能会提供经济帮助。⑥

独生子女父母对哪方面更为担心呢? 现有研究的结果也呈现出一定的城

① 郝静、王炜:《子代支持对养老担心问题的影响——基于 2015 年第一代独生子女家庭调查》,《调研世界》2017 年第 7 期。

② 张戈:《我国城市第一代独生子女父母的养老焦虑》,《人口与经济》2008 年第 S1 期。

③ 风笑天:《面临养老:第一代独生子女父母的心态与认识》,《江苏行政学院学报》2010 年第 6 期。

④ 唐利平、风笑天:《第一代农村独生子女父母养老意愿实证分析——兼论农村养老保险的效用》,《人口学刊》2010 年第 1 期。

⑤ 徐俊:《农村第一代已婚独生子女父母养老心态及其影响因素分析》,《人口与经济》2016 年第 3 期。

⑥ 周长洪、刘颂、毛京沭等:《农村 50 岁以上独生子女父母与子女经济互动及养老预期——基于对全国 5 县调查》,《人口学刊》2012 年第 5 期。

乡差异:城镇独生子女父母更加担心非经济问题,而困扰农村独生子女父母的首要因素就是经济保障问题。风笑天对城市已婚中老年人的调查显示,相对于大病费用、经济生活来源以及精神慰藉等方面的困难,两类父母最担忧的是日常生活照料和生病照料,超过三分之二的父母将照料问题置于养老担忧的首位;并且独生子女父母对生病照料和精神慰藉的担心程度要明显高于多子女父母。① 2013 年一项对南京、常州和苏州 270 位城镇独生子女父母的调查显示,在"是否担心患有需长期照顾的疾病"问题上,表示担心(非常担心和比较担心)的比例高达 45.5%;在"是否担心生病时子女照顾与陪护有困难"问题上有 36.3%的父母表示担心;而在"是否担心积蓄不足以支付医疗费""退休金不足以享受老年生活"问题上,担心比例分别为 37%和 24.4%。② 2015年中国社会科学院人口与劳动经济研究所对第一代独生子女家庭状况开展调查,发现独生子女父母对养老生活持担心和不担心态度的各占一半左右;对养老表示担心的那部分人有 44.97%最担心生活不能自理时无人照料。③ 而对山东省农村的调查却表明,50 岁以上的农村人(包括独生子女和非独生子女父母)对经济供养的担心高于日常照料的担心。④ 而且在经济条件缺乏保障的同时,随着年龄的增长,农村独生子女父母还不得不担忧生活照料问题。⑤

影响独生子女父母养老担心度的因素是多方面的,而与家庭养老方式相关因素的影响最为显著。主要包括婚姻状况、健康水平、家庭经济条件、子女

---

① 风笑天:《面临养老:第一代独生子女父母的心态与认识》,《江苏行政学院学报》2010 年第 6 期。

② 陆凯欣、何文俊、何贵蓉:《城镇独生子女父母养老担心调查》,《中国老年学杂志》2016年第 15 期。

③ 郝静、王炜:《子代支持对养老担心问题的影响——基于 2015 年第一代独生子女家庭调查》,《调研世界》2017 年第 7 期。

④ 周德禄:《农村独生子女家庭养老保障的弱势地位与对策研究——来自山东农村的调查》,《人口学刊》2011 年第 5 期。

⑤ 徐俊:《我国农村第一代已婚独生子女父母的养老认识研究》,《华中科技大学学报(社会科学版)》2016 年第 3 期。

支持状况几个方面。独生子女父母家庭的空巢期更长,获得子女支持的可能性更小,尤其是当子女结婚成为"双独家庭"后,传统的家庭养老方式受到的冲击更大。在这种情况下,与家庭养老方式相关的因素越处于积极状态,独生子女父母的养老心态也就越乐观。[1] 对北京、山东和吉林三省市的调查显示,家庭经济状况、身体健康状况及婚姻状况对独生子女父母的养老担心度有显著影响。[2] 对江苏省城镇独生子女父母的调查表明,健康状况、婚姻状况对养老担心度有着显著影响。[3] 郝静和王炜的研究发现,子女的经济支持、居住方式是最为重要的因素:经常获得子代经济支持者的养老担心度比从未获得者要低,而亲子异地居住使得父母获得的生活照料受到限制,同样也会提高父母的养老担心度。[4]

独生子女父母对机构养老有了一定的心理准备,并且城镇独生子女父母的接受程度高于农村。对于进入养老机构进行养老,城镇独生子女父母与非独生子女父母所表现出的心理准备状态有较大差距:独生子女父母有 60% 表示已做好这一心理准备,而非独生子女父母仅为 40%。两类父母也有较为趋同的养老认识,对"子女送父母去养老院是不孝顺"的看法已不占据主流,两类父母不同意此观点的比例达到了 60% 至 80%,总体而言,城镇独生子女父母更加理解子女赡养自己所面临的客观困难,并且已对此做出了相应的养老准备。[5] 而在农村地区,独生子女父母对机构养老的接受程度则更低。徐俊对江苏、四川两省农村的调查表明,即便在迫不得已、缺人照料的情况下,超过

① 徐俊:《农村第一代已婚独生子女父母养老心态及其影响因素分析》,《人口与经济》2016 年第 3 期。

② 王树新、张戈:《我国城市第一代独生子女父母养老担心度研究》,《人口研究》2008 年第 4 期。

③ 陆凯欣、何文俊、何贵蓉:《城镇独生子女父母养老担心调查》,《中国老年学杂志》2016 年第 15 期。

④ 郝静、王炜:《子代支持对养老担心问题的影响——基于 2015 年第一代独生子女家庭调查》,《调研世界》2017 年第 7 期。

⑤ 风笑天:《面临养老:第一代独生子女父母的心态与认识》,《江苏行政学院学报》2010 年第 6 期。

半数的独生子女父母仍表示不接受机构养老这一方式。①

随着经济社会的现代化发展,传统养老模式必然面临相应的变化,而这一变化会改变独生子女父母对子女的依赖心理吗?事实上,在子女看望父母、是否应该留在父母身边等问题上,城乡独生子女父母均表现出对子女的宽容与理解。如在"应该理解孩子工作学习忙,不能常回家看望父母"这一点上,城镇独生子女父母与非独生子女父母的认同比例都达到了60%左右。② 在农村地区,在理解子女工作忙碌、不能就近工作、未来对父母养老的支持有限等方面,独生子女父母与多子女父母的认同比例也都比较高。③

(三) 独生子女父母的养老意愿

独生子女父母对于自身的养老存在一定程度的担心,而这种担心又会进一步影响其养老意愿的表达和具体养老方式的选择。现有研究一是将养老意愿具体化为养老责任主体选择的意愿,即独生子女父母根据自己的现实处境,对养老首要依赖的对象的选择意愿;④二是认为养老意愿是老年人对养老方式的选择意愿,是老年人在原有的养老观念基础上,加入了现实考量而做出的理性选择,包括对未来养老方式、养老地点和养老内容的选择三个方面。⑤

1.对养老责任主体的选择意愿

养老的本质在于谁来提供养老资源,明确养老责任及其行为主体是养老

① 徐俊:《我国农村第一代已婚独生子女父母的养老认识研究》,《华中科技大学学报(社会科学版)》2016年第3期。

② 风笑天:《面临养老:第一代独生子女父母的心态与认识》,《江苏行政学院学报》2010年第6期。

③ 徐俊:《我国农村第一代已婚独生子女父母的养老认识研究》,《华中科技大学学报(社会科学版)》2016年第3期。

④ 封铁英、马朵朵:《独生子女父母养老主体选择——基于子女特征与代际支持的影响研究》,《西安交通大学学报(社会科学版)》2019年第6期。

⑤ 陶涛、刘雯莉:《独生子女与非独生子女家庭老年人养老意愿及其影响因素研究》,《人口学刊》2019年第4期。

实践的逻辑起点。① 在我国的传统文化中,依靠子女养老是正常的选择。但在独生子女政策下,依靠子女的传统养老方式受到了一定程度的冲击,正经历着从"依赖养老"到"独立养老"的重要转变。② 在现代社会中,除了子女这一传统养老责任主体,政府、养老企业、社会组织以及老年人自身也成为养老责任主体。独生子女父母的养老责任主体的选择意愿呈现出什么特点? 独生子女父母对不同责任主体的偏好又受到哪些因素的影响? 这是学界关注的问题。尽管目前关注养老责任主体选择意愿的研究较少,但也提供了一些可供参考的结论。

首先,独生子女父母中认同子女承担养老责任的观点仍旧占据较大部分,"养儿防老"观念仍然存在。中国老龄科学研究中心 2006 年进行的中国城乡老年人口状况追踪调查数据显示,有 60.4% 的独生子女父母选择靠子女养老。③ 2010 年中国综合社会调查(CGSS)的数据显示,4420 位独生子女父母中仍有 50.1% 认为应该由子女来养老。④ 2011 年一项对江苏、四川两省农村的抽样调查显示,在 1948—1963 年间出生且子女已婚的独生与非独生子女父母中,均有 60% 左右选择靠子女养老,表现出较强的子女依赖意识。⑤ 中国综合社会调查(CGSS)2015 年的数据结果也表明,独生子女父母与多子女父母认同子女负责养老的比例均超四成。⑥ 也有研究得出不一致的结论:2017 年在陕西西安市的抽样调查中,仅有 18.73% 的独生子女父母选择了

---

① 丁志宏、陈硕、夏咏荷:《我国独生子女父母养老责任认知状况及影响因素研究》,《兰州学刊》2021 年第 1 期。

② 风笑天:《从"依赖养老"到"独立养老"——独生子女家庭养老观念的重要转变》,《河北学刊》2006 年第 3 期。

③ 纪竞垚:《只有一孩,靠谁养老? ——独生子女父母养老意愿及影响因素分析》,《老龄科学研究》2015 年第 8 期。

④ 纪竞垚:《只有一孩,靠谁养老? ——独生子女父母养老意愿及影响因素分析》,《老龄科学研究》2015 年第 8 期。

⑤ 徐俊:《农村第一代已婚独生子女父母养老意愿实证研究》,《人口与发展》2016 年第 2 期。

⑥ 丁志宏、陈硕、夏咏荷:《我国独生子女父母养老责任认知状况及影响因素研究》,《兰州学刊》2021 年第 1 期。

希望子女供养。① 该项调查的样本局限于西安市,而且样本量不足 300,因而出现样本偏差的可能性比较大。

其次,与同龄的多子女父母比较,年龄较小的独生子女父母自我养老意识较强。一项对江苏和四川两省农村居民的调查显示,在养老经济来源上,独生子女父母选择依靠自己的比例比非独生子女父母高约 10%,选择主要靠子女养老的比例要比非独生子女父母低 13%。② 尽管农村两类父母都更认同子女负责养老,但独生子女父母选择依靠子女养老的比例显著少于非独生子女父母,选择靠自己养老的比例高出后者近 10 个百分点。③ 中国老年社会追踪调查(CLASS)2014 年的数据显示,独生子女父母认定由子代负养老责任的可能性只有非独生子女父母的 56%。④ 通过对中国综合社会调查(CGSS)2010 年和 2015 年的数据进行对比,发现 2015 年城镇独生子女父母认为养老主要由子女负责的比例比五年前下降了 7.2 个百分点,而在农村该选择的比例也下降了 5.4 个百分点。⑤

最后,如果引入城乡变量,农村独生子女父母比城镇独生子女父母对子女依赖性更强。2006 年中国城乡老年人口状况追踪调查数据显示,有 60.4% 的独生子女父母选择靠子女养老,其中农村父母占 90.3%,城市父母仅占 9.7%。⑥ 一项在四川两个市进行的调查显示,在选择社会养老保险、自己储蓄、子女供养、计划生育保险的问题上,农村独生子女父母选择的比例分别为 35.11%、

---

① 封铁英、马朵朵:《独生子女父母养老主体选择——基于子女特征与代际支持的影响研究》,《西安交通大学学报(社会科学版)》2019 年第 6 期。

② 唐利平、风笑天:《第一代农村独生子女父母养老意愿实证分析——兼论农村养老保险的效用》,《人口学刊》2010 年第 1 期。

③ 徐俊:《农村第一代已婚独生子女父母养老意愿实证研究》,《人口与发展》2016 年第 2 期。

④ 山娜:《关注一孩政策后续效应:老年人晚年照料意愿及其影响因素分析》,《南方人口》2016 年第 4 期。

⑤ 丁志宏、陈硕、夏咏荷:《我国独生子女父母养老责任认知状况及影响因素研究》,《兰州学刊》2021 年第 1 期。

⑥ 纪竞垚:《只有一孩,靠谁养老?——独生子女父母养老意愿及影响因素分析》,《老龄科学研究》2015 年第 8 期。

57.78%、72.8%、28.89%。① 在丁志宏构建的地区养老模型中,城镇独生子女父母认为未来养老由子女负责的可能性是农村独生子女父母的84.5%。②

　　究竟有哪些因素影响或改变了独生子女父母的养老责任选择意愿呢? 大部分研究关注的是父母自身具有的特征,包括人口学特征和家庭状况。其一是独生子女父母的年龄越大,越认同依靠自己养老。一项利用中国综合社会调查(CGSS)2010 数据的分析显示,与依靠子女养老相比,独生子女父母的年龄每增加 1 岁,选择靠自己养老的可能性增加 6%。③ 另一研究也表明,相对于 1949 年前出生的年纪较大的独生子女父母而言,1949—1977 年、1978 年以后出生的父母更认同子女负责养老,其可能性分别为 1949 前出生父母的 2.533 倍和 1.385 倍。④ 其二是健康状况越差,越倾向依靠子女养老。对 2010 年第三期中国妇女社会地位调查数据分析发现,农村中健康状况很好的独生子女父母选择个人养老的可能性是健康状况差的独生子女父母的 4.662 倍。⑤ 另一项对江苏、四川两省农村的抽样调查也得出类似结果:与健康不佳的独生子女父母相比,健康良好者、一般者有更大的可能性选择自己养老。⑥ 其三是文化程度越低,更倾向选择子女负责养老。在城市中,文化程度越高的父母,选择自我养老的可能性是选择子女供养的 1.46 倍。⑦ 而在农村地区,与高中或中专学历者相比,初中学历及以下的独生子女父母选择依靠自己养

---

　　① 王学义、张冲:《农村独生子女父母养老意愿的实证分析——基于四川省绵阳市、德阳市的调研数据》,《农村经济》2013 年第 3 期。
　　② 丁志宏、陈硕、夏咏荷:《我国独生子女父母养老责任认知状况及影响因素研究》,《兰州学刊》2021 年第 1 期。
　　③ 纪竞垚:《只有一孩,靠谁养老?——独生子女父母养老意愿及影响因素分析》,《老龄科学研究》2015 年第 8 期。
　　④ 丁志宏、陈硕、夏咏荷:《我国独生子女父母养老责任认知状况及影响因素研究》,《兰州学刊》2021 年第 1 期。
　　⑤ 丁志宏:《我国农村中年独生子女父母养老意愿研究》,《人口研究》2014 年第 4 期。
　　⑥ 徐俊:《农村第一代已婚独生子女父母养老意愿实证研究》,《人口与发展》2016 年第 2 期。
　　⑦ 封铁英、马朵朵:《独生子女父母养老主体选择——基于子女特征与代际支持的影响研究》,《西安交通大学学报(社会科学版)》2019 年第 6 期。

老的可能性更低。① 受教育程度越高,有正式工作和养老保险的可能性更大,因而也更有可能倾向于不依赖子女养老。② 其四是不在婚姻状态(丧偶、离异等)的父母,对子女养老责任的认定意愿更高。③ 但另一利用 2015 年全国性数据的研究则表明,有配偶的独生子女父母更倾向子女支持养老:有配偶的独生子女父母认同子女负责养老的可能性是无配偶独生子女父母的 1.108 倍,无配偶的父母更倾向自我、政府负责养老以及第三方分摊养老责任,因为有配偶的老年人对子女及外界支持的需求比较小。④

对子女特征、代际支持等方面的因素关注较少。子女特征的影响并不显著。如在子女性别因素上,多项研究表明,独生子女的性别对独生子女父母的养老主体选择意愿没有显著影响。⑤⑥⑦ 在独生子女政策之下,子女的唯一性消解了其父母的性别偏好,在养老方面并不会因为子女的性别而产生差异。⑧ 目前仅有一篇论文直接考察了代际支持的因素:该研究利用 2017 年对西安市 399 位独生子女父母的调查数据,发现得到子女精神慰藉、社交活动支持的独生子女父母依靠自己养老的意愿更强,而子女的经济支持并没有显著影响。⑨

---

① 徐俊:《农村第一代已婚独生子女父母养老意愿实证研究》,《人口与发展》2016 年第 2 期。

② 丁志宏、陈硕、夏咏荷:《我国独生子女父母养老责任认知状况及影响因素研究》,《兰州学刊》2021 年第 1 期。

③ 山娜:《关注一孩政策后续效应:老年人晚年照料意愿及其影响因素分析》,《南方人口》2016 年第 4 期。

④ 丁志宏、陈硕、夏咏荷:《我国独生子女父母养老责任认知状况及影响因素研究》,《兰州学刊》2021 年第 1 期。

⑤ 纪竞垚:《只有一孩,靠谁养老?——独生子女父母养老意愿及影响因素分析》,《老龄科学研究》2015 年第 8 期。

⑥ 封铁英、马朵朵:《独生子女父母养老主体选择——基于子女特征与代际支持的影响研究》,《西安交通大学学报(社会科学版)》2019 年第 6 期。

⑦ 丁志宏、陈硕、夏咏荷:《我国独生子女父母养老责任认知状况及影响因素研究》,《兰州学刊》2021 年第 1 期。

⑧ 丁志宏:《我国农村中年独生子女父母养老意愿研究》,《人口研究》2014 年第 4 期。

⑨ 封铁英、马朵朵:《独生子女父母养老主体选择——基于子女特征与代际支持的影响研究》,《西安交通大学学报(社会科学版)》2019 年第 6 期。

与代际支持密切相关的因素是居住方式。丁志宏等人利用中国综合社会调查（CGSS）2015 年的数据,发现与独生子女父母同住的人口越多,同政府和社会负责养老的选择相比,其认为养老由子女负责的可能性越高。[①] 由于与子女的同住增加了父母与子女之间的联系,便于子女提供养老支持,[②]因此依靠子女等同住家人支持以解决养老需求具备更多的可能,而寻求政府和社会的支持则成为次要选择。[③]

2. 对养老方式的选择意愿

无论在城市还是农村,第一代独生子女父母倾向于居家养老。早在1988 年一项对湖北省城镇地区的调查就表明,与子女同住是广大父母最集中的意愿,特别是在独生子女父母中,希望未来与子女住在一起的比例接近半数。[④] 2006 年对北京市两个城区的独生子女家庭养老调查发现,有73.3% 的父母选择靠子女、夫妻互相照顾、保姆等类型的居家养老。[⑤] 2013 年对上海市 45—65 岁独生子女父母的调查表明,倾向于居家养老(配偶、子女和保姆等居家照护)的比例占到 76.3%。[⑥] 农村地区的独生子女父母同样如此,一半的独生子女父母倾向居家养老,期望在老年期与子女合住。[⑦] 2011 年在四川绵阳和德阳两市的农村调查表明,有 76.7% 的独生子女父母倾向于

---

① 丁志宏、陈硕、夏咏荷:《我国独生子女父母养老责任认知状况及影响因素研究》,《兰州学刊》2021 年第 1 期。

② 封铁英、马朵朵:《独生子女父母养老主体选择——基于子女特征与代际支持的影响研究》,《西安交通大学学报(社会科学版)》2019 年第 6 期。

③ 陆莹:《中年独生子女父母养老意愿及影响因素分析》,《保定学院学报》2019 年第 5 期。

④ 风笑天:《共处与分离:城镇独生子女家庭养老形式调查》,《人口与经济》1993 年第 2 期。

⑤ 赵仲杰:《北京城区独生子女家庭的养老问题研究》,知识产权出版社 2012 年版,第176 页。

⑥ 宋雅君:《上海第一代独生子女父母对于个人未来养老方式的预估及影响因素研究》,《浙江学刊》2017 年第 2 期。

⑦ 唐利平、风笑天:《第一代农村独生子女父母养老意愿实证分析——兼论农村养老保险的效用》,《人口学刊》2010 年第 1 期。

选择居家养老。①

　　社会化机构养老逐渐进入独生子女父母的选择范围,是独生子女父母进入高龄阶段之后切合实际的养老方式选择,即便目前实际选择意愿依然较低。一项利用 2014 年中国老年社会追踪调查数据(CLASS)进行养老意愿分析的研究显示,年龄在 85 岁以下的 1210 位独生子女父母认可"身体不好,需要有人照料时会去养老院"的比例超过了 30%,比非独生子女父母高出 20%。② 洪娜对上海市独生子女父母的一项研究表明,假定存在"身体抱恙"的客观情况,独生子女父母选择机构养老的人数占比由先前的 14.6%上升到 53.4%。③ 在不同自理能力的情境下,也显示出这种理性选择的趋势。2006 年针对北京市部分城区的独生子女父母的调查显示,在主干家庭之中,独生子女父母夫妻二人均具有自理能力时选择各类社会化养老机构的比重仅为 0.3%;而当夫妻中仅有一人有自理能力时,这一比例则增加到了 3.5%,当夫妻二人均丧失自理能力后,选择社会化养老机构则大幅度上升到 55.9%;空巢家庭情境下也同样显示出这一变化特征。④ 另一项针对农村独生子女父母养老意愿的实证研究也设置了类似问题:"当您年纪大了,需要有人照顾日常生活,而您的孩子有自己的工作和小家庭,您是否会考虑到养老院养老?"结果不到 30%的农村独生子女父母表示肯定会或可能会去养老院养老。⑤ 对 2011 年四川、重庆两省市农民的调查数据进行分析,其结果也支持这一结论。尽管选择机构

　　① 王学义、张冲:《农村独生子女父母养老意愿的实证分析——基于四川省绵阳市、德阳市的调研数据》,《农村经济》2013 年第 3 期。
　　② 陶涛、刘雯莉:《独生子女与非独生子女家庭老年人养老意愿及其影响因素研究》,《人口学刊》2019 年第 4 期。
　　③ 洪娜:《上海第一代独生子女父母的养老方式选择及影响因素研究——基于健康状况视角的实证分析》,《南方人口》2013 年第 6 期。
　　④ 赵仲杰:《北京城区独生子女家庭的养老问题研究》,知识产权出版社 2012 年版,第 165—166、172 页。
　　⑤ 唐利平、风笑天:《第一代农村独生子女父母养老意愿实证分析——兼论农村养老保险的效用》,《人口学刊》2010 年第 1 期。

养老的绝对比例还不高,但和同龄的非独生子女父母相比,农村独生子女父母选择机构养老的比例会增加 2 倍还要多,子女的唯一性迫使独生子女父母对机构养老具有更多的意向。① 在客观条件受到限制的情况下,出于为子女减轻负担和获得更周到的养老服务考虑,许多独生子女父母还是愿意改变传统的养老意愿的。②

已有研究还探讨了影响独生子女父母选择养老方式的因素。主要从父母特征和外界支持来探究。伍海霞的一项研究结果表明,年收入越高的独生子女父母入住养老院的意愿更高。③ 除不断更新的养老观念在发挥影响作用外,收入较高的独生子女父母也相应地具备选择机构养老的经济实力,从而更能将这一新型养老方式纳入自己的考虑和选择范围之内。养老保险能够为老年人退休后提供相对稳定的收入来源,因而是否拥有养老保险同样影响着独生子女父母的养老方式选择。研究显示,在健康的状况下,具有领取养老保险待遇资格的父母期望在家养老的发生比是没有基本养老金的父母的 1.91 倍。而在假设身体变差的情况下,是否领取养老金对养老方式选择的影响便不再显著。④ 洪娜认为,退休金仅能保障老年人的基本生活水平,一旦老年人身患大病、生活无法自理,退休金的效用将大大降低。⑤

独生子女父母的年龄、性别等人口学因素对其养老方式选择具有显著影响。徐俊对江苏、四川两省 720 户农民的调查发现,与 48—54 岁年龄段相比,55—63 岁年龄段的农村独生子女父母选择机构养老的发生比下降 65.1%。⑥

---

① 徐俊:《农村第一代已婚独生子女父母养老意愿实证研究》,《人口与发展》2016 年第 2 期。
② 尹志刚:《我国城市首批独生子女父母养老方式选择与养老模型建构》,《人口与发展》2009 年第 3 期。
③ 伍海霞:《城市第一代独生子女父母的社会养老服务需求——基于五省调查数据的分析》,《社会科学》2017 年第 5 期。
④ 洪娜:《上海第一代独生子女父母的养老方式选择及影响因素研究——基于健康状况视角的实证分析》,《南方人口》2013 年第 6 期。
⑤ 洪娜:《上海第一代独生子女父母的养老方式选择及影响因素研究——基于健康状况视角的实证分析》,《南方人口》2013 年第 6 期。
⑥ 徐俊:《农村第一代已婚独生子女父母养老意愿实证研究》,《人口与发展》2016 年第 2 期。

王学义等人的研究表明,年龄越低的农村独生子女父母更加倾向于选择居家养老。① 独生子女父母的性别对其养老方式选择的影响显示出了城乡差异。多项针对城市的研究表明,女性更倾向入住养老院,如伍海霞 2015 年采用标准组群抽样方法,选取并收集重庆市、湖北省、山东省、甘肃省和黑龙江省的 60 岁及以上的 1516 个独生子女父母样本调查数据,分析显示男性老年人有入住养老院意愿的可能性仅为女性老年人的 54.9%。② 而一项在四川农村进行的抽样调查则表明独生子女母亲更可能选择居家养老,且可能性比独生子女父亲高出了 51%。③

也有一些研究对独生子女父母养老的外界支持这一因素进行讨论。这部分研究的主要观点为,通过社交活动、子女支持等方式获得的外界资源越多,独生子女父母更不会倾向于选择居家养老以外的养老模式。老年人社交活动越丰富就越倾向于选择机构养老。2015 年对中国五省市中 60 岁及以上独生子女父母的调查研究显示,常与亲朋聚会聊天的老年人在入住养老院的意愿方面,其可能性是社交甚少的老年人的 1.51 倍。④ 经常得到子女经济支持的独生子女父母入住养老院的意愿更低。2006 年对北京市部分城区 50 岁以上的独生子女父母的问卷调查显示,与一人居住的情况相比,和子女同住的独生子女父母选择居家养老方式的比例增加了 15 个百分点。⑤ 2011 年对四川两市农村地区 450 位独生子女父母的研究表明,子女就业地点对父母养老方式

① 王学义、张冲:《农村独生子女父母养老意愿的实证分析——基于四川省绵阳市、德阳市的调研数据》,《农村经济》2013 年第 3 期。
② 伍海霞:《城市第一代独生子女父母的社会养老服务需求——基于五省调查数据的分析》,《社会科学》2017 年第 5 期。
③ 王学义、张冲:《农村独生子女父母养老意愿的实证分析——基于四川省绵阳市、德阳市的调研数据》,《农村经济》2013 年第 3 期。
④ 伍海霞:《城市第一代独生子女父母的社会养老服务需求——基于五省调查数据的分析》,《社会科学》2017 年第 5 期。
⑤ 尹志刚:《我国城市首批独生子女父母养老方式选择与养老模型建构》,《人口与发展》2009 年第 3 期。

选择有显著影响,子女在省内就业的人选择居家养老的可能性是子女在省外就业的人的 3.875 倍。[①]

(四) 独生子女父母的养老支持水平

从养老主体的角度切入,目前研究主要关注的是独生子女父母自身的养老准备状况与子女的代际支持状况两方面,其中对独生子女父母自身养老准备状况的研究比较少,大部分都集中在独生子女对老年父母的代际支持方面。中国的传统家庭模式是"抚育—赡养"的反馈模式,这意味着父母在子女年幼时有抚育子女的责任,相应地,子女成年后对年老的父母也要负担起赡养的责任。[②] 这不仅是道德要求,也是法律规定。[③]

1. 独生子女父母自己做好养老准备了吗?

目前学术界对这一方面的关注较少,仅有三四篇方法规范的定量研究。现有的几项研究均将养老准备这一概念操作化为经济方面的准备,包括独生子女父母的家庭经济水平、是否为养老存钱、是否参加养老保险等指标。

城乡独生子女父母自身实际养老准备水平整体上较低。一项针对城乡独生子女父母的调查研究显示,已经开始为晚年生活进行储蓄的比例仅为 11.7%,为晚年生活进行投资的比例更低,仅有 7.3%。[④] 封铁英、范晶发现,西安市独生子女父母养老准备"不足型"的占比最大,接近 60%,只有不到

---

① 王学义、张冲:《农村独生子女父母养老意愿的实证分析——基于四川省绵阳市、德阳市的调研数据》,《农村经济》2013 年第 3 期。

② 费孝通:《家庭结构变动中的老年赡养问题——再论中国家庭结构的变动》,《北京大学学报(哲学社会科学版)》1983 年第 3 期。

③ Yin Q., Shang Z., Zhou N. et al., "An Investigation of Physical and Mental Health Consequences Among Chinese Parents Who Lost Their Only Child", *Bmc Psychiatry*, Vol.18, No.1, pp.45–53.

④ 潘金洪:《独生子女家庭养老风险研究》,中国社会出版社 2009 年版,第 90 页。

10%的独生子女父母实现了养老准备"充足型"。① 农村独生子女父母的自身养老准备也处于较低水平。周德禄、周长洪探究了农村50岁以上的独生子女父母养老的经济准备状况。周德禄针对山东农村的调查表明,与多子女家庭相比,农村独生子女家庭中较穷的比例比非独生子女家庭多25%左右。② 周长洪等人对全国五个县的调查研究同样显示了农村独生子女父母的经济准备不足,当其家庭没有固定收入或收入水平过低时,维持基本生活都存在困难,更遑论养老准备。③ 即便如此,独生子女父母主观上也表现出养老准备的主动性不足,60岁以上的农村独生子女父母为养老存钱的比例远低于非独生子女父母。④

　　年龄对自身养老准备状况具有显著影响,但在影响方向上存在城乡差异。城市中独生子女父母年龄越大,养老准备水平越高。对西安市45—65岁独生子女父母的研究发现,年龄越大的独生子女父母为养老准备"充足型"的比例更大。⑤ 年龄较大的独生子女父母所面临的养老需求更为迫切,对自身养老准备所要进行的考虑也更为复杂,因而在精神和物质方面的准备更加充足。而农村中独生子女父母年龄越大、收入越低,养老准备却越不充足。周长洪等人针对全国五县的研究显示,农村中55岁左右的独生子女父母年收入在8000元以上,而61岁左右的独生子女父母年收入却低于1000元。⑥ 这表明农村独生子女父母的经济状况随年龄增长处于日益下降的状态。实际上农村

---

① 封铁英、范晶:《独生子女父母养老准备——基于群体差异的潜在类别分析》,《统计与信息论坛》2020年第5期。
② 周德禄:《农村独生子女家庭养老保障的弱势地位与对策研究——来自山东农村的调查》,《人口学刊》2011年第5期。
③ 周长洪,刘颂,毛京沐等:《农村50岁以上独生子女父母家庭经济状况分析——基于2010年对全国5县的调查》,《人口研究》2011年第5期。
④ 周德禄:《农村独生子女家庭养老保障的弱势地位与对策研究——来自山东农村的调查》,《人口学刊》2011年第5期。
⑤ 封铁英、范晶:《独生子女父母养老准备——基于群体差异的潜在类别分析》,《统计与信息论坛》2020年第5期。
⑥ 周长洪,刘颂,毛京沐等:《农村50岁以上独生子女父母家庭经济状况分析——基于2010年对全国5县的调查》,《人口研究》2011年第5期。

的独生子女父母面临的养老经济风险比城市更突出。[1]

2. 独生子女对父母的代际支持处于什么水平？

独生子女对父母精神慰藉支持的力度比较大。丁志宏等人依据 2014 年 CLASS 原始数据，研究独生子女与父母在经济、照料等方面的互动，分析得出 60—69 岁的独生子女父母获得的精神慰藉支持最高，在情感方面给予父母支持的子女占比达 90%；而在生活照料与经济支持方面给予父母支持的比例则相对较低，只有 40% 至 70% 左右的水平。[2] 一项对重庆市、湖北省等五省市 1172 位有孙子女的独生子女父母的研究发现，六成以上的独生子女父母表示，其子女愿意倾听自己的心事与困难。[3] 独生子女与父母几乎每月都能见面的比例有 77.7%，反映了大多数独生子女能经常看望父母。[4] 在农村地区的情况与此相似。2011 年对江苏、安徽、四川三地农村抽样调查显示，与非独生子女相比，农村独生子女对父母的精神慰藉支持较多，能回家看望、打电话问候（包括总是和经常两种情况）的比例均达到 70% 左右。[5] 宋健和黄菲基于 2009 年对北京、保定等地的调查研究数据分析发现，独生子女与父母见面频繁的可能性显著高于非独生子女，独生子女与父母每周至少见面 1 次的发生比，比非独生子女高出 89%。[6]

① Cui R., Yu J.& Zhu Y., "Research on Endowment Rural Only Child", *Studies in Asian Social Science*, Vol.2, No.1(2015), pp.19—23.

② 丁志宏、夏咏荷、张莉：《城市独生子女低龄老年父母的家庭代际支持研究——基于与多子女家庭的比较》，《人口研究》2019 年第 2 期。

③ 伍海霞：《照料孙子女对城市第一代老年独生子女父母养老支持的影响》，《社会科学》2019 年第 4 期。

④ 王跃生：《城市第一代独生子女家庭代际功能关系及特征分析》，《开放时代》2017 年第 3 期。

⑤ 徐俊：《我国农村已婚独生子女养老支持及其影响因素研究——以江苏、安徽、四川为例》，《武汉科技大学学报（社会科学版）》2018 年第 3 期。

⑥ 宋健、黄菲：《中国第一代独生子女与其父母的代际互动——与非独生子女的比较研究》，《人口研究》2011 年第 3 期。

大多数子女都会为父母提供经济支持,但支持频率与实际水平比较低。有学者认为,子女对父母的经济支持沦为"孝心表示",实际发挥的作用较小。[1] 中国社会科学院人口与劳动经济研究所 2015 年对第一代独生子女家庭状况调查显示,80%拥有孙子女的独生子女父母都能获得子女的经济支持,但从支持频率上来说,仅有 1/3 左右的独生子女在过去一年内经常给予父母经济支持。[2] 在农村地区,尽管有 60.6%的农村独生子女会给予父母经济支持,但经常给予补贴和帮助的仅为 14%。[3] 针对山东省农村抽样调查表明,与非独生子女父母相比,50 岁左右的独生子女父母能够获得子女经济支持(生活费用)的比例比非独生子女父母低 50%左右。[4] 一项对北京、保定、黄石和西安四个市的调查研究表明,接近一半的独生子女每年给予父母的经济支持不到 2000 元;相对于非独生子女,在代际经济支持"净流"对比上,独生子女家庭的经济支持"净流"的方向主要是由父母流向子女。[5] 2015 年针对重庆、湖北等五省市独生子女父母的调查显示,过去一年独生子女给予父母的经济支持总额仅占父母总收入的 8%。[6] 在一定意义上,为父母提供经济支持变成了子女形式上的义务。[7]

独生子女给予父母的生活照料同样较为薄弱。2015 年一项在重庆、湖北、山东、甘肃和黑龙江五省市的调查显示,超过半数的独生子女父母没有或

---

① 王树新、赵智伟:《第一代独生子女父母养老方式的选择与支持研究——以北京市为例》,《人口与经济》2007 年第 4 期。

② 伍海霞:《照料孙子女对城市第一代老年独生子女父母养老支持的影响》,《社会科学》2019 年第 4 期。

③ 周长洪,刘颂,毛京沭等:《农村 50 岁以上独生子女父母家庭经济状况分析——基于 2010 年对全国 5 县的调查》,《人口研究》2011 年第 5 期。

④ 周德禄:《农村独生子女家庭养老保障的弱势地位与对策研究——来自山东农村的调查》,《人口学刊》2011 年第 5 期。

⑤ 宋健、黄菲:《中国第一代独生子女与其父母的代际互动——与非独生子女的比较研究》,《人口研究》2011 年第 3 期。

⑥ 伍海霞:《城市第一代独生子女父母的养老研究》,《人口研究》2018 年第 5 期。

⑦ 王跃生:《城市第一代独生子女家庭代际功能关系及特征分析》,《开放时代》2017 年第 3 期。

很少获得子女的家务支持,几乎每天和每周都有子女为其做家务的比例仅为32.68%。① 利用2014年中国老年社会追踪调查(CLASS)数据对比父母子女在生活照料"净流"的情况,发现独生子女父母为子女做家务的比例反而要比子女为父母做家务的比例高出7.7%。② 在农村地区,独生子女父母得到的生活照料情况类似。有研究表明能获得(包括经常和总能获得两类情况)独生子女的日常照料和日常家务帮助的比例为40%左右,能获得(包括经常和总能获得两类情况)生病照料支持的比例较为可观,达到70%左右。③ 在父母身体不适或患病的情况下,子女能够尽量抽出时间来照料父母,而现实情况是父母对照料的需求并不迫切,独生子女可能更多忙于工作或自身事务。

与非独生子女父母相比,独生子女父母所能获得的生活照料支持水平较低。2009年对山东省农村50岁以上老年人的研究显示,82位需要照料的老人中,不能自理的独生子女父母得到子女照料的比率比非独生子女父母低72.9%。④

现有研究还从父母特征、子女特征和代际关系三方面分析独生子女父母获得代际支持的影响因素。独生子女特征包括经济水平、学历、性别、婚育状况等因素。在经济水平方面,独生子女的经济能力越强,对父母的经济支持频率越高。⑤ 还有研究发现经济状况为富裕的独生子女给老年父母经济支持的可能性是贫困独生子女的8倍左右。⑥ 在学历方面,有研究显示独生子女受

---

① 伍海霞:《照料孙子女对城市第一代老年独生子女父母养老支持的影响》,《社会科学》2019年第4期。

② 丁志宏、夏咏荷、张莉:《城市独生子女低龄老年父母的家庭代际支持研究——基于与多子女家庭的比较》,《人口研究》2019年第2期。

③ 徐俊:《我国农村已婚独生子女养老支持及其影响因素研究——以江苏、安徽、四川为例》,《武汉科技大学学报(社会科学版)》2018年第3期。

④ 周德禄:《农村独生子女家庭养老保障的弱势地位与对策研究——来自山东农村的调查》,《人口学刊》2011年第5期。

⑤ 石燕:《关于我国独生子女养老经济负担的调查研究——以镇江为例》,《中国青年研究》2008年第10期。

⑥ 丁志宏、夏咏荷、张莉:《城市独生子女低龄老年父母的家庭代际支持研究——基于与多子女家庭的比较》,《人口研究》2019年第2期。

教育程度越高,父母获得的经济支持和情感支持就越多,较高的学历水平在某种程度上代表着较高的工资水平,这也体现出独生子女父母对子女的早期教育投资有了回报。所以独生子女家庭的代际关系不仅具有"抚育—赡养"模式特征,也带有投资与回报的特征。① 在性别方面,认为独生女给予父母的代际支持多于独生子。2014 年的一项研究表明,独生子给老年父母做家务的可能性是独生女的 58.8%。② 针对农村地区独生子女的研究结论同样如此,农村中独生女对父母的生活照料和情感支持要多于独生子。③ 在婚姻状况方面,已婚已育的独生子女提供给父母的代际支持的水平较低。2009 年中国人民大学人口与发展研究中心对北京、保定等四个城市 2954 位与子女同住的独生子女父母进行的调查显示,城市中在婚子女与父母联系的频率仅为不在婚子女的一半左右,已育子女的独生子女提供给父母的代际支持水平比未生育子女更低。④

代际关系因素主要考察子女与父母关系的亲密程度、居住距离的远近。亲子关系越好,独生子女父母能得到的代际支持就越多,包括经济支持、家务支持和情感支持。⑤ 在亲子同住的情况下,城乡独生子女父母得到的家务支持更多。⑥ 独生子女父母帮助照料孙辈往往会促使其和子女之间建立更加密切或者融洽的代际关系,因此有学者对独生子女父母是否照料孙辈的情况进行分析,结果发现照料孙子女的独生子女父母所能获得的家务支持显著高于

---

① 伍海霞:《城市第一代独生子女父母的养老研究》,《人口研究》2018 年第 5 期。
② 丁志宏、夏咏荷、张莉:《城市独生子女低龄老年父母的家庭代际支持研究——基于与多子女家庭的比较》,《人口研究》2019 年第 2 期。
③ 徐俊:《我国农村已婚独生子女养老支持及其影响因素研究——以江苏、安徽、四川为例》,《武汉科技大学学报(社会科学版)》2018 年第 3 期。
④ 宋健、黄菲:《中国第一代独生子女与其父母的代际互动——与非独生子女的比较研究》,《人口研究》2011 年第 3 期。
⑤ 伍海霞:《照料孙子女对城市第一代老年独生子女父母养老支持的影响》,《社会科学》2019 年第 4 期。
⑥ 丁志宏、夏咏荷、张莉:《城市独生子女低龄老年父母的家庭代际支持研究——基于与多子女家庭的比较》,《人口研究》2019 年第 2 期。

没有照料孙子女的父母。① 这在一定程度上说明了亲子间互利互惠的交换关系是加强"抚育—赡养"关系的有利因素,父母为子女照料孩子,同样也会提高子女对父母的赡养水平。②

(五) 独生子女父母居住方式、家庭代际结构的特点

对独生子女父母的居住方式、家庭代际结构的研究数量并不多。现有研究一是关注独生子女父母的居住方式以及与其密切相关的家庭结构状况;二是对特殊家庭代际结构的探讨,即"四二一"家庭代际结构下的养老问题。

1. 独生子女父母的居住方式、家庭结构有何特征?

早期的研究发现独生子女父母与子女同住的情况比较普遍,"空巢"的比例较低;而近期的研究则表明独生子女父母单独居住的比例很高,甚至达到了被调查家庭总数的三分之二以上。一项 2007 年针对全国 12 城市在职青年的调查表明,在 695 位第一代独生子女中,其父母处于独居状况的比例为 36%,大约三分之二的独生子女父母是与子女同住的。③ 伍海霞、王广州利用 2005年全国 1%人口的抽样调查的 2‰样本数据,通过对 15—64 岁的育龄妇女进行母子匹配,分析发现匹配到子女的 171962 位城乡独生子女母亲中,与子女同住比例高达 97.11%(包括母子均未离开户籍地、母亲流动到子女所在地、子女流动到母亲所在地、母子共同流动到外地四种情况),403998 位非独生子女母亲中与子女同住的比例也达 96.67%,可见独生子女没有流动到外地,为独生子女母子实现同住提供了可能。④ 2007 年江苏省群众生育意愿与生育行

---

① 伍海霞:《照料孙子女对城市第一代老年独生子女父母养老支持的影响》,《社会科学》2019 年第 4 期。

② 王跃生:《中国家庭代际关系的理论分析》,《人口研究》2008 年第 4 期。

③ 风笑天:《独生子女父母的空巢期:何时开始? 会有多长?》,《社会科学》2009 年第 1 期。

④ 伍海霞、王广州:《独生子女家庭亲子居住特征研究》,《中国人口科学》2016 年第 5 期。

为抽样调查也表明,江苏省 18—40 岁的第一代独生子女婚后的独居比例不足 20%,大部分独生子女婚后仍与父母同住,这也从侧面反映出独生子女父母的"空巢"比例较低。① 而风笑天在 2004 年对全国 12 城市已婚在职青年的调查却得截然相反的结果,独生子女结婚后小家单独居住的比例高达 65.8%。② 可能的原因是该次调查的样本量偏少,样本中已婚的独生子女只有 120 人,样本的代表性可能会出现偏差。2008 年风笑天又对北京、上海等全国五个大城市独生子女父母的家庭结构状况进行抽样调查,结果显示年龄在 48—60 岁的第一代独生子女父母的"空巢"比例很小,848 位独生子女父母中"空巢家庭"的比例仅为 19%,大部分独生子女父母都与未婚子女共同居住,核心家庭的比例达到 67.1%。③

然而,近期的研究则显示出独生子女父母单独居住的比例较高。2015 年全国 12 城市的 1649 位独生子女的抽样调查数据和 2016 年湖北省五市的 417 位独生子女的资料显示,第一代独生子女父母与子女分开居住的比例为 55% 至 65%,表明我国城市中大部分独生子女父母处在"空巢"状态。④ 家庭的"空巢"会引发独生子女父母的一系列不适,造成独生子女父母心情沮丧、孤寂,而且也使这些父母缺乏生活照料和精神慰藉,在这个意义上,独生子女父母是亟须关注和重视的一大群体。⑤ 早期与近期研究得出不同的结果,主要是因为子女与父母的年龄在不断变大,父母和子女的居住状况也在不断变化。十几年前子女的年龄还比较小,无论子女是上学还是上班,基本都还是和父母

---

① 王磊:《第一代独生子女婚后居住模式——基于江苏省的经验研究》,《南方人口》2012 年第 4 期。

② 风笑天:《第一代独生子女婚后居住方式:一项 12 城市的调查分析》,《人口研究》2006 年第 5 期。

③ 风笑天:《第一代独生子女父母的家庭结构:全国五大城市的调查分析》,《社会科学研究》2009 年第 2 期。

④ 风笑天:《"空巢"养老? 城市第一代独生子女父母的居住方式及其启示》,《深圳大学学报(人文社会科学版)》2020 年第 4 期。

⑤ 潘金洪:《独生子女家庭养老风险研究》,中国社会出版社 2009 年版,第 67—71 页。

同住,而当子女到了适婚年龄,组成自己的小家庭后,很大比例会离开他们的父母,从而独生子女父母处于"空巢"家庭的比例也就不断上升。

关于独生子女父母居住方式的研究,结论呈现出明显的城乡差异。从结论上来看,农村独生子女父母与子女同住的情况比较普遍,"空巢"家庭的比例较城市更低。2008年一项对江苏、四川两省农村的调查显示,独生子女与父母同住的比例占全部调查样本的三分之二左右,和父母分住的情况只有三分之一;在控制了独生子女婚姻状况后,已婚独生子女与父母的同住比例达到了85%,而同龄的非独生子女父母与子女同住比例仅为70%左右。① 2010年周长洪等人对江苏、山西、江西、贵州四个省五个区县的独生子女父母家庭进行调查,结果显示"空巢"家庭占全部家户数量的56%。② 徐俊对江苏、四川两省农村的调查显示,已婚的独生子女与父母同住的比例均在70%左右。③ 城乡独生子女父母的"空巢"差异反映出了城乡养老模式的差异。在农村中,传统文化中养儿防老观念的影响仍旧很大,独生子女父母心理上更倾向于与子女共同居住;另外农村的经济发展水平远低于城市,相关社会养老保障的水平也远低于城市的水平,使得农村独生子女父母对子女的依赖性很强。④ 徐俊对江苏和四川农村的调查数据分析表明,与非独生子女父母相比,独生子女父母选择与子女分住的比例将增加0.545倍,说明独生子女父母更有可能和子女分开住。⑤ 虽然目前的调查显示同住比例很大,但当独生子女需要谋生而出外工作,父母就更有可能陷入"空巢",而不像非独生子女父母还有其他子

---

① 风笑天:《农村第一代独生子女的居住方式及相关因素分析》,《南京社会科学》2010年第4期。

② 周长洪,刘颂,毛京沭等:《农村独生子女老年父母家庭结构与空巢特征——基于全国5区县调查》,《人口与经济》2011年第2期。

③ 徐俊:《农村独生子女父母居住方式及其影响因素分析——以江苏、四川两省为例》,《兰州学刊》2015年第10期。

④ 风笑天:《农村第一代独生子女的居住方式及相关因素分析》,《南京社会科学》2010年第4期。

⑤ 徐俊:《农村独生子女父母居住方式及其影响因素分析——以江苏、四川两省为例》,《兰州学刊》2015年第10期。

女留在身边。

城市中独生女父母的"空巢"特征更加明显,显示出我国传统文化中"从夫居""从子居"的深远影响。2008 年对全国五大城市 2272 位父母的资料分析显示,城市中已婚独生女的父母单独居住的比例为 80% 左右,比独生子父母高出 20%。① 对全国五区县的调查研究表明,独生子女性别为男性时,其父母与子女的同住比例达到了 48.2%,而在独生女家庭中,父母与子女同住的比例为 38.3%。② 2015 年对全国城市的抽样调查以及 2016 年对湖北省的抽样调查数据显示,调查时 30—39 岁的独生子女的老年父母中,独生子父母"空巢"比例为 45% 至 60%,而独生女父母的"空巢"比例达到了 70% 左右。③

如果考虑到独生子女的婚配状况,同样可以发现性别差异。风笑天分别从独生子女及独生子女父母的角度对居住方式进行分析,两次研究都显示出独生子父母的独居比例低于独生女父母。2008 年针对全国五大城市的已婚青年夫妻进行的抽样调查数据结果显示,"双独家庭"(独生子女间婚配)中独生子的父母独居的比例比独生女低 15% 左右;在"独生女单独家庭"(独生女与非独生子婚配)中,男方父母独居的比例也比女方父母独居比例低 20%。④ 2016 年对湖北省武汉市、黄石市等地独生子女父母的居住状况的研究同样显示出男方父母的独居比例低于女方父母。独居比例最低的是独生子单独家庭的男方父母,占比不到 40%,而"空巢"比例最高的是双独家庭中的女方父母,其比例达到了 78% 左右。⑤ 2007 年江苏省 18—40 岁的第一代独生子女婚后居住情况的研究表明,在独生女单独家庭中,与独生女父母同住的比例达到了

① 风笑天:《城市独生子女与父母的居住关系》,《学海》2009 年第 5 期。
② 周长洪、刘颂、毛京沭等:《农村独生子女老年父母家庭结构与空巢特征——基于全国 5 区县调查》,《人口与经济》2011 年第 2 期。
③ 风笑天:《"空巢"养老? 城市第一代独生子女父母的居住方式及其启示》,《深圳大学学报(人文社会科学版)》2020 年第 4 期。
④ 风笑天:《城市独生子女与父母的居住关系》,《学海》2009 年第 5 期。
⑤ 风笑天:《"空巢"养老? 城市第一代独生子女父母的居住方式及其启示》,《深圳大学学报(人文社会科学版)》2020 年第 4 期。

50%,是与丈夫父母同住比例的两倍多。研究者通过个案访谈进行辅助分析后发现,与女方父母同住的较高比例与招赘婚姻有很大关系,且周边经济欠发达地区的男方与江苏省富裕地区的女方结婚后,往往也会形成这样的居住格局。① 不过以上这些情况大都是城市中表现出的特征,因为目前农村独生子女父母居住方式的相关研究太少,仅有几篇定量研究,且由于调查地点、调查对象的年龄和分析方法各不相同,研究结果也显示出很大差异。

尽管现有研究显示独生子女父母有着较高的"空巢"比例,但独生子女父母的养老状况并没有人们所想象的那样糟糕。风笑天将独生子女与父母的分开居住区分为同城独居、异地独居两种情况,指出仅用"空巢"比例并不能准确描述独生子女父母面临的养老问题,因为只有当父母和子女分别生活在不同地域的时候,老年生活才面临着巨大的挑战。他在 2006 年的研究发现,尽管在双独家庭和独生子单独家庭中都是与男方父母同住占主流,但在独生女单独家庭中,与女方父母同住的比例为 20.3%,高于独生子单独家庭中与女方父母同住的 7%的比例,虽然婚后"从夫居"的传统依然还有影响力,但对于独生女而言,与自己父母同住的比例在增加。② 对 2016 年湖北省五市已婚独生子女父母进行的调查表明,绝大部分独生子女父母和子女居住较近,50%的独生子女与其父母是"分而不离"的同城独居,异地独居的比例很低,仅为 10%。③ 在这种同城独居的"空巢"家庭中,在独生子女父母发生突发状况时,子女能及时赶到,而且子女平时为父母提供生活照料、精神慰藉也更方便。

---

① 王磊:《第一代独生子女婚后居住模式——基于江苏省的经验研究》,《南方人口》2012 年第 4 期。

② 风笑天:《第一代独生子女婚后居住方式:一项 12 城市的调查分析》,《人口研究》2006 年第 5 期。

③ 风笑天:《"空巢"养老? 城市第一代独生子女父母的居住方式及其启示》,《深圳大学学报(人文社会科学版)》2020 年第 4 期。

2."四二一"家庭代际结构下的养老问题严重吗?

自独生子女政策实施以来,"四二一"家庭结构受到了学界的关注。从字面意思上看,"四二一"家庭结构主要指的是第一代独生子女父母4人、第一代独生子女夫妇2人以及第二代独生子女1人这7个人所组成的家庭代际结构。① 风笑天在梳理学界近30年关于"四二一"家庭结构研究的基础上指出,"四二一"不是代际结构,也不是家庭结构,而是在微观层面上我国特定家庭的代际结构。② "四二一"是通过独生子女之间的婚配所形成的,包含两代独生子女家庭的结构,是只在双独家庭中才会存在的家庭代际结构,而不是全社会的人口与代际结构;"四二一"也不是家庭结构,因为家庭是在共同生活的基础上由具有血缘或婚姻关系的成员组成的,而现实中双独夫妇的父母之间并无直接亲属和血缘关系。③ 双独夫妇与双方父母同住的情况也很少见,因此"四二一"不能称为家庭和家庭结构。风笑天还指出,"四二一"的实质是双独家庭老年父母的养老保障问题,这一问题的严重程度与其数量规模和存续时间有很大关系。④ 早期的研究普遍认为这种"4位老人、2位父母、1位独生子女"的形式蕴含巨大风险,不仅给家庭带来很重的赡养压力,⑤还会对经济社会发展造成巨大影响,⑥而近期的研究则认为,"四二一"问题对我国来说并不是整体性的危机,应该客观看待这一问题。

"四二一"结构的家庭规模并不大。齐险峰和郭震威基于2000年第五次

---

①　宋健:《"四二一"结构家庭的养老能力与养老风险——兼论家庭安全与和谐社会构建》,《中国人民大学学报》2013年第5期。

②　风笑天:《"四二一":概念内涵、问题实质与社会影响》,《社会科学》2015年第11期。

③　梁秋生:《"四二一"结构:一种特殊的社会、家庭和代际关系的混合体》,《人口学刊》2004年第2期。

④　风笑天:《"四二一":概念内涵、问题实质与社会影响》,《社会科学》2015年第11期。

⑤　梁秋生:《"四二一"结构:一种特殊的社会、家庭和代际关系的混合体》,《人口学刊》2004年第2期。

⑥　宋健:《再论"四二一"结构:定义与研究方法》,《人口学刊》2010年第3期。

全国人口普查的抽样数据,构建了家庭微观仿真模型对未来"四二一"家庭的数量进行测算,结果显示,2020 年新婚夫妇双独数量将会达到峰值,占比为 8%。① 风笑天在 2004 年和 2007 年对全国 12 城市在职青年的调查研究显示,城市已婚在职青年中,"双独婚配"的实际比例分别为 8% 和 16% 左右。② 有研究利用 2010 年第六次人口普查数据,构建人口移算模型分析独生子女的婚配结构,结果发现,截至 2015 年,40 岁以下人口的城镇家庭中双独家庭占 11.9%,而在农村地区该年龄组的所占比例更小,"双独"和"单独"家庭仅占全部家庭的 5%。③

"四二一"家庭代际结构存续的时间并不长。有学者依据 2000 年人口普查数据编制生命表,对"四二一"家庭代际结构中的四位老人进行生存分析,结果显示四位老人进入老年期后(60 岁)均存活的概率仅有 61%;共存 16 年后,就会有一位老人去世,从而"四二一"结构变为"三二一"结构;而且在四位老人活着的 16 年里,他们的年龄不超过 65 岁,还有一定的工作能力,四位老人需要养老支持的问题并没有那么严重。④ "四二一"家庭代际结构带来的养老压力大致发生在 2020 年至 2040 年。⑤ 未来只有少部分家庭会面临"四二一"家庭代际结构带来的养老压力,而且这种养老压力也不会存续很长时间,整体上对独生子女家庭以及经济社会发展所造成的压力并不大。而且 2016 年、2021 年我国已经实行"全面二孩"政策和三孩政策,是否生育独生子女,对年轻的夫妇来说已经可以自行选择。在这种情况下,"四二一"的家庭代际结构就只可能会在这一两代人身上有所体现。

---

① 齐险峰、郭震威:《"四二一"家庭微观仿真模型与应用》,《人口研究》2007 年第 3 期。
② 风笑天:《"四二一":概念内涵、问题实质与社会影响》,《社会科学》2015 年第 11 期。
③ 李汉东、王然、任昱洁:《计划生育政策以来的独生子女数量及家庭结构分析》,《统计与决策》2018 年第 13 期。
④ Jiang Q.B., Sanchez-Barricarte, J.J., "The 4-2-1 Family Structure in China: A Survival Analysis Based on Life Tables", *European Journal of Ageing*, Vol.8, No.2(2011), pp.119-127.
⑤ 风笑天:《"四二一":概念内涵、问题实质与社会影响》,《社会科学》2015 年第 11 期。

（六）独生子女伤残、死亡的父母面临的养老问题

虽然早期有学者关注到独生子女家庭存在子女伤残和死亡风险,[①]但是相关研究大多都是自 2012 年之后陆续发表的。随着第一代独生子女父母逐渐步入老年,"失独"父母的养老困境也越来越突出,近几年的研究变得越来越多。从刚开始在理论层面对"失独"家庭的探讨与分析,到最近研究中对"失独"父母养老的具体问题的研究,国内学界对于"失独"家庭养老问题的研究在逐步深化。国外研究者对"失独"家庭、"失独"父母相关问题的关注也在增加。

如果说独生子女父母与子女两地分居是暂时"空巢"的话,对于"失独"父母来说,失去了唯一的子女,就陷入了永久"空巢"的境地。[②] 当独生子女由于各种原因遭遇伤残、死亡,独生子女父母就会面临更深重的养老困境。在中国传统文化中,子女不仅是父母血统的延续,也是父母物质与精神的供养主体。伤残独生子女的父母在某种程度上要比"失独"的父母更加痛苦,除了要考虑自身的养老问题,还要长期照料伤残的子女。[③]

1."失独"群体因何存在?

"失独"家庭,即失去独生子女的家庭。"失独"父母,即独生子女由于疾病、意外事故而不幸死亡的这些父母所组成的群体,其年龄多数在 50 岁以上,不能或者不愿再生育、领养孩子。[④] 有研究者依照我国计划生育特别扶助政

---

① 王秀银、胡丽君、于增强:《一个值得关注的社会问题:大龄独生子女意外伤亡》,《中国人口科学》2001 年第 6 期。
② 丁志宏、祁静:《如何关注"失独家庭"养老问题的思考》,《兰州学刊》2013 年第 9 期。
③ 韦艳、高迎霞、方祎:《关注残独与精准扶助:独生子女伤残家庭生活困境及政策促进研究》,《人口与发展》2019 年第 1 期。
④ 王茂福、谢勇才:《失独群体的社会保障问题探析——以北京模式为例》,《兰州学刊》2013 年第 7 期。

策的规定,将"残独家庭"界定为母亲年满49岁以上,只生育过一个子女并且存活,该独生子女为国家规定三级及以上残疾并领证的家庭。①

独生子女意外伤残或者死亡,并不是一个个孤立的家庭事件,而是计划生育政策本身暗含的风险,只是前期并未显现出来。② 目前主流的观点是,"失独"是强制性独生子女政策所造成的子女"唯一性"风险和子女的各种死亡风险叠加的产物。③④ 随着时间的推移,"失独"问题及其衍生影响会越来越明显。⑤ 也有学者指出,只生一个孩子和独生子女死亡二者之间没有必然的因果关系。慈勤英等人曾经对"失独"家庭的新闻报道进行文献研究,发现新闻媒介有将独生子女的死亡归因于"独生"的暗示,对独生子女政策和独生子女死亡之间的关联性缺乏理性分析。⑥

2."残独"和"失独"父母面临哪些养老困境?

在人的生命历程中,死亡风险不可避免,独生子女也是如此。独生子女家庭的倒金字塔结构具有高风险性,一旦独生子女由于意外或其他原因导致伤残、死亡,则会使其父母陷入巨大的困境之中。⑦ 计划生育政策将宏观的人口风险分解、转移,而如今庞大的"失独"群体很可能又会见证这些风险的再次聚

---

① 韦艳、高迎霞、方祎:《关注残独与精准扶助:独生子女伤残家庭生活困境及政策促进研究》,《人口与发展》2019年第1期。

② 赵仲杰:《城市独生子女伤残、死亡给其父母带来的困境及对策——以北京市宣武区调查数据为依据》,《南京人口管理干部学院学报》2009年第2期。

③ 穆光宗:《论失独者养老的国家责任和公民权利》,《东岳论丛》2016年第8期。

④ Li Y., "Who Will Care for the Health of Aging Chinese Parents Who Lose Their Only Child? A Review of the Constraints and Implications", *International Social Work*, Vol.61, No.1(2018), pp. 40-50.

⑤ Yu G., Lenny, C-H., Yu F., et al., "Exploring the Lived Experience of Older Chinese 'Shidu' Parents Who Lost Their Only Child:A Phenomenology Study", *Culture & Psychology*, Vol.26, No.4(2020), pp.837-849.

⑥ 慈勤英、周冬霞:《失独家庭政策"去特殊化"探讨——基于媒介失独家庭社会形象建构的反思》,《中国人口科学》2015年第2期。

⑦ 周学馨、刘美华:《我国失独家庭养老体系中机构养老兜底保障作用研究——基于对全国709个失独者调研数据的分析》,《重庆社会科学》2020年第1期。

合和爆发。① 现有文献对该群体养老困境的讨论主要集中在养老内容的三个方面,即在经济支持、生活照料、精神慰藉三方面的困境。除此之外,相关法律与政策的缺位也加剧了"残独"和"失独"父母求助无门的弱势处境。现有研究对"失独"群体精神方面的关注最多,对经济支持和生活照料方面的探讨较少。

对精神慰藉方面困境的关注,是目前研究的侧重所在。"失独"父母要应对来自两方面的压力,一是个体心理创伤带来的压力,二是社会文化下的压力。② 在个体心理创伤方面,"残独"和"失独"父母的精神和心理状况遭受巨大打击,自责、痛苦、自卑、恐惧、失败感等负面情绪长久围绕着这一群体:孩子是家庭的希望,失去独生子女意味着失去精神寄托,甚至失去人生的终极意义。③ 独生子女发生意外后,父母作为监护人,往往会把原因归结到自己身上。④ 一项对来自沈阳、长沙、天津、北京和武汉的 36 位"失独"父母的个案研究发现,当"失独"者被问及失去独生子女的感受时,其中 30 位父母高频提到的是焦虑、抑郁、沮丧等负面词汇。⑤ 一项对北京市某社区中 100 位年龄在 49 岁以上的"失独"父母与同社区 88 位子女健在者的对比研究表明,在焦虑、抑郁和孤独感的量表得分上,"失独"组在老年焦虑清单(GAI)、老年抑郁量表(GDS)的平均得分均高于有子女的对照组,显示出更强的焦虑、抑郁等负面情

---

① 王茂福、谢勇才:《失独群体的社会保障问题探析——以北京模式为例》,《兰州学刊》2013 年第 7 期。

② Zheng Y.Q., Lawson, T.R., Head, B.A., "'Our Only Child Has Died'—A Study of Bereaved Older Chinese Parents", *OMEGA—Journal of Death and Dying*, Vol.74, No.4(2015), pp.410–425.

③ 潘金洪:《独生子女家庭养老风险研究》,中国社会出版社 2009 年版,第 47 页;Li Y., "Who Will Care for the Health of Aging Chinese Parents Who Lose Their Only Child? A Review of the Constraints and Implications", *International Social Work*, Vol.61, No.1(2018), pp.40–50; Yu G., Lenny, C–H., Yu F., et al., "Exploring the Lived Experience of Older Chinese 'Shidu' Parents Who Lost Their Only Child: A Phenomenology Study", *Culture & Psychology*, Vol.26, No.4(2020), pp.837–849.

④ 赵仲杰:《北京城区独生子女家庭的养老问题研究》,知识产权出版社 2012 年版,第 96 页。

⑤ Wang N., Hu Q., "It Is Not Simply the Loss of a Child: The Challenges Facing Parents Who Have Lost Their Only Child in Post–reproductive Age in China", *Death Studies*, No.1(2019), pp.1–10.

绪状态。① 2018 年对重庆市丰都县、四川省仁寿县农村"失独"父母的问卷调查显示,其中仅有 29.9%的"失独"者能够以积极的心态面对未来生活,愿意寻找自己的生活目标,而大部分"失独"父母承受着巨大的心理压力、精神创伤。② 另一项对比研究中,研究者共找到符合调查条件的被调查者 99 人,而最终完成调查的只有 42 位"失独"父母、33 位子女健在的父母,即有 24 位"失独"父母在调查中过于悲痛,不得不结束调查,可见"失独"事件对老年父母的伤害之大。③ 更为消极的是,长期在这种悲痛情绪中,"失独"父母会产生负面自我标签的倾向。在实地调研中,赵仲杰发现在重庆和四川两地的农村,很多"失独"者都存在负面自我标签的倾向。这种强烈的负面看法会影响个体的自我认同,使得个体根据标签而不断自我修正,逐渐活成标签所定义的情形。④

"失独"群体的经历是内嵌在我国社会结构之中的,受到我国特定社会文化的影响。在我国重视血缘关系的文化中,人们常常抱有的"不孝有三、无后为大""多子多福""养儿防老"等约定俗成的观念。在这样的传统文化中,"失独"家庭可能遭到社会的排斥,他人也可能会认为这些父母没有做到血缘的传承,甚至可能认为"失独"是"因果报应",这些情形都会加剧"失独"父母精神层面的伤痛。⑤⑥ "失独"父母自身也可能会认同传统文化的观点,认为自

---

① Cao X., Yang C., Wang D., "The Impact on Mental Health of Losing an Only Child and the Influence of Social Support and Resilience", *OMEGA—Journal of Death and Dying*, Vol. 80, No. 4 (2020), pp.1–19.

② 赵仲杰、郭春江:《社会支持理论视阈下农村失独家庭困境应对策略——基于川渝两地的调研》,《理论月刊》2020 年第 1 期。

③ Zheng Y.Q., Lawson, T.R., Head, B.A., "'Our Only Child Has Died'—A Study of Bereaved Older Chinese Parents", *OMEGA—Journal of Death and Dying*, Vol.74, No.4(2015), pp.410–425.

④ 赵仲杰、郭春江:《社会支持理论视阈下农村失独家庭困境应对策略——基于川渝两地的调研》,《理论月刊》2020 年第 1 期。

⑤ Zheng Y.Q., Lawson, T.R., Head, B.A., "'Our Only Child Has Died'—A Study of Bereaved Older Chinese Parents", *OMEGA—Journal of Death and Dying*, Vol.74, No.4(2015), pp.410–425.

⑥ Wang H.Y., Chaiyawat, W., Yunibhand, J., "Struggling to Live a New Normal Life Among Chinese Women After Losing an Only Child: A Qualitative Study", *International Journal of Nursing Sciences*, Vol.8, No.1(2021), pp.43–50.

己是不幸之人,会主动远离正常的社交行为,选择自我封闭。孩子的健康成长与成才是父母幸福感和成就感的重要来源,"失独"之后父母容易陷入自卑绝望,长期沉浸在自闭的状态中。① 农村"失独"父母的工作稳定性较低,社会保险水平低,享受到的帮助服务的水平也低于城市,也加重了他们的社会排斥感,导致他们更加认同"失独"父母群体内的交往,不愿意参加其他类型的团体活动。②

生活照料方面的困境表现在三个方面。其一,身体健康状况下降,对生活照料的需求在不断上升。一项针对上海市杨浦区的研究显示,"失独"父母的冠心病、肿瘤、精神疾病的发病率高于子女健全的父母。③ 在对北京市 34 位年龄在 54 岁左右的"失独"父母的访谈过程中,研究者发现长期的悲伤和焦虑加大了"失独"父母的健康风险。许多"失独"父母逐渐出现健忘、严重失眠的症状,甚至有人试图进行自杀。④ 在访谈中能够观察到,大多数访谈对象脸色苍白,看起来很憔悴,表现出过早衰老的迹象。⑤ 一项研究通过工具性日常生活活动量表(IADL)对招募的 42 位"失独"父母及 33 位同龄的子女健全者进行测量,结果显示,与子女健在的独生子女父母相比,"失独"者的工具性日常活动的独立性明显更低。⑥ 这意味着"失独"父母在自己洗衣、做饭及做家务等方面的能力下降,社会参与功能丧失,需要他人辅助,进入人们常说的半自理状态。⑦

---

① Li Y., "Who Will Care for the Health of Aging Chinese Parents Who Lose Their Only Child? A Review of the Constraints and Implications", *International Social Work*, Vol.61, No.1(2018), pp.40-50.

② 向德平、周晶:《失独家庭的多重困境及消减路径研究——基于"风险—脆弱性"的分析框架》,《吉林大学社会科学学报》2015 年第 6 期。

③ Yin Q., Shang Z., Zhou N. et al., "An Investigation of Physical and Mental Health Consequences Among Chinese Parents Who Lost Their Only Child", *Bmc Psychiatry*, Vol.18, No.1, pp.45-53.

④ Li Y., "Who Will Care for the Health of Aging Chinese Parents Who Lose Their Only Child? A Review of the Constraints and Implications", *International Social Work*, Vol.61, No.1(2018), pp.40-50.

⑤ Wang N., Hu Q., "It Is Not Simply the Loss of a Child: The Challenges Facing Parents Who Have Lost Their Only Child in Post-reproductive Age in China", *Death studies*, No.1(2019), pp.1-10.

⑥ Zheng Y.Q., Lawson, T.R., Head, B.A., "'Our Only Child Has Died'—A Study of Bereaved Older Chinese Parents", *OMEGA—Journal of Death and Dying*, Vol.74, No.4(2015), pp.410-425.

⑦ 戴建兵、李琦:《城市中高龄独居老人自理能力与社区养老服务依赖性分析》,《社会保障研究》2017 年第 4 期。

2017 年对陕西省西安市 1324 户伤残独生子女家庭的问卷调查显示，八成伤残子女需要长期照护，并且长期看护子女的父亲的健康状况会更差，需要长期承担照护职责的"残独"父亲处于健康的状态的比例为 39% 左右，而无须长期看护"残独"的父亲身体处于健康的状态的比例则为 56% 左右。① 对"失独"父母来说，独生子女留有后代虽然是一种精神上的安慰，但照料孙辈的任务也非常繁重。2018 年对四川、重庆两地农村的研究显示，127 位"失独"者中拥有孙子女的有 65 位，因此不少父母还承担着抚育和照料孙辈的义务。在繁重的照料责任下，自身的照料问题可能无暇顾及。②

其二，家庭结构脆弱，丧失家庭养老功能。独生子女的意外伤残或者死亡使得独生子女家庭原本的三角结构缺损，甚至开始瓦解。夫妻关系与亲子关系相互依存，亲子关系的缺失，使得夫妻关系变得脆弱，父母原本的家庭身份认同消失，新关系的调整变得很困难，甚至在争吵与指责中家庭逐步走向解体。这些情况在现实中体现为"残独"和"失独"父母的离婚率高于普通的独生子女父母。③④ 一项针对西安市"残独"家庭的调查表明，1007 位"残独"父亲中，八成以上的父亲处于在婚状态，但离婚率达到 13%。⑤ 36 位"失独"者中大部分都表明，在子女死亡几年后，夫妻关系已经疏远，开始破裂，其中 6 人因为"失独"事件而离婚，4 人丧偶，其余 26 位在婚者的夫妻关系也并不乐观，分房而居甚至相互之间没有任何交流，更遑论相互照料与支

---

① 韦艳、高迎霞、方祎：《关注残独与精准扶助：独生子女伤残家庭生活困境及政策促进研究》，《人口与发展》2019 年第 1 期。

② 赵仲杰、郭春江：《社会支持理论视阈下农村失独家庭困境应对策略——基于川渝两地的调研》，《理论月刊》2020 年第 1 期。

③ 赵仲杰：《北京城区独生子女家庭的养老问题研究》，知识产权出版社 2012 年版，第 99 页。

④ 穆光宗：《论失独者养老的国家责任和公民权利》，《东岳论丛》2016 年第 8 期。

⑤ 韦艳、高迎霞、方祎：《关注残独与精准扶助：独生子女伤残家庭生活困境及政策促进研究》，《人口与发展》2019 年第 1 期。

持。① 有些"失独"父亲为了"传宗接代",与"失独"母亲离婚,找其他女性再婚进行生育,"失独"、离异的双重打击使得"失独"母亲面临着更深重的困境。②③

其三,社会支持网络逐渐缩小。家庭解体导致以婚姻为纽带的各类婆媳、妯娌关系的消失,导致获得生活帮助和精神支持的可能性明显减少。④ 有研究者利用鲁本社交网络量表(The Lubben Social Network Scale)对"失独"父母与非"失独"父母的社交支持网络大小进行测量,结果显示"失独"父母的社会支持网要小于非"失独"父母的社会支持网。⑤ "残独"和"失独"父母的家庭养老模式受到冲击,并且这种影响会随着家庭生命周期的后移而不断加重。⑥ 一项针对北京市城区的423位"失独"父母的研究表明,社会支持与"失独"父母的抑郁状况有着密切联系,当"失独"者感知到更紧密的家庭支持时,能够显著减少他们的焦虑和抑郁。⑦

经济支持的困境体现在两个方面。一是医疗支出和生活日常支出负担重。失独父母面临的焦虑与悲伤状况造成健康状况下降,日常生活中也常常依赖药物,高额的自付医疗费用加重他们的经济负担。⑧ "残独"父母在治疗

---

① Wang N.,Hu Q.,"It Is Not Simply the Loss of a Child:The Challenges Facing Parents Who Have Lost Their Only Child in Post-reproductive Age in China",*Death Studies*,No.1(2019),pp.1–10.

② 丁志宏、祁静:《如何关注"失独家庭"养老问题的思考》,《兰州学刊》2013年第9期。

③ Li Y.,"Who Will Care for the Health of Aging Chinese Parents Who Lose Their Only Child? A Review of the Constraints and Implications",*International Social Work*,Vol.61,No.1(2018),pp. 40–50.

④ 赵仲杰、郭春江:《社会支持理论视阈下农村失独家庭困境应对策略——基于川渝两地的调研》,《理论月刊》2020年第1期。

⑤ Zheng Y.Q.,Lawson,T.R.,Head,B.A.,"'Our Only Child Has Died'—A Study of Bereaved Older Chinese Parents",*OMEGA—Journal of Death and Dying*,Vol.74,No.4(2015),pp.410–425.

⑥ 丁志宏、祁静:《如何关注"失独家庭"养老问题的思考》,《兰州学刊》2013年第9期。

⑦ Cao X.,Yang C.,Wang D.,"The Impact on Mental Health of Losing an Only Child and the Influence of Social Support and Resilience",*OMEGA—Journal of Death and Dying*,Vol.80,No.4 (2020),pp.1–19.

⑧ Wang N.,Hu Q.,"It Is Not Simply the Loss of a Child:The Challenges Facing Parents Who Have Lost Their Only Child in Post-reproductive Age in China",*Death Studies*,No.1(2019),pp.1–10.

和护理子女方面也需要大量花费。一项 2017 年对西安市进行的调查显示,伤残独生子女家庭的经济条件较差,由于伤残子女的医疗费,家庭往往入不敷出,1033 位父亲中处于无业状态的接近三分之一。① 另一项研究表明,农村"失独"父母的经济状况表现得更加窘迫:经济发展水平落后且社会保障制度不完善,大部分"失独"父母没有离退休金,面临经济困难和老无所养的双重困境。② 超过半数的农村"失独"父母的月收入不满 1000 元,而且三分之一的"失独"者存在入不敷出的情况。③ 对于大部分的"残独"父母来说,非但无法得到子女的经济支持与生活照料,还需要为子女继续操劳,经济生活将更难以保障。④

二是出于种种原因逃避工作,制约了自身收入水平的提高。很多"失独"父母无法面对工作场所的其他子女健全的同事,难以平和地参与其他人关于"孩子"的话题讨论,会开始逃避工作,影响了他们的收入水平。⑤ 针对湖北省八市十个县区 462 位"失独"父母的研究表明,近 70% 主动离开工作岗位。⑥一位"失独"父母表示,失去孩子后,自己没有办法正常工作,因为过于悲伤,在工作中总是出错,也不想被同事们议论,于是申请了提前退休。⑦ 子女缺失和家庭结构脆弱的叠加,严重打击"失独"父母的就业积极性,进而影响其经

---

① 韦艳、高迎霞、方祎:《关注残独与精准扶助:独生子女伤残家庭生活困境及政策促进研究》,《人口与发展》2019 年第 1 期。

② 谢勇才、潘锦棠:《从缺位到归位:失独群体养老保障政府责任的厘定》,《甘肃社会科学》2015 年第 2 期。

③ 赵仲杰、郭春江:《社会支持理论视阈下农村失独家庭困境应对策略——基于川渝两地的调研》,《理论月刊》2020 年第 1 期。

④ 韦艳、高迎霞、方祎:《关注残独与精准扶助:独生子女伤残家庭生活困境及政策促进研究》,《人口与发展》2019 年第 1 期。

⑤ 赵仲杰:《城市独生子女伤残、死亡给其父母带来的困境及对策——以北京市宣武区调查数据为依据》,《南京人口管理干部学院学报》2009 年第 2 期。

⑥ 张必春、江立华:《丧失独生子女父母的三重困境及其扶助机制——以湖北省 8 市调查为例》,《人口与经济》2012 年第 5 期。

⑦ Wang N., Hu Q., "It Is Not Simply the Loss of a Child:The Challenges Facing Parents Who Have Lost Their Only Child in Post-reproductive Age in China", *Death Studies*, No.1(2019), pp.1-10.

济状况。

相关法律与政策体系的不完善,使得"残独"和"失独"父母的养老困境更突出。"失独"群体的社会保障状况目前可以用"缺、乱、损"三个字加以概括。① 一是法制保障不健全,缺乏统一规制和具有操作性的规定。在"残独"和"失独"父母的社会保障方面,各地有不同的管理实践,覆盖群体不一致,待遇差异也很明显,还无法上升到更广泛的水平。缺乏中央政府的财政支持,各地的"失独"群体养老保障体系建立难度大,可持续性也不高。② 有学者指出,目前的继承法规定的不足也影响"失独"群体的养老,如继承法中并未规定侄子女与外甥子女承担赡养老人责任可以获得法定的优先继承权。当"失独"老人没有订立遗嘱,那么其遗产则会被收归国有,这影响旁系血亲承担养老责任的积极性。③《中华人民共和国人口与计划生育法》中规定"当独生子女发生意外导致伤残、死亡,其父母不再生育和收养子女的,地方人民政府应当给予必要帮助",但法律中并没有界定这一帮助的性质和承担者,基本上还是停留在倡导式的规定层面,导致"残独"和"失独"父母想要寻求各项帮助时,处在求助无门的境地。④

二是在为数不多的具体帮扶政策上,帮扶水平和针对性均有待提高。"失独"群体缺乏基本的社会保障。尽管 2010 年已经颁布《全国计划生育家庭特别扶助专项资金管理暂行办法》,但是帮扶水平比较低,只规定超过 49 岁的"失独"父母每月领取 100 元的扶助金。在物价高涨的当下,每月 100 元的补助实质上只是形式上的安慰。⑤ 而且目前对"失独"群体的帮扶只是侧重

---

① 王茂福、谢勇才:《失独群体的社会保障问题探析——以北京模式为例》,《兰州学刊》2013 年第 7 期。

② 谢勇才、潘锦棠:《从缺位到归位:失独群体养老保障政府责任的厘定》,《甘肃社会科学》2015 年第 2 期。

③ 齐恩平、傅波:《完善失独老人养老路径的法律探析》,《天津商业大学学报》2013 年第 5 期。

④ 丁志宏、祁静:《如何关注"失独家庭"养老问题的思考》,《兰州学刊》2013 年第 9 期。

⑤ 穆光宗:《论失独者养老的国家责任和公民权利》,《东岳论丛》2016 年第 8 期。

于经济支持方面,在情感和生活照料方面涉及甚少。① 有关部门对于"失独"家庭提出的诉求回应不足,停留在暂时安抚的承诺性回应、避开诉求核心的过滤性回应和未针对诉求内容的偏离性回应;低频次的回应导致政府与"失独"群体的沟通陷入困境,该群体许多亟须解决的困难难以得到有效处理。②

3. 如何解决"残独"和"失独"父母的养老困境?

目前学界普遍认为"失独"父母的养老困境是强制性的独生子女政策所引发的后遗症,所以多数从政府责任的角度提出对策。也有学者围绕社会组织、失独父母个人积极解决养老困境进行相关讨论。

政府应该承担相应的责任。"失独"家庭客观上是为我国人口控制和经济发展付出牺牲的特殊群体,作为计划生育的决策者和实施者,政府理应落实贡献者奖励、牺牲者补偿的人道原则。③ 从社会保障的角度出发,为政策性"失独"者提供福利性养老保障是公民的基本权利。④ 一是健全相关法律规范。政府要出台统一的解决办法或救助办法,来解决当前"失独"父母养老问题,避免各地各自为政、制度难以统一的局面。并且应该对具体做法做出更明晰的规定,提高可操作性,切实保障"失独"者的基本权利。⑤ 也有学者持相反的观点,慈勤英、周冬霞指出,对"失独"父母的帮助应该去特殊化,因为特殊对待会造成"失独"父母的边缘化,反而使这些父母陷入不利的局面;建议将"失独"家庭放在独生子女家庭、子女死亡家庭和无子女家庭这三类家庭中一

---

① 赵仲杰、郭春江:《社会支持理论视阈下农村失独家庭困境应对策略——基于川渝两地的调研》,《理论月刊》2020年第1期。

② 张必春、江立华:《丧失独生子女父母的三重困境及其扶助机制——以湖北省8市调查为例》,《人口与经济》2012年第5期。

③ 丁志宏、祁静:《如何关注"失独家庭"养老问题的思考》,《兰州学刊》2013年第9期。

④ 穆光宗:《论失独者养老的国家责任和公民权利》,《东岳论丛》2016年第8期。

⑤ 谢勇才、潘锦棠:《从缺位到归位:失独群体养老保障政府责任的厘定》,《甘肃社会科学》2015年第2期。

同考虑救助政策。① 二是待遇水平提高与差异化帮助。穆光宗认为目前"计划生育特别扶助政策"中"扶助"的说法并不准确,这一词语带有怜悯性,而作为独生子女政策风险下的困难群体,他们需要的是尊重和关怀,建议将"扶助"改为"补偿",体现出对"失独"老人生命尊严和生活质量的保障。② 在政策实施过程中考虑"失独"父母的实际需求,充分发挥其能动性,才能实现更加精准有效的帮助。③ 如对经济条件较好的城市"失独"父母,要更注重心理调适,重建精神家园,而对于农村的"失独"父母,则要解决的更多的是经济问题。④ 有研究者依据 2017 年 536 位"失独"父母分为三类:"弹性组""应对组""功能失调组";"弹性组"在创伤后具有很大的恢复弹性,表现为较低的抑郁与应激障碍症状,创伤后的成长性更好,而其他两组的状况则更糟糕;由此指出在帮助"失独"父母时应当依据其具体情况的差异,提供具有针对性的差异化帮助。⑤ 三是政府应当支持各类养老机构与社会组织的发展。政府可通过积极兴办各类居家护理、社区护理站以及支持社工组织的发展,综合促进各类养老机构与社会组织更好服务于失独父母的日常生活与养老需求。⑥

　　计划生育政策的成效为全体社会成员所共享,在解决"失独"父母的养老困境上,社会各界也要承担一定的责任。⑦ 社区和各类社会群体应当在支持"失独"父母方面发挥积极作用,如通过志愿者、社会工作者等为"失独"父母

---

①　慈勤英、周冬霞:《失独家庭政策"去特殊化"探讨——基于媒介失独家庭社会形象建构的反思》,《中国人口科学》2015 年第 2 期。

②　穆光宗:《失独父母的自我拯救和社会拯救》,《中国农业大学学报(社会科学版)》2015年第 3 期。

③　谢勇才:《老龄化背景下失独家庭养老模式向何处去》,《东岳论丛》2016 年第 8 期。

④　丁志宏、祁静:《如何关注"失独家庭"养老问题的思考》,《兰州学刊》2013 年第 9 期。

⑤　Zhou N.N., Yu W., Huang H., et al., "Latent Profiles of Physical and Psychological Outcomes of Bereaved Parents in China Who Lost Their Only Child", *European Journal of Psychotraumatology*, Vol.9, No.1(2018), pp.1-10.

⑥　Li Y., "Who Will Care for the Health of Aging Chinese Parents Who Lose Their Only Child? A Review of the Constraints and Implications", *International Social Work*, Vol.61, No.1(2018), pp. 40-50.

⑦　谢勇才:《老龄化背景下失独家庭养老模式向何处去》,《东岳论丛》2016 年第 8 期。

提供各类上门养老服务,社区积极打造社交类活动以帮助有需求的"失独"父母回归正常生活。利用社会团体的力量缓解"失独"群体的精神慰藉困境,[1][2]重视社会支持对老年人身心健康所能发挥的积极作用。[3][4] 一项针对北京市六城区432位"失独"父母的定量研究显示,当"失独"父母得到更多的社会支持,其抑郁、焦虑症状有所减轻,显示出社会支持力量的积极作用。[5]有人基于中国云南省13位年龄在50—68岁的"失独"母亲的定性访谈,建构了"失独"母亲在"失独"后恢复重建的三阶段理论:第一阶段是在极度痛苦中生活;第二阶段是接受现实,包括接受独生子女的死亡和自我情绪控制;第三阶段是恢复与重建新的生活方式,包括以更加平和的心态生活、寻求新的生活意义、重视自身的健康问题等,而得到的各类支持会促使"失独"母亲走向构建新的生活方式的第三阶段。[6]

4."残独"和"失独"父母养老的其他问题

目前针对"残独"和"失独"父母的具体养老问题的文献很少,近年才出现探讨"失独"父母的养老方式选择、养老需求问题的文献。现有研究指出,现

---

① Li Y.,"Who Will Care for the Health of Aging Chinese Parents Who Lose Their Only Child? A Review of the Constraints and Implications",*International Social Work*,Vol.61,No.1(2018),pp.40-50.

② 赵仲杰、郭春江:《社会支持理论视阈下农村失独家庭困境应对策略——基于川渝两地的调研》,《理论月刊》2020年第1期。

③ Forster,L.E.,Stoller,E.P.,"The Impact of Social Support on Mortality:A Seven-Year Follow-Up of Older Men and Women",*Journal of Applied Gerontology*,Vol.11,No.2(1992),pp.173-186.

④ Zhang Y.D.,Jia X.M.,"The Effect of Autobiographical Memory Function on Depression and Anxiety in Chinese Shiduers(Parents Who Have Lost Their Only Child):The Moderating Role of Familistic Emotion",*Death Studies*,Vol.45,No.4(2021),pp.273-281.

⑤ Cao X.,Yang C.,Wang D.,"The Impact on Mental Health of Losing an Only Child and the Influence of Social Support and Resilience",*OMEGA—Journal of Death and Dying*,Vol.80,No.4(2020),pp.1-19.

⑥ Wang H.Y.,Chaiyawat,W.,Yunibhand,J.,"Struggling to Live a New Normal Life Among Chinese Women After Losing an Only Child:A Qualitative Study",*International Journal of Nursing Sciences*,Vol.8,No.1(2021),pp.43-50.

有的各类养老方式都很难满足"失独"父母养老的需求,居家养老更是存在很明显的短板,无论是经济支持、生活照料还是精神慰藉,"失独"家庭都无法实现正常的养老功能。① 社区托老在我国并没有发展得很好,实际中社区服务很难满足"失独"父母的需求。② 机构养老也存在现实的困难,甚至在"失独"父母办理入住养老机构的相关手续时,面临着无人担保签字的尴尬境地,这无疑是对他们的又一次伤害。③④

　　集中养老是指由政府或其他组织建立起专为"失独"父母开放的机构或居住小区。"失独"父母之所以会产生集中养老的诉求,主要是担心在杂居的养老机构中会可能会看到其他老人的子女前来探望,这种场景无疑是对"失独"父母精神的"二次打击"。⑤ 集中养老方式存在一些优点,比如"失独"父母能在精神层面上有更深刻的相互理解,能够做到互帮互助,而不受其他人的歧视和排斥。但同时这种小群体内的交往是一个封闭的社会网络,容易导致悲伤与痛苦蔓延,不利于"失独"父母的恢复与重建。如一项针对北京、武汉等五城市"失独"父母的半结构化访谈中,一位"失独"母亲表示,自己在与其他"失独"父母接触时,获得了情感支持,会觉得快乐且满足,但谈论的话题总是围绕着已故子女、所受创伤,这些也会让人感到很痛苦。⑥ 而且兴建集中的

---

　　① 赵仲杰:《城市独生子女伤残、死亡给其父母带来的困境及对策——以北京市宣武区调查数据为依据》,《南京人口管理干部学院学报》2009 年第 2 期。

　　② Rong C., Wan D., Xu C., et al., "Factors Associated with Preferences for Elderly Care Mode and Choice of Caregivers Among Parents Who Lost Their Only Child in a Central China City", *Geriatrics & Gerontology International*, Vol.20, No.2(2020), pp.1-6.

　　③ Li Y., "Who Will Care for the Health of Aging Chinese Parents Who Lose Their Only Child? A Review of the Constraints and Implications", *International Social Work*, Vol.61, No.1(2018), pp. 40-50.

　　④ 赵仲杰、郭春江:《社会支持理论视阈下农村失独家庭困境应对策略——基于川渝两地的调研》,《理论月刊》2020 年第 1 期。

　　⑤ 谢勇才:《老龄化背景下失独家庭养老模式向何处去》,《东岳论丛》2016 年第 8 期。

　　⑥ Wang H.Y., Chaiyawat, W., Yunibhand, J., "Struggling to Live a New Normal Life Among Chinese Women After Losing an Only Child:A Qualitative Study", *International Journal of Nursing Sciences*, Vol.8, No.1(2021), pp.43-50.

养老机构也超出了政府的能力范围,若是单独为"失独"群体兴建养老机构,很可能会招致其他弱势群体的不满,比如残疾人、孤寡老人,他们是否也具有集中养老的诉求?①

　　除了上述理论探讨,也有学者对"失独"父母的养老方式的选择倾向进行研究。一些研究表明,"失独"父母在居家、机构和社区各类养老的方式选择上,更倾向于机构养老。2018 年一项对安徽省芜湖市的调查显示,在社区养老、机构养老和护工上门照料的选择上,306 位年龄在 49 岁以上的"失独"父母有超过半数(52.6%)选择了机构养老。② 这与子女健在的独生子女父母的养老意愿形成了明显差异,子女健在的独生子女父母对居家养老意愿的倾向最强烈,占比在 60% 至 70%。③④⑤ 这表明在失去独生子女这一主要照料者后,独生子女家庭的养老风险被放大,"失独"老人转而考虑机构养老。⑥ 而另一项研究却发现,"失独"父母并没有如此大的机构养老意愿,709 位父母中只有 89 位表示机构养老是理想的养老方式,仅占全部样本的 13% 左右。⑦ 这可能是因为调查时问题的提法不同导致了结果的差异,因为理想的养老方式与现实可选的养老方式并不是同一概念,理想是要优于现实的。

————————————

　　① 谢勇才:《老龄化背景下失独家庭养老模式向何处去》,《东岳论丛》2016 年第 8 期。
　　② Rong C., Wan D., Xu C., et al., "Factors Associated with Preferences for Elderly Care Mode and Choice of Caregivers Among Parents Who Lost Their Only Child in a Central China City", *Geriatrics & Gerontology International*, Vol.20, No.2(2020), pp.1-6.
　　③ 尹志刚:《我国城市首批独生子女父母养老方式选择与养老模型建构》,《人口与发展》2009 年第 3 期。
　　④ 唐利平、风笑天:《第一代农村独生子女父母养老意愿实证分析——兼论农村养老保险的效用》,《人口学刊》2010 年第 1 期。
　　⑤ 宋雅君:《上海第一代独生子女父母对于个人未来养老方式的预估及影响因素研究》,《浙江学刊》2017 年第 2 期。
　　⑥ 赵仲杰、郭春江:《社会支持理论视阈下农村失独家庭困境应对策略——基于川渝两地的调研》,《理论月刊》2020 年第 1 期。
　　⑦ 周学馨、刘美华:《我国失独家庭养老体系中机构养老兜底保障作用研究——基于对全国 709 个失独者调研数据的分析》,《重庆社会科学》2020 年第 1 期。

对于"残独"和"失独"父母的养老需求,目前学界的关注也较少。在医疗保健、物质经济、生活照料与精神慰藉四类需求中,"失独"父母对医疗和经济的需求度最高。2018年对四川省 H 县的调查表明,"失独"父母对医疗保健服务、物质经济的需求最高,需求比例分别为 60%、57%左右,对生活照料需求的比例较低,仅为 27%左右。① 赵仲杰 2007年对北京市两区"残独"和"失独"父母的调查显示,独生子女的伤残破坏了家庭的经济基础:24 位"残独"父母有 16 位表示为了治疗、照料残疾的独生子女以及为自己看病,家庭支出不断增加;而独生子女死亡家庭的经济状况也非常差,如一位受访"残独"母亲所述,为白血病孩子治病花去 40 万的同时,自己的丈夫猝死,而孩子最终在2004年去世,孤身一人的自己在养老的经济方面非常困难。② 2018年对重庆、四川农村 127 位"残独"父母的调查表明,"残独"父母获得社会支持的水平偏低。③

另两位研究者进一步发现,"残独"父母的年龄、婚姻状况、健康水平等因素对养老需求有显著影响:农村独生子女父母的年龄越大,越进入老年期,对医疗保健、物质经济与照料服务的需求越大,如医疗保健服务需求方面,老年"残独"家庭在上门诊疗和陪同看病两项上的需求比例显著高于老年非"失独"家庭,分别高达 70.5%和 55.7%;较年轻的"失独"父母还具有劳动能力,而老年"失独"父母的身体状况下降,各项养老需求都很高,丧偶和健康状况越差的"失独"父母,相应的养老需求也越高。④

---

① 戴卫东、李茜:《农村失独家庭养老需求的差异性与精准扶助——基于四川省 H 县调查》,《社会保障研究》2020年第 3 期。

② 赵仲杰:《北京城区独生子女家庭的养老问题研究》,知识产权出版社 2012年版,第110—114 页。

③ 赵仲杰、郭春江:《社会支持理论视阈下农村失独家庭困境应对策略——基于川渝两地的调研》,《理论月刊》2020年第 1 期。

④ 戴卫东、李茜:《农村失独家庭养老需求的差异性与精准扶助——基于四川省 H 县调查》,《社会保障研究》2020年第 3 期。

三、对已有研究文献的评价与
进一步开展研究的方向

（一）对已有研究文献的总体评价

日前,独生子女父母养老问题的相关研究总体上所涉及的领域比较全面,对养老问题的分析和思考也比较到位。不仅涉及独生子女父母在养老过程中可能存在的风险、所能获得的养老支持,也涵盖了独生子女父母对养老生活的主观意愿和准备。而且也同时关注到了养老的主客体,从父母与子女双方的角度进行的研究数量不少。可以看出关于独生子女父母养老问题的研究,正在开展探索性研究的基础上不断深入,研究的主题和内容越来越具体。

在养老内容方面,目前的研究更多关注养老的经济支持,无论是养老风险、养老支持,还是对养老的认识都更强调经济因素。一是因为身体状况较好,其他养老问题较少。二是具有劳动能力,身体还健康,其精神需求也更容易满足,继续工作或者是帮扶子女照顾孙辈,都能填补其精神的空缺;但随着年龄增长,当独生子女父母进入生活不能自理或不能完全自理阶段,生活照料与精神慰藉的问题才真正显现。失能的独生子女父母需要什么? 他们的精神状况如何? 这都是值得关注的新问题。

现有文献表明,独生子女父母在养老方面的确存在着诸多困难,在生活照料、经济支持和精神慰藉方面都有着较大需求,而农村独生子女父母的养老困难表现更加突出。即便有研究表明独生子女父母实际上的养老担心度并不高,大多数人能够依靠自己保障养老相关需求。但是当一个群体基数很大的时候,小问题也会显得很突出。况且独生子女父母较为年轻时,养老问题自然要少一些,而随着年龄的增大,当身体变差,甚至处于半失能、失能、失智的状态时,所面临的养老困境无法与当前的乐观状况相提并论。学术界仍需要进一步推进独生子女父母养老问题研究的深度和广度,形成较为完整、系统化的研究图景。现有研究在以下方面存在一些有待完善的空间。

1.现有研究中理论与实践结合不紧密

一是表现为现有研究缺乏理论基础。许多研究仅是研究者基于自身经验对独生子女父母养老的相关问题进行思考与讨论,并没有结合有说服力的经验数据或访谈资料;而大部分的经验研究也缺乏叙事的理论框架,只有个别文献会写明研究的理论基础与理论视角。很多研究忽视了实际研究与既有理论的关联性,难以做到研究结论与理论的有效对话。二是对研究结论的解释也缺乏理论性思维。通常都是按照个人生活经验来解释研究的结论,在经验材料的基础上建构理论、将研究结论发展为理论的研究数量较少。往往是既没有联系已有理论,也没有发展新的理论。

2.从研究对象的角度来看也存在一些不足

其一,研究对象年龄尚轻。第一代独生子女父母目前才处于低龄老人阶段,之前的研究大多是基于尚未进入老年阶段的独生子女父母对未来养老状况的预测而进行的,与实际养老状况可能存在出入。随着时间的推移,未来十年中,第一代独生子女父母进入中龄、高龄老人阶段,身体健康状况会进一步下降。届时,独生子女父母的养老问题才会真正凸显出来,研究者要抓住这个研究的时机,挖掘独特视角、提取有用信息,开展理论与实践意义兼具的独生子女父母养老问题研究。

其二,研究对象上有所疏漏。在城乡之间,现有研究更多关注的是城镇独生子女父母的状况,对农村独生子女父母的状况关注较少。"独生子女父母养老"主题下全部检索结果的339条文献中,对农村独生子女父母的研究仅有39篇,占全部结果11.5%;在138篇质量较高的文献中,研究农村独生子女父母养老问题的仅有19篇,占13.8%。由此可见,目前学界对于农村独生子女父母的关注度不高。数量如此少的研究不足以让读者全面、准确地了解农村独生子女父母的养老状况。在城乡二元结构之下,农村地区经济发展水平低,各类基础设施、养老设施的建设远不及城市的水平,农村独生子女父母在养老上面临的困难更大,实际上更需要得到社会各界的关注。另外,对于"失独"和"残独"父母的研究中,相对忽视了"残独"父母,只有个别研究是针对"残独"父母的,"残独"父母所面临的特殊困难,还需进一步拓展研究。

3.研究方法与资料上存在不足

在研究设计上,缺乏比较和联系的思维。首先是缺乏独生子女父母与非独生子女父母的比较研究,目前研究多为单独分析独生子女父母的状况,缺乏与多子女父母的比较。而独生子女父母与非独生子女父母的子女数量不同,在代际支持、居住关系等方面可能存在差异,要了解独生子女父母的养老问题,就必须要搞清楚二者的差异。在同一研究内也缺乏城乡差异的对比研究。而且各个研究之间也缺乏联系,没有很好地借鉴与参考。导致各个研究在概念界定、操作化指标方面各不相同,许多研究结论无法相互参考,不利于相关研究的对话与进一步深化。

在测量方法上,存在简易化特征。这反映出部分研究对研究问题的思考不够深入,对一些概念的测量与操作化比较单一。比如在养老支持的研究中,对父母自身养老准备的测量只关注经济方面,其他维度都没有涉及;在子女的代际支持方面,对生活照料支持的操作化只有是否做家务这一项指标,但生活照料不仅有做家务,还包括起居照料、生病照料等;在居住方式研究中,仅有一位研究者对居住方式中独生子女父母单独居住的情况进行细化,对于实际中存在的同城或异地分住的情况,其他学者并未考虑到这一点。这就使得研究的深度不够,只是在表面上了解研究对象的情况。

在研究方法上,科学性仍有待加强。许多研究只是利用交互分析等较为简单的方法分析资料,缺乏更深入的统计分析方法。对于经验数据的探讨也并不充分,仅仅描述研究结果,如不同情况的占比、发生的可能性等,没有进一步去分析已有结果的产生原因,也没有将不同结果之间的差异进行理论思考。甚至有的研究的分析结果与结论部分的内容差别不大,结论与讨论也只是重复了一遍描述性的结果,并没有从更高的层次分析研究结果。比如在养老意愿的研究中,是否拥有养老保障的因素基本上每位研究者都考虑到了,也纳入了数据分析,但只有一位研究者看到了养老保险只是在健康状况比较好的时候能起到很大作用,而一旦重病,是否有养老保险的作用就不显著了。基于这一有针对性的发现,该研究可以更加明确地找到可行的政策启示。

在数据来源上,缺乏全国性大规模的有针对性的调查数据资料。大部分都是针对特定地区进行的研究,比如北京、上海等大城市,而农村基本也只是针对那些严格实施独生子女政策的农村地区,如江苏省、四川省、重庆市等地,少有全国性的大规模调查研究,研究结论只能局限于部分地区有效。虽然对养老意愿的研究很多都是利用全国性的大规模调查数据,如利用中国综合社会调查(CGSS)、中国老年社会追踪调查(CLASS)的数据,但这些数据并非专门针对研究独生子女父母养老问题而设计的。这些大规模的数据所包含的变量及其具体指标测量,与具体的研究所需要的变量以及具体测量要求很可能存在差距,研究者为了利用这些数据,只能在变量的选取以及变量测量要求上做出妥协,进而导致研究结论出现偏差。

(二)进一步开展相关研究的方向

目前多数独生子女父母尚处于 70 岁以下的低龄老人阶段,身体较为健康,虽然已经退休,但很多仍然具有劳动能力,还没有到经济无法独立、生活不能自理的境地。独生子女对其父母的生活照料支持很少,很大程度上也是因为其父母处于低龄老年阶段,身体状况还较好。而且第一代独生子女大致处于成家立业时期,父母给予子女的支持往往还多于子女对父母的帮助。但随着时间的推移,独生子女父母的年龄不断增大,身体健康状况会不断下降,也会越来越需要子女的赡养和支持,他们的养老问题才会从对未来的忧虑变为现实中真正的困难。总体而言,这几年独生子女父母逐渐进入老年阶段,其老年生活才真正展开,对于独生子女父母养老问题的研究才真正开始。

当独生子女父母真正步入需要照顾的老年期,现有研究主题还有研究价值吗? 目前研究主要侧重点在经济方面,而随着情势变化,对生活和生病照料以及精神慰藉方面的研究会逐步增加。具体说来,在养老认识方面,可以更加细化地探究独生子女父母对养老内容三个方面的认识情况,基于实际需求状况探讨担心度,才会得到更客观的结果。除了担心度,养老认识实际上也包含积极评价的一面,独生子女父母对养老生活的满意度如何? 独生子女父母在失能状态下对养老生活是如何认识的? 养老的心态如何? 这些都是可以继续探究的内容。

在养老意愿方面,在具备劳动能力、心态乐观时对养老的选择往往更趋向于积极,如若出现贫困、灾变、"失独"等情形,或者遭遇失能、失智等情况,他们的意愿会发生什么改变? 对于养老依靠对象、养老方式又会做出什么样的理性选择? 目前对养老方式的界定仍旧比较模糊,未来研究还需要在明晰概念的基础上进一步分析已有问题,我们处于一个不断变动的世界中,自然需要持续关注问题的复杂化迭变。

在养老支持和居住关系方面,对于生活照料和精神慰藉方面的内容还需要进一步探究和深化,尤其是对于生活照料支持的测量更要立足于现实生活。在居住安排方面,独生子女父母的"空巢"状况是如何变化的,对居住安排的测量要更细化,不能仅仅局限于是否同住这个层面。居住方式变化与养老支持之间的关系,也应该联系起来进行研究。此外,对"失独"群体的研究需要逐渐细化,对养老实际问题进行探究,而不是仅仅局限于关注他们的精神悲痛,随着年龄的增长,"失独"群体的困难会更大。

对于独生子女父母的养老问题,还有一些议题值得探讨。第一是失能、失智的情况下独生子女父母的养老困境。目前独生子女父母年龄还不算大,身体状况较好,但未来陷入失能、失智的状态后,面临的养老困境更为严峻。尤其在未来的10—20年中,第一代独生子女父母逐渐步入中高龄老人阶段,身体机能不可避免地下降,他们的养老有什么困难? 如何解决失能独生子女父母的照护问题?

第二是独生子女父母的精神养老。现有研究对精神养老的关注度不够高,无论是在自我养老准备还是在养老支持获得上,都更关注经济与物质方面。而随着物质经济水平的提升,老年人对精神的充实与富足的要求越来越高,精神养老是非常重要的一个方面,而且就实现条件来看,对精神慰藉的满足最为困难。精神慰藉的满足需要由与独生子女父母在情感方面有密切关系的人来提供,对于独生子女父母来说,往往最需要来自子女的精神慰藉,而不像生活照料等内容可以寻求社会养老机构、社区服务人员来替代。如何满足独生子女父母的精神慰藉需求? 需要更多的研究来探讨。

第三是独生子女父母的养老需求。现有研究中并没有养老需求的内容,但实际上无论是提供养老支持还是对养老的认识都与养老需求密切相关。目前第一代独生子女父母开始进入中高龄阶段,各方面养老需求也逐步显现,精准供给才能有效率地解决问题。满足独生子女父母的养老需求才能更好地消弭养老风险,当养老需求得到匹配性满足,养老认识才会趋向于积极。除了在养老的三个方面不同层次的需求值得研究外,对其他类型养老方式的需求也是应该引起重视的内容。

第四是独生子女父母其他主体的养老支持状况。养老是每个人一生中都无法避开的客观需要,老年期的自我准备是很重要的方面。同时在多元主体支持独生子女父母养老的情况下,各个方面都需要得到关注。如何让社区在独生子女父母养老中发挥重要作用,满足独生子女父母的养老需求是需要尽快解决的问题。只有了解各类主体提供养老支持的现实情况,才能知道各养老主体应该如何发力,形成一股养老合力,使独生子女父母能享受更加安心的晚年生活。

第五是多重社会风险的叠加下独生子女父母的养老问题。在身体健康、没有意外风险发生时,独生子女父母的养老问题也许没有那么紧迫,但在身体健康水平不断下降,遭遇各类社会风险,如失独、丧偶、贫困、自然灾害等意外事件后,独生子女父母的养老则很可能陷入"泥沼"之中。而且这些风险若是叠加发生,单凭独生子女父母个人及其家庭往往无法承受,这就需要额外的补偿和救济。

第二章　城镇第一代独生子女父母
养老意愿的决定因素

一、独生子女父母想要依靠谁养老

中国政府自 1971 年开始把控制人口增长纳入国民经济发展计划,1980 年开始推行"一对夫妇只生育一个孩子"的独生子女政策,1982 年把计划生育确定为基本国策,并写入宪法。直到 2016 年 1 月"全面两孩"政策的推行,宣告实施了三十余年的独生子女政策的终止。严格的计划生育政策使中国产生了庞大的独生子女家庭,且主要分布在城市地区。[①] 王广州根据 2005 年 1% 抽样调查数据 2‰的样本原始数据推算出 40 岁至 59 岁非农业独生子女母亲有 2791.92 万人。[②] 鉴于中年人的丧偶率比较低,[③]根据城镇独生子女母亲的规模,可推算出 2005 年 40 岁至 59 岁城镇独生子女父母超过 5000 万人。这一规模庞大的独生子女父母,当他们相继进入老年的时候,需要对自己的养老安排作出现实的选择。

传统中国家庭养老建立在多子女的基础之上,俗话说"养儿防老"就是这

① 伍海霞:《城市第一代独生子女父母的养老研究》,《人口研究》2018 年第 5 期。
② 王广州:《中国独生子女总量结构及未来发展趋势估计》,《人口研究》2009 年第 1 期。
③ 丁志宏、胡强强:《20 世纪 90 年代我国丧偶人口状况分析》,《南方人口》2006 年第 1 期。

个意思。但对于城镇第一代独生子女父母来讲,他们缺乏家庭养老的客观基础。只有一个子女的现实,独生子女父母不仅要过早地、更长地经历着人生的"空巢"生活,同时也将他们置于一种更为脆弱的子女养老的基础之上,无论是物质供养、生活照料,还是亲子交往和精神慰藉,他们能够从这个唯一的孩子身上得到的都将非常有限。① 城镇第一代独生子女父母还有其特殊的一面,即他们不仅在生育期的时候面临计划生育政策,而且在青少年求学时代可能经历过被动辍学、上山下乡,在中年时代经历过下岗失业、再就业,在即将步入老年期的时候经历着养老体制改革,等等。② 这些特定的人生经历,影响到他们自身的职业发展和社会经济地位,给他们带来了养老风险,可能让他们陷入养老困境。而且,这些特定的人生经历,往往都不是他们主动选择的结果,而是新中国成立之后,相继进行的社会运动、社会改革的代价集中到他们这一代人身上的结果。当他们面临养老的时候,主要想依靠谁? 哪些因素又在影响他们养老依靠对象的选择,这些问题都需要认真研究和科学回答,以便制定科学的政策解决他们的养老问题。

由于研究目标、研究对象甚至数据来源等方面的不同,学术界对养老意愿的界定存在较大的差异。其中有代表性的观点包括:养老意愿是"人们对养老行为所持有的主观看法和态度"③④,"个人对自己老年生活的意向性选择"⑤,"关于养老责任主体的一种主观倾向"⑥,"人们对养老安排的一种预

---

① 风笑天:《从"依赖养老"到"独立养老"——独生子女家庭养老观念的重要转变》,《河北学刊》2006 年第 3 期。

② 赵莉莉:《我国城市第一代独生子女父母的生命历程——从中年空巢家庭的出现谈起》,《青年研究》2006 年第 6 期。

③ 郭继:《农村发达地区中青年女性的养老意愿与养老方式——以浙江省为例》,《人口与经济》2002 年第 6 期。

④ 丁志宏:《我国农村中年独生子女父母养老意愿研究》,《人口研究》2014 年第 4 期。

⑤ 沈苏燕、李放、谢勇:《中青年农民养老意愿及影响因素分析——基于南京五县区的调查数据》,《农业经济问题》2009 年第 11 期。

⑥ 程亮:《老由谁养:养老意愿及其影响因素——基于 2010 年中国综合社会调查的实证研究》,《兰州学刊》2014 年第 7 期。

期看法"①。虽然学者们对养老意愿的界定有所不同,但都强调养老意愿是一种关于养老选择或安排的主观愿望。对于养老意愿的测量,主要有单一指标测量法和多重指标测量法。单一指标测量法倾向从一个综合性角度来测量养老意愿,虽然在具体"设问"上有所不同,但基本围绕养老模式的选择意愿展开,并多把养老模式分为家庭养老、个人养老和社会养老。② 多重指标法则围绕与养老相关的具体侧面展开,如王学义从养老依靠对象、养老参保意愿以及养老方式的选择三个方面测量养老意愿。③ 郭继从养老问题的思考、养老主体的思考、养老地的思考、养老金来源的思考四个方面测量养老意愿,④徐俊从养老地点选择、居住方式选择、养老依靠对象、养老经济打算四个方面测量养老意愿。⑤

　　龙书芹、风笑天在江苏四个城市的调查发现,传统的亲子反馈的养老观念在现代城市居民中仍有相当的分量,居家养老仍然是主要的养老方式,并出现"分而不离"的新的居家养老模式。⑥ 尹志刚针对北京首批独生子女父母养老方式选择的研究发现,选择居家养老的占71.1%,社会养老的占26.0%,社区依托养老的占2.5%,其他的占0.3%。⑦ 洪娜2011年针对上海第一代独生子女父母的养老方式选择的研究发现,85.4%的独生子女父母选择在家养老,14.6%的独生子女父母选择机构养老。但当问及"假设身体健康状况越来越差时",选择

① 徐俊:《农村第一代已婚独生子女父母养老心态及其影响因素分析》,《人口与经济》2016年第3期。
② 孙鹃娟、沈定:《中国老年人口的养老意愿及其城乡差异——基于中国老年社会追踪调查数据的分析》,《人口与经济》2017年第2期。
③ 王学义、张冲:《农村独生子女父母养老意愿的实证分析——基于四川省绵阳市、德阳市的调研数据》,《农村经济》2013年第3期。
④ 郭继:《农村发达地区中青年女性的养老意愿与养老方式——以浙江省为例》,《人口与经济》2002年第6期。
⑤ 徐俊:《农村第一代已婚独生子女父母养老意愿实证研究》,《人口与发展》2016年第2期。
⑥ 龙书芹、风笑天:《城市居民的养老意愿及其影响因素——对江苏四城市老年生活状况的调查分析》,《南京社会科学》2007年第1期。
⑦ 尹志刚:《北京城市首批独生子女父母养老方式选择与养老战略思考——依据北京市西城区、宣武区首批独生子女家庭调查数据》,《南京人口管理干部学院学报》2008年第2期。

在家养老的则下降到44.7%,而选择机构养老的则上升至53.4%。① 伍海霞利用五省市城镇第一代独生子女家庭状况专项调查数据分析发现,城镇第一代独生子女父母的家庭养老支持水平较低,多数老年独生子女父母处于"自立"养老状态,超过40%的城镇独生子女父母有入住养老院意愿。② 封铁英、马朵朵针对西安市独生子女父母养老选择的研究发现,选择"自己准备"的占57.86%,"子女供养"的占18.73%,"政府和社会支持"的占23.41%。③ 可见早期的调查结果显示独生子女父母更多的倾向居家养老,但随着时间推移,当他们真正步入老年、养老的现实日益逼近的时候,社会养老逐渐被他们所接受。

对于城镇第一代独生子女父母养老方式选择的影响因素,学者们主要从老年人自身社会特征、亲子关系、子女特征的角度进行分析与解释。在老年人自身特征方面,在婚的独生子女父母比不在婚的独生子女父母更倾向于家庭养老,独生子女父亲比独生子女母亲更倾向于家庭养老,有宗教信仰的独生子女父母比无宗教信仰的独生子女父母更倾向于家庭养老,④年龄64岁及以下的独生子女父母倾向社会养老的相对更多;在亲子关系方面,亲子同住、经常得到子女经济支持的独生子女父母社会养老意愿相对更低;⑤获得独生子女精神慰藉的父母自我养老意愿更强,独生子女为父母提供社交支持会降低父母对子女的养老依赖;但从子女特征来看,子女性别、婚姻状况、是否工作对城镇独生子女父母养老意愿的选择没有显著性影响。⑥

---

① 洪娜:《上海第一代独生子女父母的养老方式选择及影响因素研究——基于健康状况视角的实证分析》,《南方人口》2013年第6期。

② 伍海霞:《城市第一代独生子女父母的养老研究》,《人口研究》2018年第5期。

③ 封铁英、马朵朵:《独生子女父母养老主体选择——基于子女特征与代际支持的影响研究》,《西安交通大学学报(社会科学版)》2019年第6期。

④ 洪娜:《上海第一代独生子女父母的养老方式选择及影响因素研究——基于健康状况视角的实证分析》,《南方人口》2013年第6期。

⑤ 伍海霞:《城市第一代独生子女父母的养老研究》,《人口研究》2018年第5期。

⑥ 封铁英、马朵朵:《独生子女父母养老主体选择——基于子女特征与代际支持的影响研究》,《西安交通大学学报(社会科学版)》2019年第6期。

总之,从已有文献来看,在研究对象上,不少研究从整体上考察独生子女父母的养老意愿,或者专门考察农村独生子女父母的养老意愿,而专门研究城镇第一代独生子女父母养老意愿的很少。在研究内容上,学者们主要从老年人自身特征、子女人口社会特征、亲子关系的角度对独生子女父母的养老意愿进行分析与解释。除了这些因素之外,老年人的社会经济地位,特别是子女的成长发展状况对城镇第一代独生子女父母养老意愿选择的影响,也非常值得关注。

二、研究假设与分析思路

本章将养老意愿界定为人们对养老方式的一种主观选择倾向。问卷调查中的设问是"您最愿意选择怎样的养老方式",将选择答案设置为"由子女养老""社区托老养老""社会养老""夫妻作伴养老""自我养老""亲友结伴养老""其他"。除"亲友结伴养老""其他"外,可以将上述养老意愿归为三类:社会化养老(选择"社区托老养老"和"社会养老")、独立养老(选择"夫妻作伴养老"和"自我养老")和子女养老(选择"由子女养老")。

参照风笑天对第一代独生子女父母的界定,我们将1976年至1986年之间生育第一个小孩(包括收养的小孩)且截止到调查时点只生育了一个孩子、具有城镇户口的父母,称为城镇第一代独生子女父母。1976年至1986年之间生育第一个小孩(包括收养的小孩)且截止到调查时点生育两个及以上孩子、具有城镇户口的父母,称为同龄的城镇非独生子女父母。

狄金华等人对相关文献梳理后认为,赡养内在机制的研究主要围绕两个基本维度展开:一是以资源交换作为切入点,形成了经济交换说、社会交换说和投资—赡养说;二是以文化和价值观为切入点,形成了代际反馈说、责任内化说和血亲价值说。[1] 就独生子女父母养老意愿选择的内在机制而言,在相

---

[1] 狄金华、韦宏耀、钟涨宝:《农村子女的家庭禀赋与赡养行为研究——基于CGSS2006数据资料的分析》,《南京农业大学学报(社会科学版)》2014年第2期。

当程度上遵循了文化价值和资源交换原则,但又没有完全依循这样的原则。而就父母养老意愿的影响因素而言,已有研究主要从个体的角度出发,而少有从家庭角度出发。对于已失去家庭养老客观基础的第一代独生子女父母而言,他们的养老问题是整个家庭的"重大事件"。因此,独生子女父母养老意愿的选择,不仅仅是独生子女父母自身的决策,而是整个家庭的决策。这一决策的基本目标是实现包括独生子女父母及其子女在内的整个家庭的福利最大化。决策的基本依据也是从整个家庭的养老能力出发,既包括父母的自我养老能力,也包括子女的赡养能力,还包括代际关系对家庭养老的支撑力。基于此,本章提出父母社会经济地位假设、子女成长发展假设和代际关系假设来解释城镇第一代独生子女父母的养老意愿差异。

(一) 社会经济地位与独生子女父母养老意愿选择假设

"不给子女添麻烦",可以说是绝大多数父母的心愿。但对于年迈的他们面临养老问题时,他们会不会"给子女添麻烦",关键取决于他们自身的能力和条件。已有研究表明,在家庭养老功能弱化,而自身经济条件允许的情况下,老年人可能通过购买货币化的养老服务,选择去专业化的养老机构安度晚年。[1] 以往职业层次高、教育水平高、收入水平高的老年人更有可能选择机构养老。[2] 据此,提出假设1:独生子女父母自身社会经济地位越高,选择社会化养老和独立养老的可能性越大,而选择子女养老的可能性越小。

(二) 独生子女成长发展与父母养老意愿选择假设

韦克难等人认为,子女作为家庭养老资源,需要具备三个条件,即足够数

---

① 张鹏:《家庭照料能力与机构养老意愿实证分析——基于苏州市相城区 52273 位老人的调查》,《当代经济》2016 年第 16 期。

② 刘二鹏、张奇林:《代际关系、社会经济地位与老年人机构养老意愿——基于中国老年社会追踪调查(2012)的实证分析》,《人口与发展》2018 年第 3 期。

量的子女、子女有赡养父母的意愿、子女有赡养父母的能力和条件,当前年轻人并不缺乏赡养老人的意愿,而是因为年轻人承受着较大的工作压力和生活压力,降低了他们赡养父母的能力。[1] 狄金华等人针对农村子女的家庭禀赋与赡养行为的研究发现,子女的家庭经济资本、社会资本和自然资本对赡养行为都有显著的正向影响。[2] 因此,本项研究倾向认为,独生子女父母在作出养老意愿选择时,除立足于自我养老能力之外,还要考虑其子女的赡养能力,即子女成长发展尤其是事业发展状况。子女成长发展好,具有赡养父母的能力和条件,"能够靠得上",他们就可能倾向于选择子女养老,既可以享受天伦之乐,也符合传统文化规范,而不倾向于选择社会化养老或者独立养老。据此,提出假设 2:子女成长发展越好,独生子女父母选择社会化养老、独立养老的可能性越小,而选择子女养老的可能性越大。

（三）代际关系与独生子女父母养老意愿选择假设

子女的赡养能力只是父母养老意愿选择的条件之一,子女的赡养能力能否发挥作用以及发挥多大作用还会受到代际关系的制约。子女的赡养能力和条件,只是父母可获得的一种潜在养老支持。潜在养老支持要成为可供老年父母选择的实际养老资源还需要其他中介条件,而这其中最关键的中介条件就是代际关系。代际关系融洽,增加了父母从子女那里获得养老资源的可能性,使得父母在作出养老意愿选择时,更倾向于子女养老,而不倾向于选择社会化养老和独立养老。据此,提出假设 3:代际关系越融洽,独生子女父母选择社会化养老、独立养老的可能性越小,而选择子女养老的可能性越大。

---

① 韦克难、许传新:《家庭养老观:削弱抑或强化——来自四川省的实证调查》,《学习与实践》2011 年第 11 期。

② 狄金华、韦宏耀、钟涨宝:《农村子女的家庭禀赋与赡养行为研究——基于 CGSS2006 数据资料的分析》,《南京农业大学学报(社会科学版)》2014 年第 2 期。

首先,对独生子女父母与非独生子女父母养老意愿进行交互统计分析,考察两类父母的养老意愿是否有差异、有什么样的差异? 以此来弄清楚独生子女父母养老意愿是作为独生子女父母所特有的,还是作为包含非独生子女父母在内的一代人所共有的。其次,对不同人口社会特征的独生子女父母的养老意愿进行交互统计分析,考察城镇第一代独生子女父母养老意愿的内部差异。最后,建立模型,剖析社会经济地位、独生子女成长发展、代际关系对城镇第一代独生子女父母养老意愿的影响。

三、数据统计结果与分析

（一）城镇第一代独生子女父母养老意愿基本状况

表 2-1　独生子女父母与非独生子女父母养老意愿比较

单位:%

	独生子女父母 （n=881）	非独生子女父母 （n=415）	合计
由子女养老	30.1	41.2	33.6
社区依托老养老	11.6	7.0	10.1
社会养老(养老院、养老公寓等)	11.5	7.7	10.3
夫妻作伴养老	39.6	37.3	38.9
自我养老	6.0	5.1	5.7
亲友结伴养老	0.7	1.2	0.8
其他	0.6	0.5	0.5
合计	100.0	100.0	100.0

注:Pearson Chi-Square=21.905,df=6,Sig.=0.001。

统计分析结果显示(见表 2-1),独生子女父母与非独生子女父母养老意愿存在显著性差异,表现在:其一,非独生子女父母选择子女养老的比例高于独生子女父母,而独生子女父母选择社会化养老和独立养老的比例高于非独生子女父母。具体而言,非独生子女父母选择"由子女养老"的占41.2%,高出独生子女父母11.1个百分点;而独生子女父母选择"社区依托养老""社会养老""夫妻作伴养老""自我养老"的分别高于非独生子女父母4.6、3.8、2.3、0.9个百分点。其二,在非独生子女父母群体中,选择"由子女养老"仍然占相对多数,处于主流地位;而独生子女父母群体中,选择"夫妻作伴养老"占相对多数,处于主流地位。

另外,在本次调查中,无论是独生子女父母还是非独生子女父母,选择"亲友结伴养老"的都只是个别现象。被一些媒体渲染的老年人的"亲友结伴养老""抱团养老"在本次调查中没有得到验证。当然本次调查的只是他们的"意愿"而非"现实",或许他们都还没有"走到那一步"。但是这也可以在一定程度上说明"亲友结伴养老""抱团养老",都不是城市老年人的期望和意愿,如果真走到那一步,对他们来讲,也许只是没有办法的办法。总之,当前城市中老年父母养老意愿存在一种"去子女化"倾向,主要把养老寄托于自身及其配偶身上,也正在逐步接受社会化养老,这尤其在独生子女父母当中表现得非常明显。

在城镇第一代独生子女父母群体内部,养老意愿的选择也存在较大的差异性(见表2-2)。从子女性别来看,相比较而言,独生子父母更倾向选择子女养老,而独生女父母更倾向选择社会化养老:独生子父母选择子女养老的占32.7%,高出独生女父母6.1个百分点;而独生女父母更倾向选择社会化养老的占27.2%,高出独生子父母6.1个百分点。但二者在选择"独立养老"方面差别不大,都是相对多数,接近一半。

从婚姻状况来看,目前在婚的独生子女父母,更倾向于选择独立养老,而目前不在婚的独生子女父母,更倾向于选择社会化养老:目前在婚的独生子女父母选择独立养老的占48.4%,高出目前不在婚的独生子女父母27.3个百分点;而目前不在婚的独生子女父母选择社会化养老的占46.5%,高出目前在婚的独生子女父母 25.2 个百分点。而二者在选择子女养老方面差别不大,都接近 1/3。

从年龄来看,相比较而言,未满 60 岁的独生子女父母更倾向选择子女养老,而已满 60 岁的独生子女父母更倾向选择社会化养老:未满 60 岁的独生子女父母选择子女养老的占 35.1%,高出已满 60 岁的独生子女父母 7.7 个百分点;而目前已满 60 岁的独生子女父母选择社会化养老的占 25.7%,高出未满 60 岁的独生子女父母 6.0 个百分点。但二者在选择独立养老方面差别不大。

表 2-2　不同人口社会特征独生子女父母养老意愿比较

		子女养老（%）	社会化养老（%）	独立养老（%）	卡方值
子女性别	独生子父母	32.7	21.1	46.2	5.747*
	独生女父母	26.6	27.2	46.3	
性别	男	30.2	22.1	47.7	0.854
	女	30.7	24.4	45.0	
婚姻状况	在婚	30.3	21.3	48.4	28.369****
	不在婚	32.4	46.5	21.1	
年龄	未满 60 岁	35.1	19.7	45.2	7.331**
	已满 60 岁	27.4	25.7	46.9	
文化程度	小学及以下	32.8	14.8	52.5	25.027****
	初中	35.5	18.8	45.7	
	高中/中专/中技	25.9	26.5	47.6	
	大专及以上	22.7	40.0	37.3	
是否退休	已退休	27.8	24.5	47.7	15.118****
	未退休	44.1	17.5	38.5	
身体情况	患病	28.5	30.1	41.3	17.252****
	未患病	31.9	18.2	49.9	

注: *P<0.1, **P<0.05, ***P<0.01, ****P<0.001。

从文化程度来看,独生子女父母的文化程度越高,越倾向选择社会化养老,而文化程度越低,越倾向选择独立养老:大专及以上文化程度的独生子女父母,选择社会化养老的占 40.0%,分别高出小学及以下、初中、高中/中专/中技文化程度的独生子女父母 25.2、21.2 和 13.5 个百分点;小学及以下文化程度的独生子女父母,选择独立养老的占 52.5%,高出初中、高中/中专/中技、大专及以上文化程度的独生子女父母 6.8、4.9、15.2 个百分点。

从职业状态来看,已退休的独生子女父母更倾向选择独立养老和社会化养老,而目前未退休的独生子女父母更倾向选择子女养老:已经退休的独生子女父母选择独立养老和社会化养老的分别占 47.7%和 24.5%,高出未退休的独生子女父母 9.2 和 7.0 个百分点;而未退休的独生子女父母选择子女养老的占 44.1%,高出已退休的独生子女父母 16.3 个百分点。从身体健康状况来看,患病的独生子女父母更倾向选择社会化养老,而未患病的独生子女父母更倾向选择独立养老和子女养老:患病的独生子女父母选择社会化养老的占30.1%,高出未患病的独生子女父母 11.9 个百分点;而目前未患病的独生子女父母选择独立养老和子女养老的占 49.9%和 31.9%,高出患病的独生子女父母 8.6 和 3.4 个百分点。

（二）城镇第一代独生子女父母养老意愿的决定因素

1. 变量的选取与说明

（1）被解释变量。养老意愿是本章研究的被解释变量,分为三种类型:子女养老,即选择为"由子女养老";社会化养老,即选择为"社区托老养老"和"社会养老,如养老院、养老公寓等";独立养老,即选择为"夫妻作伴养老"和"自我养老"。因为本次调查中选择"亲友结伴养老"和"其他"的个案都极少,不在分析之列。

（2）解释变量。本章研究选择的解释变量主要包括以下四个方面。一是独生子女父母个体特征因素。包括性别,其中男性=1,女性=0;年龄,区分为两组,未满60岁=1,已满60岁=0;婚姻状况,区分为在婚(包括第一次婚姻、再婚、同居)与不在婚(包括离异、丧偶),其中在婚=1,不在婚=0。身体健康状况,以调查对象自我报告"您现在是否患有疾病"作为测量标准,其中患病=1,不患病=0。

二是独生子女父母社会经济地位因素。包括经济水平,问卷调查中详细询问了调查对象及配偶过去一年的收入来源及水平(调查对象与配偶一起计算,如没有此项收入就填"0"),我们将"养老保险金/离退休金""劳动工资收入(包括再就业工资)""企业年金收入""租金""投资红利(如证券等)""商业保险分红"六项年收入加总求和,并将其取自然对数后作为测量独生子女父母自身经济水平的变量。受教育程度,区分为四个等级,其中小学及以下=1,初中=2,高中/中专/技校=3,大专及以上=4。与西方国家不同,对于处于从传统向现代社会转型的中国来讲,体制内相对于体制外有明显的优势,表现为较高的收入水平、较好的福利待遇以及较高的社会声望。[①] 因此,我们将单位作为测量父母社会经济地位的一项比较综合性的指标。考虑到独生子女父母一生可能在不同类型的单位工作,因此,问卷调查中以"您工作时间最长的单位属于哪种类型"进行测量,参照学术界的惯常做法,将"党政机关""事业单位""国有企业"视为体制内单位,将"集体企业""民营/私营企业""外企""自营公司""自由职业""个体经济""非政府/非营利组织""其他"等视为体制外单位。其中体制内=1,体制外=0。

三是子女成长发展因素。包括性别,其中男性=1,女性=0。子女是否受高等教育,其中本科及以上=1,本科以下=0。子女是否买房,其中是=1,否=0。对子女事业发展满意度,分为五个等级,其中很不满意=1,不太满意=2,一般=3,比较满意=4,非常满意=5。得分越高,说明对子女事业发展满意

---

① 刘志国、Ma,James:《谁进入了体制内部门就业——教育与家庭背景的作用分析》,《统计与信息论坛》2016年第7期。

度越高。

　　四是代际关系因素。包括居住状况,调查中以"目前与您居住在一起的主要有哪些人"来进行测量,将选择"独自居住""配偶"视为单独居住,将选择"未婚儿子""未婚女儿""已婚儿子""已婚女儿""孙子女""保姆""其他"则视为非单独居住,其中单独居住＝1,非单独居住＝0。有无给予子女经济补贴,以"过去一年对子女的补贴(包括买房买车等)"支出作为测量标准,区分为有＝1、无＝0两种情况。是否受到子女经济补贴,将"过去一年子女给的经济补助(疾病医疗费用除外)""子女给的疾病医疗费用补助"两项收入加总后,区分为有＝1、无＝0两种情况。子女的孝顺程度,调查中设计了"子女对您关心问候的频率""子女陪您体检看病的频率""给子女出主意、提建议的频率""子女帮助您做家务的频率""子女支持您的意愿或决定的频率"五个问题来进行测量,其中没有＝1、较少＝2、说不准＝3、较多＝4、很多＝5,将这五项加总平均之后作为测量子女孝顺程度的指标。

　　各类变量的描述性统计结果见表2-3。

表2-3　变量定义及描述性统计结果(n=870)

		变量名	定义	人数	比例(%)
被解释变量		养老意愿	子女养老	265	30.5
			社会化养老	203	23.3
			独立养老	402	46.2
解释变量	父母社会经济地位	父母经济水平	父母年收入取对数	均值=11.01	标准差=0.790
		父母教育程度	小学及以下=1	61	7.0
			初中=2	394	45.3
			高中/中专/技校=3	340	39.1
			大专及以上=4	75	8.6
		父母单位类型	体制内=1	398	45.7
			体制外=0	472	54.3

续表

		变量名	定义	人数	比例（%）
解释变量	子女成长发展	子女性别	男＝1	550	63.2
			女＝0	320	36.8
		子女是否受高等教育	本科及以上＝1	413	47.5
			本科以下＝0	457	52.5
		子女是否买房	是＝1	644	74.0
			否＝0	226	26.0
		对子女事业发展满意度	很不满意＝1	10	1.1
			不太满意＝2	46	5.3
			一般＝3	242	27.8
			比较满意＝4	383	44.0
			很满意＝5	189	21.7
	代际关系	是否单独居住	是＝1	538	61.8
			否＝0	332	38.2
		有无补贴子女	有＝1	214	24.6
			无＝0	656	75.4
		有无受子女补贴	是＝1	188	21.6
			否＝0	682	78.4
		子女孝顺程度	孝顺量表得分加总	均值＝3.49	标准差＝0.765
控制变量	个体特征	父母性别	男＝1	394	45.3
			女＝0	476	54.7
		父母年龄	未满60岁＝1	345	39.7
			已满60岁＝0	525	60.3
		父母婚姻状况	在婚＝1	799	91.8
			不在婚＝0	71	8.2
		父母身体状况	患病＝1	375	43.1
			不患病＝0	495	56.9

2. 模型的选择

被解释变量养老意愿选择 Y 属于无序多分类变量,分别为社会化养老 (a)、子女养老 (b)、和独立养老 (c)。为了避免简单二分类 Logistic 回归造成的信息损失,我们选用无序多分类 Logit 模型(Multinomial Logit Model),简称 MNL 模型。为了检验父母社会经济地位、子女成长发展和代际关系对独生子女父母养老意愿选择的影响,本章以子女养老为参照类,对社会化养老、独立养老分别建立两组参数估计模型,P 表示被解释变量发生的概率,以影响 P 的因素即父母个体特征、社会经济地位、子女成长发展和代际关系为解释变量,观测各解释变量对概率取值的影响。模型中将独生子女父母个体人口社会特征做为控制变量。无序多分类 Logit 模型为:

$$\mathrm{Logit}P_a = \ln\left(\frac{P(y=a\mid X)}{P(y=b\mid X)} = \beta_0^a + \sum_{i=1}^{k}\beta_i^a x_i\right) \tag{2.1}$$

$$\mathrm{Logit}P_c = \ln\left(\frac{P(y=a\mid X)}{P(y=b\mid X)} = \beta_0^c + \sum_{i=1}^{k}\beta_i^c x_i\right) \tag{2.2}$$

在式(2.1)和式(2.2)中:P_a,P_c 表示以子女养老 (b) 为参照类时独生子女父母养老意愿选择分别为社会化养老 (a)、独立养老 (c) 的概率。x_i 表示影响 P 取值的解释变量,具体包括父母个人特征变量(包括性别、年龄、婚姻状况、身体健康状况)、父母社会经济地位变量(包括经济水平、受教育程度、单位类型)、子女成长发展变量(包括子女性别、是否受高等教育、是否买房、对子女事业发展满意度)、代际关系变量(包括父母是否单独居住、有无给予子女经济补贴、有无受子女经济补贴、子女孝顺程度)。β_i 为解释变量的回归系数,即回归模型中待估的未知参数。

3. 模型估计结果

模型估计结果见表 2-4。

表 2-4　城镇独生子女父母养老意愿影响因素的
Logistic 回归分析结果（Beta 值）

变量		社会化养老/子女养老			独立养老/子女养老		
		B	S.E	Exp（B）	B	S.E	Exp（B）
控制变量	性别	-0.043	0.208	0.958	0.048	0.175	1.049
	年龄	-0.221	0.216	0.802	-0.225	0.179	0.798
	婚姻	-0.608*	0.335	0.544	0.948***	0.369	2.582
	身体状况	0.432**	0.209	1.541	-0.230	0.179	0.795
父母社会经济地位	年收入取对数	0.190	0.129	1.209	0.230**	0.112	1.259
	受教育程度	0.464**	0.146	1.590	0.051	0.125	1.053
	单位类型	0.640***	0.209	1.896	0.216	0.177	1.241
子女发展	子女性别	-0.436**	0.215	0.646	-0.207	0.186	0.813
	子女是否受高等教育	0.018	0.214	1.018	0.126	0.180	1.134
	子女是否买房	-0.538**	0.254	0.584	-0.145	0.225	0.865
	子女的事业发展	-0.341****	0.127	0.711	-0.314***	0.109	0.730
代际关系	是否单独居住	0.648***	0.223	1.912	0.638***	0.190	1.892
	有无对子女补贴	-0.495**	0.244	0.609	-0.455**	0.195	0.634
	有无获得子女补贴	-0.368	0.239	0.692	-1.002****	0.207	0.367
	子女老孝顺	-0.619****	0.145	0.538	-0.558****	0.123	0.573

注：1. -2 Log likelihood = 1630.021, Chi-square = 199.292, Cox & Snell = 0.206, sig = 0.00；2. * P<0.1, **P<0.05, ***P<0.01, ****P<0.001。

（1）个体特征对城镇第一代独生子女父母养老意愿选择的影响。从城镇第一代独生子女父母个体特征来看，性别、年龄对其养老意愿的选择没有影响，而婚姻状况、身体健康状况对其养老意愿选择具有显著影响。以子女养老作为养老意愿选择参照，父母目前处于在婚状态，有更低的可能性选择社会化养老，但有更高的可能性选择独立养老。具体而言，处于在婚状态的独生子女父母，选择社会化养老的可能性是处于不在婚状态独生子女父母的54.4%，但选择独立养老的可能性是处于不在婚状态独生子女父母的2.582倍。也就是说，目前有夫妻作伴的独生子女父母，他们的养老对社会的期望和依赖程度低,而主要依靠他们自己,不增加社会"负担"或者说不给社会"找麻烦"。目前患有疾病的独生子女父母,有更高的可能性选择社会化养老,他们选择社会化养老的可能性是没有疾病的独生子女父母的 1.541 倍。也就是说,身体健康状况欠佳的独生子女父母,他们的养老对社会有较高的期望和依赖。

(2)社会经济地位对城镇第一代独生子女父母养老意愿选择的影响。从父母自身社会经济地位来看,收入水平、受教育程度和是否体制内工作对其养老意愿的选择都有显著影响。以子女养老作为养老意愿选择参照,父母自身收入水平越高,他们选择独立养老的可能性就越大;父母受教育程度越高,他们选择社会化养老的可能性就越大;体制内工作的独生子女父母,有更高的可能性选择社会化养老,他们选择社会化养老的可能性是体制外工作的独生子女父母的 1.896 倍。也就是说,父母自身的社会经济地位越高,他们越倾向选择社会化养老和独立养老,对子女养老的依赖程度低,或者说不给子女增加"负担"。

(3)子女成长发展对城镇第一代独生子女父母养老意愿选择的影响。从子女成长发展来看,子女是否受高等教育对独生子女父母养老意愿的选择没有显著性影响,而子女性别、子女是否买房、子女事业发展满意度对独生子女父母养老意愿的选择有显著影响。以子女养老作为养老意愿选择参照,独生子父母选择社会化养老的可能性小,他们选择社会化养老的可能性是独生女父母的 64.6%。子女已买房的独生子女父母选择社会化养老的可能性小,他们选择社会化养老的可能性是子女未买房的独生子女父母的 58.4%。对子女事业发展满意度越高,独生子女父母选择社会化养老和独立养老的可能性越小。这也就意味着,子女成长发展越好,独生子女父母养老对社会的期望和依赖程度就越低,而更倾向于选择子女养老。反之,如果子女成长发展得不够好,独生子女父母则把养老则寄托于自身尤其是社会化养老之上。

(4)代际关系对城镇第一代独生子女父母养老意愿选择的影响。从代际关系来看,独生子女父母是否单独居住、有无对子女给予经济补贴、有无获得子女经济补贴、子女孝顺程度对其养老意愿的选择都有显著影响。以子女养老作为养老意愿选择参照,目前单独居住的独生子女父母,选择社会化养老和独立养老的可能性大,他们选择社会化养老和独立养老的可能性是目前与子女同住的独生子女父母的 1.912 倍和 1.892 倍。目前对子女给予经济补贴的独生子女父母,选择社会化养老和独立养老的可能性小,他们选择社会化养老和独立养老的可能是目前未对子女给予经济补贴的独生子女父母的 60.9% 和 63.4%。目前获得子女经济补贴的独生子女父母,选择社会化养老和独立养老的可能性小,他们选择社会化养老和独立养老的可能性是目前未获得子女经济补贴的独生子女父母的 69.2% 和 36.7%。子女越孝顺,独生子女父母选择社会化养老和独立养老的可能性越小。这也就意味着,代际关系越好,独生子女父母越倾向于选择子女养老,把养老期望寄托于子女身上,而不依赖社会和自己。

四、独生子女父母养老依靠
选择的理性化趋势

(一) 自身独立养老和依靠社会化养老趋势明显

本章利用 2019 年全国 5 个城市调查数据,描述和分析了城镇第一代独生子女父母养老意愿及其影响因素。结果表明:

其一,城镇第一代独生子女父母的养老观念已经发生了较大变化,养老意愿出现"去子女化"倾向,自身独立养老和依靠社会化养老的趋势明显。这与丁志宏的研究结论"农村中年独生子女父母的养老观念正在发生变化,养老意愿出现'去家庭化'特征,依靠社会养老和个人养老的趋势明显"的结论基本一致。① 这也说明早在 2006 年风笑天曾撰文指出的"要通过教育和宣传，让他们从依赖或期望子女的'反哺'到依靠老年人的'自养'和老伴间的'互养'"的构想正在变为现实。②

其二，第一代城镇独生子女父母养老意愿的选择，是对自身的独立养老能力、子女的赡养能力与条件以及代际关系等因素进行综合考量、权衡之后做出的理性抉择，其目的不仅仅在于自身福利，也包括子女福利在内的整个家庭福利最大化。具体而言：从老年人社会经济地位来看，父母自身收入水平越高，他们选择独立养老的可能性就越大；受教育程度越高或体制内工作的独生子女父母，有更高的可能性选择社会化养老。这说明当独生子女父母自身社会经济地位较高，具有独立养老的能力或能够分担社会化养老成本，那么他们倾向于选择独立养老和社会化养老，而不依赖子女或期望子女的"反哺"。相反，当他们自身社会经济地位较低，缺乏独立养老能力或不具备分担社会化养老成本的条件，他们就会把养老期望寄托在子女身上，期望子女给予"反哺"。

从子女成长发展来看，其子女已买房的独生子女父母，他们选择社会化养老的可能性小，对子女事业发展满意度越高的独生子女父母，选择社会化养老和独立养老的可能性越小。这在一定程度上说明，子女成长发展越好，具备"反哺"的能力和条件，独生子女父母对社会化养老的期望和依赖程度就越低。反之，如果子女成长发展得不够好，"反哺"的能力和条件不足，独生子女父母则把养老寄托于自身尤其是社会化养老之上。从代际关系来看，目前单独居住、对子女给予经济补贴、获得子女经济补贴以及子女越孝顺的独生子女父母选择社会化养老和独立养老的可能性越小。这也就意味着，代际关系越好，子女具有承担"反哺"的主观意愿，独生子女父母则越倾向于选择子女养老，而不依赖社会和自己。从独生子女父母自身特征来看，目前处于在婚状态

① 丁志宏：《我国农村中年独生子女父母养老意愿研究》，《人口研究》2014 年第 4 期。
② 风笑天：《从"依赖养老"到"独立养老"——独生子女家庭养老观念的重要转变》，《河北学刊》2006 年第 3 期。

的独生子女父母,有更低的可能性选择社会化养老,但有更高的可能性选择独立养老。反过来讲,那也就意味着当他们有一天失去老伴的时候,对社会和子女养老的依赖程度就会提高。目前患有疾病的独生子女父母,有更高的可能性选择社会化养老。或者说,身体健康状况欠佳的独生子女父母,他们的养老对社会有较高的期望和依赖。

基于上述研究结论,本章研究认为城镇第一代独子女父母在养老意愿的选择上,既不拘泥于"养儿防老"的传统观念,也不同于亲子之间的"利益交换"模式,而是倾向于"利他主义/合作群体模式",①父母基于自身的养老需求、资源条件以及子女的赡养资源和条件去做出选择,表现出家庭成员之间一定程度上的利他动机。这种养老意愿的选择具有以下特点。

其一,合作的原则:家庭整体利益的最大化。代际养老合作为城镇第一代独生子女父母应对少子化、老龄化的一种家庭策略。独生子女父母在做出养老意愿选择的时候,既要考虑自身利益,也要考虑子女利益,用他们自身的话来讲,要实现"对两代人都好"。

其二,博弈的双方:家庭与社会。在代际合作养老模式中,博弈的主体并非父母子女之间,而是父母与子女"抱团",以群体的力量与社会之间展开养老责任的博弈。即老年人自身社会经济地位高,有能力分摊社会化养老成本的时候,他们倾向社会化养老;子女缺乏赡养能力或意愿的时候,他们也倾向于把养老责任交由社会。

其三,父代自身的行动逻辑:"不给子女添麻烦"。在城镇第一代独生子女家庭中,父代更多地传承和延续了传统的代际责任伦理,不仅将子女生养、教育、成家立业视为自己必须完成的义务。② 即便到了老年阶段,他们也要尽

---

① Cox,D.,Rank,M.R.,"Inter-Vivos Transfers and Intergenerational Exchange",*The Review of Economics and Statistics*,Vol.74,No.2(1992),pp.305-314.

② 李俏、姚莉:《父慈还是子孝:当代农村代际合作方式及其关系调适》,《宁夏社会科学》2020年第1期。

最大可能减轻子女的赡养"负担",能自立则自立,不能自立则把养老责任寄希望于社会。就如同本章研究所发现的,把相关因素进行统计控制后,自身患病的独生子女父母更倾向于选择社会养老,就是这个道理。

其四,父代对子代的考量:赡养能力与亲子关系同等重要。以往的研究较多地关注子女"孝心"对父母养老意愿的影响,甚至还认为父母年老时,子女是否对其进行赡养主要是看是否"有利可图"。[1] 阎云翔也曾指出子辈对于父辈,讲的是"理性"和"算计",且这种理性是只关心索取不注意回报的"自私",是自我中心取向的"无公德的个人"。[2] 转型期的中国社会孝道真的式微了吗?"孝"既包括"孝心",也包括"孝行"。按王阳明的观点,"孝行不必然伴以孝心",[3]同理,孝心也不必然伴以孝行。内在的"孝心"转化为外在"孝行",子女需要一定的能力和条件。缺乏相应的能力和条件,一味地追求外在的甚至是表面的"孝行",在父辈看来,可能也是一种"不孝"。

(二) 社会理应帮助第一代独生子女分摊赡养父母的责任

随着中国社会的快速转型,人们的生活方式、工作方式都发生了急剧变化,独生子女身兼工作、学习、养育子女、照顾年迈父母等多副重担,显然有些力不从心。所以,不能以外在"孝行"的缺乏而否定独生子女内在的那颗"孝心",他们真正缺乏的是将"孝心"转化为"孝行"的能力,即赡养父母的能力。我们不能将农业时代多子女合作分摊的家庭养老模式"绑架"到转型社会中的第一代独生子女身上。社会理应帮助其分摊赡养父母的责任。社会如何来帮助第一代独生子女分摊赡养父母的责任?

---

① 魏传光:《中国农村家庭"恩往下流"现象的因果链条分析》,《内蒙古社会科学(汉文版)》2011 年第 6 期。
② 阎云翔:《私人生活的变革　一个中国村庄里的爱情、家庭与亲密关系:1949—1999》,龚晓夏译,上海书店出版社 2006 年版,第 250—251 页。
③ 方旭东:《孝心与孝行——从心灵哲学看李退溪的王阳明批判》,《道德与文明》2019 年第 4 期。

第一,加快社会化养老事业的发展。作为受计划生育政策这一基本国策影响的城镇第一代独生子女父母,他们的养老问题不能仅仅由他们自身及其子女来承担,而且整个社会也应承担起相应的责任,为他们在晚年时期共享"美好生活"创造条件,所以必须加快社会化养老事业的发展。加快社会化养老事业发展的基本思路是"增量""提质"和"政策倾斜"。从"增量"的角度看,基于本次调查发现,有23.3%的独生子女父母有社会化养老意愿,这就意味着有超过千万的独生子女父母倾向社会化养老。毫无疑问,就当前中国的养老机构、设施而言,还不能满足他们的需求,所以必须"做增量"。从"提质"的角度来看,本次调查还发现,倾向社会化养老的独生子女父母,他们对"社区养老设施"和"社会化养老机构及设施"不满意(含"很不满意"和"不太满意")的占35.4%和37.5%,分别高出倾向于子女养老和独立养老的独生子女父母16.8和20.8个百分点、14.5和25.5个百分点,差异很明显。可见,独生子女父母有社会化养老意愿,但对目前社会化养老机构、设施并不满意。这启示我们在对社会化养老机构、设施做增量的同时,更要注重质量的提高。从"政策倾斜"的角度看,第一代独生子女父母是计划生育政策的落实者,他们为在较短时期内控制人口数量做出了巨大贡献,因此对于社会化养老资源的分配,要制定合理的政策,给独生子女父母适当的倾斜。

第二,分类施策,突出重点,社会兜底,解决好城镇第一代独生子女父母的养老问题。第一代独生子女父母是一个异质性较强的群体,他们的养老意愿选择存在较大的差异,因此,要立足于他们养老意愿的作用机制,分类实施,突出重点,社会兜底。具体而言,一是重点关注子女成长发展不够好的独生子女父母的养老问题。子女成长发展不够好,他们赡养父母能力弱,赡养条件差,一方面需要对其子女在就业、教育、培训、税收等方面给予政策支持,提高他们的收入水平,提升他们的职业发展成就,增强他们赡养父母的能力;另一方面,对于确实缺乏赡养能力的独生子女,可以通过社会化养老来兜底。二是重点关注代际关系不够和谐的独生子女父母的养老问题。一方面社区要加大城市家庭代际关系的排查力度,通过妇联、老工委以及社会工作者的介入,改善家庭关系;另一方面,对于代际关系确实难以改善的独生子女父母,需要制定政策,通过社会化养老来兜底。三是重点关注身患疾病的独生子女父母的养老问题。一方面实现医疗保险全覆盖,并探索制定"独生子女父母医疗专项险";另一方面,对于身患重病的独生子女父母,要制定政策,通过医养融合型养老服务机构来兜底。对完全无能力独立养老或子女完全不具备赡养能力的独生子女父母,可以通过政府购买服务的方式来兜底;对于有一定的独立养老能力或子女具备一定的赡养条件,则可以采取发放"社会化养老代金券"的方式来兜底。

第三章　城镇第一代独生子女父母养老的主动性分析

一、从依赖养老向独立养老转变的可能

截至 2021 年底,我国 60 岁以上的人口共 2.67 亿,占总人口的 18.9%,其中 65 岁以上的人口共 2.01 亿,占总人口的 14.2%。[①] 与此同时,我国实施了三十多年的一孩政策所产生的独生子女父母也开始步入老年行列。据专家测算,2005 年 45—59 岁的独生子女母亲共 2403.73 万人,其中城市占 67.5%,[②] 意味着 2020 年超过 3200 万的城镇独生子女父母已步入老年阶段,占 60 岁以上人口的 12.6%,我国人口老龄化呈现出"底部老龄化"与"独子老龄化"并存的现象。

人口老龄化已成为我国的基本国情,在《中共中央关于制定国民经济和社会发展第十四个五年规划和二〇三五年远景目标的建议》中首次明确提出实施积极应对人口老龄化国家战略,凸显了"积极老龄化"理念应对老龄社会的重要作用,而积极老龄化理念所强调的"老年人不应是养老的被动接受者,

---

① 《2021 年国民经济和社会发展统计公报》,2022 年 2 月 28 日,见 http://www.stats.gov.cn/xxgk/sjfb/zxfb2020/202202/t20220228_1827971.html。

② 王广州:《中国独生子女总量结构及未来发展趋势估计》,《人口研究》2009 年第 1 期。

而应是养老的积极参与者"，①体现了老年人自立、自强、积极的养老自主观。目前，行孝成本的急剧上升使得我国家庭养老制度的瓦解成为某种必然，②而现有养老服务的供给与需求还存在明显的偏差，③客观上要求独生子女父母的养老观念从"依赖养老"转为"独立养老"，④加之如今的家庭养老中自养的成分越来越大，⑤使得个体的养老主动性逐渐受到社会关注。

　　对于老龄化时代的到来与加速发展，郑功成认为我国仍然处于准备不足的状态，思想准备不足是主要表现之一。⑥ 无论是城市还是农村，老年人普遍缺乏对老年期的经济规划和准备，做过养老经济规划的老年人不到两成。⑦《中国居民退休准备指数调研报告（2019）》显示，我国居民的退休准备情况处于中等水平且较 2018 年有所下降，与日本、美国、印度等 14 个国家相比，中国居民退休准备指数由 2018 年的排名第二跌至第五。⑧

　　在社会老龄化进程加快、家庭养老模式和社会养老模式均无法提供充足支持的背景下，研究城镇独生子女老年父母的养老主动性及其影响因素具有重要的现实意义。一方面，"养老主动性"是老年人维护生活"尊严"的基础，是老年人参与社会和再就业的前提，是老年人实现积极老龄化状态应具备的一种品质。另一方面，培养老年人的养老主动性是客观现实的需要，于个人而言，培养养老主动性可以延长个人独立生活的时间，维持老年的正向、积极发

　　① 杜守东：《自立养老：不可或缺的养老资源》，《齐鲁学刊》2002 年第 6 期。
　　② 穆光宗：《独生子女家庭非经济养老风险及其保障》，《浙江学刊》2007 年第 3 期。
　　③ 伍海霞：《城市第一代独生子女父母的社会养老服务需求——基于五省调查数据的分析》，《社会科学》2017 年第 5 期。
　　④ 风笑天：《从"依赖养老"到"独立养老"——独生子女家庭养老观念的重要转变》，《河北学刊》2006 年第 3 期。
　　⑤ 徐俊、风笑天：《独生子女家庭养老责任与风险研究》，《人口与发展》2012 年第 5 期。
　　⑥ 郑功成：《实施积极应对人口老龄化的国家战略》，《人民论坛·学术前沿》2020 年第 22 期。
　　⑦ 张文娟、纪竞垚：《中国老年人的养老规划研究》，《人口研究》2018 年第 2 期。
　　⑧ 清华大学经济管理学院、同方全球人寿保险有限公司：《2019 中国居民退休准备调研指数报告》2019 年 11 月 15 日，见 https://www.sem.tsinghua.edu.cn/__local/8/1D/92/294853BFF50DA4F3E76B38502A3_1CBD5164_31511B7.pdf? e=.pdf。

展,在帮助老年人保有自我性、独立性养老资源的同时,能够获得更多的依赖性、支持性的养老资源。① 于家庭而言,老年人拥有较高的养老主动性能够缩短被照顾期,进而减轻家人的负担,有助于家庭关系的良好发展。于社会而言,培养老年人的养老主动性不仅可以节约社会资源,还能开发老年资源,通过创造更多的社会财富来提高社会应对人口老龄化的能力,进而减轻社会和政府的养老压力,维护社会稳定。再者,城镇独生子女父母大规模进入老年行列,意味着已经开始受到人口老龄化的冲击,了解独生子女老年父母的养老主动性有利于政府整体把握独生子女父母的养老问题。

目前学界所提出的"独立主动性""自我养老""责任伦理"等概念都聚焦于个体处在老龄社会中多维调适过程。李乐乐认为独立主动性是个人能够不依赖政府和市场而选择自己养老方式的重要发展属性。② 陈赛权倡导用"养老资源的自我积累制",即人们在年轻时就开始为自己积累经济、健康、生活照料和精神慰藉等养老资源,追求积累足够的养老资源存量,尽可能不造成家庭、社会和国家的负担,进而弥补家庭和社会养老服务的供需缺口。③ 杨善华认为中国社会存在一种特有的、以"责任伦理"为核心的养老文化——强调老年人通过自己的力量来保障自身生存所必需的经济来源提供和日常生活照料资源,同时还强调老年人在与子女相处时"责己严,待人宽"的态度,从而使得老年人将减轻自己给子女的负担看成是义不容辞的责任。④ 可见,这些概念均体现了个体的养老主动性。

学术界对养老主动性的研究内容可分为养老认知自主和养老行为自主两

---

① 穆光宗:《成功老龄化之关键:以"老年获得"平衡"老年丧失"》,《西南民族大学学报(人文社科版)》2016 年第 11 期。
② 李乐乐:《依赖与独立:养老方式选择的二维困境分析》,《西北农林科技大学学报(社会科学版)》2017 年第 6 期。
③ 陈赛权:《养老资源自我积累制初探》,《人口学刊》1999 年第 5 期。
④ 杨善华:《"责任伦理"主导下的积极养老与老龄化的社会治理》,《新视野》2019 年第 4 期。

方面。在养老认知自主方面,众多学者对独生子女父母的养老意愿、养老担心度等进行了广泛研究,发现城镇第一代独生子女父母对自己的老年生活方式更具有主动性与自立性,多数父母在经济上处于"自我养老"状态,超过四成的独生子女父母有入住养老院的意愿。① 在晚年照料责任意愿的认定方面,独生子女父母与非独生子女父母存在较大差别。相比于非独生子女父母对子代支持责任的依赖,独生子女父母对于照料责任的认定比较分散,呈现出正式支持、子代支持、非典型自我支持和协同支持(注:正式支持责任主体是政府和社区,子代支持责任主体为子女,非典型自我支持责任主体为老人自己或配偶,协同支持责任主体为政府、子女和老人。)平分秋色的特点,②但有居家照护倾向的独生子女父母有更强的子女责任意识,以及更深的子女负担忧患,并且对养老准备采取回避态度。③ 虽然大部分老年人仍认同"养儿防老"的观念,但与非独生子女家庭老年人相比,独生子女家庭老年人更倾向于独立居住、对子女养老责任的期待更低,但对子女精神支持的需求更高,同时更加企盼来自政府和制度的养老支持。④

　　在养老行为自主方面,已有研究表明,在社会"变老"速度不断加快的情况下,大多数人的养老准备意识和具体规划进程仍然十分地薄弱和缓慢,无论是城市还是农村,老年人普遍缺乏对老年期的经济规划和准备,做过养老经济规划的老年人不到两成,⑤且以现金储蓄作为主要的养老规划方式⑥。有学者将养老准备分为信心准备、计划准备、知识准备、储蓄准备和偏好准备,发现

---

① 仇海霞:《城市第一代独生子女父母的养老研究》,《人口研究》2018年第5期。
② 山娜:《关注一孩政策后续效应:老年人晚年照料意愿及其影响因素分析》,《南方人口》2016年第4期。
③ 宋雅君:《上海第一代独生子女父母对于个人未来养老方式的预估及影响因素研究》,《浙江学刊》2017年第2期。
④ 陶涛、刘雯莉:《独生子女与非独生子女家庭老年人养老意愿及其影响因素研究》,《人口学刊》2019年第4期。
⑤ 张文娟、纪竞垚:《中国老年人的养老规划研究》,《人口研究》2018年第2期。
⑥ 闫辰聿:《老年人养老规划对家庭消费的影响——基于CLASS 2016数据的分析》,《调研世界》2020年第11期。

独生子女父母的养老准备水平整体偏低,将近六成的独生子女父母养老准备不足。[①] 独生子女家庭老年人虽然存在规避未来养老风险的心理倾向,但比起多子女家庭老年人,其在养老准备上有更高的觉悟、更积极地收集信息和做出养老决定、有明确地养老计划和强烈的社会化养老意愿。[②]

尽管学者已经开始关注老年人的养老主动性,但目前的研究仍有一些不足。其一,研究内容多涉及养老意愿等养老认知自主方面,缺乏对独生子女父母养老行为自主方面的关注。其二,研究样本分布较窄,多以某个城市为例,代表性有限。其三,缺少综合指标,且较少探讨独生子女父母养老准备的主动程度。现有研究仍集中在照料责任选择、居住方式选择、养老意愿等单一指标。虽然封铁英、黎秋菊、宋雅君三位学者深入探讨了独生子女父母的养老准备综合水平,但宋雅君和黎秋菊把研究重点放在护理准备上,封铁英的研究重点则是养老资源的储蓄量。其四,缺乏独生子女父母与非独生子女父母之间的比较,难以充分反映独生子女老年父母所面临的双重养老风险。基于已有研究,本章主要回答以下几个问题:独生子女老年父母的养老主动性如何? 影响其养老主动性的具体因素有哪些? 与非独生子女老年父母相比有何异同?

二、分析视角与研究设计

(一)分析视角

生态系统理论认为由内向外存在一个微系统、中系统、外系统、宏观系统

---

① 封铁英、范晶:《独生子女父母养老准备——基于群体差异的潜在类别分析》,《统计与信息论坛》2020 年第 5 期。

② 黎秋菊:《独生子女家庭老年人养老准备及其对养老压力的影响研究》,博士学位论文,浙江大学,2018 年,第 104 页。

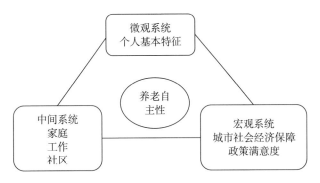

图 3-1　理论分析框架

和生态变迁系统的环境系统,人的发展是个体在环境系统中的多维调适过程。基于该理论,有学者提出了退休规划生态模型,由微观、中间和宏观三个层面组成,强调微观层面是退休计划和决策的最重要影响因素。① 学者们对影响养老主动性的因素进行了探讨,认为独生子女父母的养老主动性受个体特征、家庭特征、代际支持、宏观因素等影响,如年长的独生子女父母养老准备更加充分,独生子女母亲的养老准备水平高于独生子女父亲。与子女因素相比,配偶因素在独生子女父母的养老决策中发挥了更为关键的作用。② 我国社会保障制度的不断完善减轻了子代在代际关系中的一些刚性义务(如赡养亲代),但亲代对子代的义务、责任却有增强趋势,③照料孙子女、相对繁重的家务与生活负担可能在一定程度上助长了独生子女父母"逃离家庭"的念头,强化他们入住养老院的意愿。与养老资源可及性密切相关的家庭所在地也会显著影

① Szinovacz, M. E., " Contexts and Pathways: Retirement as Institution, Process, and Experience", in *Retirement: Reasons, Processes, and Results*, Adams, G. A., Beehr, T. A., New York: Springer Publishing Company, 2003, pp.6-52.

② 洪娜:《上海第一代独生子女父母的养老方式选择及影响因素研究——基于健康状况视角的实证分析》,《南方人口》2013 年第 6 期。

③ 王跃生:《社会变革中的家庭代际关系变动、问题与调适》,《中国特色社会主义研究》2019 年第 3 期。

响独生子女父母的养老主体选择。① 基于上述分析,本章将养老主动性纳入退休规划生态系统模型,根据生态系统理论探讨独生子女老年父母的养老主动性及其影响因素。

(二) 变量及其测量

1. 因变量

本章研究的因变量是养老主动性。养老主动性是一个多元的概念,它是个体独立自主的表现,也是个人对老年生活安排的自我选择和自我管理。养老主动性低的人很可能会导致高度的家庭和社会依赖性,进而过高消耗其社会资源,而较高的养老主动性能够提高个人对老年生活的控制感,进而促进个人和社会积极老龄化。本章研究认为养老主动性是个体为保障自身对老年生活安排具有足够的选择决定权,在储备和管理经济、生活照料、精神方面的养老资源过程中所展现出的独立主动程度,表现为个人的养老认知自主和养老行为自主两个方面。

为综合测量老年人的养老主动性,根据认知自主准备和行为自主准备两个维度设计了一个包含 9 个相关项目的量表,供选的答案为"未发生""61 岁后""51—60 岁""41—50 岁""40 岁前",依次按 0、2.5、5、7.5、10 赋值,并运用熵值法确定各指标权重(见表 3-1),每个项目赋值乘以相应权重并加总即为老年父母的养老主动性总分,总分越高表明养老主动性越强。该量表的总 Cronbach's Alpha 系数为 0.846,说明其具有较好的信度。

① 封铁英、马朵朵:《独生子女父母养老主体选择——基于子女特征与代际支持的影响研究》,《西安交通大学学报(社会科学版)》2019 年第 6 期。

表 3-1　养老主动性综合指标权重体系

变量	维度	指标	权重（%）
养老主动性	认知自主（43.57%）	开始考虑自己老年的生活安排	5.97
		开始意识到子女养老不靠谱	17.17
		开始关注养老院的情况	14.81
		开始关注居住地附近的医疗条件	5.63
	行为自主（56.42%）	买房时开始考虑年老时的居住需求	8.90
		开始对居住的房子进行适老化改造	14.19
		开始为自己购买商业保险	23.62
		开始有意识地为养老增加储蓄	5.98
		开始更加注意养生	3.73

2. 自变量

本章研究的自变量主要包括影响独生子女老年父母养老主动性的微观系统、中间系统和宏观系统（见表 3-2）。

表 3-2　研究样本的基本情况（n=818）

变量	赋值	均值/占比	变量	赋值	均值/占比
年龄	60—80 岁	64.78	子女对自己的经济支持	0= 无	75.90%
性别	0= 女	48.40%		1= 有	24.10%
	1= 男	51.60%	父母健在情况	0= 均过世	71.50%
生活自理能力	范围：13—39	37.45		1= 至少一方健在	28.50%
受教育程度	范围：1—6	2.44	单位性质	0= 非正规就业	8.90%
年收入	单位：万元	7.32		1= 机关事业单位	12.60%
婚姻状况	0= 不在婚	11.00%		2= 国有集体企业	64.20%
	1= 在婚	89.00%		3= 非国有集体企业	14.30%
家庭关系	范围：4—20	16.36	社区便利服务	范围：0—3 分	0.32

续表

变量	赋值	均值/占比	变量	赋值	均值/占比
帮子女带小孩	0=不需要	56.00%	社区医疗服务	范围:0—5分	2.01
	1=需要	44.00%	社区文娱服务	范围:0—14分	3.61
对子女经济支持	0=无	78.10%	参与社区活动频率	范围:1—3分	2.02
	1=有	21.90%	城市类别	0=直辖市	29.20%
子女对自己日常支持	0=无	30.40%		1=省会城市	29.10%
	1=有	69.60%		2=地级城市	41.70%
社会经济保障政策满意度	范围:1—5	3.15			

(1)微观系统:年龄、性别、生活自理能力、受教育程度、年收入。其中,生活自理能力通过 13 项指标①来测量(该量表的 Cronbach's Alpha 系数为 0.935),选项以"完全需要""部分需要""完全不需要",分别按 1、2、3 赋值,将 13 项得分加总,总分越高,生活自理能力越强;受教育程度包括小学及以下、初中、高中、中专/中技/高职、大专、大学本科及以上六个类别,按受教育程度由低到高依次赋值 1—6;年收入是指过去一年(12 个月)受访者及其配偶的养老金/离退休金、劳动工资(包括再就业工资)、企业年金、租金、投资红利(如证券等)、商业保险分红方面的收入。

(2)中间系统:家庭层面包括婚姻状况、家庭关系、自己帮子女带小孩、自己对子女的经济支持、子女对自己的日常支持、子女对自己的经济支持、父母健在情况;工作层面为单位性质(指长期工作的单位);社区层面包括社区老年便利服务、社区医疗保健服务、老年文娱服务、参与社区活动的频率。

其中,婚姻状况为二分类变量,不在婚包括离异和丧偶,在婚包括第一次

---

① 即吃饭、穿脱衣服、上下床、上厕所、洗澡、室内活动、做重活、使用交通工具、做家务、打电话、外出购物、管理自己的钱物、就诊用药 13 项指标。

婚姻、再婚、复婚、同居;家庭关系通过 4 项指标①来测量(该量表的 Cronbach's Alpha 系数为 0.872),采用李克特五级评分制,从"很不同意"至"很同意"依次赋值 1—5 分,将各项得分加总得到家庭关系总体水平,总分越高则家庭关系越好;自己对子女的经济支持包括金钱、买房、买车等;子女对自己的日常支持通过 4 项指标②来测量(该量表的 Cronbach's Alpha 系数为 0.794),采用李克特五级评分制,从"没有"到"很多"依次赋值 1—5 分,将各项得分加总得到子女对自己的日常支持总体水平,4—12 分表示"无支持",12 分以上表示"有支持"。单位性质中,非国有集体企业包括民营/私营/外资/自营企业,非正规就业包括自由职业、个体经济、NGO/NPO、其他。

社区层面的社区老年便利服务包括老年餐桌、日间照料中心、养老院三项设施,社区医疗保健服务包括健身器材、社区医院或诊所、心理健康辅导站三项设施和免费的健康咨询、心理或健康知识讲座两项活动,老年文娱服务包括老年活动中心、棋牌室、社区文化中心、文化休闲广场、阅览室、科普知识宣传区、聊天室及其他八项设施和跳舞唱歌、绘画诗歌、组织集体旅游、小品曲艺、棋牌娱乐及其他六项活动。每一项设施或活动算一分,将各服务得分加总,总分越高则该项服务越完备。参与社区活动的频率是连续变量,得分越高则表明老年人越积极参与活动。

(3)宏观系统:城市类别、社会经济保障政策满意度。其中,城市类别中的直辖市指北京市,省会城市包括南京市、郑州市,地级城市包括佛山市、绵阳市。社会经济保障政策满意度包括对养老保险、医疗保险、社会救助政策、老年人福利政策、残疾人福利政策等方面的满意度,从"很不满意"到"很满意"依次赋值 1—5 分,得分越高则满意度越高。

---

① 即您的家庭关系和睦良好、您在家中很受尊重、您和您的子女相处融洽和谐、您的子女非常孝顺且您也很依赖子女 4 项指标。

② 即子女对您关心问候的频率、子女陪您体检看病的频率、子女帮助您做家务的频率、子女支持您的意愿或决定的频率 4 项指标。

三、数据统计结果与分析

（一）两类父母养老主动性的总体情况及地区差异

从图3-2可见,受访老年人的养老主动性处于较低水平,说明大多数老年人尚未做好自主养老的准备。从两类父母养老主动性的比较中发现,独生子女父母的养老主动性略强于非独生子女父母,然而除独生子女父母对养老院情况的关注度较高以外,两类父母在其他方面的得分相差不大。

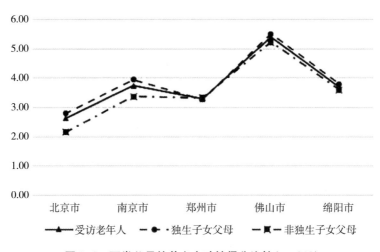

图3-2 两类父母的养老主动性得分比较(n=818)

从五个城市受访老年人的养老主动性得分情况来看(见图3-3),各城市的独生子女父母的养老主动性均强于非独生子女父母;佛山市的受访老年人养老主动性最高,北京市的受访老年人养老主动性最低,这一结果或许与佛山市的经济较发达和社会工作服务氛围较浓厚有关。具体来看,北京市和南京市的独生子女父母的养老主动性得分与非独生子女父母差异较大,说明这两地的独生子女父母比非独生子女父母更具有自我养老意识。

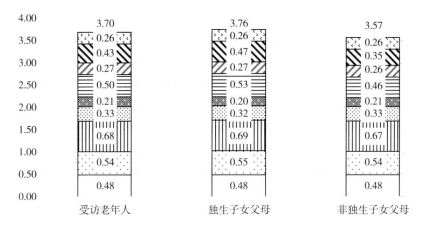

图3-3 各城市老年父母的养老主动性得分比较(n=818)

（二）两类父母的养老主动性具体比较

1. 养老认知主动性比较

表3-3的结果显示,大部分老年人重视居住地附近的医疗条件和自己的老年生活安排。在受访老年人中,"开始考虑自己老年的生活安排"和"开始关注居住地附近的医疗条件"的老年人均占八成左右,但近六成的受访老年人在50岁以后才开始考虑。独生子女父母在50岁以前开始考虑自己老年的生活安排的比例(25.2%)略高于非独生子女父母的比例(22.5%),说明独生子女父母在老年生活安排上的认知主动性更强。在"养儿防老"观念上,受访老年人对子女养老抱有信心的约五成,同时,其关注养老院的比例近六成,说明老年人的养老观念逐渐向"自主养老"转变。从两类父母的比较中,发现独生子女父母尚未"开始意识到子女养老不靠谱"的比例为47.0%,比非独生子

女父母低 6.5%,在 50 岁以前"开始意识到子女养老不靠谱"的独生子女父母的比例(19.5%)略高于非独生子女父母的比例(17.8%),说明与非独生子女父母相比,独生子女父母对子女的期待更低。同时,独生子女父母与非独生子女父母在"开始关注养老院的情况"方面存在显著差异(P<0.01)。非独生子女父母从未关注过养老院情况的占比远高于独生子女父母,超出近 10%。并且在 50 岁以前"开始关注养老院的情况"的独生子女父母的比例(15.0%)也高于非独生子女父母的比例(9.7%),则说明子女的唯一性降低了父母对家庭养老的依赖性,进而增加了对养老院等社会养老机构的关注度。

表 3-3 两类父母的养老认知主动情况

单位:%

项目名称		受访老年人 (n=818)	独生子女父母 (n=521)	非独生子女父母 (n=297)
开始考虑自己老年的生活安排	没有发生	18.1	18.8	16.8
	61 岁以后	13.0	12.1	14.5
	51—60 岁	44.7	44.0	46.1
	41—50 岁	21.6	22.3	20.5
	40 岁之前	2.6	2.9	2.0
开始意识到子女养老不靠谱	没有发生	49.4	47.0	53.5
	61 岁以后	6.2	6.1	6.4
	51—60 岁	25.4	27.3	22.2
	41—50 岁	15.5	15.9	14.8
	40 岁之前	3.4	3.6	3.0
开始关注养老院的情况	没有发生	43.3	39.5	49.8
	61 岁以后	13.4	12.1	15.8
	51—60 岁	30.2	33.4	24.6
	41—50 岁	11.2	12.9	8.4
	40 岁之前	1.8	2.1	1.3

续表

项目名称		受访老年人 （n＝818）	独生子女父母 （n＝521）	非独生子女父母 （n＝297）
开始关注居住地 附近的医疗条件	没有发生	16.5	16.9	15.8
	61 岁以后	12.8	11.7	14.8
	51—60 岁	43.8	44.9	41.8
	41—50 岁	22.1	21.3	23.6
	40 岁之前	4.8	5.2	4.0

2. 养老行为主动性比较

表 3-4 的结果显示,经济资源和健康资源是受访老年人首要积累的养老资源,独生子女老年父母和非独生子女老年父母"开始有意识地为养老增加储蓄"的占比均超过八成,"开始更加注意养生"的占比均为九成左右。在 50 岁以前"开始有意识地为养老增加储蓄"的受访老年人占比 45.0%,而"开始更加注意养生"的受访老年人占比 39.9%,因此,受访老年人积累经济资源的主动性略强于健康资源积累。养老行为主动性排在第三位和第四位的分别是"买房时开始考虑年老时的居住需求"和"开始对居住的房子进行适老化改造"。受访老年人在"开始为自己购买商业保险"上的主动性最弱,虽有约三成的受访老年人在 50 岁以前开始为自己购买商业保险,但不曾为自己购买商业保险的超过六成,可能是受访老年人的储蓄观念较保守或当时的金融市场不够完善、投资风险较高。从两类父母的比较中发现,50 岁以前,独生子女父母"开始对住房进行适老化改造"的占比高于非独生子女父母,而"开始更加注意养生"的占比低于非独生子女父母,说明独生子女父母更倾向于先准备外部防护设施,再逐步提高自身身体素质。

表 3-4　两类父母的养老行为主动情况

单位:%

项目名		受访老年人 （n=818）	独生子女父母 （n=521）	非独生子女父母 （n=297）
买房时开始考虑年老时的居住需求	没有发生	28.7	29.8	26.9
	61 岁以后	2.6	2.1	3.4
	51—60 岁	17.6	16.7	19.2
	41—50 岁	25.9	25.3	26.9
	40 岁之前	25.2	26.1	23.6
开始对居住的房子进行适老化改造	没有发生	42.8	43.6	41.4
	61 岁以后	4.0	3.1	5.7
	51—60 岁	20.2	18.8	22.6
	41—50 岁	23.3	25.1	20.2
	40 岁之前	9.7	9.4	10.1
开始为自己购买商业保险	没有发生	62.0	61.6	62.6
	61 岁以后	2.0	2.3	1.3
	51—60 岁	8.7	8.4	9.1
	41—50 岁	13.2	13.1	13.5
	40 岁之前	14.2	14.6	13.5
开始有意识地为养老增加储蓄	没有发生	18.3	18.0	18.9
	61 岁以后	5.9	6.5	4.7
	51—60 岁	30.8	30.7	31.0
	41—50 岁	29.7	30.3	28.6
	40 岁之前	15.3	14.4	16.8
开始更加注意养生	没有发生	9.9	10.7	8.4
	61 岁以后	8.4	7.7	9.8
	51—60 岁	41.8	43.4	39.1
	41—50 岁	29.6	29.2	30.3
	40 岁之前	10.3	9.0	12.5

（三）两类父母养老主动性的影响因素

上述分析发现,城镇独生子女父母和非独生子女父母的养老主动性具有较强的趋同性。由于独生子女父母在人口老龄浪潮中的养老脆弱性,其养老主动性对维持自身中高龄时期的生活质量至关重要,因此,有必要进一步探究影响独生子女父母养老主动性的具体因素,并比较其与非独生子女父母之间的异同(见表3-5)。

表3-5　两类父母养老主动性影响因素的多元线性回归模型(Beta 值)

变量	独生子女父母(n=521)			非独生子女父母(n=297)		
	模型 1	模型 2	模型 3	模型 4	模型 5	模型 6
年龄	−0.034	0.003	0.000	−0.117*	−0.049	−0.015
性别(女=0)	−0.070	−0.044	−0.064	−0.137*	−0.166**	−0.120*
生活自理能力	0.012	0.073	0.015	−0.118*	−0.02	−0.117*
受教育程度	−0.002	0.011	0.053	0.041	0.049	0.048
年收入	0.029	0.063	0.096*	0.036	0.002	0.131*
婚姻状况(不在婚=0)		−0.076	−0.114**		0.054	0.001
家庭关系		−0.331***	−0.268***		−0.322***	−0.259***
自己帮子女带小孩(不需要=0)		0.036	−0.008		0.069	0.034
自己对子女的经济支持(无=0)		0.147***	0.130***		0.038	−0.010
子女对自己的日常支持(无=0)		0.091*	0.056		0.042	−0.038
子女对自己的经济支持(无=0)		0.231***	0.171***		0.108	0.036
父母健在情况(均过世=0)		0.106*	0.115**		0.115*	0.088
单位性质(非正规就业=0)						
机关事业		0.138*	0.154*		0.016	0.054

续表

变量	独生子女父母（n＝521）			非独生子女父母（n＝297）		
	模型1	模型2	模型3	模型4	模型5	模型6
国有集体企业		0.187 **	0.177 **		0.123	0.134
非国有集体企业		0.195 ***	0.141 *		0.115	0.057
社区老年便利服务		0.001	−0.013		0.152 *	0.127 *
社区医疗保健服务		0.136 **	0.160 ***		0.251 ***	0.351 ***
社区老年文娱服务		−a0.141 **	−0.128 **		−0.084	−0.112
参与社区活动的频率		0.075	0.108 **		0.112	0.047
城市类别(直辖市＝0)						
省会城市			0.146 **			0.156 *
地级城市			0.389 ***			0.539 ***
社会经济保障政策满意度			−0.070			−0.025
F	0.747	6.855 ***	9.495 ***	3.467 **	4.917 ***	7.967 ***
R^2	0.007	0.206	0.296	0.056	0.252	0.390
调整 R^2	−0.002	0.176	0.264	0.040	0.201	0.341

注：* $P<0.05$，** $P<0.01$，*** $P<0.001$。

在模型1、模型4中，仅考虑微观系统因素的情况下，两类父母养老主动性的影响因素存在差异。具体来看，微观系统因素对独生子女父母养老主动性的影响甚微，但微观系统中的年龄、性别、生活自理能力对非独生子女父母养老主动性的影响显著。越年轻的非独生子女父母的养老主动性越强。非独生子女母亲的养老主动性比父亲更强。生活自理能力越差的非独生子女父母的养老主动性越强，可能是身体机能的衰退让其更主动规划养老以延长独立生活的时间。

但是，老年父母的养老主动性往往是在综合考虑个人、工作、家庭、社会保障政策、城市发展等方面因素的情况下所形成的，因此必须考虑中间系统因素和宏观系统因素的影响。在模型1和模型4的基础上逐步加入中间系统因素和宏观系统因素,构建模型2、模型3、模型5、模型6,以深入探究老年父母的养老主动性受其所处的生态系统的影响方式。表3-5结果显示,当逐步加入中间系统因素和宏观系统因素后,微观系统因素对老年父母养老意愿的影响有所变化,模型的解释力度也大幅上升。

纳入中间系统因素后,模型2的结果显示,对独生子女老年父母而言,家庭、工作、社区因素均对其养老主动性产生显著影响。在家庭方面,家庭关系越差的独生子女老年父母的养老主动性越强。相较而言,家庭关系较差的独生子女老年父母更少得到家庭成员的养老支持,因此他们对养老风险更加敏感,更早规划养老。给予子女经济支持的独生子女父母的养老主动性更强,这说明这类独生子女父母有较强的经济实力,对自主养老也表现出较强的信心。得到子女日常生活、经济支持的独生子女老年父母比没有得到支持的养老主动性更强,产生这一结果的原因可能是良性的亲子关系和子女的孝顺释放了独生子女老年父母的养老焦虑,增强了自主养老的底气。父母仍健在的独生子女老年父母的养老主动性更强,这是因为他们在照顾年迈父母的过程中,能够更加全面地了解中高龄时期的需求,进而增强其规划养老资源的动机。在工作方面,长期在机关事业单位、国有集体企业以及非国有集体企业工作的独生子女父母比长期从事非正规就业的独生子女父母的养老主动性更强,由于非正规就业的不稳定性,多数从事非正规就业的独生子女父母缺乏储备养老资源能力,使其意愿与行动不统一,也可能是其忙于生计而缺乏制订养老计划的意识。在社区方面,社区医疗保健服务种类越多,独生子女父母的养老主动性越强。社区老年文娱服务种类越多,独生子女老年父母的养老主动性越低,这一结果与大众认知相悖,可能原因有二,一是社区所提供的老年文娱服务质量不高或供需不一致,使得独生子女父母对此缺乏获得感,不利于提高自身养老主动性;二是独生子女父母与社区的关系疏远导致其降低社区活动的参与度,使得社区老年文娱服务无法发挥其正向效应。

模型 5 的结果显示,对非独生子女老年父母而言,微观系统中性别因素的影响仍然显著,中间系统的家庭、社区因素对其养老主动性的影响非常显著。在家庭方面,家庭关系越差的非独生子女老年父母的养老主动性越强。父母健在的非独生子女老年父母的养老主动性越强。在社区方面,社区老年便利服务和医疗保健服务的种类越丰富,越能增强其养老主动性。值得注意的是,双向代际支持对非独生子女老年父母养老主动性的影响并不显著,而这一因素在独生子女老年父母中存在显著影响,侧面反映出独生子女父母的养老主动性受亲子互动影响更大。

加入宏观系统因素后,模型 3、模型 6 的结果显示,对两类父母而言,其养老主动性均存在城市差异,居住在省会城市、地级城市的老年父母比居住在直辖市的养老主动性更强,可能与各城市养老资源可及性有关,或这些城市老年父母的养老认知与行为和养老自主观相似。

四、两类父母养老主动性水平
较低且趋同性较强

(一) 养老主动性的低水平、趋同性及影响因素的异同

本章的研究发现,城镇独生子女父母的养老主动性处于较低水平,且独生子女父母与同龄非独生子女父母的养老主动性具有较强的趋同性。受访老年人开始考虑养老事项和实施具体养老行动的时间节点靠后。在养老认知自主上,仍有半数的老年人存在"养儿防老"的观念。大部分老年人重视居住地附近的医疗条件和自己的老年生活安排。在养老行为自主上,经济资源和健康资源是老年人首要积累的养老资源,但老年人"开始为自己购买商业保险"的主动性最弱,侧面反映了社会保障的第三支柱并没有充分发挥其积极效应。虽然与非独生子女父母相比,独生子女父母的养老主动性更强、对子女的期待

更低、对养老院的关注度更高，并且倾向于先准备外部防护设施，再逐步提高自身身体素质，但就总体而言，独生子女父母的养老主动性仍处于较低水平，且与非独生子女父母的养老主动性在各方面表现出较强的趋同性。

一方面，绝大部分老年人拥有社会医疗保险和稳定的养老金来源，使其能够在经济上实现"自主养老"，加之，多数老年人处于低龄老年行列，仍具备较强的生活自理能力，因此在自身养老方面尚未形成压力；另一方面，则与整个社会的家庭核心化趋势有关。受访老年人平均子女数是1.42个，独生子女父母与非独生子女父母的"养儿防老"基础均被削弱，逐渐开始转变"完全依靠子女养老"的观念，因此缩小了两类父母在养老主动性方面的差距。再者，独生子女父母并没有因为子女数量减少而提高养老主动性，其在养老上并不存在显著优势。反映出最早受到计划生育政策影响的一代尚未意识到中高龄阶段将面临的严峻养老形势，一定程度上说明了独生子女父母对我国老龄化的认知是不足的。随着中高龄阶段的到来，独生子女老年父母在日常照料、精神慰藉等依赖性资源方面的劣势将会越来越明显，他们可能比非独生子女父母更早地面临自身和社会养老资源不足的双重困境。

影响城镇独生子女父母与非独生子女父母养老主动性的因素既存共性，亦有差异性。老年人的养老主动性受到微观系统、中间系统、宏观系统因素的共同影响，但两类父母受到的影响不同。微观系统因素对独生子女父母养老主动性的影响甚微，但微观系统中的年龄、性别、生活自理能力却显著影响非独生子女父母的养老主动性。两类父母的养老主动性均受到中间系统因素的影响且均存在显著的城市差异。独生子女父母的养老主动性受到家庭、工作、社区因素的影响，而工作因素对非独生子女父母的养老主动性的影响反而较小。家庭关系、父母健在情况以及社区的医疗保健服务对两类父母养老主动性的影响方向一致。双向代际支持对非独生子女父母几乎不存在影响，却显著影响独生子女父母的养老主动性。这说明在培养独生子女父母的养老主动性时，必须把握好独生子女家庭亲子互动关系的特点，同时，社区作为连接社会和家庭之间的枢纽,如何活用社区资源来培养老年人的养老主动性是实现社会积极老龄化的关键一步。

(二) 需要外在援助以弥补养老主动性不足

在当前低生育率状态下,我国已无法回到多子女养老时代,重点培养独生子女父母的养老主动性显得尤为重要。本章研究发现已步入老年的独生子女父母尚未做好自主养老的准备,这对我国未来的养老服务供给无疑是一个巨大的挑战。为此,提出以下有利于增强老年人养老主动性的建议。

首先,进一步完善独生子女父母的相关政策支持。由于独生子女父母群体是我国计划生育政策所产生的一个特殊群体,政府应更加主动地保障独生子女父母基本的老年生活质量,进一步提高基本保障制度的公平性、保证老龄化服务的供给,对于失独、高龄、特困、残疾等一些无法通过培养自身养老主动性来减轻养老负担的弱势独生子女父母,应给予相应的经济补偿,并建立一对一帮扶机制;对于长期从事非正规就业的独生子女父母应给予必要的政策支持或倾斜。

其次,为老年群体提供专门的养老规划指导服务。整体而言,老年人的养老主动性仍处于较低水平,并不利于他们积极应对中高龄时期的养老挑战。政府应加大"我的老年,我做主"的宣传力度,鼓励低龄老年人自我养老,可以通过向老年人提供专门的养老规划指导服务提高其养老主动性。我国当前的老年教育偏重休闲教育,较少指导老年人有效规划养老生活等方面的课程,缺乏以促进老年人有效规划晚年生活为目标的教育理念,且主要教育形式局限在老年大学。因此,政府可与社会企业合作,丰富老年教育形式,将学校教育、社区教育、家庭教育与自我教育相结合,比如在社区开设长期的、免费或低收费的金融知识(投资理财等)、养老规划、退休再就业等相关课程,不仅提供养老规划咨询师对接老年人的养老规划服务与定期追踪服务,还将面向独生子女父母及其家庭提供"如何积极参与人口老龄化"等特别课程。如果实施效果较好,可将服务对象扩大到全体老年人。通过这四种教育形式相互补充、相互促进,增强老年人(尤其是独生子女父母)的养老主动性,实现个人、家庭、社会的积极老龄化。

最后,完善社会养老服务体系。本章研究发现,社区老年服务得分较低,反映出基层社区老年服务的缺失,难以为老年人培养自身的养老主动性带来积极效应。政府应加快发展适老化产业,充分利用地区资源,将适老化产业与健康、旅游等产业融合发展,并与地方高校合作,由高校培育专业人才来助力老年事业的繁荣发展,并尽快完善社区养老服务制度的设计和实践,增加老年人获得优质社会养老服务资源的机会。并且,社会养老服务制度的设计应注重独生子女父母与养老服务之间的相互配合关系,比如向低龄独生子女老年父母提供成长型社会养老服务,提高其利用各种社会资源的能力。随着顶层设计开始强调个人养老自主的重要性和必要性,全社会的养老主动性将会慢慢增强。

第四章　城镇第一代独生子女
父母的自我养老

一、家庭与社会养老资源面临不足

目前我国的人口结构呈现出老龄化和少子化相重叠的结构特征。与发达国家的老龄化进程相比,我国的老龄化速度更快,与我国的经济社会发展水平不相协调,"未富先老"趋势明显。与之并行的是总和生育率长时间处于低水平,导致人口的年龄结构呈现倒金字塔型,老年人口在总人口中占比例比较大。虽然"养儿防老""多子多福"的观念在很多地区尤其是城镇地区已被打破,但老年抚养比的快速攀升,使社会养老的压力不断增加。① 虽然全面二孩、全面三孩的政策连续推出,但就新生人口的数量来看政策的效果并没有达到预期,而且即使达到了政策预期,由于人口生长发育的延迟效应,对于目前及将来一段时间所面临的养老压力还是远水解不了近渴。

由于计划生育政策尤其是独生子女生育政策的实施,以及经济社会的现代化发展,我国家庭的规模趋于小型化、家庭结构趋于核心化。联合家庭越来越少见,更多的是核心家庭和主干家庭。特别是独生子女家庭,通常呈现"倒

---

① 刁鹏飞、臧跃、李小永:《机构养老的现状、问题及对策——以上海市为例》,《城市发展研究》2019 年第 8 期。

三角"的家庭结构,即父母和未婚子女组成一个小家庭。家庭规模的小型化、家庭结构的核心化,弱化了家庭的养老功能。我国传统的养老方式是以大家庭和多子女作为支撑基础的"家庭养老",而就独生子女家庭来说,显然已经不具备传统家庭养老的现实基础,独生子女父母能够从唯一的孩子那里获取的养老资源无法与多子女家庭相比。

家庭养老功能弱化以及人们生活水平不断提高,大众的养老需求也呈现多元化的趋势,促使养老方式向着多元化方向发展。社区养老和机构养老方式作为我国传统家庭养老方式的重要补充,近年来不断受到国家和社会的鼓励与支持。不同区域的经济发展水平有差异,社区养老在我国一些经济比较发达地区得到较好发展,但也有研究发现,很多老年人对社区养老和托老的认可度目前并不太理想,[1]而且对于多数经济发展水平一般的地方来说,社区所能提供的养老服务仍然十分有限。

机构养老作为一种补充养老方式,在我国当前社会中具有不可替代的价值。尤其是对于高龄老年人而言,子女数量少且其忙于工作和家庭事务,家中老人进入养老院或护理院安度晚年不失为一种理性的养老选择。自2017年始,民政部等部门在全国范围内针对养老院服务质量建设进行专项行动,拟通过4年时间,使养老院服务质量总体水平得到提升。[2] 但目前国内养老机构的普适性尚未到位,在以往调研中,有些老年人明确表示可以接受去养老院养老,但是养老条件好的机构费用太高负担不起,而收费低的机构又不想去。而且机构养老的社会认可度还存在较大的提升空间。在中国传统思想的影响下,现在仍有一定数量的公众认为子女将年迈的父母送去养老院养老是一种"不孝"行为,这在无形之中也在为老人及其子女施加压力。

---

① 尹志刚:《我国城市首批独生子女父母养老方式选择与养老模型建构》,《人口与发展》2009年第3期。

② 《民政部等四部门召开2019年全国养老院服务质量建设专项行动动员部署视频会议》,《中国民政》2019年第10期。

目前提倡的"医养结合"多是以失能老人为目标群体,以养老与医疗机构合作、养老机构内设医疗机构等较为新颖的方式提供服务,且区别于传统机构养老服务的专业医疗服务。"医养结合"的发展前景是相当好的,对于解决高龄和失能老年人的养老问题是一个切实可行的方式。但需要看到的是目前"医养结合"的养老模式尚处于探索期,存在着医疗与养老机构的衔接不顺畅、养老机构设备不齐全等问题,因此机构养老方式的建设同样需要一定的时间予以多维度完善。①

学者尝试探索新的养老方式来弥补社会和家庭两大养老支柱的不足,如"互助养老""以房养老"等,还有从个体层面出发提出的"独立养老"。"独立养老"与"依赖养老"相对应,独立养老不仅指老年父母在经济上的自立,同时也包含着老年父母要在生活照顾、精神慰藉方面的具有自主、自立和独立的意识。② 强调的是老年人自我养老问题,也即养老的个人责任。孝的成本的急剧上升也是家庭养老制度式微的重要原因,③而现有养老服务的供给与需求还存在明显的偏差,④客观上要求独生子女父母的养老观念从"依赖养老"转为"独立养老"。⑤ 养老观念的转变,在《中共中央关于制定国民经济和社会发展第十四个五年规划和二〇三五年远景目标的建议》中也有所体现,该文件提出了"积极老龄化"的理念,反映了老年人由被动养老向主动养老理念的转变,引导老年人做"养老的积极参与者"。⑥

---

① 刘冰:《"医养结合",让"老有所依"更有保障》,《人民论坛》2019 年第 26 期。
② 风笑天:《从"依赖养老"到"独立养老"——独生子女家庭养老观念的重要转变》,《河北学刊》2006 年第 3 期。
③ 穆光宗:《独生子女家庭非经济养老风险及其保障》,《浙江学刊》2007 年第 3 期。
④ 伍海霞:《城市第一代独生子女父母的社会养老服务需求——基于五省调查数据的分析》,《社会科学》2017 年第 5 期。
⑤ 风笑天:《从"依赖养老"到"独立养老"——独生子女家庭养老观念的重要转变》,《河北学刊》2006 年第 3 期。
⑥ 杜守东:《自立养老:不可或缺的养老资源》,《齐鲁学刊》2002 年第 6 期。

二、研究思路与设计

（一）分析思路

围绕养老的自主性问题，以城镇第一代独生子女父母为研究对象，以同龄城镇非独生子女父母为参照。首先是描述两类父母在养老自主性各个维度上的表现。使用均值比较、交互分类分析等方法，对是否为独生子女父母与自我养老各个维度的关系进行检验，以确认变量之间是否存在显著相关性。

其次是检验是否为独生子女父母这一自变量对自我养老各维度的影响。两类父母在自我养老各个维度可能存在差异，也可能不存在差异。在基于简单的双变量分析得到初步结论的基础上，还需要引入其他相关变量进行多元回归分析再次检验。

最后，探讨影响自我养老各个维度的因素。在上一步数据分析的基础上，探讨除了是否为独生子女父母这个变量以外的其他相关变量，明晰引入的变量是否与自我养老显著相关，如果变量显著相关，则说明这些变量对因变量有显著影响。分析思路如图 4-1 所示。

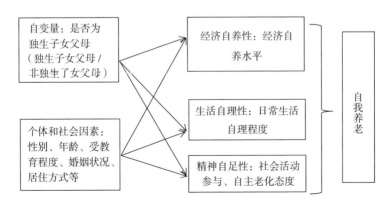

图 4-1　自我养老问题分析思路

（二）研究假设

根据已有研究发现,城镇第一代独生子女父母的整体经济状况较好,老年时期也有较为稳定的收入来源。① 从财富代际流动理论来看,城镇第一代独生子女父母与其子女之间存在着资源的双向流动,不仅子女向年迈父母资源流动,也存在老年父母向子女甚至孙辈资源流动。② 这就意味着独生子女父母不仅有一定的经济自养能力,还可以帮助其子女,这相对于非独生子女父母来说可能是一种优势。而且根据一般经验来说,独生子女父母养育子女的压力是小于非独生子女父母的。基于此,我们提出假设1:城镇第一代独生子女父母与同龄非独生子女父母相比,表现出更强的经济自养性。

根据已有研究和一般社会认知,城镇第一代独生子女父母整体经济状况较好,培养子女和照顾孙辈的压力较轻,因而身体健康状况相对来说可能更好。而且随着独生子女父母养老责任认知和养老观念的改变,越来越多的独生子女父母开始为养老做准备,包括储蓄准备、信心准备、知识准备等,发挥主观能动性以应对未来养老风险。③ 基于此,我们提出假设2:城镇第一代独生子女父母与同龄非独生子女父母相比,具有更强的生活自理性。

已有研究发现,独生子女父母特别是城镇第一代独生子女父母进入"空巢"的时间相对于非独生子女父母来说要更早,"空巢"期持续的时间也更长④,因而独生子女父母更可能产生亲情交流、精神慰藉等问题。⑤ 通过调查对比独生子女和非独生子女与其父母的代际互动情况发现:独生子女与其父

① 王庆荣:《独生子女父母养老存在的问题及解决的思路——基于上海市闵行区独生子女父母的调查》,《法制与社会》2007年第3期。
② 丁志宏、夏咏荷、张莉:《城市独生子女低龄老年父母的家庭代际支持研究——基于与多子女家庭的比较》,《人口研究》2019年第2期。
③ 封铁英、范晶:《独生子女父母养老准备——基于群体差异的潜在类别分析》,《统计与信息论坛》2020年第5期。
④ 风笑天:《独生子女父母的空巢期:何时开始? 会有多长?》,《社会科学》2009年第1期。
⑤ 谭琳:《新"空巢"家庭——一个值得关注的社会人口现象》,《人口研究》2002年第4期。

母的代际互动更加频繁,独生子女父母对子女的情感依赖更强。① 但是根据社会交往补偿理论,②独生子女父母因为家庭人口少导致的家庭成员尤其是亲子交往偏少,可能会通过参加其他社会活动以弥补人际交往的不足。基于此,我们提出假设3:城镇第一代独生子女父母与同龄非独生子女父母相比,会从社会外界获取精神慰藉以弥补从家人子女获取精神慰藉偏少的不足。

（三）变量及其测量

1. 自变量

本章研究设置的自变量为是否为城镇第一代独生子女父母。要检验独生子女父母的自我养老,只有在与同龄同地域的非独生子女父母的比较中才可以发现其特征。根据问卷中"您现在共有多少子女"这一问题来判定,答案为1的算作独生子女父母,答案大于1的算作非独生子女父母,答案中没有出现0的个案。

2. 因变量

本章研究的因变量为自我养老。根据养老的内容,把自我养老分为经济自养性、生活自理性、精神自足性三个维度。

（1）经济自养性。独生子女父母的经济自养性涉及个人经济总收入与个人经济总支出两个指标。个人经济总收入可以分为个人劳动资产收入(养老金/离退休金、劳动工资收入(含再就业工资)、租金、投资红利、商业保险分红、其他收入)、子女经济补助收入(子女给的经济补助、子女给的疾病医疗费用补助)和社会经济补助收入(企业年金收入、亲友资助收入、社会援助收入、政府救助收入)。问卷中各项收入为自填项,"0"为没有此项收入,非"0"的回

---

① 杨静:《新空巢期独生子女与其父母的代际生活互动——与非独生子女的比较研究》,《哈尔滨工业大学学报(社会科学版)》2018年第5期。
② 风笑天:《独生子女青少年的社会化过程及其结果》,《中国社会科学》2000年第6期。

答即为独生子女父母此项收入来源的金额,个人经济总收入就是通过几项数值的累加计算得来的新变量。

独生子女父母的个人经济总支出包括日常衣食开支(吃饭费用、买衣服等)、日常居住开支(水、电、燃气、油费等)、医疗费用开支、文体健身开支、户外旅游开支、机构养老开支、对子女的补贴(买房、买车等)、人际交往开支。问卷中各项支出为自填项,填"0"为没有此项开支,非"0"的回答表示独生子女父母此项支出的金额,个人经济总支出是通过几项数值的累加计算得来的新变量。对经济自养性进行测量,需要把个人总收入中除掉子女的经济支持和社会经济保障部分,只需将个人劳动资产收入与个人总支出进行比较,用个人劳动资产收入减去个人总支出,所得金额越大则经济自养性越强。

(2)生活自理性。对生活自理性的测量是通过日常生活自理性量表来测量。该量表包括 11 个陈述,即询问吃饭、穿脱衣服、上下床、上厕所、洗澡、室内走动、做重活、使用交通工具、做家务、打电话、外出购物等 11 项活动是否需要他人协助完成。调查对象可以在"完全不需要""部分需要""完全需要"三个答案中选择。在做数据处理时把"部分需要""完全需要"合并为"需要",把"完全不需要"归为"不需要",并给"不需要""需要"分别按 1、0 赋值,个案在量表上的得分越高,就表明他的生活自理性越强。对该量表做可靠性分析,得出 Alpha 系为 0.926,表明该量表具有有较好的内部一致性和可靠性。采用因子分析对该量表进行效度检验,得出 KMO 值为 0.945,Bartlett 球形检验值为 18627.387,显著性水平为 0.000。这表明该量表具有很好的效度。

(3)精神自足性。精神自足性是指老人在养老的精神慰藉上能够做到自主抚慰,不单一的依赖他人来满足自己的精神生活需求的能力。用社会活动参与和自主老化态度两项指标来测量。有学者认为社会参与是个体积极参与社会,并与为他们提供情感和社会支持的人们的互动。[1] 拥有较高的社会活

---

[1] Thompson, E., Whearty, P., "Older Men's Social Participation: the Importance of Masculinity Ideology", *Journal of Men's Studies*, Vol.13, No.1(2004), pp.5-24.

动参与度意味着拥有比较丰富的生活内容和积极向上的生活态度,精神世界就不会单一地依赖他人来填充。自主老化态度也能体现老人面对年老这一事实的精神面貌。

社会活动参与用询问对方目前从事哪些活动来测量。问卷里面列出 14 项活动:照顾孙辈、做家务、看电视、读书看报、上网、继续工作、文体娱乐活动、锻炼身体、旅游、义工和志愿者、知识性学习(如参加老年大学)、种花种菜养鸟、交朋乐友、其他,上述活动都不参加的可以选择"都没有"。参加一项活动得 1 分,未参加则得 0 分,选择都没有参加的也按 0 分计。个案在社会活动参与的得分区间为 0—14,得分越高说明社会活动参与水平越高,精神自足性越强。

自主老化态度也是通过量表来测量的。量表包含 8 个陈述:觉得对配偶还是个有用的人、觉得对子女还是个有用的人、觉得对社区还是个有用的人、觉得对社会还是个有用的人、觉得对孙子女还是个有用的人、您觉得对原工作单位还是有用的人、对未来生活充满信心、一点也不担心自己的养老。答案选项为很不符合、不太符合、说不准、比较符合、很符合。依次按 1、2、3、4、5 计分。个案在量表上的得分越高,就说明自主老化的态度越弱,精神自足性越强。可靠性分析得出 Alpha 系数为 0.819,表明量表各项之间有好的内部一致性和可靠性。采用因子分析对该量表进行效度检验,得出 KMO 值为 0.831,Bartlett 球形检验值为 3391.757,自由度为 28,显著性水平值为 0.000。这表明该量表有很好的效度水平。

3.控制变量

控制变量包括个人因素和社会因素两类。个人因素变量包括性别、年龄、受教育程度、是否有宗教信仰、健康状况、是否退休、工作单位性质、婚姻状况八个变量。受教育程度分为小学及以下、初中、高中、中专/中技/高职、大专、大学本科及以上六个层次。调查对象的年龄为 2019 年的年龄,分为高中低三组:50—60 岁、61—70 岁和 71—80 岁。健康状况用是否患有疾病这一分类变量来测量。工作单位性质以曾经工作时间最长的单位的性质为准,分为党政机关、事业单位、国有企业、集体企业、民营/私营企业、外企、自营公司、自由职业、个体经济、非政府/非营利组织、其他。婚姻状况分为在婚、离异、丧偶三种。

社会因素变量包括居住的城市、社区设施的硬件水平、社区文化活动的软件水平、社会保障参与度。本章研究的个案来自北京、南京、郑州、佛山、绵阳五个城市。社区设施的硬件水平用所住社区的硬件设施情况来测量,列出 14 项设施:健身器材、老年活动中心、老年餐桌、日间照料中心、棋牌室、社区文化中心、文化休闲广场、阅览室、科普知识宣传区、社区医院或诊所、心理健康辅导站、养老院、聊天室、其他。选择有的得 1 分,未选择的得 0 分,选择都没有的也按 0 分计。个案所在社区的硬件水平的得分区间为 0—14,得分越高说明所在社区的硬件水平越高。

社区文化活动的软件水平用近半年来调查对象所在社区举行的活动情况来测量,列出 8 种活动:免费的健康咨询、心理或健康知识讲座、跳舞唱歌、绘画诗歌、组织集体旅游、小品曲艺、棋牌娱乐、其他。选择有的得 1 分,未选择的得 0 分,选择都没有的也按 0 分计。个案所在社区文化活动的软件水平的得分区间为 0—8,得分越高说明所在社区文化活动的软件水平越高。

社会保障享有度用调查对象在过去的一年中所享有的社会保障的种类数来测量。列出 5 大类:城镇职工医疗保险(公费医疗、劳保医疗等)、城镇居民医疗保险、护理保险、政府养老服务补贴(服务券、高龄补贴、失能老人护理补贴、困难老年人养老补贴等)、计划生育家庭奖励扶助金。选择有的得 1 分,未选择的得 0 分,选择都没有的也按 0 分计。个案的社会保障享有度的得分区间为 0—5,得分越高说明个案的社会保障水平越高。

各类变量的基本情况见表 4-1。

表 4-1　主要变量的基本情况

变量名	变量值	百分比	变量名	变量值	百分比
是否独生子女父母	是	68.0	是否退休	是	84.1
	否	32.0		否	15.9
性别	男	47.5	是否患有疾病	是	43.8
	女	52.5		否	56.2
年龄	50—59 岁	35.5	婚姻状况	在婚	91.4
	60—70 岁	60.6		离异	3.1
	71—80 岁	3.9		丧偶	5.6
受教育程度	小学及以下	9.9	是否信仰宗教	是	17.4
	初中	47.8		否	82.6
	高中	29.9	经济自养性	30250.20	均值
	中专/中职/高职	5.9	生活自理性	10.11	均值
	大专	4.1	社会活动参与度	4.77	均值
	大学本科及以上	2.5	自主老化态度	30.21	均值
工作单位性质	政府机关	1.7	社区设施硬件	4.0	均值
	事业单位	11.2	社区文化软件	2.0	均值
	国有企业	29.6	社会保障享有度	1.7	均值
	集体企业	27.5	居住城市	北京	20.8
	民营/私营企业	17.3		南京	19.7
	外企	0.8		郑州	19.7
	自营公司	1.8		佛山	20.5
	自由职业	2.9		绵阳	19.3
	个体经济	3.9			
	非政府/非营利组织	0.3			
	其他	3.0			

三、数据统计结果与分析

（一）经济自养性

首先分析城镇第一代独生子女父母与同龄非独生子女父母的总经济收入和支出情况,对此进行均值比较,统计结果见表4-2。从总体情况看,城市所有父母的经济收入大于支出,收入金额为 78441.49 元/年, 支出金额为 43698.03 元/年。从两类父母对比来看,第一代独生子女父母总经济收入、个人劳动资产、子女经济补助、社会经济保障以及经济总支出,分别为 78440.36 元/年、74741.83 元/年、2510.90 元/年、1187.63 元/年、43536.49 元/年;同龄非独生子女父母的总经济收入、个人劳动资产、子女经济补助、社会经济保障以及经济总支出金额, 分别为 78443.89 元/年、72263.51 元/年、5171.83 元/年、1008.55 元/年、44040.96 元/年;两类父母在上述指标上的差额分别为 - 3.53 元/年、2478.32 元/年、- 2660.93 元/年、179.08 元/年、-504.47 元/年。

表4-2　两类父母的经济收入和支出情况

单位:元/年

	总体	独生子女父母	非独生子女父母	均值差
总经济收入	78441.49	78440.36	78443.89	-3.53
个人劳动资产	73948.24	74741.83	72263.51	2478.32
子女经济补助	3362.97	2510.90	5171.83	-2660.93
社会经济保障	1130.29	1187.63	1008.55	179.08
总经济支出	43698.03	43536.49	44040.96	-504.47

数据表明,第一代独生子女父母在总经济收入、总经济支出上均少于同龄

非独生子女父母,分别少 3.53 元/年、504.47 元/年,但总体差别不大。从总经济收入的具体指标来看,第一代独生子女父母在个人劳动资产上要比同龄非独生子女父母多 2478.32 元/年,而在子女经济补助方面则少 2660.93 元/年。在总经济收入差别不大的情况下,第一代独生子女父母的个人劳动资产占总经济收入的比重明显高于同龄非独生子女父母,而子女经济补助的占比则要明显低于同龄非独生子女父母。这说明第一代独生子女父母在经济收入方面比同龄非独生子女父母更加依赖自身。

再来分析两类父母的经济自养性。采用独立样本 T 检验的方法,比较两类父母的经济自养性水平,分析结果见表 4-3。第一代独生子女父母与同龄非独生子女父母的经济自养性水平,分别为 31205.34 元/年、28222.55 元/年,均值差为 2982.79 元/年。这表明第一代独生子女父母比同龄非独生子女父母的经济自养性强一些,但独立样本 T 检验结果显示,这种差异并不显著。这两类父母总体上依靠自身的劳动资产收入,即使不包括子女经济支持,目前都可满足自身的经济支出,都还拥有较好的经济自养能力。

表 4-3　是否独生子女父母与经济自养性
水平的独立样本 T 检验结果

	独生子女父母(n=881)	非独生子女父母(n=415)	均值差	T 值及显著性水平
经济自养性水平	31205.34	28222.55	2982.79	-1.301

注: * P<0.05, **P<0.01, ***P<0.001。

最后来分析影响两类父母的经济自养性的因素。先以经济自养性为因变量,以个体因素、社会因素为自变量,在总样本当中做线性回归分析,得到模型Ⅰ。再以此为基础,增加是否为独生子女给父母这一自变量,得到模型Ⅱ。然后移除是否为独生子女给父母这一自变量,分独生子女父母和非独生子女父母两个样本,分别做线性回归分析。分析结果见表 4-4。

表 4-4 经济自养性水平的多元线性回归分析结果（Beta 值）

变量		总样本（N=1296）		独生子女父母（n=881）	非独生子女父母（n=415）
		模型 I	模型 II		
是否独生子女父母（否=0）			−0.002		
性别（男=0）		0.008	0.008	0.002	0.032
年龄（50—60 岁=0）	61—70 岁	−0.003	−0.004	−0.016	0.026
	71—80 岁	−0.010	0.010	0.029	−0.042
教育程度（小学及以下=0）	初中文化	0.070	0.070	0.096	0.007
	高中文化	0.116*	0.117*	0.101	0.132
	中专/中技/高职	0.075*	0.075*	0.085*	0.051
	大专	0.110***	0.110***	0.074	0.315***
	本科及以上	0.106***	0.106***	0.130***	0.062
是否信仰宗教（否=0）		0.020	0.020	0.041	−0.026
是否患有疾病（否=0）		−0.019	−0.019	−0.020	−0.033
工作单位（党政机关=0）	事业单位	−0.047	−0.047	0.052	−0.213
	国有企业	−0.185	−0.184	−0.092	−0.329
	集体企业	−0.173	−0.172	−0.066	−0.361
	民营或私营企业	−0.096	−0.096	0.007	−0.270
	外企	0.091**	0.091**	0.100*	0.111*
	自营公司	0.002	0.002	0.021	−0.019
	自由职业	−0.062	−0.062	0.004	−0.191*
	个体经济	−0.052	−0.052	−0.002	−0.171
	非政府/非营利组织	−0.029	−0.028	−0.019	
	其他	−0.079	−0.079	−0.045	−0.136
是否退休（否=0）		−0.025	−0.025	0.005	−0.094
婚姻状况（在婚=0）	离异	−0.099***	−0.099***	−0.129***	−0.029
	丧偶	−0.058*	−0.058*	−0.019	−0.114*
居住城市（绵阳=0）	北京	0.142***	0.142***	0.135**	0.159*
	南京	0.223***	0.223***	0.240***	0.147*

续表

变量		总样本（N=1296）		独生子女父母（n=881）	非独生子女父母（n=415）
		模型 I	模型 II		
居住城市（绵阳=0）	郑州	-0.054	-0.054	-0.066	-0.067
	佛山	0.043	0.043	0.050	0.016
社区文化软件		0.040	0.040	0.038	0.026
社区设施硬件		0.035	0.034	0.079	-0.015
社会保障享有度		0.031	0.032	0.041	0.001
调整后的 R^2 值		0.114	0.114	0.124	0.188
F 值		6.579***	6.362***	5.137***	4.301***
DW 值		1.598	1.598	1.551	1.877

注：* P<0.05，**P<0.01，***P<0.001。

如表 4-4 所示，就模型 I 和模型 II 来看，前者未加入"是否为独生子女父母"这一自变量，而后者加入了这一自变量，但模型 II 表明"是否为独生子女父母"这一变量对经济自养性水平不具有显著影响，而且模型 II 相对于模型 I，R^2 值并没有得到提升，这说明加入"是否为独生子女父母"这一变量，模型的解释力并没有得到改善。因此，是否为独生子女父母与老年人的经济自养性水平无显著相关性。

对城市里面这两类父母来说，影响其经济自养性水平的变量共有四个：受教育程度、工作单位性质、婚姻状况、居住城市。其中受教育程度、工作单位性质以及居住城市对经济自养性水平具有显著的正向影响，而婚姻状况对经济自养性水平具有显著的负向影响。

在受教育程度上，相对于小学及以下受教育程度，除了初中文化不显著，高中、中专/中技/高职、大专、大学本科及以上均具有显著影响，表现为随着学历的升高，其经济自养性水平也明显增强。在工作单位性质方面，工作单位为外企的父母，其经济自养性水平比在政府机关工作的父母要高 0.091 个标准单位。在居住的城市方面,生活在北京和南京的父母的经济自养性水平比生活在绵阳的父母明显要高,分别高 0.142 和 0.223 个标准单位。在婚姻状况方面,离异和丧偶的父母的经济自养性水平比在婚的父母明显要低,分别低0.099 和 0.058 个标准单位。

表4-4 中以独生子女父母、非独生子女父母为样本的两个回归模型表明,影响这两类父母的经济自养性水平的变量是一致的,即受教育程度、工作单位性质、婚姻状况、居住城市,但这四个变量的具体影响却是有差异的。在受教育程度上,学历为中专/中技/高职和本科及以上的独生子女父母的经济自养性水平要比学历为小学及以下的独生子女父母明显要高,分别高 0.085和 0.13 个标准单位;而只有学历为大专的非独生子女父母的经济自养性水平比学历为小学及以下的非独生子女父母具有显著差异,经济自养性水平显著提高。在工作单位性质上,两类父母面临的情况类似,都是工作单位为外企的父母的经济自养性水平比工作单位为党政机关的父母明显要高。另外,非独生子女父母如果为自由职业者,其经济自养性水平比工作单位为政府机关的明显要低,但这一情况在独生子女父母身上并不存在,这说明这两类父母虽然都可能从事自由职业,但具体的自由职业种类很可能不一样。

在婚姻状况上,离异的独生子女父母的经济自养性水平比在婚的独生子女父母明显要低,而丧偶的非独生子女父母的经济自养性水平比在婚的非独生子女父母明显要低。在居住城市方面,生活在北京和南京的独生子女父母的经济自养性水平比生活在绵阳的独生子女父母分别要高 0.135 和 0.14 个标准单位,而同样是生活在北京和南京的非独生子女父母的经济自养性水平要比在绵阳的非独生子女父母分别要高 0.159 和 0.147 个标准单位。

(二)生活自理性

先看两类父母在生活自理性指标上的状况。生活自理性指在日常生活中能够自行完成、不需要依赖子女和他人帮助的能力。采用生活自理程度量表来测量生活自理性水平。个案在量表上的得分越高,则表明生活自理性水平越高。对照生活自理性量表中的陈述,对两类父母所涉事项进行交互分类分析,分析结果见表4-5。

表4-5　是否为独生子女父母与生活自理性指标的交互分类结果

单位:%

事项	他人帮助	独生子女父母(n=881)	非独生子女父母(n=415)	卡方值及显著性
吃饭	不需要	97.4	99.3	5.114*
	需要	2.6	0.7	
穿脱衣服	不需要	97.7	98.8	1.692
	需要	2.3	1.2	
上下床	不需要	97.5	98.8	2.310
	需要	2.5	1.2	
上厕所	不需要	97.5	99.3	4.694*
	需要	2.5	0.7	
洗澡	不需要	96.6	95.9	0.386
	需要	3.4	4.1	
室内走动	不需要	95.8	98.1	4.345*
	需要	4.2	1.9	
做重活	不需要	69.5	66.0	1.546
	需要	30.5	34.0	
使用交通工具	不需要	83.8	84.3	0.068
	需要	16.2	15.7	
做家务	不需要	88.4	88.2	0.014
	需要	11.6	11.8	
打电话	不需要	96.8	97.1	0.077
	需要	3.2	2.9	
外出购物	不需要	88.6	88.4	0.013
	需要	11.4	11.6	

注: * $P<0.05$, ** $P<0.01$, *** $P<0.001$。

如表4-5所示,两类父母在生活自理性的各个指标上,选择需要他人帮助的比率普遍较低,除了外出购物、做家务、使用交通工具两类父母分别有11%左右、12%、16%左右需要他人帮助,做重活两类父母有超过30%的人需要他人帮助,其余各项活动两类父母需要他人帮助的比例不超过5%。这表明两类父母在这个年龄段都有较好的生活自理能力。需要指出的是,独生子女父母与同龄非独生子女父母在吃饭、上厕所以及室内走动这三个指标上具有显著差异:前者在这三项活动中需要他人帮助的可能性明显比后者要大。

表4-6 是否城镇第一代独生子女父母与生活
自理程度指标的独立样本 T 检验

	独生子女 父母（n=881）	非独生子女 父母（n=415）	均值差	T 值及 显著性水平
生活自理性水平	10.0965	10.1422	−0.0457	0.425

注:* P<0.05, **P<0.01, ***P<0.001。

再看两类父母的总的生活自理性水平。对两类父母在生活自理性量表上的得分做均值比较,分析结果见表4-6。独生子女父母的生活自理性水平的均值为10.0965,同龄非独生子女父母的生活自理性水平的均值为10.1422,而生活自理性量表得分的满分为11,因此两类父母的生活自理性水平在目前都还很高。二者的均值差为−0.0457,即独生子女父母的生活自理性水平要比同龄非独生子女父母低一点,但从独立样本 T 检验显示二者之间的这种差距是不明显的。

最后来分析影响两类父母的生活自理性的因素。先以生活自理性水平为因变量,以个体因素、社会因素为自变量,在总样本当中做线性回归分析,得到模型Ⅰ。再以此为基础,增加是否为独生子女父母这一自变量,得到模型Ⅱ。然后移除是否为独生子女父母这一自变量,分独生子女父母和非独生子女父母两个样本,分别做线性回归分析。分析结果见表4-7。

表 4-7　生活自理性水平的多元线性回归分析（Beta 值）

变量		样本总体（N=1296）		独生子女父母（n=881）	非独生子女父母（n=415）
		模型 I	模型 II		
是否独生子女父母（否=0）			−0.020		
性别（男=0）		−0.038	−0.037	−0.030	−0.069
年龄（50—60 岁=0）	61—70 岁	−0.012	−0.015	0.029	−0.162**
	71—80 岁	0.013	0.011	0.010	−0.052
受教育程度（小学及以下=0）	初中文化	0.035	0.037	0.005	0.043
	高中文化	0.078	0.082	0.046	0.122
	中专/中技/高职	0.079*	0.081*	0.045	0.130*
	大专	0.047	0.050	0.043	−0.003
	本科及以上	0.028	0.030	0.003	0.084
是否信仰宗教（否=0）		−0.036	−0.037	−0.048	−0.024
是否患有疾病（是=0）		−0.162***	−0.162***	−0.161***	−0.156**
工作单位（党政机关=0）	事业单位	−0.114	−0.112	−0.080	−0.228
	国有企业	−0.180	−0.176	−0.184	−0.175
	集体企业	−0.143	−0.140	−0.155	−0.137
	民营或私营企业	−0.092	−0.089	−0.088	−0.117
	外企	−0.015	−0.014	−0.005	−0.056
	自营公司	−0.033	−0.032	−0.002	−0.118
	自由职业	−0.002	−0.001	−0.005	−0.003
	个体经济	−0.065	−0.064	−0.053	−0.112
	非政府/非营利组织	−0.012	−0.011	−0.014	
	其他	−0.013	−0.012	−0.010	−0.041
是否退休（否=0）		−0.029	−0.029	−0.017	−0.063
婚姻状况（在婚=0）	离异	0.014	0.016	0.017	0.014
	丧偶	−0.027	−0.027	−0.051	0.044
居住城市（绵阳=0）	北京	−0.129**	−0.127**	−0.139**	−0.084
	南京	−0.205***	−0.205***	−0.164***	−0.327***

续表

变量		样本总体（N=1296）		独生子女父母（n=881）	非独生子女父母（n=415）
		模型Ⅰ	模型Ⅱ		
居住城市（绵阳=0）	郑州	-0.122**	-0.121**	-0.086	-0.232***
	佛山	-0.070	-0.070	-0.059	-0.110
社区文化软件		-0.132***	-0.131***	-0.116**	-0.143*
社区设施硬件		0.152***	0.150***	0.168***	0.112
社会保障享有度		0.049	0.051	0.052	0.019
调整后的 R^2 值		0.082	0.081	0.073	0.132
F 值		4.845***	4.704***	3.304***	3.165***
DW 值		0.860	0.860	0.750	1.756

注：* $P<0.05$，** $P<0.01$，*** $P<0.001$。

如表4-7所示，就模型Ⅰ和模型Ⅱ来看，前者未加入"是否为独生子女父母"这一自变量，而后者加入了这一自变量，但模型Ⅱ表明"是否为独生子女父母"这一变量对生活自理性水平不具有显著影响，而且模型Ⅱ相对于模型Ⅰ，R^2 值并没有得到提升，这说明加入"是否为独生子女父母"这一变量，模型的解释力并没有得到改善。因此，是否为独生子女父母与老年人的生活自理性无显著相关性。

对总样本来说，影响两类父母的生活自理性水平的变量共有五个，即受教育程度、是否患有疾病、居住城市、社区文化软件以及社区设施硬件。具体来看，在受教育程度上，相比只有小学及以下文化的父母，具有中专/中技/高职文化的父母的生活自理性水平明显要高，高出0.081个标准单位。在是否患有疾病方面，患有疾病的两类父母的生活自理性水平比未患有疾病的两类父母要低0.162个标准单位。这一数据分析结果与人们一般的认知是相符的，因为身体健康意味着更好的生活自理能力。在居住城市方面，生活在北京、南京和郑州的父母的生活自理性水平比在生活绵阳的父母分别低0.127、0.205

和 0.121 个标准单位,表明生活在北京、南京和郑州的父母的生活自理性水平不如生活在绵阳的父母。在社区文化软件方面,社区文化软件水平对生活自理性水平具有显著负向影响。而在社区设施硬件水平上,社区设施硬件水平对生活自理性水平具有显著正向影响。

表4-7 中以独生子女父母、非独生子女父母为样本的两个回归模型表明,对独生子女父母的生活自理性水平具有显著影响的变量有是否患有疾病、居住城市、社区文化软件水平、社区设施硬件水平四个变量,而对非独生子女父母的生活自理性水平具有显著影响的变量有年龄、受教育程度、是否患有疾病、居住城市、社区文化软件水平五个变量。可以看出影响两类父母的生活自理性水平的因素是有差异的。

首先比较分析影响两类父母生活自理性水平的共同因素。患有疾病的独生子女父母的生活自理性水平要比没有患病的独生子女父母低 0.161 个标准单位,而患有疾病的非独生子女父母的生活自理性水平要比没有患病的非独生子女父母低 0.156 个标准单位。这说明患病的老人的生活自理性水平明显要低于不患病的老人。居住在北京、南京的独生子女父母的生活自理性水平比生活在绵阳的独生子女父母分别要低 0.139 和 0.164 个标准单位,居住在郑州、佛山的独生子女父母的生活自理性水平与生活在绵阳的独生子女父母没有显著差异,而居住在南京、郑州的非独生子女父母的生活自理性水平要比生活在绵阳的非独生子女父母分别要低 0.327 和 0.232 个标准单位,居住在北京、佛山的非独生子女父母的生活自理性水平与生活在绵阳的非独生子女父母没有显著差异。社区文化软件水平对生活自理性水平具有显著的负向影响,对两类父母的影响都是如此。社区设施硬件水平对独生子女父母的生活自理性水平具有显著正向影响,但对非独生子女父母的生活自理性水平的影响却不显著。

再看对两类父母的生活自理性水平影响不同的因素。在年龄上,61—70 岁的非独生子女父母的生活自理性水平比 50—60 岁的非独生子女父母低

0.162 个标准单位,但年龄变量对独生子女父母的生活自理性水平在这个年龄段不具有明显影响。在教育程度上,中专/中技/高职的非独生子女父母比受教育程度为小学及以下的非独生子女父母要高 0.13 个标准单位,而受教育程度与独生子女父母的生活自理性水平不具有明显的关联性。

(三)精神自足性

精神自足性是指在养老的精神需求上自我满足的程度。精神自足性分为社会活动参与和自主老化态度两个维度。先看两类父母的社会活动参与情况。用是否独生子女父母与活动类型做交互分类,分析结果见表 4-8。独生子女父母参与的各项活动中,占比前三位的分别是看电视(16.7%)、做家务(15.9%)和锻炼身体(12.4%);与非独生子女父母参加的前三位的活动虽然一致,但所占的比例有一些区别,其中最大的区别是在看电视上的比例上,二者相差 1.6 个百分点。

表 4-8 两类父母参与活动情况

	独生子女父母 (n=881)		非独生子女父母 (n=415)		占比之差 (百分点)
	人次	占比(%)	人次	占比(%)	
照顾孙辈	323	7.5	167	8.8	-1.3
做家务	679	15.9	294	15.5	0.4
看电视	715	16.7	348	18.3	-1.6
读书看报	314	7.3	136	7.2	0.1
上网	271	6.3	83	4.4	1.9
继续工作	176	4.1	77	4.1	0
文体娱乐活动	282	6.6	115	6.1	0.5
锻炼身体	530	12.4	255	13.4	-1
旅游	219	5.1	75	3.9	1.2
义工、志愿者	104	2.4	40	2.1	0.3
知识性学习	43	1.0	21	1.1	-0.1

续表

	独生子女父母 （n=881）		非独生子女父母 （n=415）		占比之差 （百分点）
	人次	占比（%）	人次	占比（%）	
种花种菜养鸟	251	5.9	105	5.5	0.4
交朋乐友	350	8.2	164	8.6	-0.4
其他	23	0.5	18	0.9	-0.4
都没有	2	0.1	2	0.1	0

　　两类父母参加的可能性排在第四、第五的活动在位置上正好相反：独生子女父母参加的排在第四位的活动是交朋乐友（8.2%），第五位的是照顾孙辈（7.5%），而非独生子女父母参加的排在第四位的活动是照顾孙辈（8.8%），第五位的是交朋乐友（8.6%）。这一结果可能与非独生子女父母有多个子女进而可能有多个孙子女有关。

　　两类父母在一些活动的参与可能性上差距比较大。其中差距最大的前四种活动是上网、照顾孙辈、看电视和旅游。独生子女父母更可能选择上网和旅游，而非独生子女父母则更可能选择看电视和照顾孙辈。这也反映在一定程度上独生子女父母参与的社会活动更加新潮一些。如果是从社会活动参与度量表来看，如表4-9所示，独生子女父母、非独生子女父母在量表上的得分分别是4.86、4.57，前者比后者高0.29，而且独立样本的 T 检验显示二者之间具有明显差距。也就是说，独生子女父母参加社会活动的种类数比非独生子女父母明显要多，社会活动参与水平更高。

表4-9　是否为独生子女父母与社会活动参与度的独立样本 T 检验

	独生子女 父母（n=881）	非独生子女 父母（n=415）	均值差	T 值及 显著性水平
社会活动参与度	4.86	4.57	0.26	-2.509[*]

注：[*] P<0.05，[**]P<0.01，[***]P<0.001。

再看两类父母的自我老化态度。用是否为独生子女父母对自我老化态度做均值比较分析,分析结果如表 4-10 所示。在判断自己对配偶、子女、孙子女、社区、社会、原工作单位的功用上,两类父母之间没有明显区别,但具有共同特征:两类父母都比较认同自身对配偶、子女、孙子女的功用,对自身在社区、社会上的功用的认同要低一些,而认同度最低的是自身对原工作单位的功用。这个年纪的老人绝大多数已经退休和回归家庭,离配偶、子女、孙子女这些家人更近,在家里所发挥的作用更大,但离社区、社会和原工作单位就要远一些,自我的功能感就弱一些。

表 4-10　两类父母对自我老化态度的独立样本 T 检验分析结果

指标	独生子女父母(n=881)	非独生子女父母(n=415)	均值差	T 值及显著性水平
自己对配偶是有用的	4.06	4.07	-0.01	0.247
自己对子女是有用的	3.99	4.04	-0.05	1.047
自己对社区是有用的	3.58	3.66	-0.08	1.523
自己对社会还是有用的	3.61	3.66	-0.05	1.042
自己对孙子女是有用的	3.78	3.86	-0.08	1.616
自己对原工作单位是有用的	3.16	3.09	0.07	-0.968
对未来生活充满信心	4.00	4.13	-0.13	2.571**
是否担心自己的养老	3.64	3.80	-0.16	2.652**

注:* P<0.05, ** P<0.01, *** P<0.001。

在"对未来生活的信心"指标上,独生子女父母的得分均值是 4,而非独生子女父母的得分均值是 4.13,二者相差 0.13,而且独立样本的 T 检验显示这种差距是明显的。也就是说非独生子女父母比独生子女父母对未来更加充满信心。在"是否担心自己的养老"指标上,独生子女父母的得分均值是 3.64,非独生子女父母的得分均值是 3.8,二者相差为 0.16,独立样本的 T 检验也显示这种差距很明显。这也表明非独生子女父母比独生子女父母更不担心自己的养老。

如果是从自我老化态度量表来看,如表4-11所示,独生子女父母、非独生子女父母在量表上的得分分别是30.02、30.60,前者比后者低0.58,而且独立样本的T检验显示二者之间具有明显差距。也就是说,独生子女父母的自我老化态度比非独生子女父母明显要强。

表4-11　是否独生子女父母与自我老化态度的独立样本T检验结果

	独生子女父母(n=881)	非独生子女父母(n=415)	均值差	T值及显著性水平
自我老化态度	30.02	30.60	−0.58	1.960*

注: * P<0.05, **P<0.01, ***P<0.001。

最后来分析影响两类父母的精神自足性水平的因素。精神自足性有社会活动参与和自我老化态度两个维度,根据已有的研究经验,选用自我老化态度这一个维度做回归分析。先以自我老化态度为因变量,以个体因素、社会因素为自变量,在总样本当中做线性回归分析,得到模型Ⅰ。再以此为基础,增加是否为独生子女父母这一自变量,得到模型Ⅱ。然后移除是否为独生子女父母这一自变量,分独生子女父母和非独生子女父母两个样本,分别做线性回归分析。分析结果见表4-12。

表4-12　自我老化态度的多元线性回归(Beta值)

变量		总样本(N=1296)		独生子女父母(n=881)	非独生子女父母(n=415)
		模型Ⅰ	模型Ⅱ		
是否独生子女父母(否=0)			−0.105***		
性别(男=0)		0.007	0.013	0.024	−0.022
年龄(50—60岁=0)	61—70岁	−0.049	−0.062	−0.038	−0.120*
	71—80岁	−0.004	−0.015	−0.003	−0.056
受教育程度(小学及以下=0)	初中文化	0.144**	0.159**	0.190**	0.108
	高中文化	0.169***	0.191***	0.177*	0.270***

续表

变量		总样本（N=1296）		独生子女父母（n=881）	非独生子女父母（n=415）
		模型 I	模型 II		
受教育程度（小学及以下=0）	中专/中技/高职	0.053	0.059	0.071	0.044
	大专	0.101**	0.118***	0.130**	0.073
	本科及以上	0.064*	0.076*	0.070	0.107*
	宗教信仰（否=0）	−0.025	−0.029	−0.034	−0.014
是否患有疾病（否=0）		−0.096***	−0.097***	−0.092*	−0.084
工作单位（政府机关=0）	事业单位	−0.139	−0.127	−0.171	−0.022
	国有企业	−0.296**	−0.276**	−0.335**	−0.126
	集体企业	−0.362***	−0.348***	−0.406***	−0.151
	民营或私营企业	−0.283***	−0.269***	−0.317**	−0.123
	外企	−0.058	−0.054	−0.047	−0.076
	自营公司	−0.077	−0.075	−0.088	−0.028
	自由职业	−0.071	−0.071	−0.090	0.007
	个体经济	−0.144**	−0.142**	−0.138**	−0.118
	非政府/非营利组织	−0.043	−0.037	−0.054	
	其他	−0.094*	−0.084	−0.111	−0.016
是否退休（否=0）		−0.055	−0.057	−0.056	−0.032
婚姻状况（在婚=0）	离异				
	丧偶				
居住城市（绵阳=0）	北京	−0.228***	−0.215***	−0.244***	−0.149*
	南京	−0.292***	−0.287***	−0.305***	−0.269***
	郑州	−0.142***	−0.142***	−0.159***	−0.114
	佛山	−0.337***	−0.337***	−0.337***	−0.336***
社区文化软件水平		−0.075*	−0.071	−0.088	−0.020
社区设施硬件水平		0.252***	0.249***	0.251***	0.241***
社会保障享有度		0.019	0.032	0.016	0.068
调整后的 R^2 值		0.176	0.186	0.176	0.180

续表

变量	总样本（N=1296）		独生子女父母（n=881）	非独生子女父母（n=415）
	模型 I	模型 II		
F 值	9.624***	9.872***	6.823***	3.969***
DW 值	1.112	1.112	1.169	1.193

注:1.* P<0.05,**P<0.01,***P<0.001;2.未列出结果的变量表示未进入回归模型。

如表4-12所示,对比模型 II 与模型 I,加入"是否为独生子女父母"这一变量后,模型 R^2 值得到一些改进。而且模型 II 表明"是否为独生子女父母"对于自我老化态度具有明显的影响:独生子女父母的自我老化态度要比非独生子女父母低0.105个标准单位,这表明独生子女父母对待自我老化这个问题上明显不如非独生子女父母积极。这一结果接受和验证了本章提出的假设3,即独生子女父母与非独生子女父母相比,精神自足性水平较低。

对总样本来说,除了是否为独生子女父母这一变量外,影响自我老化态度的变量还有五个:受教育程度、是否患有疾病、工作单位性质、居住城市、社区设施硬件水平。具体来说,在受教育程度上,与受教育程度为小学及以下的父母相比,受教育程度为初中、高中、大专、本科及以上的父母的自我老化态度分别要高0.159、0.191、0.118、0.076个标准单位,这表明随着受教育程度的提高,父母们的自我老化态度更加积极。在是否患有疾病方面,患有疾病的父母的自我老化态度比未患有疾病的父母要低0.097个标准单位,也就是说未患有疾病的父母的自我老化态度比患有疾病的父母要更积极。在工作单位方面,与工作单位为党政机关的父母相比,工作单位为国有企业、集体企业、民营或私营企业、个体经济的父母的自我老化态度分别低0.276、0.348、0.269、0.142个标准单位,这说明工作单位为国有企业、集体企业、民营或私营企业、个体经济的父母的自我老化态度没有工作单位为政府机关的父母那么积极。在居住城市方面,生活在北京、南京、郑州、佛山的父母的自我老化态度比生活在绵阳的父母分别要低 0.215、0.287、0.142、0.337 个标准单位,这表明生活在北京、南京、郑州和佛山的父母的自我老化态度不如生活在绵阳的父母那么积极。在社区设施硬件水平上,社区设施硬件水平对父母的自我老化态度具有显著正向影响,社区设施硬件水平每增加一个标准单位,自我老化态度就会增加 0.249 个标准单位。也就是说社区设施硬件水平越高,父母们的自我老化态度就越积极。

表 4-12 中以独生子女父母、非独生子女父母为样本的两个回归模型表明,对独生子女父母的自我老化态度具有显著影响的变量有:受教育程度、是否患有疾病、工作单位、居住城市、社区设施硬件水平;对非独生子女父母的自我老化态度具有显著影响的变量有年龄、受教育程度、居住城市、社区设施。受教育程度、居住城市、社区设施硬件水平是共同的影响因素:在受教育程度上,受教育程度为初中、高中以及大专的独生子女父母比受教育程度为小学及以下的独生子女父母的自我老化态度分别高 0.19、0.177、0.13 个标准单位,受教育程度为高中、本科及以上的非独生子女父母的自我老化态度比受教育程度为小学及以下的非独生子女父母分别高 0.27 和 0.107 个标准单位;在居住城市方面,居住在北京、南京、郑州和佛山的独生子女父母的自我老化态度比生活在绵阳的独生子女父母分别低 0.244、0.305、0.159、0.337 个标准单位,居住在北京、南京和佛山的非独生子女父母的自我老化态度要比生活在绵阳的非独生子女父母分别低 0.149、0.269 和 0.336 个标准单位。在社区设施硬件水平上,社区设施硬件水平对独生子女父母的自我老化态度具有显著正向影响,社区设施硬件水平每增加一个标准单位,独生子女父母的自我老化态度就会增加 0.251 个标准单位,而且社区设施硬件水平对非独生子女父母的自我老化态度也同样具有显著正向影响。

还有一些因素对两类父母的自我老化态度产生不同影响。在年龄变量上,61—70 岁的非独生子女父母的自我老化态度比 50—60 岁的非独生子女父母低 0.12 个标准单位,但是对独生子女父母的自我老化态度不具有显著影响。在是否患病方面,患有疾病的独生子女父母的自我老化态度要比没有患病的独生子女父母要低 0.092 个标准单位,而是否患有疾病对于非独生子女父母的自我老化态度则不具有显著影响。在工作单位变量上,工作单位为国有企业、集体企业、民营或私营企业、个体经济的独生子女父母的自我老化态度比工作单位为政府机关的独生子女父母分别要低 0.335、0.406、0.317、0.138 个标准单位,而这一影响及其差异在非独生子女父母身上并不存在。

四、经济自养、生活自理与精神自足的不平衡性

(一)经济自养、生活自理的水平较高

经济自养性是自我养老的基础。主要涉及个人劳动资产收入和个人经济总支出两个方面,用个人劳动资产收入减去个人经济总支出的差额来衡量,差额越大就表明经济自养水平越高,经济自养能力越好。统计分析发现,这两类父母总体上依靠自身的劳动资产收入,不包括子女的经济支持和外在的社会性经济保障,目前都可满足自身的经济支出,拥有较好的经济自养能力。

独生子女父母与非独生子女父母在经济自养性上没有显著差异。虽然独生子女父母的经济自养水平在统计数字上比非独生子女父母要高一些,但统计检验显示二者之间的差距并不明显。影响当前城市低龄老人经济自养水平的因素,不是是否为独生子女父母,而是受教育程度、工作单位、婚姻状况、居住城市等因素。这一结论实际上推翻了本章在前面提出的研究假设 1,即独生子女父母比非独生子女父母具有更高的经济自养性水平。实际的数据分析结果并没有发现独生子女父母具有这种优势。

如果说独生子女父母在经济自养方面有什么风险的话,那就是个人收入来源比较单一。个人经济收入来源主要包括养老金/离退休金、劳动工资收入

（包括再就业工资）、租金、投资红利、商业保险分红以及其他收入。他们的经济收入中养老金、离退休金占到 70% 及以上，渠道比较单一，依赖性比较强，进而导致风险较大。养老金、离退休金在支付方面存在社会结构层面的风险，而且因为来源属于政策性保障，短时间里难以大幅度地增加。但是，随着年龄的增大，在医疗、护理方面的支出肯定会增加，如果在收入渠道上做不到开源的话，单靠已有的经济收入渠道，还是存在较大风险。

生活自理性是指在日常生活能够自我照顾、不依赖子女或其他人的帮助的能力水平。两类父母在生活自理性的各个指标上，选择需要他人帮助的比率普遍较低，除了外出购物、做家务、使用交通工具方面两类父母分别有 11% 左右、12%、16% 左右需要他人帮助，做重活两类父母有超过 30% 的人需要他人帮助，其余各项活动两类父母需要他人帮助的比例不超过 5%。对两类父母在生活自理性量表上的得分做均值比较，也表明他们具有很高的生活自理性水平。需要指出的是，独生子女父母与非独生子女父母在吃饭、上厕所以及室内走动这三个指标上具有显著差异：前者在这三项活动中需要他人帮助的可能性明显比后者要大。

独生子女父母与非独生子女父母在生活自理性上没有显著差异。虽然生子女父母的生活自理性水平在统计数字上低于非独生子女父母，但多元线性回归分析表明，"是否为独生子女父母"对于生活自理性水平不具有显著影响，即两类父母在生活自理性水平上没有显著差异。这一分析结果客观上否定了本章在前面提出的研究假设 2，即独生子女父母比非独生子女父母具有更强的生活自理性。影响这个年龄段老年人的生活自理性的，不是是否为独生子女父母，而是受教育程度、是否患有疾病、居住城市、社区文化软件以及社区设施硬件。

从长远一点看，阻碍这个年龄段老人生活自理性水平提高的是健康状况和社区设施在硬件和软件上的不完备。随着这一代人由现在的低龄老人走向中龄老人、高龄老人，身体机能、健康状况肯定会逐渐退化，患病的可能性会不断增加,必然会由生活能自理走向不能自理。数据分析可知,社区硬件和软件设施状况与老人的生活自理性明显存在关联性,加大这方面的投入与建设,切实推进社区设施的适老化改造,对于老年人的生活自理来说可能会有立竿见影的效果。只是目前的情况还不尽如人意。本章研究的数据显示,在测量社区设施硬件水平、社区文化活动软件水平的量表中,得分区间分别在 0—14、0—8,而调查的结果显示得分分别仅为 4、2。

(二) 两类父母在养老的精神自足性上各有千秋

精神自足性是指在养老的精神需求上自我满足的程度。精神自足性分为社会活动参与和自主老化态度两个维度。两类父母最可能参加的活动排在前三位的是看电视、做家务和锻炼身体,只是在排在第四、第五位的活动有所区别:独生子女父母参加的排在第四位的活动是交朋乐友,第五位的是照顾孙辈;而非独生子女父母参加的排在第四位的活动是照顾孙辈,第五位的是交朋乐友。两类父母在一些活动的参与可能性上差距比较大。其中差距最大的前四个活动是上网、照顾孙辈、看电视和旅游。独生子女父母更可能选择上网和旅游,而非独生子女父母则更可能选择看电视和照顾孙辈。数据结果显示,独生子女父母参加社会活动的种类数比非独生子女父母明显要多,社会活动参与水平更高。

但是独生子女父母在自我老化态度上明显不如非独生子女父母那样积极。在判断自己对配偶、子女、孙子女、社区、社会、原工作单位的功用上,两类父母之间没有明显区别,都比较认同自身对配偶、子女、孙子女的功用,只是对自身在社区、社会上的功用的认同要低一些,而认同度最低的是自身对原工作单位的功用。但是非独生子女父母比独生子女父母对未来更加充满信心,更不担心自己的养老。多元回归分析结果也表明,"是否为独生子女父母"对于自我老化态度具有明显的影响:独生子女父母对待自我老化这个问题明显不如非独生子女父母积极。这一结果验证了本章提出的假设3,城镇第一代独生子女父母与同龄非独生子女父母相比,会从社会外界获取精神慰藉以弥补从家人子女获取精神慰藉偏少的不足。

(三) 老人自我养老的年龄限制

本章研究发现,不管是独生子女父母还是非独生子女父母,其经济自养、生活自理的水平都比较高,在养老的精神自足性上也是各有千秋:独生子女父母参加社会活动的种类数比非独生子女父母明显要多,社会活动参与水平更高;而非独生子女父母对待自我老化这个问题明显独生子女父母要积极。需要注意的是,决定这些结论成立的条件可能会有很多,但有一个条件必须要意识到,那就是本章研究的对象处在低龄老年阶段。因为研究对象处在刚刚步入老年阶段不久,虽然开始了老年生活,但身体还比较健康,体力和精力还比较好,具备较好的劳动能力、自理能力和社会交往能力。这是支撑本章研究结论成立的事实基础。

需要明白的是,人的老化是不可逆的。这些低龄老人必然要逐渐走向中龄老人、高龄老人阶段,也就必然走向经济能力、体力精力和交往能力逐步下降甚至缺失的阶段。随着这一阶段的到来,老人的自我养老还是要走向依赖养老。只是如果老人在自我养老上准备更充分、行动更积极,步入依赖养老阶段的时间会晚一点,老年生活的质量会更高一些。

第五章 城镇第一代独生子女父母养老的经济条件及财富代际流动

一、独生子女父母有钱养老吗

1980 年我国开始执行一对夫妻只生一个孩子的生育政策。经过 1982 年将计划生育政策列为基本国策并写入宪法,以及 1984 年的政策调整,独生子女政策在我国城镇地区以及江苏、四川、重庆等省市的农村地区保留了下来。直至 2016 年,修订后的《中华人民共和国人口与计划生育法》实施,施行了 30 多年的独生子女政策自此终止。计划生育政策对于促进人口均衡发展,解决人口与资源的矛盾起到了显著作用,同时也造就了规模庞大的独生子女家庭。2010—2030 年是城镇独生子女父母逐渐退休、开始大批量进入老年行列的时期,城镇地区快速的人口老龄化将集中体现在这批独生子女父母身上。① 子女的唯一性决定了独生子女父母家庭养老的天然风险性,供养源的贫乏使得独生子女家庭的养老备受社会各界关注。

一般而言,老年人的养老涵盖经济供养、生活照料、精神慰藉三个方面。

---

① 丁志宏、夏咏荷、张莉:《城市独生子女低龄老年父母的家庭代际支持研究——基于与多子女家庭的比较》,《人口研究》2019 年第 2 期。

马克思认为一切人类生存的第一个前提就是必须能够生活,为了生活,首先就需要吃喝住穿。① 经济性问题是养老中最本质、最核心、最关键的问题。无论选择何种方式进行养老,老年人首要考虑的就是经济问题,即有无稳定的可持续的财力支撑其晚年的基本生活,可以说,经济资源是保障独生子女家庭养老安全最重要的物质基础。②

有研究表明,当前我国最主要的养老方式是家庭养老。③ 严格的生育政策催生了家庭少子化,子女数量的减少以及家庭规模的缩小对老年人的养老不利。在独生子女家庭中,单个子女成为父母养老责任唯一的承担者,独生子女家庭的养老问题较之非独生子女家庭显得更加突出。首先,单个子女缺乏可替代的养老支持。子女的迁移、生命存活风险以及孝道责任缺失等因素都会导致赡养风险的发生。④ 其次,在竞争日趋激烈的城市社会生活中,独生子女是否能够靠得住是现实存在的担忧。随着社会发展,抚养子女的成本和教育投资不断增加,成年独生子女的家庭经济压力和负担加重,他们有多少剩余经济资源分配到老人身上也是个值得思量的问题。⑤ 近年来子女对老年人的经济支持呈减弱趋势⑥,家庭的财富流方向发生逆转,更多是从父母流向子女⑦,只有少数子女向老年父母提供经济支持⑧。

随着我国现代化进程的推进,家庭养老功能与家庭养老责任伦理在逐步弱

---

① 《马克思恩格斯选集》第一卷,人民出版社 2012 年版,第 158 页。
② 徐俊、风笑天:《独生子女家庭养老责任与风险研究》,《人口与发展》2012 年第 5 期。
③ 风笑天:《"空巢"养老? 城市第一代独生子女父母的居住方式及其启示》,《深圳大学学报(人文社会科学版)》2020 年第 4 期。
④ 段世江、张岭泉:《农村独生子女家庭养老风险分析》,《西北人口》2007 年第 3 期。
⑤ 乐章、陈璇、风笑天:《城市独生子女家庭养老问题》,《福建论坛(经济社会版)》2000 年第 2 期。
⑥ 丁杰、郑晓瑛:《第一代城市独生子女家庭及其养老问题研究综述》,《人口与发展》2010 年第 5 期。
⑦ Caldwell,J.C.,"Towards a Restatement of Demographic Theory",*Population and Development Review*,Vol.2,No.3(1976),pp.321-366.
⑧ 丁志宏:《城市子女对老年父母经济支持的具体研究》,《人口学刊》2014 年第 4 期。

化。长期以来,家庭的核心化一直被看作家庭现代化的表现。2020 年第七次全国人口普查数据显示,全国平均家庭人口规模仅为 2.62 人,比 2010 年第六次全国人口普查的 3.10 人减少 0.48 人。① 与此同时,家庭少子化趋势的强化以及老年人口规模的急速扩张,增加了老年人独居的几率,在持续的低生育率状态下,我国家庭结构小型化、空巢化的现实势必会削弱家庭养老的功能。② 家庭现代化理论认为随着现代化的推进,核心家庭在削弱家庭养老功能的同时,也会弱化家庭成员之间的纽带联系。③ 一方面,现代化的市场经济使得人们物质生活得到极大的丰富和提高,父母和子女在经济上均保持着较高的独立性。另一方面,现代性暗含的平等、自由、独立的价值观也正逐步消解着传统的家庭本位理念,个体成为家庭关系的中心,都希望通过家庭的运作来寻求自身的利益和快乐,而不再愿意为了家庭延续和集体利益而牺牲自己。④ 家庭养老的孝道伦理的式微在很大程度上影响着城镇独生子女父母养老的代际经济支持。

迈入老年阶段,意味着老年人生命周期中一个新阶段的开始。无论是"贫困生命周期理论"的 W 型曲线⑤,还是年龄与贫困发生率的 U 型曲线⑥,二者均显示,进入老年期,贫困发生率随着年龄的增长而不断上升,老年人是陷入贫困的高危群体。在人口老龄化趋势快速发展的情况下,如何使老年人老有所养、老有所依是全社会共同关注的焦点。独生子女家庭不具备传统的多子女家庭养老的客观现实基础,他们从这个唯一的孩子身上得到的养老经济支持非常有限。独生子女家庭在其他养老支柱不足的情况下,只能更多地依赖自身和国家社会的力量来克服生活中遇到的养老困难。

---

① 国家统计局:《第七次全国人口普查公报(第二号)》2021 年 5 月 11 日,见 http://www.stats.gov.cn/sj/zxfb/202302/t20230203_1901082.html。

② 陆杰华:《新时代积极应对人口老龄化顶层设计的主要思路及其战略构想》,《人口研究》2018 年第 1 期。

③ Goode, W.J., *World Revolution and Family Patterns*, New York: Free Press, 1963, p.26.

④ 阎云翔:《中国社会的个体化》,上海译文出版社 2012 年版,第 11 页。

⑤ Rowntree, B.S., *Poverty: A study of Town Life*, Bristol: Policy Press, 1901, p.328.

⑥ 王小林:《贫困测量理论与方法》,社会科学文献出版社 2012 年版,第 67—79 页。

城镇第一代独生子女父母养老及困境解决机制研究

　　学术界对城镇独生子女父母养老的经济保障问题存在"自养说"和"他养说"两种争论。早在 1983 年就有学者对城镇独生子女父母的养老问题进行预估,认为独生子女家庭经济来源稳定,且由于独生子女家庭人口少,人均收入水平较高,经济赡养在城市不但不会是一种挑战,反而年老时还会资助他们的已婚子女。① 从人口学视角看,独生子女在多数情况下可以胜任父母的养老责任,独生子女家庭老年支持的情况并没有估计的那么严重。② 城镇独生子女父母普遍享有退休金等社会养老保险待遇,并不依赖子女、社会和政府。③④⑤⑥ 事实上,少生能够减少父母供养孩子的费用,父母可以腾出更多的时间和精力去增加和积累自身财富,提升自我养老能力。⑦ 随着国家财政收入持续增长以及分配和福利制度的不断完善,独生子女家庭养老面临的困难不是经济问题,而是精神赡养、日常照料和健康照护等非经济养老问题。⑧

　　"他养说"则认为独生子女家庭中由于父母和子女数量的不对等,父母在抚育独生子女期间容易产生经济的过度供给而消耗过多的个人积蓄,当其年老时独生子女对父母的供养往往会出现供不应求的现象。⑨ 子女数量的过度收缩,减弱了家庭或自身的养老能力,越是到独生子女父母晚年,其养老风险

---

① 边燕杰:《独生子女家庭的增长与未来老年人的家庭生活问题》,《天津社会科学》1985年第 5 期。
② 原新:《独生子女家庭的养老支持——从人口学视角的分析》,《人口研究》2004 年第 5 期。
③ 风笑天:《城市独生子女父母的老年保障问题》,《北京大学学报(哲学社会科学版)》1991 年第 5 期。
④ 王树新、赵智伟:《第一代独生子女父母养老方式的选择与支持研究——以北京市为例》,《人口与经济》2007 年第 4 期。
⑤ 王跃生:《城市第一代独生子女家庭代际功能关系及特征分析》,《开放时代》2017 年第 3 期。
⑥ 伍海霞:《城市第一代独生子女父母的养老研究》,《人口研究》2018 年第 5 期。
⑦ 王树新、张戈:《我国城市第一代独生子女父母养老担心度研究》,《人口研究》2008 年第 4 期。
⑧ 徐俊、风笑天:《我国第一代独生子女家庭的养老问题研究》,《人口与经济》2011 年第 5 期。
⑨ 陈自芳:《独生子女与父母供求关系的经济学考察》,《人口与经济》2005 年第 3 期。

就越大,现实困难越多,存在经济支持短缺的风险。① 根据对独生子女父母的养老准备研究,58.2%的独生子女父母为养老准备不足的类型,且在所有研究对象的经济状况自评中只有 25.5%的独生子女父母认为其经济状况较好,②独生子女父母面临着较大的养老压力。

总体上,现有的研究对城镇第一代独生子女父母养老的经济保障问题给予了较多的关注,但有三点值得特别注意:一是既有的关注独生子女父母养老经济问题的研究时间较早,研究对象均为"准老人",养老对他们来说是"将来时"而非"现在时"或"过去时",养老尚未成为一种事实。虽然这是客观现实所造成的一种缺陷,毕竟第一代独生子女父母大致在 2015 年前后才开始进入老年阶段,但对于本章研究所要回答的问题来说,这就是一种关键性的缺陷。目前关于独生子女父母养老经济保障问题的结论,均是在独生子女父母还未进入老年阶段时得出的,难以准确反映当前城镇独生子女父母养老经济保障问题的真实状况,因而这些研究所得的结论从严格意义上来说只能是对独生子女父母养老经济条件的一种预估和推测。只有在独生子女父母正式进入老年阶段后,再来研究他们的养老经济问题,研究的结论才会更客观真实,对养老经济状况发展趋势的预测、现有的养老制度政策的调整和修订才更准确更科学,这也正是我们关注第一代独生子女父母养老经济保障问题的意义和价值所在。

二是目前的各项涉及独生子女父母养老问题的研究,鲜有针对物质经济保障方面专门探讨其养老存在的问题,而仅作为研究议题中的一个部分来讨论,并没有以城镇独生子女父母养老的物质经济状况为主要研究内容进行单独探讨。一切养老的问题归根结底都是经济问题,均需建立在物质基础之上,没有生活收入来源,城镇独生子女父母的养老就无从谈起,作为养老中最基

---

① 陈友华:《独生子女政策风险研究》,《人口与发展》2010 年第 4 期。
② 封铁英、范晶:《独生子女父母养老准备——基于群体差异的潜在类别分析》,《统计与信息论坛》2020 年第 5 期。

础、最核心的物质经济问题,似乎还未引起研究者足够的重视。

三是研究对象仅包含独生子女父母,缺乏与同龄非独生子女父母经济状况的比较,因此,我们无法判断研究所得的结果是仅为独生子女父母所特有,还是低生育率状态下一般父母所共有。

针对现有研究不足,本章将进入老年阶段的城镇第一代独生子女父母作为研究对象,同时将同龄非独生子女父母作为参照进行对比分析,从整体上把握这一群体的养老经济保障现状和特征,检验前人关于城镇独生子女父母养老"自养说"和"他养说"的争论,究竟哪个更接近于现实,从而为政策制定、养老服务业改革提供参考依据,提高社会养老保障政策针对性,进而推进我国老龄事业发展和养老体系建设。主要讨论的问题是:在子女数量不足、社会经济保障水平不高的双重挤压下,城镇第一代独生子女父母进入老年阶段后的真实养老经济状况如何?是否具有足够的物质条件进行养老?他们的养老物质经济条件与非独生子女父母是否存在差异?存在哪些方面的差异?家庭代际经济支持状况呈现怎样的变化和特点?本章拟利用本课题的专题调查数据,对以上问题进行讨论和分析。

二、研究思路与变量测量

第一代独生子女父母的界定首先涉及的是第一代独生子女的概念。第一代独生子女是指在我国计划生育政策下产生的第一批独生子女人口。1979年我国正式出现政策性的独生子女人口,国家在当年进行正式统计的610万独生子女中,把政策之前出生的1—3岁的孩子也纳入其中,故本研究将1976年作为第一批独生子女最早的出生时间。第一代独生子女即指在1976—1985年这十年间出生的孩子。[1] 而生育他们并且终生只生育这一个孩子的父

---

① 风笑天:《"空巢"养老? 城市第一代独生子女父母的居住方式及其启示》,《深圳大学学报(人文社会科学版)》2020年第4期。

母便是本研究界定的第一代独生子女父母。

需要说明的是,独生子女政策执行最为严格、影响最为广泛的地区是城市。在政策与就业捆绑的环境下,城市选择生育一个孩子的家庭远远超过农村,独生子女群体主要出现在城市,独生子女父母也集中于城市。因此,将研究对象限定于城镇第一代独生子女父母,探讨他们的养老经济保障问题更具代表性和价值。

养老经济条件指个人通过自身生产劳动或者从家庭支持、社会保险和政府救济中获得满足自身基本的养老需要,保障其正常的老年生活。本章研究将城镇第一代独生子女父母的养老经济条件操作化为养老收入和养老支出两大部分。其中,养老收入用人均可支配收入衡量,包含个人自养收入、外部援助收入两方面。个人自养收入包括工资收入、投资收益。工资收入由养老保险金/离退休金、劳动工资(含再就业工资)、企业年金构成,投资收益由租金、投资红利、商业保险分红构成。外部援助收入包含子女补助、亲友资助、政府社会救助。养老支出包含日常生活开支、医疗保健开支、文体旅游开支以及补贴子女开支四个方面。日常生活开支包括衣食(每日饮食和购置衣物)、居住(水、电、燃气等)、机构养老、人际交往等费用,医疗保健开支包括疾病医疗和日常保健费用,文体旅游开支包括文体活动、健身娱乐和户外旅游费用,补贴子女开支包括给予子女的物品和货币费用。以上测量标准均为2019年(12个月)的金额。

家庭财富代际流动指家庭内部子代与父代之间经济资源的转移。家庭财富代际流动分为单向流动、双向流动和无流动三种类型。单向流动是一种单线型的家庭财富流动形式,即指家庭中仅存在父母向子女的财富转移或者仅存在子女向父母的财富转移;双向流动则是一种双线型的家庭财富流动形式,即指家庭中既有父母向子女的财富转移,又有子女向父母的财富转移;无流动表示父母和子女之间没有发生家庭财富的流转。家庭财富代际流动的测量以2019年(12个月)子女给予父母的补助金额以及父母给予子女的补贴金额计算。

三、数据统计结果与分析

（一）城镇第一代独生子女父母的收入水平

1. 独生子女父母人均可支配收入

城镇第一代独生子女父母经济条件状况包括人均可支配收入现状、与当地城市人均可支配收入以及最低生活保障水平比较两个方面。城镇居民人均可支配收入是指扣除个人所得税和个人交纳的各项社会保障支出之后，按照居民家庭人口平均的收入水平，即城镇居民的实际收入中能用于自由安排日常生活的收入。它是衡量城镇居民收入水平和生活水平的重要指标。接近或者超过当地城镇居民人均可支配收入水平，则说明其收入在当地处于中等或偏上水平，生活物质基础条件较好，反之则较差。

城镇居民最低生活保障标准，又称为城镇居民最低生活保障线，也即贫困线，是当地政府按照维持在当地城镇基本生活所必需的衣食住费用，并适当考虑水、电、燃煤费用以及未成年人的衣物教育费用确定的最低生活标准。高于这个标准才能维持自身所需最低生活必需品的花销，低于这个标准则将难以满足基本生活需求。将城镇第一代独生子女父母的收入与非独生子女父母的收入、当地城镇人均可支配收入以及最低生活保障标准进行对比分析，更能全面地反映城镇第一代独生子女父母养老的经济保障处于一个什么样的地位和水平。

从总体上看，城镇独生子女父母2019年人均可支配收入41396元，人均净收入18418元。在收入上，城镇独生子女父母养老经济保障状况较好。为了进一步分析，本章研究参照国家统计局2019年《中国统计年鉴》中对城镇居民人均年可支配收入的分组标准，①对城镇独生子女父母的人均年可支配

---

① 《中国统计年鉴2019》，中国统计出版社2019年版，第174页。

收入分为低收入（0—15000元）、中等收入（15000—50000元）、高收入（50000元以上）三组。

如表5-1所示，城镇独生子女父母年人均可支配收入为中等收入的比例最高，其次是高收入组，人均可支配收入超过50000元以上的占到了26%，0—15000元的低收入比例最低。在人均净收入上，占比从高到低依次为5000—30000元、30000元以上、5000元以下。调查数据表明，城镇独生子女父母有足够的收入进行养老，并且年终还有不少的结余。与城镇非独生子女父母相比，独生子女父母人均可支配收入与人均净收入不同组别的占比相差不大，没有显著差别。可见，相比较而言，城镇独生子女父母在收入上没有明显的优势，也不存在显著的劣势。

表5-1　城镇第一代独生子女父母人均可支配收入分布

单位:%

	年人均可支配收入			年人均净收入		
	0—15000元	15000—50000元	50000元以上	5000元以下	5000—30000元	30000元以上
独生子女父母(n=881)	10.4	63.6	26.0	20.7	56.9	22.5
非独生子女父母(n=415)	8.2	68.0	23.9	20.2	59.5	20.2

2.独生子女父母人均可支配收入与当地收入情况对比

对比调查地的收入可知，当前城镇独生子女父母的人均可支配收入远高于当地城市最低生活保障标准，并接近当地城镇居民人均可支配收入，数据对比再次说明城镇独生子女父母的收入整体上能够满足其基本的生活需求，在养老问题上不存在明显的经济不足问题，但不同地区的城镇独生子女父母人均可支配收入存在明显的差异，越是发达的地区，城镇独生子女父母的人均可支配收入越高。

表 5-2　独生子女父母人均可支配收入与当地收入对比情况

单位:元/年

	北京市 （N＝204）	南京市 （N＝170）	郑州市 （N＝177）	佛山市 （N＝169）	绵阳市 （N＝161）	F 值及 显著性水平
独生子女父母人均可支配收入	43953	53269	32291	43075	33867	25.695***
城镇居民人均可支配收入	67756①	64372②	42087③	55233④	37454⑤	
城市最低生活保障标准	13200①	10800②	7560③	12720④	6480⑤	

注:1. *P<0.05, **P<0.01, ***P<0.001;2. 为了方便对比,将各省份元/月的数据进行了元/年的换算。

（二）城镇第一代独生子女父母的收入来源

1. 不同类型家庭与父母人均可支配收入的来源

从数据上看,城镇独生子女父母收入富足并且还有较多的结余。但我们更希望了解的是这些收入是建立在城镇独生子女父母自身的经济基础之上还是来自外部诸如子女、亲朋、社会、政府的经济援助? 且与非独生子女父母的收入来源是否存在明显的不同? 为了探究城镇独生子女父母的养老经济来源稳定性,我们还需进一步分析独生子女父母的收入来源分布情况,探讨其是否能够独立养老。

---

① 国家统计局北京调查总队:《北京市 2019 年国民经济和社会发展统计公报》,2020 年 3 月 2 日,见 http://www.beijing.gov.cn/zhengce/zhengcefagui/202003/t20200302_1673464.html。

② 南京市统计局:《南京市 2019 年国民经济和社会发展统计公报》,2020 年 4 月 13 日,见 http://tjj.nanjing.gov.cn/bmfw/njsj/202201/t20220107_3256241.html。

③ 郑州市统计局:《2019 年郑州市国民经济和社会发展统计公报》,2020 年 4 月 3 日,见 http://tjj.zhengzhou.gov.cn/tjgb/3112732.jhtml。

④ 国家统计局佛山调查队:《2019 年佛山市国民经济和社会发展统计公报》,2020 年 3 月 16 日,见 http://www.foshan.gov.cn/attachment/0/139/139694/4207257.pdf。

⑤ 绵阳市统计局:《2019 年绵阳市国民经济和社会发展统计公报》,2020 年 4 月 2 日,见 http://tjj.my.gov.cn/tjgb/24415981.html。

表 5-3　不同类型家庭与父母人均可支配收入
来源的独立样本 T 检验结果

	独生子女父母（元/年）	非独生子女父母（元/年）	均值差（元/年）	样本量	T 值及显著性水平
人均可支配收入	40904	41137	−233	881/415	−0.165
个人自养收入	39458	38136	1322	881/415	0.967
工资收入	35961	33857	2104	881/415	1.879
投资收益	3497	4279	−782	881/415	−1.219
外部援助收入	1446	3000	1554	881/415	−4.189***
子女补助	1339	2983	−1644	881/415	−4.486***
亲友资助	23	4	19	881/415	0.996
政府社会救助	84	13	71	881/415	1.446

注: *P<0.05, **P<0.01, ***P<0.001。

从表 5-3 可知,城市父母人均可支配收入分为个人自养收入和外部援助收入两部分。无论是城镇独生子女父母还是非独生子女父母,其个人自养收入均高于外部援助收入。其中,城镇独生子女父母个人自养收入占其人均年可支配收入的 96.5%,非独生子女父母的这一比例也达到 92.7%,说明两类父母的养老物质经济基础均来自自身固定收入,对外依赖度低,完全可以实现自养。进一步对城镇独生子女父母人均可支配收入来源细分可知,城镇独生子女父母的主要经济来源为工资收入,占其人均可支配收入的 87.92%;其次为投资收益,占其人均可支配收入的 8.55%;子女对父母的经济补助仅占其人均可支配收入的 3.27%;从亲友、政府、社会获得的援助性收入,在过去的一年中,不过百元左右,这部分收入比例最低,在人均可支配收入中几乎可忽略不计。总体上,城镇独生子女父母能够依靠自身的经济收入进行养老,且主要收入来源为养老保险金、离退休金、劳动工资收入以及企业年金等稳定的个人自养收入,而子女补助、亲友资助和政府社会救助等不稳定的经济收入占比较少。数据结果表明,城镇独生子女父母即使在进入老年期之后在物质经济方面也不存在大的问题,既不依赖子女养老,也不依靠亲朋或者社会、政府的救济,完全能够自主养老,实现独立养老,而不是被动地依靠外部援助。

值得注意的是,城镇非独生子女父母得到的外部援助收入远高于独生子女父母,其T检验结果显示二者的差距是明显的。其中,城镇非独生子女父母的子女补助金额比独生子女父母的子女补助金额高一倍。总体上,在人均可支配收入中,城镇独生子女父母与非独生子女父母差距不大,虽然城镇独生子女父母在养老上不存在经济问题,但是与非独生子女父母相比,少生也并没有实现"快富",养老上也不存在经济优势。已有的研究表明,子女数能够在一定程度上影响父母的养老水平。数据中的差异究竟是不是由城镇非独生子女父母拥有的子女数多,进而给的补助相应较多造成的? 为了进一步分析这个问题,采用子女人均补助父母的金额进行再一步的分析和检验。

2. 不同类型家庭与子女人均补助父母金额状况

表5-4表明,城镇独生子女父母与非独生子女父母的子女在人均补助父母的金额上差别不大,仅差14元,二者之间没有明显差别。子女补助父母的金额跟独生子女父母的属性没有关系,而是子女数的作用。在城镇非独生子女父母家庭中,父母拥有的子女数多,每人均在不同程度上给予父母相应的经济补助,金额累计叠加之后自然要比独生子女父母高得多,即子女数量越多,父母获得其经济补助也相应越多,子女数量与代际经济支持呈正相关的关系,表明子女数在父母养老经济来源中具有不可忽视的重要作用,这与现有的研究结论相同。[1][2] 独生子女家庭本质上是一个风险家庭,[3]一旦独生

---

[1] Sun, R., "Old Age Support in Contemporary Urban China from Both Parents' and Children's Perspectives", *Research on Aging*, Vol.24, No.3(2002), pp.337-359.

[2] 胡仕勇、李佳:《子代数量对农村老年人代际经济支持的影响——以亲子两代分居家庭为研究对象》,《人口与经济》2016年第5期。

[3] 穆光宗:《独生家庭本质上是风险家庭》,《中国企业家》2014年第9期。

子女父母家庭出现重大变故,如失独、子女残疾、患病等情况,导致子女对父母经济支持减弱,独生子女父母的养老可能会因此受到不同程度的影响,甚至为了子女的医疗康复、成家立业而过度支出自身养老收入,进而面临养老经济问题。

表5-4　不同类型家庭与子女人均补助父母金额的
独立样本 T 检验结果

	独生子女父母（元/年）	非独生子女父母（元/年）	均值差（元/年）	样本量	T 值及显著性水平
子女人均补助父母金额	1255	1241	14	881/415	0.066

注: * P<0.05, **P<0.01, ***P<0.001。

（三）城镇第一代独生子女父母的支出结构

支出是衡量经济状况的另一个重要指标,独生子女家庭由于子女数少,较非独生子女家庭可能会存在支出较少或者支出过度的现象,现实中城镇独生子女父母的支出情况如何？与非独生子女父母相比存在何种差异？表5-5是调查数据统计的结果。数据显示,城镇独生子女父母人均支出从多到少依次为日常生活开支、补贴子女开支、医疗保健开支以及文体旅游开支。其中,日常生活开支最大,占人均支出总额的70.07%,补贴子女开支与医疗保健开支金额接近,分别占12.00%和11.31%,文体旅游开支也有一定的比例,占6.62%。从各类支出金额上看,城镇独生子女父母与非独生子女父母差别不大,各项支出的平均差距较小,且T检验值均未达到显著水平,无论是城镇独生子女父母还是非独生子女父母,其生存型的刚性消费,如日常生活开支和医疗保健开支依然是最重要的支出,占比超过八成;而发展型的享受性消费也有了一定转变:在保障自身养老生活必需的花销之外,城镇老年父母更注重自身的愉悦,积极参与健身、户外旅游等文体活动,充实和丰富老年生活,而不是一味地省吃俭用去补贴子女。

表5-5　不同类型家庭与支出结构的独立样本T检验结果

	独生子女父母（元/年）	非独生子女父母（元/年）	均值差（元/年）	样本量	T值及显著性水平
日常生活开支	16100	16138	38	881/415	-0.076
医疗保健开支	2598	3197	598	881/415	-1.838
文体旅游开支	1522	1358	164	881/415	0.986
补贴子女开支	2758	2686	72	881/415	0.151

注：*P<0.05，**P<0.01，***P<0.001。

（四）家庭财富代际流动状况

城镇第一代独生子女父母家庭财富代际流动状况包括家庭财富代际流动方向、家庭财富代际净流动额以及家庭财富代际流动随年龄变化趋势三个方面。

1. 不同类型家庭财富代际流动方向

家庭财富代际流动分为单向流动、双向流动和无流动三种类型。单向流动是一种单线型的家庭财富流动形式，即指家庭中仅存在父母向子女的财富转移或者仅存在子女向父母的财富转移；双向流动则是一种双线型的家庭财富流动形式，即指家庭中既有父母向子女的财富转移，又有子女向父母的财富转移；无流动表示父母和子女之间没有发生家庭财富的流转。表5-6的结果表明，从总体上看，四成的城市家庭父母与子女之间存在日常的经济互动，而近六成的城市家庭父母与子女之间不存在经济往来。经济无流动的游离型家庭比例较高，表明社会保障的逐步完善对代际经济支持的挤出效应凸显，中国传统的互惠家庭反哺养老模式正在朝着西方现代化的接力养老模式转变，这一结果与已有研究一致。在存在经济互动的家庭中,家庭财富代际单向流动的比例远高于双向流动的比例。城镇独生子女父母家庭财富代际单向流动、双向流动比例均低于非独生子女父母,而亲子间无家庭财富代际流动的比例却高于非独生子女父母。

表 5-6　不同类型家庭财富代际流动的交互分类

	单向流动（%）	双向流动（%）	无流动（%）	样本量	卡方检验
独生子女父母	33.6	6.1	60.3	881	
非独生子女父母	40.4	6.7	53.3	415	5.809
合计	35.6	6.3	58.0	1296	

注: * P<0.05, **P<0.01, ***P<0.001。

2. 不同类型家庭的财富代际净流动比较

在上述结果的基础上再进一步将家庭财富代际流动具体区分为子女向父母流动和父母向子女流动两种类型,探讨不同类型家庭的财富代际流动呈现何种特征。

表 5-7　不同类型家庭财富代际净流动金额的
独立样本 T 检验结果

	独生子女父母（元/年）	非独生子女父母（元/年）	均值差（元/年）	样本量	T 值及显著性水平
子女→父母	1339	2983	-1644	881/415	-4.486***
父母→子女	2757	2686	71	881/415	0.151
代际净流动金额	-1418	297	-1715	881/415	-2.841**

注:1. * P<0.05, **P<0.01, ***P<0.001;2. 代际净流动金额为子女给予父母的补助金额与父母给予子女的补贴金额之差。

在城镇独生子女父母家庭中,子女给父母的补助金额明显低于非独生子女父母家庭,二者之间的差距高达一倍,存在显著的差异。表5-4的数据分析结果已表明这是子女数的多寡造成的。城镇独生子女父母给予子女的补贴金额略高于非独生子女父母,但这个差别不大,二者均值差距仅为71元。城镇独生子女父母家庭的代际净流动金额为-1418元,表示家庭财富代际流动为父母流向子女,即父母抚养子女。非独生子女父母家庭的代际净流动金额为297元,表示家庭财富代际流动为子女流向父母,即子女赡养父母。城镇独生子女父母与非独生子女父母的家庭财富代际净流动具有显著性的差异。总体上,城镇独生子女父母家庭财富代际流动为向下的流动,子女在一定程度上存在"啃老"的现象;而非独生子女父母家庭财富流动方向刚好相反,为向上的流动,子女提供了更多的物质财富给父母进行养老。

3.家庭财富代际流动随年龄变化趋势

为了进一步了解两类父母的家庭财富代际流动趋势,现将父母年龄因素纳入比较分析,得到图5-1,即不同类型家庭财富代际流动金额随父母年龄的变化情况。

城镇非独生子女父母家庭财富代际流动以父母年龄60岁为界限,60岁之前家庭财富流动为父母流向子女的向下流动,代际关系体现为父母抚养子女的关系。而过了60岁之后,家庭财富流动则转为以子女流向父母的向上流动为主,代际关系也转变为子女赡养父母的关系,并且随着父母年龄的增长,子女给予父母的补助金额增多,呈现逐年递增的趋势,即子女对父母养老的支出越来越多,要负担父母的养老经济压力越来越大。而城镇独生子女父母家庭财富代际流动却始终为父母流向子女的向下流动,代际关系也始终保持着父母抚养子女的关系,即独生子女一直都是家庭财富的受益者。城镇独生子女父母对子女的经济补贴金额在父母年龄达到60岁后便逐年下降,即过了

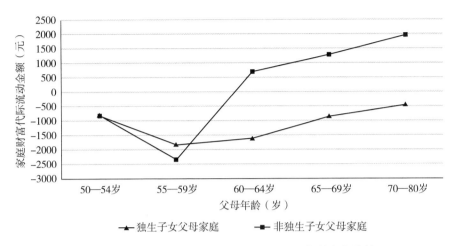

图5-1　不同类型家庭财富代际流动随父母年龄变化趋势

60岁以后独生子女父母给予子女的经济支出越来越少。这或许是由于随着年龄的增大,父母的身体状况越来越糟糕,花在医疗保健上的费用越来越多,以至于减少了补贴子女的金额。这或许表明,父母60岁的退休年纪,是两类不同家庭财富代际流动方向和金额大小的关键时间点。两类父母家庭的财富代际流动在60岁之前均为向下的流动,父母给予子女的经济补助金额逐年增多,且在60岁前达到最大值。60岁以后,两类父母家庭的财富代际流动有了较大的差异,流向相反。对本章研究的数据进行再次统计发现,在55—59岁这个年龄段的城镇父母中,他们第一个子女的年龄处于33—43岁,且93.2%以上已婚,79.3%以上已购置房产。两类父母家庭在60岁以前家庭财富由父母流向子女的金额达到最大值的结果,可能是因为子女的婚嫁以及购置婚房事件,婚嫁支出是中国父母对子女数额较大的一次经济支持,已有研究表明父代是子女结婚新房购买的主要出资者,且这一现象比较普遍,资助比例较高。①

---

① 王跃生:《城市第一代独生子女家庭代际功能关系及特征分析》,《开放时代》2017年第3期。

四、独生子女父母养老的经济自主性

（一）独生子女父母养老的物质经济条件较好且自立性较强

城镇独生子女父母养老物质条件和经济能力状况较好且自立性强，自主性凸显。城镇独生子女父母人均可支配收入远高于当地城市最低生活保障标准，并接近当地城镇居民人均可支配收入，城镇独生子女父母有足够的资金收入满足其基本的生活需求，并且年终还有不少的结余。从收入的稳定性来看，城镇独生子女父母的收入主要来自诸如养老保险金、离退休金、劳动工资收入以及企业年金等个人固定收入，对外依赖程度低，能够自主养老，实现独立养老。城镇独生子女父母养老在物质经济方面不存在问题，处于"自养状态"。

城镇独生子女父母与非独生子女父母在收入来源和支出结构上没有显著差异。无论是城镇独生子女父母还是非独生子女父母，他们的收入来源和支出结构都相同，占比相似。收入均由个人自养收入和外部援助收入两部分构成，个人自养收入占城市父母人均可支配收入的九成以上，外部援助收入极少。从收入总额上看，亲友资助、政府与社会救助、子女补助、投资收益以及工资收入金额依次递增，其中，工资收入最多，占比超过八成。城镇独生子女父母即使在进入老年期之后，也仍然保持经济上的独立，既不依赖子女养老，也不依靠亲朋或者社会、政府的救济。在支出金额上，两类父母支出依次为日常生活开支、补贴子女开支、医疗保健开支以及文体旅游开支。其中，日常生活开支最大，占支出总额近七成，补贴子女开支和医疗保健开支比例差距不大。除生存型的刚性消费外，两类父母花在发展型的享受性消费也不少，这说明城镇老人消费观念和行为的转变，逐渐从为子女家庭继续付出的责任伦理思想中抽离出来，更多地考量自身的需求和追求自我价值的实现，并未一味地省吃俭用给予成年子女经济上的代际支持。

子女作为父母养老的一种重要支持,其作用不可忽视。虽然城镇独生子女父母与非独生子女父母在收入的总额和来源结构上没有显著差别,但是城镇非独生子女父母得到的外部援助收入远高于独生子女父母,城镇非独生子女父母的子女补助金额比独生子女父母的子女补助金额高出一倍,两者存在着非常明显的差异。就子女人均补助父母的金额来看,城镇独生子女父母的子女与非独生子女父母的子女差距不大,且不显著。子女补助父母的金额差异跟独生子女父母的属性没有关系,而是子女数的作用,子女的多寡会在不同程度上影响父母的社会经济地位,子女数是家庭养老经济来源的一个重要因素。在家庭功能相对弱化而外部可依赖的支持性资源尚不充分的背景下,一方面子女发挥着重要的托底和补充性作用,另一方面独生子女家庭中子女的唯一性导致了家庭结构的单一和功能的脆弱,①一旦子女遭遇不测导致重病、残疾、离世等情况,其父母的养老则会面临不同程度的经济问题,甚至陷入困境。

（二）两类父母家庭的财富流动方向相反

城镇独生子女父母与非独生子女父母的家庭财富代际流动具有显著性的差异。总体上,城镇独生子女父母家庭财富代际流动为向下的流动,即从父母流向子女,亲子关系体现为父母抚养子女,子女均在一定程度上存在"啃老"的现象;而城镇非独生子女父母家庭财富流动方向刚好相反,为向上的流动,即从子女流向父母,亲子关系体现为子女赡养父母,子女在父母养老过程中提供了更多的物质财富支持。此外,父母60岁的退休年纪,是影响两类家庭财富代际流动方向和金额大小的关键时间点。

本章研究发现,不同结构类型的家庭其代际经济支持的方向并不一致,城镇非独生子女父母家庭财富流动为向上的流动,而独生子女父母家庭财富代

---

① 周沛、周进萍:《独生子女风险及其保障研究》,《社会科学研究》2009年第1期。

际流动刚好相反,为向下的流动。这与丁志宏①和伍海霞②两位学者的研究结论不同。两位学者分别利用 2014 年中国老年社会追踪调查数据和 2015 年五省市城镇第一代独生子女家庭状况调查数据,分析得出城镇第一代独生子女家庭经济流动表现为子女供养父母,子代给予父代的经济支持较多。这可能是由于调查的时间不同而且调查对象的年龄分布不同造成的。丁志宏的调查时间为 2014 年,调查对象为 60—69 岁的低龄老人;伍海霞的调查时间为 2015 年,调查对象为 1973—1987 年生育的老年人。本章数据的调查时间为 2019 年底,调查对象为 1976—1986 年生育的老年人。可见,前两位研究者调查的时间均比我们的调查要早,而且调查对象的年龄分布不同。城镇第一代独生子女父母大约在 2015 年前后开始进入老龄化阶段,严格意义上来讲,前两项研究调查时,多数城镇第一代独生子女父母尚未处于老年期,故本章研究的结论可能更符合目前城镇第一代独生子女父母养老经济保障的客观实际。

(三) 两类家庭代际经济支持和关键转折年龄

本章研究显示,两类家庭在具体的现实生活中呈现出城镇非独生子女在"养老",而独生子女却在"啃老"的两种截然不同的现象。在家庭生命周期中,城镇非独生子女父母家庭既有抚养关系,也有赡养关系,代际间的经济支出是双向平衡的关系,体现的是代际交换理论中互利、互惠原则。而独生子女父母家庭仅存在抚养关系,代际间的经济支持是一种不平等的关系,遵循的是利他主义原则。"资源集中论"认为子女数量的增加可能会分散父母向下的经济资源流动,家庭规模较小,子女数较少的家庭,其父母对子女向下的经济

---

① 丁志宏、夏咏荷、张莉:《城市独生子女低龄老年父母的家庭代际支持研究——基于与多子女家庭的比较》,《人口研究》2019 年第 2 期。
② 伍海霞:《城市第一代独生子女家庭亲子代际经济流动分析》,《人口与发展》2018 年第 5 期。

支持会更加集中,①同时,独生子女家庭中家庭支持网络的唯一性以及家庭责任伦理的内化强化了父母对子女的向下支持②。这或许是两类家庭代际经济支持方向相反的可能解释。

值得特别注意的是,父母60岁退休的特殊时间节点,是城镇非独生子女父母家庭财富代际流动方向转变的关键,同样,城镇独生子女父母家庭也在60岁以后,随着年龄的增加向下的代际经济支持减少。改革开放和计划生育政策导致我国家庭规模朝着小型化、核心化的趋势发展,家庭结构的变迁也使得代际经济支持发生相应的改变,传统的代际间双向均衡状态正逐渐被打破。独生子女父母家庭是我国在推进现代化进程中人口政策调整的特殊产物。而非独生子女家庭则较为完整地保留了传统家庭的养老模式,因此,在城镇非独生子女的"养老"中我们仍然能够看到儒家孝文化的浸润作用和传统中国家庭代际支持的传承,而在独生子女的"啃老"中我们看到了社会转型和产业结构调整过程中我国家庭代际支持的转变。在当代中国经济社会从传统向现代转型的背景下,中国不同类型结构家庭的代际经济支持呈现出传统性与现代性并存的特征。

（四）独生子女父母未来养老的经济保障问题

本研究的调查时间为2019年,城镇第一代独生子女父母的年龄比开展之前的研究的时候都要大,且多数已经进入老年阶段,在这个情况下研究养老问题更切合实际。在前人关于城镇独生子女父母养老的经济问题争论中,本章研究的结论更接近于"自养说",城镇第一代独生子女父母不仅经济上能够实现独立养老,还能对子女提供经济支持。"他养说"对于城镇独生子女父母养

---

① Henretta,J.C.,Van Voorhis,M.F.,Soldo,B.J.,"Cohort Differences in Parental Financial Help to Adult Children",*Demography*,Vol.55,No.4(2018),pp.1567–1582.

② 刘汶蓉:《转型期的家庭代际情感与团结——基于上海两类"啃老"家庭的比较》,《社会学研究》2016年第4期。

老经济方面的种种担忧和猜测在他们真正进入老年阶段时并没有发生,该类研究实质上夸大了城镇独生子女父母养老的经济问题。

本章研究的数据表明,城镇独生子女父母与非独生子女父母在收入总额上差别不大,两类家庭收入水平相当,但他们的收入来源却存在差别。独生子女父母工资性收入高,外部援助收入少;非独生子女父母工资性收入低,外部援助收入高。工资性收入差别在于两类父母的工作岗位性质不同。由于生育与就业挂钩,城镇第一代独生子女父母大多就职于国有企业和事业单位,他们的工资性收入相比非独生子女父母要高且稳定。外部援助性收入的差距主要是子女补助数额的差异。城镇独生子女父母子女数少,他们从子女处获得的补助金额不多,而非独生子女父母由于子女数量的优势,在获得子女补助的金额上远远超过独生子女父母。通过分析两类家庭的收入来源差异可知,城镇独生子女父母在工资性收入上的优势被其子女数的劣势稀释了,最终结果为城镇独生子女父母和非独生子女父母总体收入大体一致,没有太大的差别。可以预见的是,退休后工资性收入会有不同程度的减少,且随着年龄的增长,父母健康状况的变化,父母在医疗保健方面的支出将会增加,城镇独生子女父母在工资性收入降低且子女援助不足的情况下,其养老经济保障会不会逐渐成为一个问题? 目前,城镇第一代独生子女父母多为刚刚迈进老年期的低龄老年人,其经济保障问题还没有显现,大多数父母都能够自养。再过10年,他们多数将处于70—80岁的中高龄老年阶段,身体状况和自理能力将越来越差,需要的养老经济支持越来越大,在收入不增加而支出增加的情况下,他们的养老经济保障情况如何? 这是当前以及未来需要重点考虑和加紧研究的问题。

第六章 家庭代际支持对独生子女父母与非独生子女父母幸福感的影响

一、家庭代际关系与老年人的幸福

（一）家庭代际关系嬗变

20世纪30年代末，学术界开始对家庭的代际关系展开研究，经历了"家庭衰落论""家庭整合论""代际团结论""代际冲突论"等理论流变。[①] 家庭代际关系处于平衡—失衡—再平衡的变迁过程中，现阶段主要呈现出由重交换到轻交换转变的特征。[②] 受个体主义影响，呈现以下变化趋势。一是"分而不离"的代际关系，居住分离但联系不断的居住关系，既适应亲代和子代不同的生活习惯，也便于促进家庭和谐与代际融洽。二是代际关系的"重心下移"，家庭的代际支持向下倾斜，主要体现为"尊老不足、爱幼有余"。[③] 贺雪峰发

---

① 石金群：《当代西方家庭代际关系研究的理论新转向》，《国外社会科学》2015年第2期。
② 贺雪峰、郭俊霞：《试论农村代际关系的四个维度》，《社会科学》2012年第7期。
③ 张静：《道德权利视阈下我国农村养老保障伦理研究》，《郑州大学学报（哲学社会科学版）》2018年第5期。

现,自20世纪90年代起农村的代际失衡现象越来越普遍,子女未履行赡养义务,父母却持续为子女主动牺牲和奉献。① 代际关系重心下移、亲子关系弱化、家庭矛盾加深等现象,冲击着传统双向平衡的代际互动。② 三是代际交换理性化趋势。传统社会中利他的代际关系,依托严格的家庭财产共有制度,以及对孝道关系的传承。③ 但在家庭现代化变革中,利他的代际支持逐渐向理性的代际交换转变。对浙江省农村家庭的实证研究发现,子代对父母的赡养更多基于工具理性交换的思考。④

费孝通认为我国代际支持的模式区别于西方"接力模式",是甲代抚养乙代,乙代赡养甲代的"反馈模式"。⑤ "反馈模式"不完全等同于"抚养—赡养"模式,在解释代际间支持行为时,需要结合跨时和共时关系来考虑。⑥ 当代中国代际支持的内容和方式已发生了较大变化,代际关系难以用"反馈模式"或"接力模式"来概括。代际间"抚养—赡养"关系、交换关系和互补关系并存。孙薇薇认为代际支持包括两方面支持,一是工具属性的支持,主要包括生病时家人照顾、家务支持和财务支持;二是感情属性的支持,主要包括对他人想法和意见支持、情感支持和外出陪伴等。⑦ 穆光宗认为家庭代际支持包括卫生保健、护理照顾和精神支持三个方面。⑧ 王萍和李树茁在以上研究的基础上,

---

① 贺雪峰:《农村家庭代际关系的变动及其影响》,《江海学刊》2008年第4期。

② 刘桂莉:《眼泪为什么往下流?——转型期家庭代际关系倾斜问题探析》,《南昌大学学报(人文社会科学版)》2005年第6期。

③ 王跃生:《中国传统社会家庭的维系与离析》,《社会学研究》1993年第1期。

④ 朱静辉、朱巧燕:《温和的理性——当代浙江农村家庭代际关系研究》,《浙江社会科学》2013年第10期。

⑤ 费孝通:《家庭结构变动中的老年赡养问题——再论中国家庭结构的变动》,《北京大学学报(哲学社会科学版)》1983年第3期。

⑥ 孙涛:《儒家孝道影响下代际支持和养老问题的理论研究》,《山东社会科学》2015年第7期。

⑦ 孙薇薇:《代际支持对城市老年人精神健康的影响》,《中国社会保障》2010年第3期。

⑧ 穆光宗:《老年发展论——21世纪成功老龄化战略的基本框架》,《人口研究》2002年第6期。

将生活照料细化为起居帮助和家务帮助。①

代际关系逐步发生分化和消解，双向平衡的互惠机制发生嬗变。亲属关系弱化和家庭形式松散，削弱了亲子间的代际联系和支持。"四二一"和"四二二"的家庭代际结构加重了子代对亲代的赡养负担。代际交往过程中产生的矛盾，淡化了家庭成员的情感，疏远了亲子关系，有时甚至产生矛盾冲突，降低了老年人的心理福利。市场经济的功利主义和社会交换观念，瓦解着传统孝道理念。近年来，越来越多研究指出家庭代际关系在进行改变和重构，亲子间纵向主轴关系逐渐退位于横向夫妻关系。② 在家庭结构转变过程中，成年子女更注重自身小家庭的发展，挤压对老年人的养老支持。亲代对子代默默地无私奉献，到养老阶段却仅能从子女那里获得有限的赡养资源。受社会保障水平和福利制度制约，家庭养老依旧是当前老年人最主要的养老方式，亲子间的代际支持是其晚年生活的重要构成。③ 子女的支持是老年人获取生活来源、健康照护和情感关怀的主要途径，在老年生活中发挥着重要作用。

（二）代际支持与老年人的幸福感

1.子代单向支持对老年人的影响

当老年人遭遇不顺时，子女或孙子女的经济、情感和照料支持，能够帮助老年人调节心理状态。李春平等研究发现，当老年人行动能力下降时，子女的支持是老年人维持生存的重要保障。④

---

① 王萍、李树茁:《代际支持对农村老年人生活满意度影响的纵向分析》,《人口研究》2011年第 1 期。

② 张金荣、杨茜:《"后家庭时代的家庭"理论的中国适用性研究》,《社会科学辑刊》2014年第 3 期。

③ 王萍、潘霜、王静等:《家庭结构变动对农村老年人死亡风险的年龄差异影响》,《人口研究》2020 年第 6 期。

④ 李春平、葛莹玉:《代际支持对城乡老年人生活质量的影响——基于中国健康与养老追踪调查数据的实证研究》,《调研世界》2017 年第 12 期。

经济支持方面,郑聪、西尔弗斯坦(Cong&Silverstein)认为子女给予老年人经济支持,可以满足农村老年人基本的生活和医疗需求,有助于缓解老年焦虑和抑郁。[①] 可能是因为子女的经济支持增加了老年人的安全感,缓解了生存压力,从而提前退出劳动力市场。[②] 殷俊、游姣的研究发现,子女经济支持对不同年龄段老年人生活满意度的影响存在差异,对中低龄老人的生活满意度有显著正向作用,但对高龄老人无显著效果。可能是因为低龄老人较高龄老人有更高的经济需求,与子女的经济联系更密切,因而经济支持对低龄老人影响更大。[③] 但也有研究发现子女的经济支持对老年人生活满意度并无显著影响。[④] 有学者认为,子女给予老人经济补贴,容易增加老人依赖性,进而加剧其抑郁程度。[⑤] 当子女减少支持,老年人难以维持已有生活条件时,失落感将削弱幸福感。而子女在对父母进行资金分配和财产转移过程中,可能导致代际关系紧张,降低老年人的心理福利。

生活照料方面,白兰和顾海的研究发现,子女提供的照料有助于提升老人身体健康状况。[⑥] 对于健康状况较差的老人,子女细致体贴的照料可以缓解病痛,舒缓担忧造成的紧张心情,[⑦]帮助其维持良好的心理状态。对于健康状

① Cong,Z.,Silverstein,M.,"Intergenerational Support and Depression Among Elders in Rural China:Do Daughters-In-Law Matter?", *Journal of Marriage and Family*, Vol.70,No.3(2008),pp.599-612.

② Krause,N.,Liang J.,Gu S.Z.,"Financial Strain,Received Support,Anticipated Support,and Depressive Symptoms in the People's Republic of China", *Psychology and aging*,Vol.13,No.1(1998),pp.58-68.

③ 殷俊、游姣:《子女支持能够提升农村老年人生活满意度吗?》,《华中农业大学学报(社会科学版)》2020年第4期。

④ 周坚、何梦玲:《代际支持对老年人生活满意度的影响——基于CLHLS2014年数据的实证分析》,《中国老年学杂志》2019年第7期。

⑤ 刘昊、李强、薛兴利:《双向代际支持对农村老年人身心健康的影响——基于山东省的调查数据》,《湖南农业大学学报(社会科学版)》2019年第4期。

⑥ 白兰、顾海:《子女代际支持对农村老年人健康水平的影响研究》,《现代经济探讨》2021年第7期。

⑦ Silverstein,M.,Bengtson,V.L.,"Does Intergenerational Social Support Influence the Psychological Well-being of Older Parents? The Contingencies of Declining Health and Widowhood", *Social Science and Medicine*,Vol.38,No.7(1994),pp.943-957.

况较好的老人,子女细心照料一定程度上代表着子女孝顺,在子女的关心和呵护下,维持较高的心理福利。但陶裕春等人认为,当老年人无法自理,需要子女长期看护时,高强度的工具性支持容易引发子女不满,引起家庭矛盾,甚至损害老年人健康。① 高强度的照料也加速了老年人自理能力的衰退,破坏老年人对自身健康水平的感知,高度依赖子女,从而降低自我效能和成就感。② 陈树强对家庭照顾者研究发现,成年子女在为老年人提供支持时加重个人经济压力和身体负担,加剧家庭成员之间的冲突。③ 克劳斯(Krause)发现子女照料强度与老年人健康之间存在拐点,子女支持强度在老年人可接受范围内有利于老年人精神健康,超出一定范围则有负面影响。④

　　情感慰藉方面,穆光宗认为子女的精神慰藉作为家庭支持重要的组成部分,有利于满足老年人多方面需求。⑤ 代际间融洽的情感交流、和睦的家庭氛围,利于增进老年人心理健康。西尔弗斯坦和本特森(Silverstein & Bengtson)的研究表明,情感慰藉比工具性支持和经济供养更能改善老年人精神健康。⑥ 有学者指出,子女对老年人的经济和照料缺失,能够用其他手段弥补,但如果子女在精神赡养方面缺位,却难以用其他手段弥补。⑦ 尤其是老年人面对疾病困扰时,情感慰藉的重要性更加凸显。⑧ 许新鹏的研究发现,亲子间情感慰藉比经济

---

① 陶裕春、申昱:《社会支持对农村老年人身心健康的影响》,《人口与经济》2014 年第 3 期。

② 王萍、李树苗:《代际支持对农村老人生活自理能力的纵向影响》,《人口与经济》2011 年第 2 期。

③ 陈树强:《成年子女照顾老年父母日常生活的心路历程:以北京市 15 个案为基础》,中国社会科学出版社 2003 年版,第 185—186 页。

④ Krause, N., "Understanding the Stress Process: Linking Social Support with Locus of Control Beliefs", *Journal of Gerontology*, No.6(1987), pp.589-593.

⑤ 穆光宗:《老龄人口的精神赡养问题》,《中国人民大学学报》2004 年第 4 期。

⑥ Silverstein, M., Bengtson, V.L., "Does Intergenerational Social Support Influence the Psychological Well-being of Older Parents? The Contingencies of Declining Health and Widowhood", *Social Science and Medicine*, Vol.38, No.7(1994), pp.943-957.

⑦ 丁杰、郑晓瑛:《第一代城镇独生子女家庭及其养老问题研究综述》,《人口与发展》2010 年第 5 期。

⑧ Reinhardt, J.P., Blieszner, R., "Predictors of Perceived Support Quality in Visually Impaired Elders", *Journal of Applied Gerontology*, No.3(2000), pp.345-362.

支持更重要,与子女见面交流频率高的老年人生活满意度更高。① 向运华等的研究认为,对于农村老人而言,子女探望和关怀的频率越高,生活满意度越高。② 子女通过探望的方式关爱老人,耐心倾听老人诉说,有利于排解其孤独感,减少其负面情绪,并使其因年龄增长而缺少的安全感得到满足,从而改善其心理健康。③

2. 亲代单向支持对老年人的影响

在市场经济冲击和家庭现代化的影响下,"养儿防老"的传统观念逐渐改变,学术界对亲子关系的研究也开始关注亲代对子代的支持与付出。在经济支持方面,托马斯(Thomas)研究发现,老年人为子女提供经济支持,可以满足老年人心理需求,增加角色认同,提升精神健康水平。④ 刘西国、王健的研究指出,为子女提供经济支持能够增加老年人的成就感,提高其生活满意度。⑤ 孙鹃娟等学者研究发现,老年人的经济给予行为对其心理健康有正向效应,给予子女帮助会增加其满足感。⑥ 刘西国认为老年人无论是经济获得还是给予,都具有积极的正向效应。⑦ 但崔烨等人的研究发现,农村"老漂族"投奔子女在异地生活,若被子女要求提供经济支持,就容易对子女产生怨气和不满。⑧

---

① 许新鹏:《代际支持、身心健康与老年人生活满意度》,《社会工作与管理》2017 年第 2 期。

② 向运华、姚虹:《城乡老年人社会支持的差异以及对健康状况和生活满意度的影响》,《华中农业大学学报(社会科学版)》2016 年第 6 期。

③ 刘昊、李强、薛兴利:《双向代际支持对农村老年人身心健康的影响——基于山东省的调查数据》,《湖南农业大学学报(社会科学版)》2019 年第 4 期。

④ Thomas, P. A., " Is it Better to Give or to Receive? Social Support and the Well-being of Older Adults", *The Journals of Gerontology Series B*, *Psychological Sciences and Social Sciences*, No. 3 (2010), pp.351–357.

⑤ 刘西国、王健:《利还是弊:"啃老"对老年生活满意度的影响》,《南方人口》2014 年第 2 期。

⑥ 孙鹃娟、冀云:《家庭"向下"代际支持行为对城乡老年人心理健康的影响——兼论认知评价的调节作用》,《人口研究》2017 年第 6 期。

⑦ 刘西国:《代际经济支持健康效应检验》,《西北人口》2016 年第 1 期。

⑧ 崔烨、靳小怡:《家庭代际关系对农村随迁父母心理福利的影响探析》,《中国农村经济》2016 年第 6 期。

张宝莹等人研究发现,提供隔代教养的老年人正向情感得分高于负向情绪得分,心理测评综合得分高于不提供隔代教养的老年人。[①] 郑文风等人研究发现,农村低收入老年人为子女提供经济帮扶和时间支持,能显著减小老年人抑郁风险,且时间支持对老年人幸福感的提升作用显著高于经济帮扶。[②] 李善民(Lee Sunmin)等的研究发现,帮助子女照料孙辈甚至会增加老年母亲的冠心病的患病几率。[③] 重新承担父母角色,对孙辈进行生活照料,老年人需要承受沉重的体力劳动和精神负担,长期的高强度照料,容易滋生焦虑、孤独等负面情绪。此外,老年人持续长时间帮助晚辈照料子女,也会被指责为教育失败,影响其心理健康。[④]

在精神慰藉方面,比特(Beate)等认为父母在帮助子女的过程中可以体验到独立感和效能感,从而提升父母幸福感。[⑤] 老年人在和晚辈分享的过程中感知自身价值,密切了代际联系,降低了抑郁发生风险,从而改善其心理健康。[⑥] 亲代在给予子女意见支持,被子女肯定时,有利于提升老年人的自尊感和自信心。

3. 亲子双向支持对老年人的影响

亲子双向的代际支持研究主要围绕代际支持均衡、过度、缺失三种状态展

① 张宝莹、韩布新:《隔代教养老年人心理健康状况及影响因素研究》,《中国全科医学》2016 年第 7 期。

② 郑文风、王素素、吕介民:《逆向代际支持对老年人主观幸福感影响的实证检验——基于 CHARLS 数据的实证分析》,《制度经济学研究》2018 年第 1 期。

③ Lee, S., Kawachi, I., Colditz, G., et al., "Caregiving to Children and Grandchildren and Risk of Coronary Heart Disease in Women", *American Journal of Public Health*, Vol.93, No, 11 (2003), pp. 1939-1944.

④ Beate, S., Isabelle, A., Gisela, T., et al., "Intergenerational Support and Life Satisfaction: A Comparison of Chinese, Indonesian, and German Elderly Mothers", *Journal of Cross - Cultural Psychology*, Vol.41, No.5-6(2010), pp.706-722.

⑤ Beate, S., Isabelle, A., Gisela, T., et al., "Intergenerational Support and Life Satisfaction: A Comparison of Chinese, Indonesian, and German Elderly Mothers", *Journal of Cross - Cultural Psychology*, Vol.41, No.5-6(2010), pp.706-722.

⑥ 靳小怡、刘妍珺:《照料孙子女对老年人生活满意度的影响——基于流动老人和非流动老人的研究》,《东南大学学报(哲学社会科学版)》2017 年第 2 期。

开。在代际支持均衡角度,麦卡洛克(McCulloch)研究发现,代际支持的互惠
均衡状态对老年人精神面貌的影响并不显著,并指出代际支持的均衡状态与
个体身心健康之间可能呈非线性相关。① 也有研究发现,代际支持均衡能够
给老年人带来更好的体验,促进代际间相互交流。② 利用 2010 年中国妇女社
会地位调查数据的研究发现,与代际支持不均衡相比,代际支持均衡显著提升
了老年人的自评健康状况,且代际支持强度越高的均衡状态的积极作用更显
著。③ 许琪和王金水纵向分析了 2010 年、2012 年和 2014 年的中国家庭追踪调
查数据(CFPS),发现双向代际支持失衡的状态下难以提升老年人生活满意度和
幸福感,均衡互惠状态下才能提升老年人生活满意度和幸福感。④ 从代际支持
过度和不足角度,费兰德(Fyrand)对老年人社会支持均衡互惠的相关文献的综
述发现,子女为老年人提供过多帮助和照料,会增加老年人的负疚感和束缚感,
而处于交换均衡或受益不足的情况下,老年人心理健康状况更好。⑤ 这与社会
衰竭理论一致,即过多的照料和关怀会让被照料者产生压迫感,进而损害其
身心健康。老年人无私地为子女付出,有利于提升成就感,与大部分西方国家
不同,中国老年人可以从为子女付出的过程中获得价值,改善心理健康状况。⑥

---

① McCulloch,B.J.,"The Relationship of Intergenerational Reciprocity of Aid to the Morale of Older Parents:Equity and Exchange Theory Comparisons",*Journal of Gerontology*,Vol.45,No.4 (1990),pp.150-155.

② 陈雅、杨艳、余淑妮:《"啃老"与"孝道":青年与父母经济帮助关系中的数字反哺获得现象研究》,《中国青年研究》2022 年第 5 期。

③ 黄庆波、胡玉坤、陈功:《代际支持对老年人健康的影响——基于社会交换理论的视角》,《人口与发展》2017 年第 1 期。

④ 许琪、王金水:《代际互惠对中国老年人生活满意度的影响》,《东南大学学报(哲学社会科学版)》2019 年第 1 期。

⑤ Fyrand,L.,"Reciprocity:A Predictor of Mental Health and Continuity in Elderly People's Relationships? A Review",*Current Gerontology and Geriatrics Research*,(2010),pp.1-14.

⑥ Zhang W.,Chen M.,"Psychological Distress of Older Chinese:Exploring the Roles of Activities,Social Support,and Subjective Social Status",*Journal of Cross-cultural Gerontology*,Vol.29,No.1 (2014),pp.37-51.

如果子女未给老年人提供支持,会带来失落感,恶化老年人心理健康状况。①

4.子女数量与家庭代际支持

生育独生子女可能会影响家庭代际支持的频率和强度。独生子女家庭本质上是风险家庭。② 独生子女的流动和存活状况,会直接影响老年人获取经济支持、生活照料和情感慰藉的频率和强度。丁志宏等研究发现,较独生子女家庭的子女而言,多子女家庭的子女更容易发生责任推诿,逐渐引发恶性循环,导致每个子女为父母提供的支持减少。③ 高建新等学者研究发现,多子女的养老行为存在示范作用,兄弟姐妹间互相带动、相互激励,进而增加给予父母的养老支持。④ 张海峰等研究发现,子女间示范作用大于推诿效应,多子女家庭父母获得经济援助的可能性大于独生子女父母,且子女赡养老人对孙代有示范作用。⑤ 诺德尔(Knodel)基于越南的实证研究也证实,子女数量增加,对老年人提供生活支持的可能性和经济数额也随之增加。⑥ 但夏传玲和麻凤利研究指出,子女数量的增加并不会在经济支持、生活帮助、情感关怀方面给老年人带来额外益处,反而会增加老年人的抚养压力,特别是在教育投资和婚丧嫁娶方面的经济支出。⑦

老年人只生育一个子女和生育多个子女,幸福感水平也存在着差异。有

① Silverstein, M., Cong, Z., Li, S., "Intergenerational Transfers and Living Arrangements of Older People in Rural China:Consequences for Psychological Well-being", *The Journals of Gerontology Series B, Psychological Sciences and Social Sciences*, Vol.61B, No.5(2006), pp.S256–S266.

② 徐俊、风笑天:《独生子女家庭养老责任与风险研究》,《人口与发展》2012年第5期。

③ 丁志宏、夏咏荷、张莉:《城市独生子女低龄老年父母的家庭代际支持研究——基于与多子女家庭的比较》,《人口研究》2019年第2期。

④ 高建新、李树茁:《农村家庭子女养老行为的示范作用研究》,《人口学刊》2012年第1期。

⑤ 张海峰、林细细、张铭洪:《子女规模对家庭代际经济支持的影响——互相卸责 or 竞相示范》,《人口与经济》2018年第4期。

⑥ Knodel, J., Friedman, J., Anh, S.T., et al., "Intergenerational Exchanges in Vietnam:Family Size, Sex Composition, and the Location of Children", *Population Studies*, Vol.54, No.1(2000), pp.89–104.

⑦ 夏传玲、麻凤利:《子女数对家庭养老功能的影响》,《人口研究》1995年第1期。

学者基于中国综合社会调查(CGSS)2003—2013 年八期追踪调查数据,分析发现子女数量随着父母生命周期变化有不同的影响,子女越多的父母在老年期越幸福。[1] 郭志刚和张恺悌认为,子女数量越多,给老年人经济供给"填补"越多,老年人幸福感越强。[2] 风笑天对全国五大城市老年人养老担心度的调查发现,独生子女父母对疾病看护问题的担心度高于非独生子女父母。[3] 相较于非独生子女家庭,独生子女家庭老年人经济收入较高,物质生活稳定,更渴望获得子女的精神支持。也有研究指出,子女数量和老年人幸福感呈"倒 U型"曲线关系,尤其在城镇高收入女性老人身上表现明显。[4] 但陈屹立基于中国综合社会调查数据,研究指出子女数量与老年人幸福感之间无显著相关性。[5] 慈勤英等的研究也发现,老年人的心理健康水平与子女数量并没有显著相关性。[6]

二、研究假设与变量测量

(一) 分析思路

家庭代际支持是在家庭内部的代际之间,资源和价值的交换与互惠过程。分为两个方向:子代给予亲代支持、亲代给予子代支持。传统的代际支持研究

---

① 李婷、范文婷:《生育与主观幸福感——基于生命周期和生命历程的视角》,《人口研究》2016 年第 5 期。

② 郭志刚、张恺悌:《对子女数在老年人家庭供养中作用的再检验——兼评老年经济供给"填补"理论》,《人口研究》1996 年第 2 期。

③ 风笑天:《面临养老:第一代独生子女父母的心态与认识》,《江苏行政学院学报》2010 年第 6 期。

④ 冷晨昕、陈前恒:《子女数量与老年人幸福感关系研究——基于 CGSS2013 的实证分析》,《大连理工大学学报(社会科学版)》2019 年第 5 期。

⑤ 陈屹立:《生儿育女的福利效应:子女数量及其性别对父母幸福感的影响》,《贵州财经大学学报》2016 年第 3 期。

⑥ 慈勤英、宁雯雯:《多子未必多福——基于子女数量与老年人养老状况的定量分析》,《湖北大学学报(哲学社会科学版)》2013 年第 4 期。

主要是讨论子代对亲代的赡养和回馈,但是亲代进入老年阶段后不是只接受子女的支持,而是可以在生活照料、隔代抚育、情感慰藉等方面支持子女。代际支持涵盖经济支持、生活照料、情感交流三个方面,主要体现为经济互惠、生活互助、情感支持以及经验分享。基于此,本章研究中的代际支持是指家庭中亲代和子代基于血缘和亲情关系而进行的资源流动和交换,在方向上包括亲子间的"下对上"和"上对下",在内容上包括经济支持、生活照料和情感慰藉三方面。

对幸福感这一概念的探索,始于 20 世纪 50 年代,但目前尚未达成共识。现有研究多数将幸福感定义为个体对目前生活状况的主观评价。[①] 幸福感在形式上能够切实反映个人相对稳定的心理感受,在内容上反映个人真实体验的生存状态。幸福感具有三个特点:第一是主观性,即个体基于自我标准对生存状态进行的主观评价;第二是稳定性,即相对稳定地反映人们长期的情感状态;第三是整体性,即幸福感是一个综合性概念,包含认知和情感两方面。认知即生活满意度,指个体对当前整体生活的认知评价。情感主要指个体日常生活中的情绪体验,包括积极情感和消极情感。个体对生活状况越满意,积极情感和体验就越丰富,幸福感越高,反之亦然。在借鉴前人研究结论的基础上,本章研究采用迪纳(Diener)对幸福感的定义,即幸福感是指个体依据自身体验,对涉及生活质量多个方面的主观评价,[②]包括认知成分和情感成分。

本章要讨论的问题是对低龄老人的幸福感的影响。因为本章研究的对象是城镇第一代独生子女父母,为了凸显第一代独生子女父母的相关特征,调查对象中纳入了同龄的非独生子女父母。这两类父母年龄相仿,都生活在城镇

① Diener, E., "Subjective Well-being", *Psychology Bulltin*, Vol.95, No.3(1984), pp.542-575.

② Diener, E., Larsen, R.J., Levine, S., et al., "Intensity and Frequency: Dimensions Underlying Positive and Negative Affect", *Journal of Personality & Social Psychology*, Vol.48, No.5(1985), pp.1253-1265.

地区,实际上主要就是目前处于低龄老年阶段的老人。通过城镇第一代独生子女父母与同龄非独生子女父母的比较,从经济支持、生活照料、情感慰藉三个方面去探讨代际支持对低龄老人幸福感的影响。研究的分析思路见图 6-1。

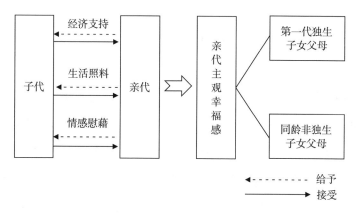

图 6-1 研究分析思路示意图

(二)研究假设

霍曼斯等人提出的社会交换理论和孔德提出的利他主义理论,在一定程度上解释了家庭成员相互支持的原因。孙涛等人认为家庭的互保功能,会降低成员间的互惠危机。① 主要体现在两方面:第一,伦理约束保障功能。家庭成员间的伦理义务,强调成员互助和亲缘交往。第二,隐性契约保障功能。该功能既包括父母对子女的支持,也包含子女对父母的回报。父母对子女的付出,会得到子女相应的报答。老年人在给予和接受子女支持的过程中提升或降低幸福感。由于子女数量差异,老年人在代际支持和幸福感方面也可能存在差异。

---

① 孙涛、黄少安:《非正规制度影响下中国居民储蓄、消费和代际支持的实证研究——兼论儒家文化背景下养老制度安排的选择》,《经济研究》2010 年第 S1 期。

1. 代际间经济支持因素假设

刘西国利用2011年中国健康与养老追踪调查(CHARLS)数据,分析发现子女的经济赡养有利于增进老年人心理健康,经济支持每增加10%,老年人自评健康得分增加2.55%。[①] 西尔弗斯坦(Silverstein)等学者的研究发现,子女为老年人提供经济支持,老年人的抑郁水平有所降低,对生活也更为满意。[②] 子女对老年父母晚年的经济支持可以改善老年人生活状况、提升晚年生活水准和品质,减少劳动参与,增加休闲娱乐,从而增加内心的成就感和满足感。根据"资源稀释理论",独生子女父母由于子女数量少于同龄非独生子女父母,且子女在老年人经济赡养方面容易面临上有老、下有小的窘境,独生子女父母获得子女经济支持的数额可能要少于同龄非独生子女父母。基于此,本章研究提出假设1:子女为老年父母提供经济支持,对独生子女父母幸福感的提升作用强于同龄非独生子女父母。

2. 代际间生活照料因素假设

代际之间生活照料方面,利他主义理论认为,给予支持是改善接受者福利的重要前提,即老年人给予子女支持是幸福感提升的重要路径。老年人给予子女生活照料越多,内心的成就感和效能感越大。老年人为子女提供生活照料,有利于密切家庭代际联系,增强其权威感和满足感。老年父母看护孙子女,可以在晚年为自己换取更多的抚养资源,在平衡—互惠的代际交换伦理中,由交换带来的幸福感提升。同时,老年人在看护过程中可以享受儿孙绕膝带来的快乐。受生育政策影响,第一代独生子女父母的子女和孙子女的数量

---

① 刘西国:《经济赡养能增进老年人健康吗——基于2011年CHARLS数据的内生性检验》,《南方人口》2015年第1期。

② Silverstein, M., Cong, Z., Li, S., "Intergenerational Transfers and Living Arrangements of Older People in Rural China: Consequences for Psychological Well-being", *The Journals of Gerontology Series B, Psychological Sciences and Social Sciences*, Vol.61B, No.5(2006), pp.S256-S266.

很可能少于同龄非独生子女父母,因此父母需要提供隔代照料的子女数量也要少于同龄非独生子女父母。基于此,本章研究提出假设2:老年人为子女提供隔代照料,对同龄非独生子女父母幸福感的提升作用强于第一代独生子女父母。

3.代际间情感慰藉因素假设

代际之间情感慰藉方面,冀云和孙鹃娟使用中国老年社会追踪调查数据(CLASS),研究发现子女的情感关怀对老人的抑郁有明显的抑制效应。[①] 老年人与子女相互间进行知识分享和意见支持,能够增强其自尊感和自信心。子女对老年人意见的支持和拥护,不但可以使老年人认为自己很重要,而且可以减轻器官衰竭带来的焦虑和不安,从而降低老年人的抑郁水平,提高老年人的积极情绪。根据需要层次理论,随着老年人生活水平提高,在满足安全需要和物质需要后,对爱与归属和自我实现的需求更加迫切。陶涛和刘雯莉研究发现,情感慰藉是老年人对子女最重要的需求,而独生子女父母对子女的精神慰藉需求比同龄非独生子女父母更加迫切,[②]尤其是在子女对父母意见的支持方面。老年人退出工作岗位后社会角色逐渐退出,子女是其重要的交往对象。独生子女父母由于子女数量少,家庭交往范围较非独生子女父母更加狭窄,因此获得子女的意见支持和赞同,对幸福感的增益作用更强。基于此,本章研究提出假设3:子女支持老年人意见的频率,对第一代独生子女父母幸福感的提升作用强于同龄非独生子女父母。

---

① 冀云、孙鹃娟:《中国老年人居住方式、代际支持对抑郁的影响》,《宁夏社会科学》2018年第6期。

② 陶涛、刘雯莉:《独生子女与非独生子女家庭老年人养老意愿及其影响因素研究》,《人口学刊》2019年第4期。

（三）变量及其测量

1. 自变量

本章研究的自变量为代际支持,既包括代际间的经济支持、生活照料和情感慰藉三个维度,还包括子女给予父母的支持和父母给予子女的支持两个方向。测量父母接受子女经济支持情况的题目:(1)在过去一年(12个月)子女给您和您配偶的经济补助(疾病医疗费用除外)金额? (2)在过去一年(12个月)子女给您和您配偶的疾病医疗费用补助? 将(1)和(2)相加后取对数,数值越高表示父母接受子女的经济支持越多。测量父母接受子女生活照料的题目:总体来说,子女帮助您做家务的频率? 采用李克特量表答案形式的分级,从"没有"到"很高"分别赋值为1—5,数值越高表示父母接受子女的生活照料频率越高。测量父母接受子女情感慰藉的条目:总体来说,子女支持您意愿或决定的频率? 同样采用李克特量表答案形式的分级,从"没有"到"很高"分别赋值为1—5,数值越高表示父母接受子女的情感慰藉越多。

测量父母给予子女经济支持情况的题目:在过去一年(12个月)您和您的配偶对子女的补贴金额(包括买房、买车等)? 将支持金额求对数,数值越高就表示父母给予子女的经济支持越多。测量父母给予子女生活照料和情感慰藉的题目分别是:(1)您现在需要帮子女带小孩吗? 答案为是或否,分别赋值为1和0。(2)总体来说,您给子女提建议或意见的频率? 采用李克特量表答案形式的分级,从"没有"到"很高"分别赋值为1—5,数值越高表示父母给予子女的情感慰藉越多。

2. 因变量

本章研究的因变量为幸福感,幸福是指人们在物质生活和精神生活中由于实现了自己的理想和目标而引起的一种内心满足。亚里士多德认为,幸福在形式上是一种主观感受和心理情绪,但以多元的内容要素为基础,既包含环境、出身、子嗣、亲友、社交、财产、地位、权力、荣誉等外在因素,又涉及体质、面容、身材、快感、情趣等身体因素,还与理智、思想、内心、心态、闲暇、思辨等精神因素相关。幸福度则是对幸福的体验状态和感受程度。

本章研究用"纽芬兰纪念大学幸福度量表"(Memorial University of Newfoundland Scale of Happiness)来测量幸福度。该量表以测量老年人的幸福度为目的,以情感平衡理论为基础,设置正性情感、负性情感、正性体验、负性体验四个维度,共 24 个条目,[1]表现出良好的内部一致性和时间稳定性,其理论结构、评分及条目内容基本适用于中国老人。本研究对原版量表做了适当修改。一是删除有语义重复、用词晦涩和不适合中国老年人的条目,每个维度各删除两个条目,保留 16 个条目[2]。二是将原量表中各条目的备选答案都改为:很不符合、不太符合、一般、比较符合、很符合。三是条目答案的赋值都改为:正性情感和正性体验维度的条目答案按 1、2、3、4、5 赋值;负性情感和负性体验维度的条目答案按 5、4、3、2、1 赋值。量表修改后,个案在量表上的得分越高,就表明该个案的幸福度越高。量表的 Alpha 系数为 0.839,四个维度的 Alpha 系数分别为:正性情感 0.694、负性情感 0.698、正性体验 0.850、负性体验 0.813。量表的 KMO 值为 0.898,Bartlett 球形度检验显著性为 0.000,运用量表数据进行因素分析所抽取的因素与量表的维度结构基本相同。这表明修改后的量表具有良好的测量信度和建构效度。

---

① Kozma,A.,Stones,M.J.,"The Measurement of Happiness:Development of the Memorial University of Newfoundland Scale of Happiness(munsh)",*Journal of Gerontology*,No.6(1980),pp. 906-912.

② 量表中这 16 个条目为:正性情感:情绪很好;很走运;总的来说,生活处境变得使你感到满意。负性情感:非常孤独或与人疏远;感到生活处境变得艰苦;感到心情低落,非常不愉快。正性体验:所做的事像以前一样使您感兴趣;当您回顾您的一生时,感到相当满意;现在像年轻时一样高兴;对当前的生活满意;健康情况与年龄相仿的人相比差不多甚至还好些。负性体验:这段时间是一生中最难受的时期;所做的大多数事情都令人厌烦或单调;随着年龄的增加,一切事情更加糟糕;最近一个月一些事情使您烦恼;有时感到活着没意思。

3.控制变量

控制变量包括社会人口特征、健康状况、家庭状况、社会经济状况、社会交往情况。

人口特征变量选取性别、年龄、受教育程度、是否有宗教信仰。年龄分为50—60岁、61—70岁、71—80岁三个年龄段。受教育程度包括小学及以下、初中、高中、中专/中技/高职、大专、大学本科及以上6个选项。

健康状况分生活自理能力和是否患病两个维度。生活自理能力用日常生活活动量表进行测量,包含基础性日常生活照料、工具性生活照料以及医疗照料,共13项指标。[①] 每个指标设置完全不需要、部分需要、完全需要三个答案选项,分别赋值为1、2、3,各项指标加总求和得出个案的生活自理能力水平。对量表进行信度检验,克朗巴赫 α 系数为 0.937,表明量表信度较高,指标内部一致性较好,可用来测量受访者自理能力。是否患病分为是和否两个选项。

家庭状况包括婚姻状况、居住情况、是否生育独生子女。婚姻状况分为在婚、离异、丧偶。居住状况分为独居、非独居。只有一个孩子的界定为生育独生子女,有两个及以上孩子的界定为生育非独生子女。

社会经济状况包括老年人收入水平、是否享有城镇医疗保险、是否享有养老金、居住城市四个指标。对收入数值取对数,表示老年人收入状况。对"在过去一年(12个月)是否享有城镇职工医疗保险"和"在过去一年(12个月)是否享有城镇居民医疗保险"这两个问题,受访者享有其中任意一项就定义为享有城镇医疗保险,否则定义为不享有城镇医疗保险。对"是否享有政府养老服务补贴"和"是否享有养老保险金/离退休金"这两个问题,受访者享有其中任意一项则定义为享有养老金,否则就定义为不享有养老金。居住城市有北京、南京、郑州、佛山、绵阳5个城市。

---

① 包含吃饭、穿脱衣服、上下床、上厕所、洗澡、室内走动、做重活、使用交通工具、做家务、打电话、外出购物、管理自己的钱物、就诊用药十三项日常生活活动。

社会交往能力包括人际交往能力和目前从事活动的数量总和两个维度，人际交往能力由老年人对自身人际交往水平进行自我判断，按1—5进行赋值；目前从事活动包括文体娱乐活动、知识性学习和交朋友等14项，每项活动赋值1，相加汇总得分越高，就说明从事社会活动种类越多。各类变量基本情况见表6-1。

表6-1　变量的基本情况描述（n=1296）

变量名	变量值	百分比（%）	变量名	变量值	百分比（%）
性别	男	47.50	是否有养老金	是	92.05
	女	52.50		否	7.95
年龄	50—60岁	35.50	城镇医疗保险	是	96.84
	61—70岁	58.10		否	3.16
	71—82岁	6.30	是否隔代抚育	是	58.30
文化水平	小学及以下	9.90		否	41.60
	初中	47.80	生活自理能力	均值（标准差）	14.4（3.59）
	高中	29.90	人际交往能力	均值（标准差）	3.74（0.71）
	中专/中技/高职	5.90	幸福感	均值（标准差）	4.11 0.15
	大专	4.10	收入对数	均值（标准差）	4.75（0.53）
	本科及以上	2.50	参加社会活动总和	均值（标准差）	4.77（1.98）
婚姻状况	在婚	91.40	子代对亲代经济支持数额	均值（标准差）	3362.97（10592.77）
	离异	3.10	子代帮亲代做家务频率	定序变量	—

续表

变量名	变量值	百分比（%）	变量名	变量值	百分比（%）
婚姻状况	丧偶	5.60	子代支持亲代意愿或决定的频率	定序变量	—
是否患病	是	43.80	亲代对子代补贴数额	均值（标准差）	5308.87（15422.38）
	否	56.20	亲代给子代提意见的频率	定序变量	—
是否独生子女	是	68.00	调查城市	北京	20.83
	否	32.00		南京	19.68
居住情况	独居	4.0		郑州	19.68
	与他人同住	96.00		佛山	20.52
是否信教	是	17.00		绵阳	19.29
	否	83.00			

三、数据统计结果与分析

（一）家庭代际支持与老年人幸福感水平

1.代际经济支持情况

家庭亲子之间的经济支持存在三种类型。第一种单向支持,即仅由子女向上为父母提供经济支持或者仅由父母向下为子女提供经济支持。第二种双向支持,即父母和子女之间经济相互流动,彼此支持。第三种无支持,即父母和子女之间经济无流动,彼此独立。由过去一年中老年家庭亲子之间经济支持方向可知(见表6-2),与子女没有日常经济往来的老年人占比为58.10%,亲子之间经济独立的占比较高。亲子之间有经济往来的合计占比为

41.90%,其中单向流动占比为 35.60%,双向流动占比远低于单向流动,仅占 6.30%。

表6-2　城市家庭亲子间经济流动方向

支持方向	频次	百分比(%)
无流动	752	58.10
单向流动	462	35.60
双向流动	82	6.30
合计	1296	100.00

部分学者将中国老年人亲子之间的经济关系细分为游离型、供养型、抚养型、互惠型。游离型经济关系即亲子之间经济彼此独立,无相互流动。供养型经济关系即子女为父母提供经济支持,而父母不给予子女经济支持。抚养型经济关系即父母给予子女经济支持,而子女不给予父母经济支持。互惠型经济关系即亲子之间相互支持,彼此互惠。陈功和郭志刚在家庭代际经济流动研究中引入净供养量概念,将净供养量等于 0,但亲子之间的经济互助均不为 0 的经济流动定义为互惠型经济流动。[1] 本章研究的调查数据表明,城市老年人家庭亲子间流动关系为游离型的占比最高,为 58.10%;其次为抚养型,占比 18.40%;互惠型家庭占比最低,仅为 6.30%。这与伍海霞对城镇独生子女家庭经济流动的研究结果有所不同,其基于中国社会科学院人口与劳动经济研究所 2015 年五省市城镇第一代独生子女家庭状况的调查数据发现,亲子间互惠型经济关系占比最低,供养型经济关系占比最高。[2] 调查结果不同可能是本章研究样本中城镇低龄老年人占比较高,有较为稳定的经济收入所致。

---

[1]　陈功、郭志刚:《老年人家庭代际经济流动类型的分析》,《南京人口管理干部学院学报》1998 年第 1 期。

[2]　伍海霞:《城市第一代独生子女家庭亲子代际经济流动分析》,《人口与发展》2018 年第 5 期。

表6-3　代际间经济支持类型的描述统计

支持类型	频次	百分比（%）
抚养型	238	18.40
供养型	224	17.20
游离型	752	58.10
互惠型	82	6.30
合计	1296	100.00

从亲子之间经济支持金额来看,子代对亲代的经济支持均值为3362.97元/年,亲代对子代的补贴均值为5308.87元/年,高出子代对亲代的支持金额1945.90元/年。亲子之间经济净供养量流向为父母流向子女,体现为父母对子女的"逆反哺"。在第一代独生子女父母中,亲子之间经济净供养量流向为父母流向子女。在同龄非独生子女父母中,亲子之间经济净供养量流向为子女流向父母。第一代独生子女父母与非独生子女父母呈现出不同的净供养量流向,在一定程度上表明,同龄非独生子女较多地承担起对父母的经济赡养责任,而第一代独生子女较少给予父母经济帮助,反而接受来自父母的支持,更多追求自我经济满足。第一代独生子女父母与同龄非独生子女父母,在子代给予的经济支持金额方面存在显著差异($P<0.05$),在给予子女经济补贴的金额方面不存在显著差异($P>0.05$)。

表6-4　家庭代际之间经济支持的描述统计

单位:元/年

经济支持	总样本		独生子女父母		非独生子女父母	
	均值	标准差	均值	标准差	均值	标准差
子代对亲代支持	3362.97	10592.77	2510.9	7726.91	5171.83	14807.11
			Sig. = 0		T = 4.247	
亲代对子代支持	5308.87	15422.38	5409.53	16289.18	5095.18	13413.75
			Sig. = 0.732		T = -0.342	

2. 代际生活照料情况

代际之间生活照料包含两方面:一是子女给老年父母提供的生活照料,包括子女帮父母做家务的频率;二是老年父母给子女及其家庭提供生活照料,包括老年人是否帮子女带小孩。表6-5显示,子女帮父母做家务的频率,第一代独生子女父母和同龄非独生子女父母之间存在显著差异($P<0.05$)。样本中647名子女帮父母做家务的频率较高或很高,占比为49.8%。47.2%的独生子女帮父母做家务的频率较高或很高,55.6%的非独生子女帮父母做家务的频率较高或很高。大部分子女自觉为老年人提供高频率的生活照料。从家庭整体利益出发,出于利他动机,自觉牺牲休闲时间,主动为父母提供生活照料,满足老年人生活所需,传承中华传统"孝文化"。样本中只有34名子女未对老年人提供家务支持,占比最低,为2.60%。

在是否需要帮子女带小孩的问题上,城镇第一代独生子女父母和同龄非独生子女父母间存在显著差异($P<0.05$)。城镇老年人样本中756名城镇老年人不需要帮子女带小孩,占比为58.30%。在第一代独生子女父母中,60.20%的老年人不需要帮子女带小孩。而在同龄非独生子女父母中,54.50%的老年人不需要帮子女带小孩。城镇老年人样本中不需要提供隔代照料的老年人占比高于提供隔代照料的老年人,这可能与样本中低龄老人占比较高有关。随着受教育时间延长,子女婚嫁生育的年龄也推后。无论是城镇第一代独生子女父母还是同龄非独生子女父母,需要帮子女带小孩的占比都较低。

表6-5　代际之间生活照料的描述统计

生活照料		总样本		独生子女父母		非独生子女父母	
		频次	百分比（%）	频次	百分比（%）	频次	百分比（%）
子女帮父母做家务频率	没有	34	2.60	27	3.10	7	1.70
	较低	320	24.70	244	27.70	76	18.30
	说不准	295	22.70	194	22.00	101	24.30
	较高	474	36.50	305	34.60	169	40.70
	很高	173	13.30	111	12.60	62	14.90
	卡方检验			Sig. = 0.002　Chi-Square = 16.796　df = 4			
是否需要隔代抚育	不需要	756	58.30	530	60.20	226	54.50
	需要	540	41.60	351	39.80	189	45.50
	卡方检验			Sig. = 0.049　Chi-Square = 3.772　df = 1			

3. 代际情感慰藉情况

代际之间情感慰藉包含两方面：一是子女给老年父母提供的情感支持，包括子女支持老年人意见的频率；二是老年父母给子女提供的情感支持，包括父母给子女提意见的频率。根据表6-6的数据，在子女支持老年人意见的频率方面，第一代独生子女父母和同龄非独生子女父母之间不存在显著差异（P>0.05）。老年人样本中仅有10名老年人的子女没有支持老年人的意见，占比为0.80%。0.80%的独生子女未支持老年人意见，0.70%的非独生子女未支持老年人意见，二者之间差距很小。样本中有805名子女支持老年人的意见的频率较高或很高，占比62%。60.7%的独生子女较多或很多支持老年人意见。65%的非独生子女较多或很多支持老年人意见。

在老年人给子女提意见的频率方面，第一代独生子女父母和同龄非独生子女父母之间不存在显著差异（P>0.05）。样本中有683名老年人给子女提意见的频率较高或很高,占比52.7%。51.9%的独生子女父母给子女提意见的频率较高或很高,54.5%的非独生子女父母给子女提意见的频率较高或很高。样本中有303名老年人给子女提意见的频率较低或没有,占比为23.30%。23.90%的独生子女父母给子女提意见频率较低或没有,22.40%的非独生子女父母给子女提意见频率较低或没有。两类父母中都有接近25%给子女提意见的频率较低或没有。其原因可能是受"权力协商"影响,当子女经济收入水平提高和家庭地位提升时,传统的父权地位逐渐式微,老年人给子女提意见的频率降低,年轻子女主动咨询老年人意见的频率也降低。子辈拥有越来越多自主权,在家庭权力协商中逐渐占据主要地位,采纳老年人意见的可能性在降低。

表6-6　代际间情感慰藉的描述统计

情感慰藉		总样本		独生子女父母		非独生子女父母	
		频率	百分比（%）	频率	百分比（%）	频率	百分比（%）
子女支持老人意愿或决定的频率	没有	10	0.80	7	0.80	3	0.70
	较低	161	12.40	119	13.5	42	10.10
	说不准	320	24.70	220	25	100	24.10
	较高	566	43.60	380	43.1	186	44.80
	很高	239	18.40	155	17.6	84	20.20
	卡方检验			Sig. = 0.41　Chi-Square = 3.967　df = 4			
老人给子女提意见的频率	没有	30	2.30	21	2.40	9	2.20
	较低	273	21.00	189	21.50	84	20.20
	说不准	310	23.90	214	24.30	96	23.10
	较高	508	39.20	330	37.50	178	42.90
	很高	175	13.50	127	14.40	48	11.60
	卡方检验			Sig. = 0.375　Chi-Square = 4.232　df = 4			

4. 独生与非独生子女父母的幸福感

如表 6-7 所示,第一代独生子女父母与同龄非独生子女父母的幸福感、正性情感和体验、负性情感和体验的独立样本 T 检验的 P 值均大于 0.1,表明二者之间在幸福感、正性情感和体验、负性情感和体验三方面均不存在显著差异。在总的幸福感方面,总样本、独生子女父母、非独生子女父母的幸福感均值为 4.11、4.11、4.10,标准差分别为 0.15、0.01、0.01。正性情感和体验方面,独生子女父母与非独生子女父母的均值分别为 3.31 和 3.30 分,独生子女父母正性情感和体验得分高于非独生子女父母 0.01 分。在负性情感和体验方面,独生子女父母与非独生子女父母的均值均为 3.49 分。

表 6-7　独生与非独生子女父母幸福感描述统计

类别	总样本 (n=1296)	独生子女 父母(n=881)	非独生子女 父母(n=415)	T 值及 显著性水平
幸福感	4.11±0.15	4.11±0.01	4.10±0.01	-1.167
正性情感和体验	3.31±0.20	3.31±0.01	3.30±0.01	0.401
负性情感和体验	3.49±0.22	3.49±0.01	3.49±0.01	-0.251

注: ***P<0.01, **P<0.05, *P<0.1。

对全样本的幸福感的正性情感和体验、负性情感和体验的各题项进行详细分析,发现正性情感和体验中,"对当前生活的满意态度"题项,第一代独生子女父母的均值(M=3.72),高于同龄非独生子女父母(M=3.64),表明第一代独生子女父母对目前生活状态的满意程度高于同龄非独生子女父母;负性情感和体验中,"有时候感到活着没意思"题项,第一代独生子女父母的均值(M=3.43)高于同龄非独生子女父母均值(M=3.40),表明第一代独生子女父母对晚年价值的认同高于同龄非独生子女父母。

（二）代际支持与老年人幸福感的相关性

1. 代际经济支持与老年人的幸福感

如表6-8所示，在第一代独生子女父母中，接受子女经济支持的父母的幸福感均值为4.14，平均高出未接受子女经济支持的父母（M=4.10）0.04；而为子女提供经济支持的父母的幸福感均值为4.10，比不给子女提供经济支持的父母的幸福感均值低0.01。在同龄非独生子女父母中，接受子女经济支持的父母的幸福感均值为4.12，平均高出未接受子女经济支持的父母（M=4.10）均值0.02；而为子女提供经济支持的父母的幸福感均值为4.10，比不给子女提供经济支持的父母的幸福感均值低0.01。

表6-8　是否经济支持对老年人幸福感的均值比较分析

经济支持		幸福感	
		独生子女父母	非独生子女父母
子女是否支持父母	否（n=976）	4.10±0.16	4.10±0.14
	是（n=320）	4.14±0.15	4.12±0.13
父母是否支持子女	否（n=990）	4.11±0.16	4.11±0.14
	是（n=306）	4.10±0.15	4.10±0.14

无论是独生子女父母还是非独生子女父母，接受子女经济支持的老年人，其幸福感均高于未接受子女经济支持的老年人；给予子女经济支持的老年人，其幸福感均低于未给予子女经济支持的老年人。这可能表明接受子女经济支持有利于提升老年父母的幸福感，但是给子女经济支持则可能会降低老年父母幸福感。

2. 代际生活照料与老年人的幸福感

如表6-9所示，在第一代独生子女父母中，子女帮父母做家务频率很高，

父母的幸福感均值为4.21,平均高出子女帮父母做家务频率较低的父母(M=
4.11)0.1;不需要帮子女带小孩的父母,其生活满意度较高,平均为4.11,比
帮子女带小孩的父母高0.02。在同龄非独生子女父母中,子女帮父母做家务
频率很高,父母的幸福感均值为4.15,平均高出子女帮父母做家务频率较低
的父母(M=4.13)0.02;如果不需要帮子女带小孩,父母的幸福感较高,平均
为4.12,比帮子女带小孩的父母高0.03。

表6-9　生活照料频率对老年人幸福感的均值比较

生活照料		幸福感	
		独生子女父母	非独生子女父母
子女帮父母做家务频率	没有(n=34)	4.14±0.14	4.22±0.15
	较低(n=320)	4.11±0.16	4.13±0.13
	说不准(n=295)	4.06±0.15	4.05±0.14
	较高(n=474)	4.10±0.15	4.10±0.14
	很高(n=173)	4.21±0.15	4.15±0.14
老人是否需要隔代抚育	不需要(n=756)	4.11±0.16	4.12±0.14
	需要(n=540)	4.09±0.15	4.09±0.14

　　无论是独生子女父母还是非独生子女父母,子女帮父母做家务频率越高,
越有利于提升父母的幸福感。不需要帮子女带小孩的老年人,其幸福感高于
需要帮子女带小孩的老年人。可能的原因是,子女高频次的生活照料,更能满
足老年人生活所需。随着老年人基本生活水平提高,对自我实现的需求增加。
在退出劳动力市场后,更希望摆脱照顾孙子女的枷锁,回到自由放松的退休生
活,做自己喜欢做的事,实现自己还未实现的目标。

3.代际精神慰藉与老年人的幸福感

表6-10　精神慰藉与老年人幸福感

情感慰藉		幸福感	
		独生子女父母	非独生子女父母
子女支持父母意愿或决定的频率	没有(n=10)	4.11±0.14	4.16±0.27
	较低(n=161)	4.05±0.18	4.09±0.17
	说不准(n=320)	4.05±0.13	4.06±0.13
	较高(n=566)	4.12±0.14	4.11±0.13
	很高(n=239)	4.20±0.16	4.15±0.13
父母给子女提意见的频率	没有(n=30)	4.18±0.17	4.22±0.08
	较低(n=273)	4.11±0.16	4.13±0.15
	说不准(n=310)	4.08±0.14	4.09±0.11
	较高(n=508)	4.09±0.15	4.08±0.14
	很高(n=175)	4.18±0.16	4.16±0.14

如表6-10所示,在第一代独生子女父母中,子女支持老年人意见的频率很高,其父母的幸福感均值为4.20,平均高出子女支持老年人意见的频率较低的父母(M=4.05)0.15;父母给子女提意见的频率很高,其幸福感也较高,平均为4.18,高出给子女提意见的频率较低的父母0.07。在同龄非独生子女父母中,如果子女支持老年人意见的频率很高,其父母的幸福感均值为4.15,平均高出子女支持老年人意见的频率较低的父母(M=4.09)0.06;老年人给子女提意见的频率很高,其生活满意度也较高,平均为4.16,高出给子女提意见频率较低的父母0.03。无论第一代独生子女父母还是同龄非独生子女父母,子女支持自己意见的频率很高的老人,其幸福感要高于子女支持自己意见的频率较低的老年人。老年人给子女提意见的频率很高,其幸福感高于给子女提意见频率较低的老年人。根据家庭权力协商理论,随着社会进步和网络

发展,老年人生活经验的适用性降低,能够给予子女的生活经验和指导意见相对减少。年轻子女自立水平提高,对老年人意见的采纳率降低。但年轻子女向老年父母请教意见的举动和对老年人意见的支持,有利于增加城镇老年人自尊、自信和价值感。

(三)家庭代际支持对老年人幸福感的影响

采用多元线性回归分析,分析亲子之间三种不同形式的代际支持对老年人幸福感的影响,以及比较这种影响在独生子女父母和非独生子女父母之间的差异。为防止变量间的多重共线性影响,对拟引入模型的自变量进行共线性检验。一般认为容差值越小或者方差膨胀因子越大,变量间的多重共现性问题越严重,将影响数据分析的科学性。根据表6-11的结果显示,自变量的容差均大于0.2,方差膨胀因子(VIF)均小于2,表明拟引入模型的各变量之间不存在显著的多重共线性,可进行回归分析。

表6-11 自变量之间共线性问题检验

变量类型	变量名称	容差	VIF
自变量	子代对亲代的经济支持数额	1.032	0.959
	子代帮亲代做家务的频率	0.565	1.771
	子代支持亲代意愿或决定的频率	0.538	1.859
	亲代对子代的补贴数额	0.886	1.128
	亲代是否帮子代隔代抚育	0.901	1.11
	亲代给子代提意见的频率	0.692	1.445
控制变量	性别	0.933	1.072
	年龄	0.818	1.223
	受教育程度	0.87	1.15
	是否有信仰宗教	0.935	1.069
	生活自理能力	0.879	1.138
	是否患病	0.883	1.132

续表

变量类型	变量名称	容差	VIF
控制变量	婚姻状况	0.626	1.596
	居住状况	0.651	1.537
	是否独子	0.902	1.108
	收入对数	0.825	1.212
	是否享有城镇医疗保险	0.935	1.07
	是否有养老金	0.787	1.27
	居住城市	0.768	1.303
	人际交往能力	0.85	1.177
	参加社会活动总和	0.861	1.162

1. 代际支持对城市低龄老人幸福感的影响

将代际支持变量引入全样本回归模型进行分析。模型1以幸福感作为因变量,分析代际支持对幸福感的影响。模型2加入子女数量变量,模型3和模型4分别加入其他控制变量,分析在统计控制条件下代际支持对幸福感的影响。分析结果见表6-12。

表6-12 代际支持与城市低龄老年人幸福感的回归分析结果(Beta 值)

变量	模型 1	模型 2	模型 3	模型 4
子代对亲代经济支持	0.041	0.066**	0.073***	0.053**
亲代对子代经济补贴	-0.023	-0.028	-0.037	-0.008
子代帮亲代做家务频率	-0.071**	-0.073**	-0.035	-0.037
亲代是否帮子代隔代抚育	-0.095***	-0.092***	-0.084***	-0.055**
子代支持亲代意愿或决定的频率	0.35***	0.346***	0.297***	0.238***
亲代给子代提意见的频率	-0.087***	-0.088***	-0.081***	-0.019
性别(女性=0)				

续表

变量	模型1	模型2	模型3	模型4
男性			−0.023	−0.018
年龄(50—60岁=0)				
61—70岁			−0.007	−0.055**
71—80岁			0.091***	0.062**
受教育程度(小学及以下=0)				
初中			0.174***	0.109***
高中			0.176***	0.085**
中专			0.106***	0.052*
大专			0.144***	0.053*
大学			0.073**	0.022
宗教信仰(无=0)				
有			−0.041	0.056**
生活自理能力			−0.13***	−0.15***
是否患病(否=0)				
是			−0.156***	−0.199***
婚姻状况(在婚=0)				
离异			−0.009	−0.033
丧偶			−0.025	−0.029
居住状况(与他人同住=0)				
独居			−0.103***	−0.086***
是否独子(非独子=0)				
独子	0.021	0.013	0.003*	
收入对数				0.036
是否享有城镇医疗保险(否=0)				
是				−0.014
是否有养老金(否=0)				
是				−0.052**
居住城市(北京=0)				
南京				−0.18***

续表

变量	模型 1	模型 2	模型 3	模型 4
郑州				−0.292***
佛山				−0.362***
绵阳				−0.358***
人际交往能力				0.303***
参加社会活动总和				0.032
R^2值	0.092	0.095	0.185	0.37
调整后的 R^2值	0.088	0.09	0.171	0.355
DW 值	1.53	1.535	1.632	1.786
F 值	21.773***	19.253***	13.744***	25.497***

注：***$P<0.01$，**$P<0.05$，*$P<0.1$。

模型 1 是基础模型,分析代际支持与低龄老年人的幸福感的关系。在经济支持方面,子代对亲代的经济支持的标准回归系数为 0.041,即子女对父母的经济支持每增加 1 个单位,父母的幸福感会增加 0.041 个标准单位,但是这种关联性在统计上并不显著。子女的经济给予,能帮助父母排遣抑郁情绪,增进身心健康;亲代给予子代的经济支持,对亲代的幸福感具有负向影响,标准回归系数为−0.023,但也不具有统计学显著性。

在生活照料方面,亲子之间的劳务支持与父母的幸福感均呈负相关。子女帮父母做家务的频率每增加 1 个单位,父母的幸福感会降低 0.071 个标准单位,在 0.05 水平上影响显著。可能是因为对于健康状况较好的父母而言,获得较多日常照料,还会降低其对自身健康状况的认知和自我评价。对身体健康状况较差的父母来说,根据社会分离理论,子女提供较多的劳务支持会加速老年人的老化态度,增强其依赖感,从而降低老年幸福感;帮子女带小孩的父母的幸福感低于不提供隔代照料的父母,在显著性水平 0.01 上显著。城镇子女对科学育婴和精细化育儿要求的提高,使老年父母提供隔代照料的压力增大。长期、高强度的隔代照料,加重了父母的照料压力和精神负担,降低了父母幸福感。

在精神慰藉方面,亲子之间的精神慰藉对父母的幸福感具有显著统计学意义的影响($P < 0.01$)。子女支持老年人意见的频率越高,老年人幸福感越高。但老年父母给子女提意见的频率越高,老年人幸福感越低。子女支持老年人意见的频率每增加 1 个单位,老年人幸福感增加 0.35 个标准单位。老年父母给子女提意见的频率每增加 1 个单位,老年人幸福感降低 0.087 个标准单位。根据权力协商理论,可能的原因是,随着知识更迭和信息技术发展,子女对知识和经验的获取渠道增加,在家庭权力决策时老年人逐渐退出决策中心,子女对父母意见的支持和肯定有利于降低老年人失落感。但父母给子女提意见的频率高,子女不重视,容易引发家庭冲突,或者子女的发展不太理想,才需要父母提更多意见,这都会降低幸福感。

模型 2 在模型 1 的基础上,引入了是否为独生子女父母这一变量,用于分析子女数量对父母幸福感的影响。加入该变量后,模型对因变量差异的解释力增强到9%,子代对亲代的经济支持由不显著变为显著($P < 0.05$),系数由 0.041 上升为 0.066。这表明在加入子女数量这一变量后,子女对父母经济支持每增加 1 个单位,父母的幸福感就增加 0.066 个标准单位。根据利他主义理论,可能的解释是,老年人在退出劳动力市场后,收入相对固定;子女数量增加,父母可从更多子女处获得经济支持;子女对父母主动的经济帮扶,可以改善老年人经济状况和生活水平,因而增加了老年人的幸福感。

模型 3 在模型 2 的基础上,加入个体因素作为控制变量,用于分析社会人口特征、健康状况、家庭状况对父母的幸福感的影响。加入控制变量后,模型对因变量差异的解释力增强到 17.1%。回归结果显示,在经济支持方面,子代对亲代的经济支持具有显著性($P < 0.05$),且回归系数的方向未发生改变,系数由 0.066 上升为 0.073。表明在加入社会人口特征、健康状况和家庭状况方面的变量后,子女对父母经济支持每增加一个单位,父母的幸福感增加0.073 个标准单位。对于高龄老人身心健康的增益作用尤为显著。可能是老

年人在收获子女经济支持的过程中,提升了教子有方带来的成就感,降低了衰老引致的消极情绪。这与刘西国认为子女"向上"的经济支持能够降低老年人抑郁水平的结论相同。在劳务支持方面,子女帮父母做家务的频率与父母的幸福感之间,回归系数的方向未发生改变,但影响程度转为不显著。结合样本的年龄和身体状况分析,样本中50—70岁调查对象占比为93.6%,未患病老人占比为56.2%。对于低龄、健康状况较好的老年人、准老年人而言,子女提供家务支持的频率与他们的幸福感无显著相关性。在精神慰藉方面,子女支持老年人意见的频率显著影响老年人幸福感(P<0.05),且回归系数的方向未发生改变,系数由0.346下降为0.297。

社会人口特征变量中,年龄、受教育程度对老年人的幸福感有显著影响。由标准回归系数可知,71—80岁老年人的幸福感高于50—60岁老年人0.091个标准单位。孙鹃娟和冀云认为年龄影响老年人积极认知,不同年龄段老年人心理健康水平相异,高龄老人(75岁及以上)心理健康水平明显低于低龄老人(74岁及以下)。[1] 而本章的研究结论与郑志丹等人的研究结论相似,即高龄老年人年龄越大,对生活状况的评价越积极。[2] 受教育程度变量中,随着老年人受教育程度提高,幸福感增强。文化程度为初中、高中、中专、大专、大学的老年人,比文化程度为小学及以下的老年人的幸福感分别高0.174、0.176、0.106、0.144、0.073个标准单位。可能的原因是随着教育水平提高,老年人对幸福感的认知更加多元。这与高凤英等人的研究结论相同,即老年人受教育程度越高,心理健康水平越高。[3]

在健康状况变量中,生活自理能力和是否患病显著影响老年人的幸福感。

---

① 孙鹃娟、冀云:《家庭"向下"代际支持行为对城乡老年人心理健康的影响——兼论认知评价的调节作用》,《人口研究》2017年第6期。
② 郑志丹、郑研辉:《社会支持对老年人身体健康和生活满意度的影响——基于代际经济支持内生性视角的再检验》,《人口与经济》2017年第4期。
③ 高凤英、赵森、周岩等:《社区老年人健康行为及影响因素》,《中国老年学杂志》2019年第24期。

由标准回归系数可知,生活自理能力对老年人幸福感具有正向效应,即老年人生活自理能力越强,幸福感认知越高。疾病和疼痛会增加老年人恐惧感,增加身体和心理的双重折磨,而身体健康的老年人可以采取多种方式改善自己的情绪状况,从而拥有更加积极的心态。是否患病的标准回归系数为-0.156,显著性水平 P<0.01,即患病老年人比未患病老年人幸福感低 0.156 个标准单位。相比较未患病老年人,患病老年人在恶性病或慢性病折磨下,不仅要承受生理性病痛,可能还要承受心理孤独和寂寞,降低了老年人幸福感。

在家庭状况变量中,居住状况对老年人幸福感有显著影响。由标准回归系数可知,独居老人幸福感比非独居老人幸福感低 0.103 个标准单位。根据代际支持理论,老年人与子女同住可以更方便获得子女的经济支持和劳务帮助,密切亲子之间的联系。也为换取子女日后的养老照料和经济报答赚取了"筹码",降低老年人对晚年生活的担忧程度。老年人的婚姻状况对幸福感无显著影响。可能是因为城市生活较为丰富,使得老年人能够通过活动参与和人际交往,排解生活中的孤单和寂寞,减少了对配偶的依赖。

模型 4 在模型 3 的基础上,加入社会因素作为控制变量,用于分析社会经济状况和社会交往情况对老年人幸福感的影响。加入新的控制变量后,模型的解释力增强到37%。回归结果显示,在经济支持方面,子代对亲代的经济支持对老年人幸福感具有正向影响(P<0.05),系数由 0.073 下降为 0.053。结合前述描述性统计分析结果,老年人有稳定养老金收入的占比为 92.05%,有城镇医疗保险的占比为 96.84%,持续稳定的养老保障,减少了父母对子女的经济依赖,降低了子代给予亲代经济支持对老年人幸福感的影响程度。亲代对子代的经济支持,对老年人幸福感依旧呈负向影响,但不存在显著性。结合前述描述性统计分析的结果,亲子之间经济联系中供养型占比为 17.20%,抚养型占比为 18.40%,高于供养型占比。亲代对子代持续的经济支出,会增加城镇老年人经济压力,代际间经济交换失衡,降低老年人幸福感。代际间劳务支持方面,为子女提供隔代照料服务的老年人,幸福感比不为子女提供隔代

照料服务的老年人幸福感低 0.055 个标准单位。中低龄老年人,在退休后有更加充足的时间参与社会活动和休闲娱乐。高强度、精细化的隔代教养和持续重复的工具性支持不仅消耗了老年人心力,也削弱了老年人幸福感。而子代给予老年人生活照料,对老年人幸福感不存在显著影响。在情感慰藉方面,子女对老年人意见的支持频率每增加 1 个单位,幸福感增加 0.238 个标准单位。根据需求层次理论,老年人在满足生理需求和安全需求后,对爱与归属的需求和被尊重的需求增加。子女在支持老年人意见时表现出的尊重,增加了老年人的自尊感和自信心。但老年人给子代提意见的频率,对其幸福感的影响不存在显著性。

在社会经济状况变量中,是否有养老金和居住城市对老年人的幸福感有显著影响。由标准回归系数可知,有养老金的老年人的幸福感低于无养老金的老年人 0.052 个标准单位。结合前述描述性统计分析结果,有养老金的老年人占比为 92.05%,亲子之间经济关系为抚养型占比为 18.40%,高于赡养型经济关系占比。老年父母给予子女资金支持,增加了晚年生活压力,减少了心理福利。在居住城市方面,居住在南京、郑州、佛山、绵阳的老年人的幸福感比居住在北京的老年人的幸福感分别低 0.18、0.292、0.362、0.358 个标准单位。居住在北京的老年人,其幸福感高于居住在南京、郑州、佛山和绵阳的老年人。可能的原因是,作为政治、经济和文化中心的北京,老年群体组织管理较为规范,方便老年人自主加入,享受"老有所为""老有所乐"的晚年生活。首都较为全面的社区服务,为老年人获取养老支持提供便捷。通达的交通线路,为老年人看望子女、参加社会活动和看病就诊提供了交通支持,因而比样本中其他城市的老年人有更高的幸福感。

在社会交往变量中,人际交往能力的标准化回归系数为 0.303,即老年人的人际交往能力每增加 1 个单位,其幸福感增加 0.303 个标准单位。当老年人退出工作岗位,社会角色就会减少,人际交往圈趋于狭窄。较强的人际交往能力有助于老年人扩展交友圈层,在多样的交往活动中体验多重角色,享受更多的快乐。迪尔凯姆认为社会整合程度低是自杀的主要原因,①个体在人际交往中得到群体的有效和适度支持,才能在平安喜乐中感受生命的意义和价值,从而减少自杀危机,提升自我满足感。参加社会活动总和与老年人的幸福感呈正相关,但不存在统计学显著性。根据社会活动的缓冲效应模型理论,可能的原因是,个体在压力性条件和消极事件影响下,社会支持和社会交往才能通过认知系统缓解个体的消极情绪。因而日常的社会参与对城镇老年人幸福感的改善作用不显著。

2. 代际支持对独生和非独生子女父母幸福感的影响

为研究代际支持对城镇第一代独生子女父母与同龄非独生子女父母的影响及其差异,本章根据子女数量将总样本分为第一代独生子女父母和同龄非独生子女父母两个子样本,分别做回归分析,结果见表6-13。

表6-13　代际支持与两类父母幸福感的回归分析结果(Beta值)

变量名	独生子女父母 (n=881)	非独生子女父母 (n=415)
子代对亲代的经济支持数额	0.09***	0.017
亲代对子代的补贴数额	−0.03	0.034
子代帮亲代做家务的频率	−0.048	−0.044
亲代是否帮子代隔代抚育	−0.036	−0.071
子代支持亲代意愿或决定的频率	0.23***	0.243***
亲代给子代提意见的频率	−0.009	−0.033
性别(女性=0)		
男性	−0.034	0.03
年龄(50—60岁=0)		
61—70岁	−0.06**	−0.04
71—80岁	0.049*	0.089

---

① ［法］埃米尔·迪尔凯姆:《自杀论》,冯韵文译,商务印书馆2011年版,第218—228页。

续表

变量名	独生子女父母（n＝881）	非独生子女父母（n＝415）
受教育程度（小学及以下＝0）		
初中	0.097*	0.135**
高中	0.062	0.145**
中专	0.039	0.069
大专	0.043	0.044
大学	0.026	0.003
宗教信仰（无＝0）		
有	0.019	0.154***
生活自理能力	−0.177***	−0.07
是否患病（否＝0）		
是	−0.195***	−0.209***
婚姻状况（在婚＝0）		
离异	−0.035	−0.049
丧偶	−0.049	−0.043
居住状况（与他人同住＝0）		
独居	−0.093**	−0.006
收入对数	0.082***	−0.092*
是否享有城镇医疗保险（否＝0）		
是	−0.036	0.027
是否有养老金（否＝0）		
是	−0.076**	0.014
居住城市（北京＝0）		
南京	−0.183***	−0.252***
郑州	−0.28***	−0.375***
佛山	−0.324***	−0.498***
绵阳	−0.338***	−0.464***
人际交往能力	0.322***	0.24***
参加社会活动总和	0.01	0.079
R^2值	0.404	0.348

续表

变量名	独生子女父母（n=881）	非独生子女父母（n=415）
调整后的 R^2 值	0.384	0.299
DW 值	1.72	1.887
F 值	19.885***	7.095***

注：***P<0.01，**P<0.05，*P<0.1。

如表 6-13 所示，在经济支持方面，子代对亲代的经济支持显著影响独生子女父母的幸福感，而对同龄非独生子女父母的幸福感无显著影响，本章的假设 1 得到验证。这说明独生子女父母更需要子女的经济支持。独生子女为老年父母提供资金帮助，说明其经济独立性强且收入可观，使独生子女父母更加安心，进而增进心理健康水平。同龄非独生子女父母可能不仅需要子女的经济支持，更需要金钱以外的其他代际支持。亲代给予子代经济支持，对老年人的幸福感的影响均未通过显著性检验。这与王萍等人的研究结果不同，即老年人为子女提供经济帮助，能够收获效能感和成就感，使心理健康保持较高的积极水平。[①] 可以解释为，亲子之间存在付出与回馈的交换关系，代际双方在经济间给予和回馈的互惠流动，有利于增加老年人自尊感和满足感。但样本中亲子间抚养型经济关系占比为 18.40%，游离型经济关系占比为 58.10%。老年人持续为子女提供经济支持，失衡的代际交换未能增加老年人成就感，反而会让老年人产生心理压力，因而对其幸福感影响降低。

在劳务支持方面，第一代独生子女父母和同龄非独生子女父母与子女之间的双向劳务支持行为，都未通过显著性检验，本章的假设 2 未得到验证。但是子女帮父母做家务的频率对第一代独生子女父母和同龄非独生子女父母的幸福感均呈负向影响。结合本样本中老年人的年龄和身体状况，50—70 岁老

---

① 王萍、张雯剑、王静：《家庭代际支持对农村老年人心理健康的影响》，《中国老年学杂志》2017 年第 19 期。

年人占比为 93.6%,未患病老年人占比为 56.2%,对于低龄、健康状况较好的老年人,子女提供家务支持的频率越高,反而会降低老年人的效能感。对于高龄、患病的老年人,子女提供家务支持的频率越高,老年人肢体"用进废退"表现越显著,心理福利越容易减少。帮子女带小孩会降低独生子女父母和同龄非独生子女父母的幸福感。老年人为子女提供隔代照料服务,期待在主动付出的过程中,为自身换取更多的晚年养老支持。但是沉重的照料压力激发了老年人对闲暇时间的向往,因而对幸福感产生了负面影响。横向比较第一代独生子女父母和同龄非独生子女父母的系数,可以看出需要帮子女带孙辈对同龄非独生子女父母幸福感的影响更大。可能是因为相比较独生子女家庭,多子女家庭的老年人提供隔代照料服务的数量更多,照料压力更大。

在精神慰藉方面,子女支持老年人意见的频率对第一代独生子女父母和同龄非独生子女父母的幸福感影响,均通过了显著性检验,回归系数为正值,且高于经济支持和生活照料的标准回归系数。表明子女支持老年人意见的频率越高,城镇老年人幸福感越高。可能的原因是,老年人在子女的认可中对"当家人"角色的认同度提高。横向比较第一代独生子女父母和同龄非独生子女父母的标准化系数,发现子女支持老年人意见的频率对同龄非独生子女父母幸福感的正向影响更大,本章的假设 3 未得到验证。可以解释为同龄非独生子女父母对子女支持的需求更大,可能是因为老年父母出于利他主义,期望通过自身决策和支持,使每个子女生活幸福,但在"手心手背都是肉"的支持过程中,难免让家庭成员产生误解,因而他们更期待子女支持自己意见。老年人给子女提意见的频率对第一代独生子女父母和同龄非独生子女父母的幸福感影响,均未通过显著性检验。

在社会人口特征变量中,性别对第一代独生子女父母和同龄非独生子女父母幸福感的影响均不显著。年龄对第一代独生子女父母幸福感存在显著影响,但对非独生子女父母不存在显著影响。其中 61—70 岁独生子女父母的幸福感,低于 50—60 岁独生子女父母 0.06 个标准单位。可能是因为相较于

50—60岁的父母,61—70岁老年人的子女结婚生子占比较高,为子女提供隔代照料的压力更大,因而一定程度上降低了幸福感。初中学历的第一代独生子女父母和同龄非独生子女父母的幸福感显著高于小学及以下学历的父母。高中学历对同龄非独生子女父母幸福感有显著影响,但对第一代独生子女父母不存在显著影响。有无宗教信仰对第一代独生子女父母幸福感不存在显著影响,但对同龄非独生子女父母幸福感存在显著影响。生活自理能力对第一代独生子女父母幸福感有显著正向影响,但对同龄非独生子女父母幸福感不存在显著影响。可能的原因是,相比较独生子女父母,同龄非独生子女父母遇到日常生活需要和疾病照料需求时,可以求助于更多子女,而独生子女父母只能求助于唯一的子女。独生子女面对沉重的生活压力和工作需求,难免对老年人疏于关注,因而生活自理能力对第一代独生子女父母幸福感影响更显著。是否患病对第一代独生子女父母和同龄非独生子女父母均存在显著影响,患病老人幸福感低于未患病老人。对同龄非独生子女父母幸福感的影响程度高于第一代独生子女父母。

在家庭状况变量中,老年人婚姻状况对第一代独生子女父母和同龄非独生子女父母均不存在显著影响。但回归系数显示,无论是对于第一代独生子女父母还是同龄非独生子女父母,在婚老年人幸福感均高于离异和丧偶老人。当老年人退出原有工作岗位后,交友范围和社会角色变化带来的不适会增加老年人的烦恼和忧愁。与配偶倾诉日常烦恼和忧愁,能够帮其排解悲伤情绪。在居住状况中,独居对第一代独生子女父母幸福感有显著负向影响,但对同龄非独生子女父母不存在显著影响。可能是因为当老年人身体健康状况下降,特别是自理能力出现障碍,需要子女居住照料时,对于第一代独生子女父母只有唯一的子女可以依靠,而同龄非独生子女父母可以选择与哪个子女同住。长期照料会增加独生子女负担,难免产生矛盾和冲突,因而对第一代独生子女父母有显著负向影响。

在社会经济状况变量中,收入水平对第一代独生子女父母和同龄非独生子女父母均存在显著影响;是否享有城镇医疗保险,对第一代独生子女父母和同龄非独生子女父母均不存在显著影响;是否有养老金对第一代独生子女父母存在显著影响,但对同龄非独生子女父母不存在显著影响;居住城市对第一代独生子女父母和同龄非独生子女父母均存在显著影响。居住在北京的第一代独生子女父母和同龄非独生子女父母的幸福感显著高于其他城市的第一代独生子女父母和同龄非独生子女父母。

在社会交往情况变量中,人际交往能力对第一代独生子女父母和同龄非独生子女父母均存在显著正向影响。人际交往每增加 1 个单位,第一代独生子女父母的幸福感增加 0. 322 个标准单位,同龄非独生子女父母的幸福感增加 0. 24 个标准单位。对第一代独生子女父母影响程度高于同龄非独生子女父母的原因可能是,相较于同龄非独生子女父母,第一代独生子女父母子女数量少,家庭成员和直系亲属也相对较少。老年人的社会交往能力越高,社交范围越广,交往人群越多。在与其他人的交往过程中,适应老年角色变化,重新建立新的社会关系和社交网络,增强社会参与感,提升生活满足感和欢乐感。这与姬玉等的研究结论相同,即老年人在休闲参与中,广泛接触各类人群,对幸福感产生直接、正向的影响。① 参加社会活动的总和,对第一代独生子女父母和同龄非独生子女父母幸福感均不存在显著影响。

四、低生育率状态下精神养老
资源不足初见端倪

(一)独生子女父母幸福感源于子女的精神慰藉甚于经济支持

在老年群体对心理健康关注度增加、家庭代际关系嬗变和计划生育政策

---

① 姬玉、罗炯:《休闲参与、社会支持对老年忧郁及幸福感的影响》,《中国老年学杂志》2019 年第 6 期。

影响的背景下,本章基于 2019 年五个城市养老状况调查数据,对亲子之间代际支持与老年人幸福感之间的关系进行分析。考虑到低龄老年人子女数量的差异,将低龄老年人分为独生子女父母和同龄非独生子女父母,分析代际支持对这两类父母的影响。

在经济支持方面,子女为老年人提供经济支持,对第一代独生子女父母的幸福感提升的作用强于同龄非独生子女父母。子代对亲代的经济支持,对第一代独生子女父母的幸福感有显著的增强作用,而对同龄非独生子女父母的幸福感无显著影响。多数研究表明,独生子女父母的经济状况较好,且主要的养老收入并非依靠子女供养,但子代给予的经济支持对幸福感还是有增强的作用。① 相比较同龄非独生子女父母,第一代独生子女父母在子女成长过程中给予了更多关注,习惯性给予子女经济帮扶。当独生子女给予老年父母经济支持时,会给老年父母传递子女经济独立、生活富裕的信息,老年父母为子女的独立而感到欣慰,因而对幸福感有“增能效应”。亲代对子代的经济补贴,对第一代独生子女父母和同龄非独生子女父母均未产生显著性影响。可能的原因是老年人如果被动给予子女经济支持,或者始终保持单向地给予子女经济补贴,持续失衡的代际交换不仅不会提高老年人幸福感,还会增加老年人的消极情绪。比如子女不定时地向父母要钱补贴家用,希望父母给予经济支持来提升消费档次,以及买房需要父母经济支持等。

在生活照料方面,子女帮父母做家务的频率,对第一代独生子女父母和同龄非独生子女父母幸福感均无显著影响。可能的解释是,子女给予低龄、自理能力较强的老年人提供生活照料或者家务帮助,会增加老年父母的心理压力,降低老年人效能感。同时,老年父母出于家庭利他主义考虑,认为子女为其提供劳务支持,会影响子女正常生活和工作,消耗子女精力,因而子女帮父母做家务的频率,对第一代独生子女父母和同龄非独生子女父母幸福感均无显著

① 风笑天:《一个时代与两代人的生命历程:中国独生子女研究 40 年(1980—2019)》,《人文杂志》2020 年第 11 期。

影响,这与王积超等学者的研究结论相同。① 第一代独生子女父母和同龄非独生子女父母是否帮子女照看后代,与父母的幸福感无显著相关性。可能的原因是老年人帮子女照料小孩,这种新型的"啃老"方式已经让大部分老年人习以为常,帮子女照料孙辈更多的是出于代际交换的目的,为获取晚年照料换取更多的交换"筹码",因而隔代教养对老年人幸福感没有显著影响。

在精神慰藉方面,子女支持老年人意见的频率对第一代独生子女父母和同龄非独生子女父母的幸福感均存在显著的正向影响,对同龄非独生子女父母幸福感的增益作用强于第一代独生子女父母。根据需求层次理论,可能的原因是老年人在满足基本的生活条件和照料需求后,对自我实现和爱与尊重的心理需求增加。子女支持老年人意见,会增加老年人的成就感和价值感,从而对第一代独生子女父母和同龄非独生子女父母的积极情感产生增益作用。子女支持老年人意见的频率对同龄非独生子女父母幸福感增益作用更显著的原因可能是,同龄非独生子女父母在进行家庭事务决断和家庭收入分配时,往往面临多子女权衡和子女意见无法达成共识的局面,因此子女支持老年人意见的频率对同龄非独生子女父母幸福感的增益作用强于第一代独生子女父母。老年人给子女提意见的频率,对第一代独生子女父母和同龄非独生子女父母的幸福感呈负向影响,但均未通过显著性检验。可能的原因是,老年人出于利他主义原因给子女提供工作或生活意见,但由于亲子间已有知识和思维方式不同,子女对意见的可行性和可操作性认可度较低。故而第一代独生子女父母和同龄非独生子女父母频繁地给予子女意见,可能会降低亲子间交往的融洽度,降低老年父母的幸福感。

对于第一代独生子女父母和同龄非独生子女父母而言,代际支持对两类父母幸福感产生的影响,既有相同也有差异。子女对第一代独生子女父母和

---

① 王积超、方万婷:《什么样的老人更幸福? ——基于代际支持对老年人主观幸福感作用的分析》,《黑龙江社会科学》2018 年第 5 期。

同龄非独生子女父母的精神慰藉,对两类父母的幸福感都有显著的增强作用。即子女支持老年人意见的频率越高,老年父母幸福感越高。而子代对亲代的经济支持,对第一代独生子女父母有显著正向影响,对同龄非独生子女父母无显著影响。这似乎与常识不相符,因为大部分第一代独生子女父母,较同龄非独生子女父母而言收入更高,却更渴望获得子女的经济支持。详细梳理文献后发现可能的原因是,两类父母在经济获取渠道上有单一和多元区别,独生子女父母的经济收入单一。此外,还有可能是独生子女父母习惯性给予子女经济支持,加剧了老年人的资金压力和生活负担。独生子女给予父母经济支持,一方面改善了老年人经济条件,另一方面给父母传达子女经济状况不错的信息,因而提升了第一代独生子女父母幸福感。

(二)经济支持、精神慰藉与生活照料对幸福感的影响方向相反

以亲子间的代际支持为主要解释变量,探讨接受和给予代际支持对第一代独生子女父母和同龄非独生子女父母的幸福感的影响。这是对以往研究的补充,但仍然有一些问题值得探讨。首先,子女支持老年父母意见的频率,对第一代独生子女父母和同龄非独生子女父母的幸福感呈显著正向影响。根据需求层次理论,老年人在满足生理需求和安全需求后对爱与归属需求、被尊重和自我实现的需求增加。亲子间的日常沟通和交流是代际间一项重要的交往内容。子女在支持父母意见的过程中,密切了家庭联系,提升了老年人的存在感和价值感。此外,家庭权力协商理论认为,随着子女收入水平提高,社会见识增多,在家庭决策中逐渐占据主要地位,老年人逐渐退出权力决策中心。老年人给予子女工作或生活意见,被子女认可或采用,能够增加老年人的归属感和自尊感,进而提升老年人幸福感。这种解释有待考察,结合定性研究可能会得到更好的解释。

其次,帮子女照顾孙代对老年人幸福感有显著负向影响,这一结论区别于一般的经验性认知。老年人在照料孙子女的过程中,可以体验儿孙绕膝的天

伦之乐。但近年来越来越多研究显示,为子女提供隔代照料会增加老年人生理和心理压力,加重资金和教育负担,降低其身体健康水平和心理健康水平。① 一种解释是,随着生育政策的放开,老年父母被迫再次加入哺育行列,履行抚养后代的家庭责任。沉重的照料压力和重复的体力劳动,透支了老年人的身体健康,降低了老年人幸福感。另外一种解释是,随着时代发展,年轻父母对精细化抚育和科学育儿的要求不断增加,老年人不得不学习更多照料技巧。在学习和应用育儿技术的过程中,老年人与年轻子女难免产生冲突和矛盾,因而对幸福感产生了负面影响。

最后,第一代独生子女父母和同龄非独生子女父母,在代际支持和幸福感方面差异较小。第一代独生子女父母作为计划生育政策的执行者,其家庭养老资源也因此受到损失,与同龄非独生子女父母相比,其幸福感下降的风险更大。随着老年人进入晚年,对子女的经济支持、生活照料和情感慰藉的需求增加。子女数量越多,为老年人提供的代际支持就可能越多。② 独生子女求学、工作和结婚,延长了老年父母的"空巢"时间,弱化了家庭代际支持。尤其在"四二一"和"四二二"的家庭代际结构下,家庭规模不断缩小,独生子女父母的家庭养老资源更加稀缺,老年生活的潜在风险不断加大,对这些家庭来说,养老风险并不是一场虚惊。③ 因此,国内部分学者对子女数量与老年人代际支持和幸福感的关系持"风险论"。但本章的研究发现,不同子女数量的老年父母,在代际支持和幸福感方面差异较小,远没有想象中那么严重。可能是由于经济发展和社会保障制度的健全,老年人拥有更稳定的收入来源,也可能是亲子间的代际支持的方式更加多元,老年人自立养老意识增强所致,更可能是本研究样本还处于低龄老年阶段,对于来自子女的养老支持还不迫切。

① 程昭雯、叶徐婧子、陈功:《中老年人隔代照顾、居住安排与抑郁状况关联研究》,《人口与发展》2017年第2期。
② 谭远发、权力:《子女数量与质量对老年人主观幸福感的影响》,《西部发展研究》2020年第1期。
③ 风笑天:《"四二一":概念内涵、问题实质与社会影响》,《社会科学》2015年第11期。

第七章 城镇第一代独生子女
独居父母的疾病护理

一、第一代独生子女父母的
身心健康及护理情况

第一代独生子女父母已步入老年生活,面临着生理机能衰退、身体条件下降,其身体和心理健康状况值得关注。先用本研究 2019 年底在北京、南京、郑州、佛山、绵阳五个城市的问卷调查数据,描述第一代独生子女父母在当前的身心健康及其护理状况。以同龄非独生子女父母为参照对象,在相互比较中明确第一代独生子女父母的身心健康状况是否具有特殊性。

(一)身体健康状况

在身体健康状况方面,通过调查患病情况、所患疾病的种类来呈现。是否患病以及患有什么疾病,都由被访者自我报告。如表 7-1 所示,两类父母患病情况无显著差异,独生子女父母患病和未患病分别占 42.91%、57.09%,非独生子女父母患病和未患病分别占 45.78%、54.22%,卡方检验显示二者之间的差距不明显。

表7-1 两类父母与是否患病交互分类分析结果

		是否患病		合计	卡方值	P
		是	否			
是否独生子女父母	是	378(42.91%)	503(57.09%)	881	0.949	0.33
	否	190(45.78%)	225(54.22%)	415		
合计		568(43.83%)	728(56.17%)	1296		

注: * P<0.05, **P<0.01, ***P<0.001。

调查中列出了一些老年人常见的疾病:肺气肿、支气管炎、气管炎、哮喘、慢阻肺、肺大泡、腰间盘突出、脑血栓、消化不良、慢性胃炎、肝炎、胃溃疡、慢性贫血、心脏病、高血压、前列腺炎、肾炎、糖尿病、其他疾病,由被访者根据自己的实际情况做选择。统计结果如图7-1所示。两类父母患病率在前三位的是高血压、腰间盘突出、高血脂,分别占21%、8%、8%;慢性胃炎、糖尿病、消化不良、心脏病的患病率也比较高,分别占到6%、5%、5%、5%;另外还有10%的老人患有其他疾病。

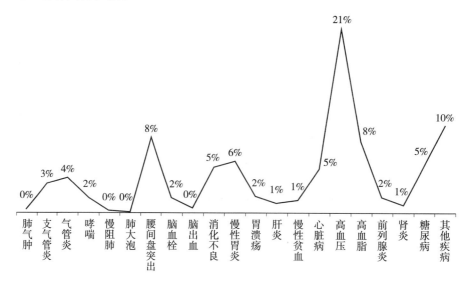

图7-1 两类父母的患病种类分布

（二）心理健康状况

采用量表来测量心理健康水平。该量表分为情绪、性格、适应、认知、人际五个维度，每个维度有两个条目。情绪维度的条目："您感到羞涩、容易紧张，无缘无故感到害怕或惊慌""您遇事会想得开，善于自我调控"；性格维度的条目："所做的事像以前一样使您感兴趣""您保持自己性格开朗，不孤僻、随和、不固执己见"；适应维度的条目："您经常与周围环境保持接触，并保持兴趣""您能在集体允许范围内发挥个性，认为自己仍能发挥作用"；认知维度的条目："您具有从经验中总结学习的能力""您生活目标切合实际，处理问题较现实，有自知之明"；人际维度的条目："您经常感到属于朋友中的一员，只要愿意就能找到朋友""您经常愿意与别人交谈，能接受别人的建议、对人宽容"。每个条目有"很不符合、不太符合、一般、比较符合、很符合"5 个答案，由被访者根据自己实际情况选择。

除了情绪维度第一个条目（感到羞涩、容易紧张，无缘无故感到害怕或惊慌）采用反向赋值外（5、4、3、2、1），其余 9 个条目均采用正向赋值（1、2、3、4、5）。个案在量表得分的区间在 10—50，在每个维度的得分区间在 2—10。用是否为独生子女父母对心理健康各个维度水平做均值比较分析，所得结果如表 7-2。数据表明，两类父母在心理健康方面并不存在明显差异。两类父母在认知、性格、适应三个维度上表现较好，而在人际尤其是情绪维度上表现有所欠缺。

表 7-2　是否为独生子女父母与心理健康各维度水平的方差分析

	是否独生子女父母（平均值±标准差）		F	P
	是（n=881）	否（n=415）		
性格	7.40±1.56	7.41±1.45	0.013	0.909
情绪	5.85±1.14	5.89±1.21	0.422	0.516

	是否独生子女父母（平均值±标准差）		F	P
	是（n=881）	否（n=415）		
适应	7.27±1.63	7.24±1.45	0.13	0.719
人际	6.78±1.67	6.86±1.57	0.529	0.467
认知	7.47±1.62	7.43±1.54	0.244	0.622

注：$^*P<0.05$，$^{**}P<0.01$，$^{***}P<0.001$。

（三）生活与疾病照顾需求

生活照顾是指对老年人的日常生活起居的照顾，涉及老年人基本的衣食住行方面，也包括购物、处理钱财、就诊用药等方面。调查中列举了13种日常生活事项，包括吃饭、穿脱衣服、上下床、上厕所、洗澡、室内走动、做重活、使用交通工具、做家务、打电话、外出购物、管理钱物、就诊用药，构成日常生活活动需求量表，询问被访者的需求情况。相关情况见表7-3。

表7-3　两类父母日常生活照顾需求

活动种类	名称	是否独生子女父母（%）		卡方值	P
		是（n=881）	否（n=415）		
吃饭	完全不需要	97.4	99.3	5.208	0.074
	部分需要	0.6	0.2		
	完全需要	2.0	0.5		
穿脱衣服	完全不需要	97.7	98.8	6.286	0.043
	部分需要	0.2	0.7		
	完全需要	2.0	0.5		
上下床	完全不需要	97.5	98.8	8.786	0.012
	部分需要	0.3	1.0		
	完全需要	2.2	0.2		

续表

活动种类	名称	是否独生子女父母（%）		卡方值	P
		是（n=881）	否（n=415）		
上厕所	完全不需要	97.5	99.3	6.945	0.031
	部分需要	0.3	0.5		
	完全需要	2.2	0.2		
洗澡	完全不需要	96.6	95.9	7.683	0.021
	部分需要	1.2	3.1		
	完全需要	2.2	3.1		
室内走动	完全不需要	95.8	98.1	7.807	0.020
	部分需要	1.8	1.7		
	完全需要	2.4	0.2		
做重活	完全不需要	69.5	66.0	1.586	0.452
	部分需要	24.3	26.7		
	完全需要	6.2	7.2		
使用交通工具	完全不需要	83.8	84.3	1.172	0.557
	部分需要	12.7	13.3		
	完全需要	3.5	2.4		
做家务	完全不需要	88.4	88.2	5.225	0.073
	部分需要	8.9	10.8		
	完全需要	2.7	1.0		
打电话	完全不需要	96.8	97.1	11.562	0.003
	部分需要	1.0	2.7		
	完全需要	2.2	0.2		
外出购物	完全不需要	88.6	88.4	8.262	0.016
	部分需要	8.7	11.1		
	完全需要	2.6	0.5		
管理钱物	完全不需要	93.4	95.4	3.586	0.166
	部分需要	4.1	3.6		
	完全需要	2.5	1.0		

续表

活动种类	名称	是否独生子女父母（%）		卡方值	P
		是（n＝881）	否（n＝415）		
就诊用药	完全不需要	86.2	83.6	7.638	0.022
	部分需要	9.9	14.2		
	完全需要	4.0	2.2		

注：* P<0.05，**P<0.01，***P<0.001。

日常生活活动需求量表中的事项分为基础性日常生活照顾和工具性生活照顾两类。基础性日常生活照顾需求是指随着老年人身体机能的衰退而产生的日常生活自理能力不足而需要他人照顾的需求。工具性生活照顾需求是指在日常生活自理能力之外的老年人需要借助工具完成的与日常生活相关的照顾需求。吃饭、穿脱衣服、上下床、上厕所、洗澡和室内走动6项被称之为基础性日常生活照料。做重活、使用交通工具、做家务、打电话、外出购物、管理自己钱财6项被归纳为工具性生活照料。另外还列举了就诊用药这一项医疗事项。数据表明，工具性生活照料需求度远大于基础性日常生活照料需求度，搬重物是最主要需求。做重活需要他人协助的可能性最大，占比为30.5%；其次是使用交通工具，占比为16.2%；再者是就诊用药，占比为13.9%。因为第一代独生子女父母及同龄的非独生子女父母当时处在低龄老年阶段，因此绝大多数人常规的日常生活还是可以做到自理的。

数据还表明，在穿脱衣服、上下床、上厕所、洗澡、室内走动、打电话这6项活动上，独生子女父母需要他人帮助的可能性比非独生子女父母更大，而在打电话上，两类父母不需要他人帮助的比例差不多，部分需要帮助的非独生子女父母更多，完全需要帮助的独生子女父母更多；在就诊用药上，完全需要、完全不需要帮助的独生子女父母更多，部分需要帮助的非独生子女父母更多。值得注意的是，疾病照顾的需求已经显现。调查样本中对于就诊用药的照顾需求较高，有9.9%、4.0%的独生子女父母部分或者完全需要他人的帮助，部分或者完全需要他人帮助的非独生子女父母也占了 14.2%、2.2%。本研究的调查样本主要是低龄老人，但是医疗照顾方面的需求已经排在各类生活照顾需求的第三位。

二、疾病护理是独生子女父母养老的痛点

（一）独生子女家庭的护理资源

基于家庭基本三角理论，独生子女家庭的基本三角相对于传统家庭结构来说是一个纯而又纯的"家庭三角结构"，其典型的结构就是"四二一"结构，表现为三代人的共存。[①] 这唯一的子女不仅要"上养老"，还要"下育小"，处于双重挤压的生存压力之下。[②]

学术界对独生子女家庭的养老问题表示担忧。在倒三角的代际关系中，赡养老人的负担会异常沉重，不仅会给家庭带来压力，也会是未来社会突出的矛盾之一。[③] 在独生子女政策做出调整之前，学术界探讨过独生子女家庭结构中的底层在未来究竟是"一"还是"二"的问题。原新提出"四二一"和"四二二"家庭结构并存的观点。[④] 之后独生子女政策做了调整，单独二孩、全面二孩、全面三孩政策分别在 2013 年、2015 年、2021 年连续颁布，再结合育龄人口的生育意愿，生育两个孩子的家庭应该会有所增加。

独生子女家庭的主要形式是　个二口之家，包括独生了女父母和独生了女两代人。随着独生子女的结婚生育，独生子女家庭成为典型的"四二一"和

---

① 丁杰、郑晓瑛：《第一代城镇独生子女家庭及其养老问题研究综述》，《人口与发展》2010年第 5 期。

② 原新：《独生子女家庭的养老支持——从人口学视角的分析》，《人口研究》2004 年第 5 期。

③ 乐章、陈璇、风笑天：《城市独生子女家庭养老问题》，《福建论坛（经济社会版）》2000 年第 2 期。

④ 原新：《独生子女家庭的养老支持——从人口学视角的分析》，《人口研究》2004 年第 5 期。

"四二二"结构,虽然可能分开居住,但代际关系是三代共存,即四个老人(两对老夫妇)、两个中年人(一对夫妇)、一个或者两个孩子。在这种家庭结构中,子女的唯一性导致无论家庭中哪个成员遇到意外,都会引发整个家庭的危机,增加弱势家庭形成的风险。

受传统养老思想的影响和社会养老发展的限制,家庭养老还是当前我国最适合也是最普遍的养老方式。对于独生子女家庭来说,唯一的孩子作为养老资源,他们的养老困难更多,对养老问题更加担忧。[①] 对于父母来说,子女仍然是最重要也是最理想的养老照护者。[②] 在多子女家庭,老年父母生病需要照顾时,兄弟姐妹可以轮流照顾,而对于独生子女家庭,一旦遇到这种情况,却只有唯一的一个子女来照顾。独生子女父母既担心自己的孩子照护负担重,要耗费大量的时间和精力,也担心自己的老年生活质量。因为子女数量不一样,独生子女父母与多子女父母在养老问题上有诸多不同。独生子女父母从唯一的子女那里得到的经济、生活和精神等方面的养老资源有限。[③]

疾病护理在家庭养老中占据着重要的地位,直接关乎老年人晚年生活质量。子女作为家庭护理的主要提供者,能否担负起父母疾病护理的照护责任,独生子女父母对此存在着不同程度的担心。随着唯一的子女上学、就业、成家等,独生子女父母更早地进入"空巢",且长期处于这个阶段,加之婚姻的不稳定性及老年疾病的频发,独居老人也越来越多,他们的家庭养老问题呈现出多样化。无论是外在的生活护理还是内在的心理护理,唯一的子女能够提供的护理资源都非常有限。如何解决疾病护理问题是独生子女父母关注的问题,也是整个社会亟待解决的问题。

---

① 张戈:《我国城市第一代独生子女父母的养老焦虑》,《人口与经济》2008 年第 S1 期。

② Cong, Z., Silverstein, M., "Parents' Preferred Care-givers in Rural China: Gender, Migration and Intergenerational Exchanges", *Ageing and Society*, Vol.34, No.5(2014), pp.727-752.

③ 风笑天:《从"依赖养老"到"独立养老"——独生子女家庭养老观念的重要转变》,《河北学刊》2006 年第 3 期。

（二）居住方式与疾病护理

养老首先要考虑老有所居,老年人在哪里生活,和谁一同居住,这些居住条件会影响老年人的照护情况和晚年生活质量。父母与子女共同居住还是分开居住,影响到老年父母是否随时有人贴身护理,直接关系到老年人的日常生活照顾情况,影响其照护的便利程度。风笑天通过几次全国范围较大规模的抽样调查发现,老人与子女的居住方式是家庭养老得以实现的重要影响因素,①在经济支持、生活照料、亲情互动、精神慰藉等方面,无论是成年子女对老年父母的"反哺",还是老年父母对子女的依赖,都会受到居住方式的影响。谭琳认为随着我国第一代独生子女逐渐离家求学、就业和结婚,与非独生子女父母家庭相比,独生子女父母家庭进入"空巢"家庭的时间更早。② 加之,婚姻关系和老年疾病的影响,独居家庭在城镇中所占比例增加。

风笑天利用对全国五大城市的调查资料,对第一代独生子女父母的养老心态和认识进行研究,发现无论是独生子女父母,还是非独生子女父母,对生病照料和日常生活照料比较担心和忧虑,而且独生子女父母的担心比例更高,担忧程度更深。③ 穆光宗认为独生子女父母在自己未来养老方面最担心在生病时无人陪护和自己遇到不愉快的事情时很难得到子女的及时安慰。④

李淑媛通过分析老年疾病护理管理中的常见问题,并提出相应的护理管理对策。⑤ 齐佳、邓敏收集从老年科出院的老年慢性病患者 200 例,了解患者

---

① 风笑天:《从"依赖养老"到"独立养老"——独生子女家庭养老观念的重要转变》,《河北学刊》2006 年第 3 期。

② 谭琳:《新"空巢"家庭——一个值得关注的社会人口现象》,《人口研究》2002 年第 4 期。

③ 风笑天:《面临养老:第一代独生子女父母的心态与认识》,《江苏行政学院学报》2010 年第 6 期。

④ 穆光宗:《家庭养老面临的挑战以及社会对策问题》,《中州学刊》1999 年第 1 期。

⑤ 李淑媛:《老年疾病护理管理中常见问题及对策研究》,《中国卫生产业》2018 年第 30 期。

的一般人口学和疾病特征以及护理需求状况,结果表明老年慢性病患者的护理需求得分属于中偏高的水平,对健康促进的需要高于对疾病护理和预防的需求。① 沈浩云、王科庆分析 2014 年在医院住院治疗的 185 例老年疾病患者病例资料,总结老年疾病护理中的常见问题并针对其具体情况采取措施。② 宗雨晴等人采用自行设计的调查问卷,对上海市某医院 288 例住院空巢老人进行调查,发现老人在住院期间对健康关注度高,迫切地想要获取关心。③

国外文献对老年人疾病照护的研究大多集中在照护者方面。如有学者发现家庭照顾者整体负荷与社会支持呈负相关关系。④ 冈本(Okamoto)等人对 130 名照护者进行心理健康状况研究,发现家庭成员在情感方面的支持与照护者的心理健康联系紧密。⑤ 有人对美国"家庭照护者支持计划"进行评估,照护者咨询教育服务对照护者的负担产生重要影响。⑥ 也有研究发现照护者抑郁情绪的疏解和生活质量的提高受网络在线支持的影响。⑦

无论国内还是国外学者对于疾病护理的研究大多讨论其疾病护理管理存在的问题,将研究的重点置于照护者或老年人自身等单一的主体,在研究护理问题时探究了老年护理中老年人的心理问题及心理问题的成因。研究单独讨

---

① 齐佳、邓敏:《老年慢性病出院患者护理需求现状及影响因素分析》,《中国老年保健医学》2016 年第 6 期。

② 沈浩云、王科庆:《老年疾病护理中常见问题与建议》,《中医药管理杂志》2017 年第 16 期。

③ 宗雨晴、皋文君、施凤香等:《空巢老人的住院感受及护理需求研究》,《解放军护理杂志》2017 年第 10 期。

④ Chiou, C.J., Chang, H.-Y., Chen, I.P., et al., "Social Support and Caregiving Circumstances as Predictors of Caregiver Burden in Taiwan", *Archives of Gerontology and Geriatrics*, Vol. 48, No. 3 (2009), pp.419-424.

⑤ Okamoto, K., Harasawa, Y., "Emotional Support from Family Members and Subjective Health in Caregivers of the Frail Elderly at Home in Japan", *Archives of Gerontology & Geriatrics*, Vol.49, No.1 (2009), pp.138-141.

⑥ Chen, Y.M., Hedrick, S.C., Young, H.M., "A Pilot Evaluation of the Family Caregiver Support Program", *Evaluation and Program Planning*, Vol.33, No.2(2010), pp.113-119.

⑦ Klemm, P.R., Hayes, E.R., Diefenbeck, C.A., et al., "Online Support for Employed Informal Caregivers Psychosocial Outcomes", *Computers, Informatics*, Vol.32, No.1(2014), pp.10-20.

论了居家护理或者出院后的照顾存在的问题,并没有从整体讨论疾病护理。有关独生子女家庭疾病护理问题的文献更是少之又少。

三、质性研究设计及资料收集

（一）研究的问题与研究方法

谈到疾病护理,首先要明确其属于老年护理学。老年护理学是以老年人为研究对象,研究老年期的身心健康和疾病护理特点与预防保健的学科,也是研究、诊断和处理老年人对自身现存的和潜在的健康问题反应的学科。老年护理学起源于现有的护理理论和社会学、生物学、健康政策等学科理论。美国护士协会(American Nurse Association,ANA)1987 年提出用"老年护理学(gerontological nursing)"概念代替"老年病护理(geriatric nursing)"。[①] 护理主要针对老年人的疾病,对老年人实施专业化的身心护理。疾病护理是在老年人的发病期对老年人进行生活护理和心理护理。

质性研究是将研究者本人作为研究工具,在自然情境中运用各种资料收集方法,对研究现象进行深入的全面的整体性探究,从原始资料中形成结论和理论,通过与研究对象互动获得对其行为和意义建构的解释性理解的活动。[②] 根据本章研究的疾病护理这一主题,选取质性研究的方法,其原因是:一方面,一般疾病期都会持续一段时间,对疾病的护理过程的研究需要进行持续的观察和深入的分析,疾病护理的过程通过定量数据分析很难实现,而质性研究的方法有助于探析老年疾病护理的过程。事实上,这一过程是许多研究和调查中所缺少的内容。所以从长期性的角度来看,对老年疾病护理问题的研究需要依赖质性研究的相关成果。另一方面,从适应性范围来看,质性研究具有特

---

① 化前珍、胡秀英:《老年护理学(第 4 版)》,人民卫生出版社 2017 年版,第 10 页。
② 陈向明:《质的研究方法与社会科学研究》,教育科学出版社 2000 年版,第 12 页。

殊的适应性范围,使其在研究老年人疾病护理方面发挥效果。质性研究适合于分析有关意义类和情境类问题,它们实际上是在分析过程性问题时的两个方面,①意义类问题讨论的是被研究的当事人对相关问题的意义解释,比如,老年人是如何看待疾病护理的;情境类问题探讨的是在某一特定情境下发生的社会现象,比如老年人疾病护理是如何开展的。这些问题可以充分反映质性研究的独特优势。

(二) 研究对象与访谈大纲设计

本章将第一代独生子女界定为 1976—1986 年出生的独生子女。这一时间段出生的人口目前处于人生的重要阶段,要兼顾事业和家庭。与此同时,他们的父母在 2015 年前后逐渐进入老年期,身体机能逐渐衰退,健康状况变差,不断地受到疾病侵袭,随之而来的就是护理难题,各种养老问题不断涌现。而且并没有解决问题的先例可以参考,无法根据以往的经验来解决自身的老年疾病护理困境,甚至无法全面的准确预测未来独生子女家庭在老年疾病护理过程中会面临什么样的问题。

本章的研究对象是城镇第一代独生子女独居父母。所谓独居,是指子女由于学业、工作、成家等原因从父母家庭中相继分离出去,家庭成为"空巢",进入老年阶段后,因疾病或意外事故等原因丧偶、离异而独自一人居住生活的家庭模式。与调查研究所不同的是,质的研究在选择研究对象时具有一定的主观性,但并不是说随意选择研究对象,而是十分重视样本的典型性。本章选择研究对象考虑以下因素:在疾病产生的原因方面,是身体机能的自然老化而引发的疾病,还是因意外、事故等导致的疾病,抑或是由于心理问题所产生的疾病,或者是多种因素共同作用而带来的疾病;在疾病护理地点选择方面,患病后选择住院护理还是居家护理,是什么原因促使老年人没有选择住院治疗,

① 陈向明:《质的研究方法与社会科学研究》,教育科学出版社 2000 年版,第 81 页。

疾病发生后仍选择居家护理;其他相关因素,比如老年人自我照顾能力、照护需求等内容。

　　根据老年人疾病护理的地点,以由近到远的距离维度,分析老年人居家护理和住院护理的具体情况,按照护理的内容,以由外到内的护理体验程度这一维度,研究老年患者生活护理和心理护理的具体内容。二者结合,综合分析老年人居家生活护理、居家心理护理、住院生活护理和住院心理护理四个方面的现状,探究老年疾病护理整个社会支持网络体系所面临的困境,构建社会、社区、家庭和独生子父母之间的"共担·互补·协调"的网络化支持机制。分析思路如图 7-2 所示。

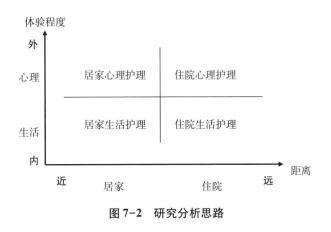

图 7-2　研究分析思路

　　在设计访谈大纲时,以老年人为中心,根据疾病护理的内容来设计。访谈大纲既要包括第一代独生子女独居父母目前疾病护理的现状,得到了哪些支持,面临的困境有哪些,又要包括老年疾病护理需求等方面的内容。访谈大纲主要以启发性的问题为主,了解老年人的疾病护理困境,包括生活护理困境和心理护理困境。还要了解患病老年人所获得的支持情况,包括来自亲朋好友、社区等方面的支持。尽可能地避免使用过于笼统的专业化的书面语言来询问研究对象,采用通俗易懂的问题,尽量将主动权交给研究对象,让他们对疾病护理的过程进行详细的描述。通过综合分析研究对象关于疾病护理的

"叙事性"描述,抽丝剥茧的层层分析,找出老年人疾病护理的具体过程与机制。

(三) 深度访谈与资料整理

采用的是深度访谈法收集资料,即研究者与处于疾病护理的老年人进行面对面的交谈。这种方法的优势主要在于,访谈时可能出现与预先的设想不相同的情况,甚至与预想情况完全相反的情形都有可能出现,深度访谈常常能够带来新的发现,比如,本章的研究对象是独自居住的老人,在进行研究设计时以为患病老人不会得到配偶的照顾,但在实际研究过程中发现有患病老人在住院期间是由其前妻进行护理。疾病护理需要一个过程,使用深度访谈法可以对疾病护理的具体护理内容进行梳理与分析。对患病老年人和老年人的照护者进行访谈,对研究对象的疾病护理的整个过程进行深入访问,充分挖掘老年疾病护理的困境,并有针对性的提出相应的解决机制。

本章研究对河南省信阳市 R 社区的 14 名老年人进行了深度访谈,经过多次的访问交谈,详细了解独生子女父母疾病护理的整个过程。在运用深度访谈法收集相关资料的过程中,本章研究还采用了"三角校正法",[1]不仅对疾病护理期的老人进行访谈,还根据老人的具体情况和研究的需要,有针对性地采访了老人的儿女、邻居、朋友等,主要是对老年人的照护者进行深入的访谈和交流,而且对其所生活的社区进行调查,所在医院进行访问,以期获得老年人疾病护理过程中较为全面详细的资料,分析老年人的由外到内的生活和心理护理的体验程度,在生活和心理方面得到的护理情况。

每次访谈结束之后,整理用手机等录音设备录下的谈话内容,回放录音材料,将音频材料转化为文字内容。同时,整理在访谈过程中随手记下的备忘录,通过及时回顾将内容补充完整,将漏掉的内容或者没有采访到的内容做标

---

① [美]麦克斯维尔:《质性研究设计》,陈浪译,中国轻工业出版社 2008 年版,第119—120 页。

记,为下一次的访谈做准备,以获得全面的资料。最后将录音的文字材料与备忘录整合,分类整理所有的访谈记录。

四、独生子女独居父母的疾病护理现状

（一）受访者基本情况

在河南省信阳市 R 社区选取了 14 户家庭进行深度访谈,其中有 11 户是第一代独生子女家庭,3 户是非独生子女家庭。表 7-4 是 11 户第一代独生子女家庭的具体情况:从病情与护理地点的选择上来看,徐露露、吴琪琪、陈玖玖这 3 位老人患有慢性病,发病期较长,护理地点选择在家中;其他 8 位老人患有各种疾病需要住院治疗或者要通过手术的方式来挽救生命,护理地点选择在医院。无论是居家护理还是住院护理,老年患者在生病期间都需要照顾,从受访者情况来看,老年人主要的照护人是与老年人有血缘关系的亲人,包括老人的子女和兄弟姐妹。

表 7-4　受访者基本情况

受访者	性别	年龄	疾病	发病期	护理地点	主要护理人
徐露露	女	62	胃溃疡	一个多月	家	女儿
吴琪琪	女	61	腰部滑脱	两个多月	家	自己
陈玖玖	女	62	骨质增生和风湿	两年	家	自己
刘依依	女	63	阑尾炎、脑梗	一个月	医院	哥嫂
李尔尔	女	61	肠粘连	半个月	医院	妹妹
郑山山	男	67	脑动脉硬化、血脂稠	一周	医院	妹妹
方司司	男	65	肺炎	一周	医院	自己
张舞舞	女	66	脑血管硬化、高血压	四十二天	医院	女儿
杨芭芭	女	67	心脏病、糖尿病	二十多天	医院	儿子和儿媳
金诗诗	女	60	足踝关节骨折	半个月	医院	儿子

续表

受访者	性别	年龄	疾病	发病期	护理地点	主要护理人
廖世一	男	62	小腿骨折	一个月	医院	前妻

注:文中所用姓名均为受访对象的化名。

　　根据受访者的具体情况来看,老年人的子女承担着父母疾病护理的主要照护责任,在访谈过程中,照护者在言语中或多或少地流露出照护的压力。现实中,房价物价攀升,生活成本大幅度提高,面临工作压力和生活压力,身体健康和日常生活会受到影响。加之照顾老人尤其是患病老人,需要耗费大量的体力和时间,作为唯一的子女其照顾接替资源缺乏,使独生子女家庭老年人的疾病护理举步维艰。由于异地就业等原因,有些老年人的子女无法在老年人身边进行长期照顾,老年人的兄弟姐妹成为主要的照护人。这类照护人年龄大,身体状况差,在照顾患者的过程中容易发展成为病患。

　　随着老年人的年龄日益增高,身体机能的调节和恢复能力下降,疾病发生的次数变得越来越多且经常伴有多种并发症,严重削弱其自我照顾能力,独生子女父母需要日常基本生活护理,解决其饮食、如厕等生理需求,需要工具性生活照料,解决其洗衣、做饭、打扫房间等家务活动需求,需要有人协助看病就诊,解决医疗保健的护理需求。无论是哪一项的护理都需要家庭提供人力、物力和财力的支持。

(二) 疾病护理的内容

　　老年疾病护理包括生活护理和心理护理。在生活护理方面,根据老年人的自理能力对其进行饮食、排泄、卫生清洁、休息与活动等日常基本生活护理,根据独立生活的能力对其进行家务活动、看病就诊等工具性日常生活护理。在心理护理方面,老年人对病痛的应对态度和所采取的行动会影响疾病的治疗。老年人运用消极的应对方式或采取退缩的行为,易出现焦虑、孤独、愤怒等负面情绪。照护者在对老年病人进行疾病护理时,要时刻关注老年人的情绪,对其进行心理疏导,帮助老年患者排解负面情绪,指导其获取生存价值感和生活价值感。

老年人在遭遇疾病时会面临身体上的疼痛和心理上的不适,对老年人的疾病护理从两个方面展开,一方面,对老年人进行生活护理,另一方面对老年人进行心理护理。在生活护理方面,老年人处理日常生活的能力,直接关系到老年人的生活质量,关系到老年人的生活照料情况,影响老年人对于生活护理的需求。在心理护理方面,老年人对疾病以及疾病带来的身体机能损伤的应对态度和所采取的方式,会影响其身体疼痛感受,进而威胁其处理病痛和忍受疼痛的能力,影响老年人的情绪。

老年日常生活能力包括"日常基本生活活动能力"和"工具性日常生活活动能力"。日常基本生活活动能力指为了维持基本生活所需要的自理能力,包括吃饭、梳洗、穿衣、如厕、行走、上下楼梯等基本的自我照顾活动,这一能力是满足日常生活所必需的行为活动的基础。若丧失这一层次的功能,则失去生活自理的能力,需要获得日常基本生活护理,主要针对饮食和排泄、清洁卫生、休息与活动这些方面的护理。工具性日常生活活动能力是指使用工具进行自我照顾的能力,是更复杂的自我照顾活动,包括洗衣、做饭、购物等,这一能力是老年人独自生活所需的最基本的条件。若这一方面的功能受损,则不能进行正常的家务活动和外出购物等活动,独立生活的能力受到影响,需要获得工具性日常生活护理,老年人就要被迫待在家中,活动范围缩小。

在心理护理方面,当老年人面对疾病时,通常会因病痛而采取躲避、忍受等消极的应对方式,易出现焦虑、孤独、怨恨、愤怒等负面情绪。对老年病人进行疾病护理时应时刻关注老年人的情绪,当老年病人出现消极的情绪时要对其进行情绪疏导,不仅要帮助老年人排解负面情绪,指导其正确看待疾病带来的痛苦,尊重疾病治疗的客观规律,引入科学的方法协助老年人分散注意力,释放消极的情绪,而且要注重正面情绪的导入,帮助老年人获取生存价值感和生活价值感。疾病护理的内容如图 7-3 所示。

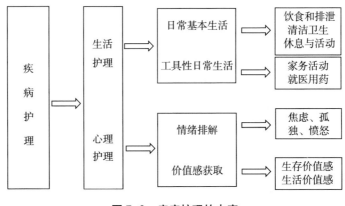

图 7-3　疾病护理的内容

（三）居家生活护理现状

对于居家的老年病患者来说,疾病导致身体机能的自我调节功能减弱,其消化系统功能、运动系统功能等机体功能受到影响,生活自理能力和独立生活能力衰退。生活自理能力下降,威胁老年人自理活动的实现,造成日常基本生活的困难,诸如正常的日常饮食、排泄物清除、个人皮肤清洁、保持身体能量所需的休息、恢复健康所需的锻炼活动等。独立生活能力的减弱,导致老年人自我照顾存在困难,对工具性日常生活活动能力的实现形成阻碍,比如打扫卫生、洗衣做饭等家务活动和外出就医用药。

1. 日常基本生活护理

（1）饮食和排泄。随着身体机能的老化,老年人的咀嚼和消化能力下降,加之病痛的影响,尤其是患有肠胃方面疾病的老年人,只能选择吃一些流食等清淡且容易消化的食物,以得到保持生命所需的能量。食物消化之后要将没有被身体吸收的废弃物排出体外,对患有疾病的老年人来说并不容易,受到疾病的影响,尤其是患有腰腿部疼痛性疾病的老年人,他们的行动能力受限,造成如厕困难。

徐露露:胃疼得不行,也不敢吃东西,又怕不吃饭了受不了,煮点稀饭,一个人煮一锅得吃一天。

陈玖玖:挪一步腿就疼,有次憋得不得了,赶紧往家走,又走得慢啊,就没憋住,还没到厕所就拉了。

(2)清洁卫生。保持干净卫生是每个老年人最基本的需要,通过清洁可以使老年人身体感觉舒适,心情舒畅。清洁卫生不仅指老年人个人的清洁,如皮肤清爽和头发的整洁、口腔的卫生等,而且也包括周边环境的清洁。居家护理的第一代独生子女独居父母通常是患有慢性疼痛疾病的老年人,尤其是患有腰腿部疾病的老年人,当疼痛发作时老年人身体的活动能力下降,行动不便,自我清洗的难度增加,只能进行个人卫生的简单处理,通常会放弃相对复杂的卫生处理,比如洗澡。在周边环境的清洁方面,病痛严重影响老年人的行动能力,老年人无法进行需要耗费大量体力的家务活动,导致家居护理的环境变差。

吴琪琪:我都是隔两天洗一次脚,弯腰太难了,每次洗脚也就用水冲一下,反正我一个人住,也不用遭人嫌。屋里乱糟糟的,也不想收拾,好多天没有拖地了。

陈玖玖:一到冬天我都不敢洗澡,怕冻着了,腿受不了寒,想去澡堂里洗,我一个人去怕年纪大晕在里边了,现在小澡堂子好多都拆了,附近有个澡堂是一个人一间的,又没人给我搓灰,懒得去。年纪大了,也不讲了,干洗算了。

(3)休息与活动。在休息方面主要研究的是老年人的睡眠情况,充足的睡眠有助于老年人疾病的康复,促进身体健康。在活动方面,主要关注的是老年人自己行走的能力以及活动空间的大小。充足的睡眠时间和良好的睡眠质量有利于老年人体力的恢复。老年人患病后可能面临身体上的疼痛、精神上的压力、环境的变换等,其睡眠质量下降,尤其是睡眠较轻的老年人,会出现严重的失眠现象。因此,老年疾病照护者要关注老年人的睡眠质量,保证其睡眠与休息。在受访的第一代独生子女父母中,选择居家护理的老年人一般是慢性病患者,他们表示疾病的产生伴随着身体部位的持续性和不定时的疼痛,尤其是疼痛在夜间发作时会严重影响睡眠。夜晚无法入睡,导致白天精神不振,长此以往,陷入"疼痛—失眠"的恶性循环,疾病治疗的效果不明显,身体健康的恢复期较长。老年人在患病期间的活动十分关键,生命在于运动,但对老年病患来说是否活动以及活动量的大小要依据身体状况来定。患有腰腿部疾病的老年人要适当减少不必要的活动,降低病痛发生的频率,减少疼痛发生的可能性,促进疾病早日治愈。

吴琪琪:晚上疼得我都睡不着,又不能翻身,迷迷糊糊感觉睡不了多久就天亮了。

陈玖玖:腿疼我都不敢走路,抬腿都不敢抬,迈台阶的时候我都是扶着,慢慢地抬,我尽量不出门,就成天在家养着。除非是家里真是没吃的了没用的了,我才出门买点能放的菜,一吃吃好几天。腿疼啥也干不了,我就成天地在家,坐着都不舒服,非得躺到床上才好点。就做饭的时候才下床,还得坐着做饭,站太长时间了也不中,我专门在厨房里放了个高凳子做饭,吃了饭就又赶紧上床了,歇着。

总的来看,居家老年人的日常基本生活活动能力虽然受损,但是老年人勉强还可以依靠自己来满足饮食、如厕等生理需求,老年患者作为病人同时又承担了护理人员的角色,日常基本生活护理都是自我照顾,他们希望获得外界的帮助来满足日常基本生活护理的需求。

2. 工具性日常生活护理

工具性日常生活护理主要包括家务活动和就医用药两个方面。对于居家护理的第一代独生子女独居父母来说,大部分时间都待在家中,诸如洗衣、做饭、购物等家务活动就不可避免,但是因疾病原因造成身体受损,老年人劳动能力下降,影响家务活动的完成。虽然房屋清扫、洗衣和购物等不会频繁发生,可是老年人每天要吃饭,做饭就成了最大的问题。

　　　　吴琪琪:我不能站太长时间,一般早上就随便吃点,骑着电动车
　　去做理疗,中午做点面条,放个鸡蛋,洗菜太麻烦了,晚上也凑合着吃
　　点。我儿子和儿媳妇回来看我,给我买了饼干和牛奶这些能放的东
　　西,熟人买了菜或者炖了汤会送我点。

　　　　陈玖玖:我现在做饭得坐着凳子,要不然站不了那么久。门口的
　　邻居有时候会给我送点饭。

　　居家护理的独生子女父母虽然没有进行住院治疗,但是疾病会带来身体
疼痛,生理机能损伤,影响老年人的行动能力和日常生活舒适度,需要通过看
病就诊进行治疗。因此工具性日常生活护理对于居家护理的独生子女父母而
言显得尤为重要。老年患者因疾病带来的行动困难或个人性格等原因需要有
人陪同去看病就诊。

　　居家护理的独生子女父母患病期间得到的护理支持并不能满足其照护需
求,从时间上来看呈现出间断性,老年人没有得到持续的护理,生活上的困难
只是暂时得到缓解。从支持主体来看,有来自子女的家庭支持和来自邻居的
社区支持。从护理支持力度来看,老年人获得的支持力度较弱,得到的护理帮
助较少。总体来说,居家护理的第一代独生子女独居父母得到的护理支持对
于疾病的治疗和健康的恢复起不到实质性的作用。

(四) 居家心理护理现状

　　情绪体验是指刺激发生时个体所体验到的具体情绪。疾病护理期间,老
年人的情绪体验是指疾病来临时老年人感受到病痛所产生的情绪,是老年人
对疾病本身态度的反映。情绪具有两极性的特征,在情感度方面可以描述为
“愉快—不愉快”这两个极端,不同的主体因自身性格的主观因素和疾病严重
程度的客观因素,所产生的情绪体验的程度是不同的。但疾病势必会带来身
体机能的组织损伤或潜在的损伤风险,与之相联系的是一种不愉快的躯体感

觉和情绪体验。谈到疾病,就不可能绕过情绪,不愉快的情绪体验是疾病带来的不可避免的影响。对于处于疾病护理期的老人,焦虑、孤独、愤怒等情绪体验与他们如影相随。这些负面的情绪需要排解,否则老年人的身心健康将受到严重影响。

1. 焦虑情绪的释放

老年人患病后对疾病的恐惧与忧虑是一种不愉快的体验。焦虑的程度不同,其表现出的状态也不同,最轻的是不安和担心,担心疾病带来的疼痛和对正常活动能力的影响;其次是害怕和恐慌,害怕疾病会影响日常生活,引起对生活的恐慌;最重的是极端恐怖,惧怕疾病可能引发的严重后果,对身体造成致命的损伤。焦虑是指向未来的,对疾病发展情况的焦虑,预感可能要陷入不好的状态,引发的内心恐慌,精神处于一种高度紧张的状态。

选择居家护理的第一代独生子女独居父母的焦虑情绪一般表现为紧张不安,担心疾病带来的机能损伤会影响其四肢的自由活动能力,阻碍其自我照顾,抑或恐慌失措,对疾病带来的疼痛感到惶恐,会病急乱投医,慌不择路地选择各种治疗方式,害怕疾病会降低其生活质量。根据受访的老年患者的情况来看,焦虑常伴有自主神经功能失调的情况,比如胸闷、心悸、厌食等状况。居家护理的老人常常要承受因慢性疾病带来的持续性疼痛的折磨:难以根除的疼痛和漫长的疼痛期以及疼痛发作的不确定性使老人内心焦虑不安,影响疾病的治愈,不利于健康的恢复。

徐露露:我一直有胃病,以前吃了药就不疼了,这次我都吃了半个月的药了,还去诊所输了液也没见效,不知道咋回事。我听别人说有人得胃癌死了,给我吓得啊。我更不敢去检查了,害怕也是癌喽,晚上也睡不着,感觉胃更疼了。后来我女儿硬是把我弄去检查发现是胃溃疡,没啥大事儿,拿结果那天吃饭我感觉我都舒服多了,胃也不是那么疼了。

陈玖玖:腿一发病了,就不得了,天热还好,天冷的时候疼得很,天天贴膏药,一冷了还要再贴暖宝宝,一个腿上弄一个,怕冻着了,万一搞狠了,不能走了,再瘫到床上了,给小孩儿找麻烦不说,吃喝拉撒都在床上咋搞啊。

2. 孤独情绪的纾解

老年人受疾病的影响,身体状况变差,在出门的体力和精力达不到条件时,老人会选择在家中休养,其社会活动和与外界的联系会大幅度减少。居家护理的老人大多患有慢性疼痛病,身体的不适使其减少社会活动,缩小社会关系网络规模,活动范围仅局限于家中。第一代独生子女独居父母因独自一人居住,没有配偶和子女在身边,又受到疾病的影响,孤独感体验程度加深。长此以往,老年人被束缚在孤寂的情绪中,孤独感难以得到纾解。

陈玖玖:自从腿发病了以后,我都没怎么出门,一个人在家除了吃就是睡,以前还能出门跳跳舞,逛逛街,现在自己在家,连个说话人都没有,要不是电视声音响,得多冷清。

3. 愤怒情绪的宣泄

愤怒是不愉快的情绪体验,老年人在面对疾病时将其视为不公平待遇,是面对疾病伤害所表现出的一种反应状态,其指向包括自身、他人和生活环境等。相对病痛影响心情的愤怒,老年人对疼痛影响日常生活的愤怒更加多一些。根据受访的第一代独生子女独居父母的具体情况来看,令他们愤怒的是病痛影响吃饭、如厕、个人卫生等日常基本生活,阻碍了洗衣、做饭、出行购物等家务生活,威胁医疗保健的工具性生活,限制身体的活动能力,导致日常居家生活存在诸多困难。

在与第一代独生子女独居父母的交谈中,经常听到老年人因对病痛充满了愤怒而多加抱怨:执着于对病痛的愤怒情绪,他们埋怨疾病影响了他们的日常生活,造成了自己无法劳动和出行,甚至连吃饭和如厕等最基本的日常活动都有困难;抱怨通过药物、治疗等医学手段都无法有效地控制疾病,无法缓解疼痛感。在抱怨的同时加重了其对疾病的愤怒情绪,老人们的抱怨不仅显示着对病痛的愤怒,也透露出对病痛束手无策的无奈。愤怒使他们对疾病多有抱怨,抱怨又增加了他们愤怒的情绪,抱怨与愤怒相互影响并相互加深。老年人以抱怨的方式来宣泄愤怒的情绪,不仅负面情绪没有得到排解,反而增加了另一种负面情绪,使老年人的身心备受摧残。

> 陈玖玖:腿疼腰也疼,不能走太远的路,买菜都不敢提太重,想买个冬瓜都不敢拎。出门遛个弯都不敢走远。试了多少种方法了,也不见好,别人给我说的粘蜂蜜、弄药包,有人这样治好了,到我咋不中呢。(叹气)

焦虑、孤独、愤怒等情绪是随着疾病的产生而出现的,因为疾病带来疼痛等身体不适感,老年人会担心和害怕。他们害怕疾病带来的疼痛、对健康的破坏,甚至对未来自主生活的影响。他们担心疾病导致的结果是卧床不起,吃饭必须得有人喂,穿衣服要靠别人帮忙,洗澡要依靠别人擦洗,大小便需要借助于他人的帮助,害怕生活不能自理后会影响儿女的生活。这种对疾病后果的忧虑和担心让老年人情绪低落。疾病能带来不好的情绪,这点老年人能够清楚地感受到,但负面情绪对疼痛感的影响,这一点老年人似乎认识不到。

病痛通常会伴随着负面情绪的出现,是病痛导致了负面情绪,还是负面情绪带来了病痛,它们之间的因果关系有待细究,但二者相互作用是一定的。长期处于负面情绪的状态下,增加疾病发生的概率,影响疾病的治愈,这会导致老年人关注疼痛体验,扭曲老年人对疾病的认知,进一步加剧疼痛体验。负面情绪难以释放,并且各种不良情绪相互影响,老年人的心情受到影响,情绪波动大,不利于疾病的治愈。老人自己无法释放这些负面情绪,也没有得到外界的帮助。

（五）住院生活护理现状

从受访者来看，老年患者在住院期间的疾病护理都是在医院中进行的，家务活动暂时不用处理，就诊用药有医生帮助，工具性生活护理基本已经解决。在日常基本生活护理方面，住院老年人的饮食和排泄、清洁卫生、休息与活动等方面的生活护理，除了借助于医学手段外，基本依靠来自家庭的支持。因调查对象是独居家庭的老年人，所以几乎没有配偶照顾，只有一位老人的情况比较特殊，照护人是前妻。在老年人的疾病护理过程中，与老年人有血缘关系的亲属承担着照护责任，照护人主要有子女、老年人的兄弟姐妹等。

1. 饮食和排泄的日常基本生活护理

老年人的饮食是其获得身体每天所需营养的主要手段，通过吃饭获得能量来维持生命，满足老年人的生理需要。对于住院的老年患者而言，在住院期间由于身体原因或手术后的注意事项使其正常的进食受到影响，要依靠打营养针来保证每日所需的营养摄入量。在排泄方面，疾病影响老年人的自主排便能力，需要通过灌肠、人工掏便等形式来帮助老年人完成排泄活动。

> 张舞舞女儿：我妈手术后有一段时间不能吃饭，每天只能打营养针，连着打了十天。在床上躺了太久了，肠子打结了，有大便积在了肛门，她自己没办法拉出来，来了好几个医生按着她，医生直接把手伸进肛门里掏出来。

> 杨芭芭：做了手术一个星期不能下床，小便有导尿管，虽然不舒服但也能行。想大便的时候吧，就也得在床上，垫着个尿不湿。活人总不能叫尿憋死吧。

2. 清洁卫生的日常基本生活照护

住院护理的第一代独生子女父母,每天大部分时间都要在病床上度过,因此,保持床铺的干净整洁十分重要。老年人长期在病床上,皮肤的清洁卫生可以帮助老人减轻身体上的疼痛感,有利于疾病的康复。住院护理的老年人有子女、亲属、朋友等进行照护,照护者可以帮助老年患者进行卫生清洁,但受到医院条件的限制,照护人也只是为老年人进行简单的擦洗。根据受访者的情况来看,照护人在进行卫生清洁时会因男女的性别差异,进行的卫生清洁度有所不同,女性在照顾老人的卫生清洁时会相对细致一点,顾及得更全面,男性则会表现得相对粗心,考虑得更少。

张舞舞女儿:在手术后我妈因高烧意识不清楚,常常会用手去抠口鼻,由于医院清洗不是很方便,只能用棉签、毛巾给她进行简单的擦洗。衣服都好久没换了,不敢动她的头。

杨芭芭儿子:躺在床上不动,干干净净的,有时候会给她擦擦脸,虽然不出门,也得见人不是。

3. 休息与活动的日常基本生活护理

老年人的睡眠质量受到多种因素的影响,疼痛、情绪波动、环境的变化等因素都会影响老年人的休息。睡眠质量下降会对其养病产生不利影响,增加其养病的心理负担。住院的老人面临疾病,身体和心理都会遭受打击,破坏睡眠质量,加之医院环境的嘈杂,老年人无法好好休息。在睡眠质量的护理方面,老年人只能进行自我调节和恢复,没有得到外界的协助护理。在活动的护理方面,老年人长期待在医院里,由于身体行动能力和活动场所的限制,活动量在患病期会有所改变,护理人员应注意老人因长时间不运动而产生的懒惰心理。照护者对于老人的活动指导,有助于维持和增强其日常活动的自理能力。作为照护者的家属在老年人的活动方面发挥着重要作用,督促患者加强身体锻炼,促进健康的恢复。

> 郑山山:我在医院都睡不好,旁边病床的经常起夜,动静又大,有
> 时候大半夜还有病人住进来,吵得很,感觉再住下去病该更重了。

> 张舞舞女儿:医生说让她下来多走走,害怕不能走了,要多锻炼,
> 她就是不肯,我硬是把她抱下来,每天非得让她走一会儿。

(六) 住院心理护理现状

1. 情绪排解

住院护理的老人长期待在医院封闭的环境中,每天无事可做,还要面临疾病带来的疼痛,容易产生焦虑、孤独、愤怒等不良情绪。当这些情绪出现时,老人只是选择忍受或者以一种抱怨的形式释放情绪。他们会因照护者暂时的离开陷入焦虑,会因羡慕同病房的病人有儿女在旁嘘寒问暖而感到孤独,会因某一天的饭菜不合胃口而突然愤怒。负面情绪得不到排解,老年人可能把这些情绪转嫁给照护者,照护者也会因老人的情绪突变而影响心情,不利于照护工作的推进。

> 张舞舞:天天在医院躺得我烦死了,还不如把我拉回去,都别管我,叫我死了算了。我闺女还老说我,成天给我黑脸,说我老是叫她,那我不喊她我喊谁。

2. 价值感获取

价值感包括生存价值感和生活价值感。生存价值感即对生命的敬畏与珍惜,生活价值感即对生活的希望和追求。那些觉得生命是有意义的,生活是充满希望的老年人,他们的责任感被激活,疾病治愈效果更好,恢复健康的速度更快。根据受访者的具体情况来看,病情严重的老人,尤其是卧床不起的老人,生活不能自理,甚至连大小便都要依赖他人的帮助,他们对自己的生存价

值产生怀疑,产生羞耻感和自卑感。在生活价值感上,住院护理的老人受到疾病的摧残,肩负治疗的压力,身心受挫,觉得生活对他们而言就是无尽的疼痛和治疗。这种无望感削弱了老年人对生活的激情,使老年人变得郁郁寡欢,不愿与人说话交流,精神状态也日益变差,疾病治疗效果不显著,身体健康状况受到威胁。住院老年患者一天中大部分时间都待在病房里,除了忍受疾病的痛苦,无事可做,会对自我价值产生怀疑。加之与外界沟通交流少,人际交往活动中断,会对生活没有热情,每天消极度日。

　　杨芭芭:躺到床上,一睁眼就是瞅着房顶,没想啥子,也想不了啥,有时候听别人说话,想问问我儿吧,说不了两句,他还怪我瞎打摸,管恁多事儿干啥,算了,一个老太婆了,谁愿意理啊。

五、城镇第一代独生子女独居
父母的疾病护理困境

　　从疾病护理的现状来看,城镇第一代独生子女独居父母面临居家生活护理、居家心理护理、住院生活护理、住院心理护理这些方面的困境,这四种困境有交叉的相同之处,也有特殊的不同之处。在生活护理方面,老年人的居家生活护理和住院生活护理都存在日常基本生活护理的困境,老年人的居家生活存在工具性日常生活护理的困境。在心理护理方面,居家心理护理和住院心理护理都存在情绪排解的困境,住院心理护理存在价值感获取的困境。

(一)居家生活护理的困境

1.日常基本生活护理困境

　　(1)老年人自我服务能力有限。随着年龄的增长,身体机能的调节功能逐渐下降,老年人易为疾病所累。老人患病后常常选择居家自我护理,依靠自己的经验进行疾病护理,不接受专业的护理指导,也不愿麻烦子女进行照护。疾病带来的身体机能损伤,尤其是四肢活动能力受损,使老年人在进行简单的自我生活照料时存在困难。子女不在身边,老年人内心的孤独与寂寞无人倾诉,有可能会造成心理上的失落,影响身心健康。虽然居家护理在某种程度上有一些优势,但是对于老年人来说自我照顾依然困难重重。

访谈中很多第一代独生子女独居父母表示生病之后自理能力受到影响,连最基本的个人清洁的保持都很困难,进行个人卫生清洁受到行动能力的限制,只能放弃个人卫生清洁。患病之后,老年人的休息也会因外在环境或自身病痛而受到影响,睡眠质量下降甚至出现失眠现象。最让老年人困扰的问题是病情严重之时连如厕能力都会受到影响。老人也道出患病后独立生活的种种困难,家务活动的次数减少,外出活动能免则免。

徐露露:有时候夜里胃疼起来就成夜地睡不着觉,在听说别人得胃癌死了之后我就更加睡不着觉了。

吴琪琪:自从腰搞坏了我都没上过街,家里洗衣粉没有了,也没法去买,先用香皂对付着。好几天没有洗澡了,身上又痒,天太冷了,不敢洗,害怕感冒,随便冲冲又怕把腰上的药冲掉了,再加上烂的地方也没好,就这样凑合着吧。

(2)家庭支持缺乏。第一代独生子女独居父母的居家护理通常是老年人自己承担照护工作,在居住条件的客观限制下,老年人被迫独自进行疾病护理,加之老人不愿意麻烦子女的心态,间接导致老年人要进行自我照顾。现代年轻人的工作压力和生活压力较大,迫于生计很多时间被占据,留给老年人的时间相对较少,所以老年人很难得到来自家庭的护理支持。

徐露露女儿:我平时生意忙,想赶紧挣钱把房子买了,接了很多单子,为了省钱雇的人少,好多事情都要自己做,忙不过来,陪我妈去检查都是抽空跑出来的,我女儿还是她奶奶带着,老的小的都顾不上。

吴琪琪:我儿子星期天回来看我才知道我的腰坏了,狠狠地说了我一顿,我不告诉他是怕他操心,他刚和别人合伙开了装修公司,以前的婚房都卖了,换了个一室一厅的小房子,我孙子都是他姥姥在带着,我告诉他了不是给他添麻烦吗,我现在自己慢慢也可以动,我帮不了他啥,就更不能给他找麻烦。

(3)社区服务设施不到位。通过访谈了解到社区为居家护理的第一代独生子女独居父母提供的帮扶不能满足他们对疾病护理的需求。社区中很少有针对老年疾病的专业护理服务,专门针对那些独居家庭、独生子女家庭的护理服务几乎呈现空白状态。社区医院的医疗护理不到位,不仅专业的护士人员少,甚至连医生都供不应求,而且医生在老年疾病方面的专业化水平偏低。在医疗保健方面还需要做出改进,社区内现有的医疗资源严重不足,而且也缺少专业的康复机构和可以提供持续性的疾病护理的机构。社区护理服务提供的日常基本生活护理只局限在日常家政照料,并没有针对疾病期老人的营养补充护理。

李尔尔:去那(社区医院)看病,有一次我体温表还没拿出来呢,就要给我扎针了,这不是瞎搞吗?

陈玖玖:我腿一发(疼痛发作),就不敢出门,都是在家里沙发上坐坐,床上躺躺,也就做个饭,地都不想拖,年纪大了,每次发都比上次疼。儿子工作忙,买房子压力也大,月月要还贷款,买了个车还得加油,孙子孙女上学也需要钱,我能动的时候尽量不麻烦他们,但是没办法啊,我自己凑合着住吧,有时候不想做饭了就吃点饼干啥东西的填饱肚子,饿不死就中。你说要是能有个地儿白天我可以待在那,有人照顾着,去哪都有人接送多好。

2. 工具性日常生活护理困境

(1)老人行动力下降。疾病带来的负面影响之一,是使老人的行动能力减弱,影响老人的洗衣做饭、出行购物等复杂和烦琐的自我照顾活动的实现。

疼痛是大多数老年疾病可能出现的症状之一,也是老年寻求疾病护理的主要原因。从居家护理的老年患者的具体情况来看,大多数患有慢性疾病,并处于持续性的疼痛折磨状态下,尤其是患有腰腿部疾病的老人,反复的、持续不断的慢性疼痛让他们失去寻求治疗的动力,或者是曾去医院治疗之后得到根治。他们在应对疼痛时,选择减少肢体的活动量来达到休养的目的。慢性疼痛尤其是肢体的疼痛影响其正常的劳作行为,甚至行走能力,使老年人行动能力减弱,导致居家自我照顾能力下降,降低生活质量。

> 吴琪琪:腰疼真是要命啊,连着整个身子都不敢动。站肯定是不敢站,坐吧也不舒服,躺那吧也不敢翻身,夜里经常疼醒。我一般只有做理疗的时候才出门,其他时间我都在家里养着,饭我有时候都不想做,随便吃点饼干啊,喝杯牛奶算了。

(2)家庭支持的间断性。子女去看望老人时才能给老人提供生活上的帮助,但子女因异地就业安家、社会生活成本的提升等原因,造成看望老人的频次较低,老年人无法得到持续性的照料。即使子女抽出时间陪伴老人,也只能帮助其完成看病就诊的活动,居家护理期间老人还是要依靠自己安排每天的生活。

> 徐露露女儿:我叫我妈去我那住,她不愿意,说我天天忙得不见人影,谁照顾谁还不一定呢,我也没办法啊,也就只能抽时间带她去医院瞧病,平时还是得靠她自己。

> 吴琪琪儿子:我们做儿女的也很无奈,只能尽自己最大的能力去照顾,不能在身边尽孝,生病的时候也不能天天照顾她,只能回来的时候多买点能放的吃的,她没法做饭的时候能有东西吃。

(3)社区服务缺乏专业服务人才。社会流动性大,年轻人异地就业和安家,造成老年疾病护理资源大幅度减少,即使子女与父母处于同一城市,年轻人面临工作压力和养家糊口的需要,也无法时常陪在老人身边照顾。老人会越来越需要社区的力量来支持其疾病护理,这就需要社区能够提供专业护理人员来满足其生活护理的需求,也需要志愿者来帮助其解决生活护理方面的困难,更需要社区有专业的管理人员为其疾病护理提供多方面的保障。但通过对多个社区的访问发现,目前社区中的管理人员一般是原来街道的办公人员或者居委会的工作人员,这些人员在疾病护理方面没有经验,更没有老年疾病护理方面的相关经验和专业知识。

城市社区老年护理服务人员专业化水平亟待提高。社区护理服务缺乏专业的医疗服务人才。社区内老年服务质量无法应对老年疾病护理的生活需求,心理需求护理方面的支持更是少之又少,几乎没有涉及老年疾病护理的心理护理方面。如果是专业机构的专业服务人员,其护理价格相对较高,对于仅仅依靠退休金来安排晚年生活的大多数老人来说是无力负担的。社区中为老年疾病护理提供服务的人员,有社区内的退休人员,其本身就是老年人,照护能力较弱,还有一些家庭妇女和具有志愿精神的志愿者,护理队伍整体素质偏低。他们为老人提供的仅仅是一些做饭、洗衣等家政护理,不能提供老年康复所需要的日常生活照顾。在受访的老人中很多老人出于信任和安全原因不让陌生人进门服务。

徐露露:有师院的孩子来帮忙做家务,地拖得还不如我拖得干净,我也不指望能干个啥,就是孩子来叽叽喳喳地说话挺有意思的。

(二)居家心理护理的困境

居家老年患者面临情绪排解的心理护理困境,表现在以下方面:老年人采取消极的应对方式、分离的居住安排、社区服务多样化有待提高。

1. 老年人被动面对疾病

与被动面对相伴随的往往是一些消极的情绪体验,老年患者面对疾病时常常会出现畏惧和退缩的情况,处于被动状态,只能被迫忍受病痛,无法调动自身的力量去面对疾病带来的身体上的疼痛和生活上的不便。通过访谈了解到第一代独生子女父母对自己的不幸处境感到悲伤，对病痛的不定时性深感无奈，对疾病可能引发的严重后果忧思烦恼。老年患者被动面对疾病因素强加的伤痛，自己不想主动接受患病这一事实，会对疾病产生抵触和排斥心理，甚至会出现拒绝就医治疗的抵触行为。老年人在面对疾病带来的伤痛时，并不愿接受疾病这一现实状况，但身体的疼痛又使老年患者不得不面对，他们没有做好接受疾病的准备，无法积极主动地面对病痛，想要逃避甚至怨天尤人，质问疾病为何会发生在自己身上，将病痛视为"洪水猛兽"，这种被动面对疾病的方式可能会增加心理负担，加重疾病带来的疼痛感。

陈玖玖：试了多少种方法去瞧它，总是治了又发，发了又治，那我能咋办呢，以前去医院瞧也是开药，回来养着，医生都不能彻底将它治好，那它经常疼，我更是没办法。

徐露露：我有时候都想，我咋得了这样的病呢，疼起来要命，还没完没了的，疼了治，治了又发，不看它吧，疼得又受不了，看了也只能管一阵。

2. 分离的居住安排

老年人与子女之间的居住安排会对他们的代际支持产生显著的影响。与子女分开居住，不仅减少了见面的机会，造成父母与子女之间的沟通交流少，而且造成信息传递的延时性，子女对老人的健康状况掌握少且生病时不能及时知道，增加了老年人从子女那里获得照料帮助和情感支持的困难。居家护理期间由于老人没有住院，子女一般不会专门照顾，这种居家护理的方式，并没有使代际空间距离缩小，反而阻碍了代际照料的进行，增加了老年人获取心理护理支持的难度。家庭规模的小型化，照料功能的弱化，使老年人日益增长的心理护理的需求得不到满足，造成老年人心理护理的困境。

陈玖玖：孩子大了，有自己的一家人了，有自己的家要照顾，一窝子老的小的，整天家里家外地忙，我就不让她操心了。

3.社区护理服务多样化有待提高

社区为老年人提供的疾病护理仅限于单一的家务照顾,主要包括:餐饮、洗衣、拖地等日常服务,没有提供专业的心理护理服务,没有居家护理老年人的专业医疗护理知识的指导,没有对老年人的居家护理技能进行培训。专业的居家老年疾病照料服务目前并没有专门的人员或适当的机构提供,如外出陪同看病检查、帮助购买生活必需品、聊天缓解孤独等,也无法从社会上找到专门为老年人提供该类服务的组织或机构。

徐露露:我自己生病在家爱胡思乱想,也没人陪我说话,其实要是有人能告诉我,跟我说这都是小病没啥事儿,我可能也不吓得恁狠了。

(三) 住院生活护理的困境

1.老年人自我照顾能力不足

根据受访的第一代独生子女父母的具体情况来看,老人自我照顾能力下降,不能满足日常基本生活需求。疾病往往伴随着身体的不适、疼痛,甚至生理机能的损伤,这些都会衰减老年人的自我照顾能力。虽然处于疾病期,但老年人依然要生活,疾病带来的伤害轻则使人头昏脑胀、身体疼痛,重则身体无法挪动。吃饭、排泄、个人清洁等活动都无法自行处理,需要有人照顾,有些老人要依靠打价格高昂的营养针来维持身体每天所需的能量。

郑山山:我总感觉头昏昏沉沉的,头晕得啥也不想干,饭都不想做,都是在外边买。

廖世一:腿这个样子了,在床上躺着,是哪也去不了,啥也干不成,还要麻烦她(前妻)照顾我,我俩都离了,她还愿意伺候我。

2. 家庭照护负担重

(1)生理负担和心理负担。在访谈过程中了解到第一代独生子女父母的照护者面临生理负担和心理负担。住院护理的老人,尤其是需要进行术后护理的老人,术后并发症较为常见,需要进行特殊护理,因此,家庭照护者需要提供复杂的多样化护理以及专业化护理,如清洗、喂饭、洗衣、协助检查、帮助物理降温等,需要照护者长期陪伴照顾,每一项护理工作都要耗费照护者大量时间和体力。疾病造成老年人机体功能状况急剧下滑,生活自理能力变差,病情严重的老年人甚至失去自理能力,照护者是老年人唯一熟悉的人,老年人对家属照护者的依赖心理会加重,频繁地提出护理要求,间接增加了照护者的生理负担。老年病患在护理期间因疾病带来的焦虑等情绪也会传染给照护者,甚至直接转嫁给照护者,加重了家庭照护的心理负担。

> 刘依依嫂子:虽然她能动吧,但我要准备好一日三餐吧,还得来回跑,往医院里送饭,有时候也在那陪着,怕万一有啥事儿了,但家里还有一摊子事儿,外孙女上学还在我那吃饭。折腾的累得不得了,腰也疼,腿也疼的,膏药老得贴着。

> 张舞舞女儿:我基本上都算住在医院里了,我妈离不开人,洗脸啊、喂饭啊、找医生啊,啥我全包了,怕她在床上躺的时间太长,我还经常给她按摩。照顾病人比上班还累了,这得亏是自己的亲妈,要不然我都不知道咋熬下去。(眉头紧锁,一声长叹)

(2)家庭成员自身健康和原有生活受影响。家庭照护者在照顾住院老人的过程中通常只有一个信念,那就是照顾好老年人,在进行照顾时他们通常会处于一种紧张的状态中,所以容易忽略自身状况,在照顾老年患者的过程中要耗费大量的体力,照护者需要一定的时间进行休息和活动来补充身体所需能量。在访谈中了解到通常照护者在医院的复杂条件下,休息的环境难以得到保障,加之老年病人夜间的护理需求,使照护者的睡眠质量下降,作为亲属的照护者常感到身体乏力。随着老年患者住院时间的推移,照护者的体力被大量透支且能量得不到补充,自身健康状况受到影响。照护者每日要在医院花费大量的时间,陪护老年患者,没有多余的时间分给朋友、邻居、亲人等,自己的家庭生活也会受到影响,无法兼顾自己的家庭生活。尤其是对于老人子女来说,不仅有工作上的任务需要完成,还要照顾自己的孩子,但是在照护老人期间也无暇顾及。

> 李尔尔妹妹:我最近老在医院里,我老公还抱怨我现在连家也不管了,家务我都没空做,还好他还理解我,虽然抱怨,但有时候也会来医院帮我照顾。

> 张舞舞女儿:我在医院都一个月了,我小女儿从来没离开过我这么长时间,视频里哭得不行说想我了,我只能告诉她快回去了,哄着她。公司里之前总是给我打电话,我都想着实在不行就辞职算了,不知道我妈啥时候能好呢,那边总拖着,还好领导照顾,让我什么时候忙完就什么时候回去。

3."医养结合"难以实现

从我国目前情况来看,医疗机构和养老服务机构彼此是独立存在的,医疗机构以危急和重症患者的治疗为主,而养老院、家政服务机构多以提供生活照料为主,缺少专业医疗护理机构为老人提供专业化的疾病护理。老年慢性病患者患病及康复期间在健康状态变差或者生活自理能力受损时,无法得到及时的治疗和有效的专业护理,不得不经常在家庭、医院之间往返,既延长了疾病的治疗期,又增加了治疗费用,同时还会给社会带来负担。"医养结合"将医疗专业护理的优势与护养机构的社会开放性有机结合,它不仅能满足人们对护理服务的需求,还能提高护理服务的质量,减轻家庭提供长期护理服务的负担。然而,目前医院在提供日常医疗服务方面的人力、物力和财力等资源严重不足,有限的医疗服务资源投入养老服务难以实现。笔者在医院中见到一个护士怀孕 8 个月了依然在工作岗位上勤勤恳恳地工作,医生说都不忍心叫她干活,但人手不够,还是要叫她来回跑。有些医院里的基础设施建设维护尚且不能做到,呼叫铃坏了半个多月了都还没修好。

(四) 住院心理护理的困境

1. 负面情绪难以排解

从受访的第一代独生子女独居父母的现实情况来看,老年人患病后情绪波动较大,深受焦虑、孤独、愤怒等不良情绪的困扰,自己不知如何释放这些负面情绪,也没有人开导自己。亲属照护者在照顾老年人时,要负责老年人的饮食起居,还要协助检查等,没有充足的体力和时间顾及老年人的心情变化。

(1)老年人难以自我排解不良情绪。病痛的折磨让老人每天只能待在病床上接受医疗手段的治疗,在医院复杂的环境中老年人身体活动量减少,行为活动迟缓,思维认知下降,老年人会出现情绪低落、悲伤、痛苦等情绪状态,医院枯燥单一的治疗生活使其对日常生活兴致匮乏,长时间的无所事事导致自觉思考能力下降,注意力不集中,时常发呆。老年人因自身疾病需要人照顾,容易产生内疚感,常常闷闷不乐、垂头丧气,这种低落的情绪导致食欲不振、睡眠质量下降等,出现发作性惊恐状态,比如小动作增多,翻来覆去地坐卧不安,甚至会出现突然激动地哭泣等行为。

老年人在医院压抑的环境中忍受着病痛,他们的心理深受打击,不仅面对疾病他们无能为力,还需要别人的照顾,这对长期自我照顾的老人来说是极难适应的,他们会产生无力感和拖累感。并且,他们在医院里无事可做,注意力都集中在疾病上,难以从这种焦虑的状态中抽离。

李尔尔:这破肠子,搞一次又一次的,要从恁远跑到医院里住着,还要麻烦我妹照顾我。

杨芭芭:成天在医院里躺着,医生说一个星期就可以动了,这都一个星期了,还不敢动,又不叫动,啥时候是个头啊,这都算好了,但肯定也没以前利索了。

廖世一:我咋没一家伙死了呢,现在死不死活不活地躺这,还得叫她(前妻)照顾我。

孤独是住院护理的老人最常见的感受。老年人与家人的沟通仅限于生活需求满足方面的应答沟通,与医生和护士等医护人员的交谈只是简短的病情询问,与同病房里患者的交流也十分有限,病房中的病人经常更换,病友都是处于养病的状态,交谈的兴致也不高。这样的生活,对于已丧失认知能力的老人来说,其孤独体验感不易察觉;而对认知能力相对较好的老人来说,其孤独感则比较明显。在访谈过程中,不少老人都直接或间接地流露出其在病房中的孤独感,每天没事可以做,没有人说话,常常胡思乱想,感到孤单寂寞。

郑山山:在医院里除了打针就没有别的事干,一个人跟傻子似的,我不想在那住,医生叫我别出院恁早,我想在这输水了也是头晕,回家喝点药,慢慢休养也比在医院强啊。

老人在住院护理期间,每天面对的人只有负责照护的家人和医护人员,要做的事情就是打针吃药等。病痛的折磨与无休止的治疗程序,使老年人心情烦躁。根据受访的第一代独生子女独居父母的具体情况来看,老人以一种消极的方式发泄,他们通过抱怨和发怒来分散疾病带来的伤害,他们抱怨照护人的照护措施,觉得儿女不能满足自己提的要求,被要求做自己不想做的事情。他们认为子女在照顾自己时脾气暴躁、态度恶劣,抱怨亲人对自己不够关心,抱怨邻居和朋友的帮助会给自己带来一些麻烦,抱怨医生不能解决病痛问题且医院人员对自己不关心,抱怨医院卫生条件差,抱怨病房里过于吵闹等。

张舞舞:我叫我女儿给我买个鸡腿啃,她都不愿意,买个红薯还买恁小的。她小时候我可没对她恁抠。(医生交代不能吃油腻的东西)

郑山山:输了两天的液了,也没见效,医生跟护士都不搭理人的,问个啥都爱答不理的,晚上又吵,觉也睡不好。

（2）家庭照护力不从心。家庭照护者在照护老年人时要负责其穿衣、吃饭、上下床等活动，还要对老年人进行清洁卫生等繁杂的照顾活动，同时，家属要配合老年人所需的医疗护理，陪同老人检查。各项护理活动都是体力活，加之照护人员较少，没有人轮流照顾，家庭照护者耗费大量体力后得不到充足的休息，长久的疾病护理工作使照护者身心疲惫。亲属照护者在完成老年人的生活护理工作之后已经精疲力尽，没有足够的时间和精力对老年人进行心理护理。

> 张舞舞女儿：基本上我天天都在医院，陪床是可以跟医院租，价钱贵不说，一个小床就那怎宽一点，翻个身就要掉下去了，睡得我是浑身难受，晚上我还要操心我妈，经常会半夜醒来，白天有时候她打针我想眯一会儿，医院又不让白天把床展开，想睡也睡不成。有时候我妈还没事儿找个事儿，光气我，那会儿我哪顾得了那么多啊，我俩都吵了好几次架了。

2. 价值感缺失

（1）老年人的无价值感。老人的无价值感严重威胁着疾病的治疗和老人的生活质量。那些不再积极追求生活、没有生存希望的人会有更深的折磨感。当老人失去了价值感，就会陷入情绪低落的状态，产生沮丧感，变得忧郁，他们认为自己做不了任何事情，或者自己做的事情不能对疾病和疼痛产生任何作用，产生深深的无力感和无奈感，感到失望甚至绝望，这也影响着疾病的治疗和健康的恢复。

生存价值感是对生命的敬畏和珍惜，简单来说就是想要"好好地活着"。住院护理的老人因长期在医院中，尤其是需要躺在病床上无法自由活动的老人，不仅受病痛的折磨，还与外界失去联系，无法进行正常的生活。通过分析第一代独生子女独居父母住院期间疾病护理的情况，发现住院的老年患者在面临无法缓解的身体疼痛和无法自由行动的压力时，对生存的价值感产生怀

疑。长期躺在病床上的老年患者,甚至连自己的大小便问题都不能解决,产生
羞耻感和自卑感,认为自己活得没有尊严,丧失了生存目的和意义。部分老人
因此意志消沉,感到绝望,甚至觉得活着没意思,只能受罪,产生结束生命的
想法。

> 张舞舞:干嘛要把我送医院呢,我要死了啥也不知道,现在躺在
> 床上,叫我在医院受罪。

> 杨芭芭:导尿管虽然插着不舒服,但也能解决小便的问题,大便
> 咋搞啊,都直接拉到床上,恶心人不,虽然有尿裤垫着,但我儿给我收
> 拾的时候我总觉得不好意思,我现在能做的事儿只剩下喘气了。

生活的价值感是对生活的期盼和追求。住院护理的很多老人认为他们感
受不到生活的价值。笔者在医院中观察到病床上的老人目光呆滞、情绪低落,
与在外活动的老人的精神状态有很大的不同,住院的老人常常发呆,眼神暗淡
无光,从他们的眼神中看不到生机和活力,看不到期盼和对生活的希望。在与
老人们交谈时,他们透露出来的信息也能说明他们情绪低落,有些老人表示对
未来的生活没什么盼望的了,将要发生的事情也没什么担心的了,没什么事情
能够让人感到开心,也没什么行为让人失望和不开心。这些老人的生活状态
是对一切都无所谓,仿佛是达到了我们常说的"无欲无求"的境界,但其实是
老年人在病痛的折磨下而逐渐心灰意冷。因为没有价值感,老人才觉得他们
每天的生活就是等吃、等喝、等死,很多老人或被动或主动地成为"三等
公民"。

> 杨芭芭:人老了到这一步了,除了一身的病还有啥,黄土都埋到
> 脖子了。

> 廖世一:在医院里,每天都是打针、吃饭,到点吃饭,天天输液。

(2)家庭照护缺乏专业化指导。家庭成员对老年人的护理基本是基于医
护人员的要求和老年人的要求。但与专业化的疾病护理要求相差甚远,疾病
护理人员应具有专业的知识储备,对老年人进行心理方面的疏导,引导老年患

者正确看待疾病,理性对待疾病引发的疼痛,指导其树立人生的希望,帮助老年人找到自己生存的价值和生活的意义。笔者通过访谈了解到家庭照护者并没有接受过专业化的指导,有些照护人员甚至是第一次照顾病人,并不能胜任老年疾病护理的照护工作。只有具备营养、医疗、护理、心理等多方面的综合知识才能胜任老年疾病护理的工作,才能指导老年人正确认识疾病产生的原因,科学理性地接受并配合治疗。但现实的情况是家庭照护者不具备护理知识,也没有专业的护理人员对其进行指导。

　　张舞舞女儿:我妈还埋怨我不该救她,让她在医院里受罪,动不动就说还不如死了算了,我心疼她就哄着她,但她总这么说我也伤心,有时候又生气,我这么辛苦地照顾她,她还各种埋怨,我都不知道该咋办才好了。

　　杨芭芭儿子:这真是我第一次照顾病人,以前我媳妇生孩儿我都没照顾过,我一个大男的,手又笨心又粗,都是医生和护士说让干啥就干啥,我妈想干啥事没法弄的话叫我,我再帮她弄。我还真没想过她有啥想法,我就想着赶紧把病瞧好,早点出院。

　　(3)社会提供的养老服务层次偏低。我国社会养老服务供给市场提供的护理服务产品,主要是用以满足老年人生活照料和医疗护理保健的需求,属于生理和安全层次;对于老年人的心理护理这种更高层次的需要,当前市场上很少供给该项服务。如果把患病老人的个性化护理需求作为养老服务供给的依据,而社会则是按照统一标准提供老年人的生活服务和医疗服务,那么从养老服务的受众来看,没有达到需求导向和供需平衡的目的,需要政府通过相关政策予以引导,提高养老服务供给的多样化,实现精准化供给、高层次服务。

　　当前我国专业养老服务人才稀缺。我国面临着人口老龄化的严峻挑战,想要解决这一问题,就必须拥有一批掌握先进专业技术和精湛专业技能的养老服务人才。但是,中国社会养老服务人才数量缺失,提供老年疾病护理的专业人才稀缺,服务的专业化水平低。目前从事该行业的人员大都学历不高,没有经过专业的技能培训,专业化服务水平较低;养老服务人员薪酬福利水平低、职业认同感低、工作压力大,造成该行业吸引力不高,使得专业化的社会养老服务人才队伍的建设难度增加。

六、独生子女独居父母疾病护理困境的解决机制

老年疾病护理体系是由多个服务提供主体按照既定的服务标准来提供多样化的护理服务的一个复杂系统,其中,家庭、社区、社会是老年疾病护理体系构建中最为关键的要素。要覆盖所有的社会支持主体,构建社会、社区、家庭和独生子父母之间的“共担·互补·协调”的网络化支持机制,即责任共担、资源互补,运行协调。① 作为疾病护理支持主体的家庭、社区和社会,以促进老年人健康的恢复、保障其老年生活质量的共同目标,共同努力、共同承担老年人疾病护理的责任;社会行动主体各有所重,家庭保证其基础性地位,社区发挥支撑作用,社会提升调节功能。多方支持主体各有所为、相互促进,做到护理资源的有效整合和相互补充,实现护理资源互补;政策、法律、道德、文化等要素密切配合,分工有序,协调发展,共同促进整个疾病护理体系中的家庭、社区、社会等各方支持力量最大化地发挥作用,履行相应职责,实现整个网络化支持机制的稳定运行。

家庭在老年疾病护理中居于基础性地位。作为支持老年疾病护理的第一责任主体,不仅要对患病老人进行生活护理,还要注重心理护理。作为一个崇尚孝道文化、提倡尊老爱幼的社会,家庭应该是老人疾病护理的第一责任主体。因此在构建疾病护理体系、提出独生子女父母疾病护理困境解决机制时,

---

① 董红亚:《中国社会养老服务体系建设研究》,中国社会科学出版社 2011 年版,第 66—79 页。

要充分挖掘家庭护理资源,发挥家庭的作用,使其承担起照护老人的首要责任,保证老年人晚年生活质量。家庭护理的优势在于,家属与老人的关系最亲近,家人最了解老人的身体情况和护理需求,最容易取得老年人的信任,家庭为老人提供的护理支持具有不可代替性。对于独生子女家庭来讲,唯一的子女作为护理资源弱化了家庭护理功能,要想让家庭像从前那样全部承担老年人的疾病护理责任是不现实的。

社区的支撑作用。在家庭养老功能日益弱化及独生子女家庭疾病护理资源稀缺的现实情景下,社区是联系家庭与社会的"桥梁"或"纽带",也是实行居家护理的重要平台,社区的"依托"和"重要支撑"作用日益彰显,社区是老年人最熟悉也最愿意接受疾病护理服务的场所之一,在疾病护理体系建设中,社区具有不可替代的重要地位。

社会调节功能。提升社会"托底"和"调节器"的功能。完善的政策法规既是政府在老年疾病护理体系中起主导作用的体现,也是确保老年疾病护理机制实施的保证,其发挥的作用是任何个人、家庭和其他社会组织都无法替代的。在某种意义上,也是促使老年疾病护理转向正规化的标志。政府作为管理社会事务的权力主体,在宏观层面的老年疾病护理环境建设中具有独特的条件优势,同时在机制的建立上具有不可推卸的内在责任。而从微观来说,血缘关系是一种特殊的疾病护理资源,亲情是老年疾病护理天然的基础,老年疾病护理的主要责任最终还是由家庭成员来承担,但亲情关系是内在的具有非强制性和非持续性,根据个人觉悟的差异呈现出不稳定性的状态,需要靠道德基础来维持。只有通过外在的象征国家权力的政策法规、法律制度的强制,通过文化宣传和教育的浸润,尤其是孝文化的传播,才能把这种基于血缘关系和个人情感的内在道德转化为责任,并在观念上强化、在行为上固化。从这一意义上讲,老年疾病护理需要社会发挥托底作用,对社会疾病护理资源进行调节,保证护理各要素相互配合、合理分工、协调发展,共同促进家庭、社区、社会等各方支持力量最大化地发挥作用,履行相应职责,实现整个网络化支持机制的稳定运行。①

（一）构建居家生活护理满足机制

1. 满足老年人对日常基本生活护理的需求

在居家护理的第一代独生子女父母中,有些老人因疾病或疾病带来的疼痛导致吃饭、如厕、保持个人卫生等日常基本活动存在困难,需要口腔护理、饮食护理、排泄护理、皮肤清洁护理等有针对性的日常基本生活护理。这种护理服务通常由医院的专业医务人员完成,这是急性医疗护理的一部分。然而,对于患病的老年人来说,居家护理的老年人不能胜任这项护理工作,家庭成员的护理也不能实现专业化。向外部专业护士寻求帮助也受到专业护士短缺和护理成本高等客观条件的限制。

因此,可以考虑设立专业护理服务,由受过护理教育和护理技术培训的专业人员承担此项护理工作。需要这种日常基本生活护理服务的老年人受到疾病的威胁,身体严重受损,健康状况不佳,在饮食、上厕所和保持个人卫生方面的自理能力很弱。他们通常需要护理人员陪伴的时间较长,并且需要专业的护理支持。因此,专业护理服务可以选择在家庭成员中选派专人进行老年人的日常基本生活护理,或者由社区护理中心等机构提供专业人士来完成此项护理工作。

2. 满足老年人对家务类工具性日常生活护理的需求

对于工具性日常生活活动能力受损的老年患者来说,完成洗衣、做饭、打扫卫生等家务活动存在困难,照护者需要对老年人的家务类工具性日常生活进行护理,这些护理包括帮助老年人做饭解决其饮食需求,协助洗衣、打扫房间满足其处理清洁卫生需求,这类生活护理主要是提供正常生活所需的必要

---

① 赵秋成:《中国农村养老服务体系建设研究》,清华大学出版社 2016 年版,第 179—186 页。

支持。这类护理服务不会对老年人的生命维持和身体健康产生直接的影响，但可以提高老年人的生活质量。

此类护理对于照护者的专业性要求相对较低，只需提供日常的家务照料护理，时间弹性大，护理人员在时间安排上相对自由，可规划性强，照护者可以提前规划，进行预约和安排，并不需要护理人长时间的陪伴，可以由家庭成员、家政服务人员、志愿者协助完成。因此，类似的养老服务需求通常可以通过提前预约安排，由老年人的家庭或者社区承担其家政生活的护理。这类服务需要规范和监督，确保服务的质量，不同老年人对此类护理需求的个体差异较大，服务的方式和安排应更加多样化。

3. 满足老年人对于持续性医疗健康护理的需求

选择居家护理的老年人大多患有慢性疾病，他们需要持续地接受长期的医疗服务和疾病护理，以维持生理机能的运转，比如物理疗法等保健项目，并且需要随时监测和评估身体健康状况，并防范可能发生的风险。对于慢性病患者来说，持续性的医疗服务和疾病护理对维持他们的健康至关重要。然而，它与医院提供的急性医疗护理并不相同，二者的目标有所差异，前者的目标是养护，后者的目标是治疗。这种健康护理措施通常可以通过计划展开程序化安排，不需要住院治疗，占用大量的医疗资源，但是必须由专业护理人员指导并提供及时的支持。

正是因为这些老年患者并未入院治疗，他们对持续医疗护理的长期需求被忽视，导致许多老年人不仅难以得到医疗保障提供的财政支持，也享受不到医护人员提供的专业护理。实际上，这种医疗护理服务可以由社区保健服务中心、疗养院、养老院等机构中具有专业资格的护理人员提供。这类护理服务可以被视为专门医疗机构的外延性专业健康服务，满足老年人的长期护理需求。目前正在大力推行的"医养结合"养老模式建设，其重要目标之一就是满足老年人医疗护理服务的需求。但是从这种模式的发展状况来看，基层的社区卫生服务部门专业护理人士不足,提供的护理内容有限,导致老年人对医疗护理的质量满意度较低。

显然,目前的护理状况和护理制度已经不能满足老年人的需求。应从构建长期护理体系入手,从严格配置专业护理人员,规范护理服务内容和提高护理服务质量等方面解决这一问题。推动"医养结合"的发展,在现有养老机构的基础上,努力扩大机构对社区和家庭的服务,提高社区服务的专业水平,大力建设和发展养老机构,搭建医院急性护理、社区服务和家庭日常护理的沟通平台。进一步扩大社区疾病护理职能,以"家庭医生"服务队伍和家庭病床为突破口,向辖区内老年群体辐射社区医疗服务资源,提高护理一体化水平。

(二) 形成居家心理护理的沟通性网络化机制

1. 指导老年人正确应对疾病

居家生活护理的老人一般患有疼痛性慢性疾病,其并发症严重影响老年患者的行为活动能力,活动能力的衰弱威胁老年人自我照顾能力,使老年人的生活质量变差,身体机能的受损和生活质量的下降容易导致焦虑、孤独、愤怒等心理变化,引发心理疾病,不利于老年健康的恢复,因此需要专业的护理人员对患病老年人进行护理。专业的护理人员要向老人解释疾病引起疼痛等不适的原因,讲述疼痛发作的规律,指导其正确认识疾病,改变其恐惧、逃避等消极心态,解除紧张不安的焦虑情绪,纾解孤单寂寞的孤独感受,缓和生气烦躁的愤怒心情。

此外,疾病治疗还需要家庭成员的参与,家人对疾病的认识和理解、对治疗的支持和配合也是患者战胜疾病的强有力支柱。因此,专业护理人员应该详细了解患者的心理状况、家人对疾病的认识和理解、亲属对治疗的配合和支持程度。这一协调沟通工作要通过社区这一平台进行干预,由社区搭建专业护理人员与家庭护理人员的沟通平台。

2. 满足老年人渴望心理呵护的需求

老年人在患病期间,受到病痛的折磨,身体行动能力和生活能力受损,独立生活的状态受到影响,他们会因疾病带来的恶劣影响以及不可预测的后果而担惊受怕、焦虑不安,希望有人能够照顾自己,渴望家庭的温暖,以此来缓解焦虑感;他们因疾病带来的行动不便和身体不适,只能独自待在家中,会感到孤独寂寞,需要参与社会互动沟通等交往活动,来排解孤独情绪;老年患者面对疾病带来的伤害束手无策,会产生愤怒的情绪,他们需要发泄;还有一些老人有信仰的需求,希望能够得到心灵的寄托和指导。满足患病老年人释放这些不良情绪的需求、渴望获得心理呵护的需求,需要来自亲朋好友的心理护理,也需要社区为患病老年人提供各种社会交往活动的机会。

(三) 健全住院生活护理协同机制

1. 日常生活的专业护理

对于疾病导致的饮食、排泄等日常生活能力受损程度严重的老年人,可以采用医学的手段辅助其饮食和排泄,比如通过营养液的输入来代替饮食所需的能量,采用灌肠、人工掏便等方式帮助老年患者顺利排便。同时,医护人员要向患者和家属介绍可能加重病情和引起术后感染等方面的诱因,告知患者及家庭照护者相关并发症的表现,指导其在生活护理时谨慎地采取护理行为,遇到特殊情况时及时告知专业的医护人员,防止疾病的恶化。

2. 日常生活的基础护理

专业的护理人士通过日常生活活动能力的评估,来判断老年人自理能力受损的程度,根据评估结果,与家属沟通和合作,共同对老年人实施护理,对于身体机能受损程度较轻的患者,鼓励老年人自我护理,自行完成饮食、如厕、清洁等日常基本生活活动,通过引导和鼓励帮助老年人发挥自身功能和潜在的能力。对于身体机能受损程度较重,在护理期间只能躺在床上,完全无法进行自我照顾的老年患者,家庭照护者在日常生活的基础护理中发挥着重要的作用,家属要经常协助老年人更换被服,保持床单被罩的清洁、干燥,帮助卧床不起的老年病患定时翻身、拍背、按摩等,防止老人肌肉萎缩;对无法自行如厕的患者,家属要做好大小便的护理工作,注意保持导尿管的清洁畅通,定时更换,防止泌尿系统感染,同时要对老年患者进行擦洗;帮助老年患者进行口腔清洁,预防感染,注意口腔卫生。

(四) 建立住院心理护理的多元化机制

1. 多元化的因人因病施护

长期的住院治疗造成老年患者出现焦虑不安、孤独寂寞、烦躁愤怒等负面情绪。老年人因疾病治愈期的不确定而焦虑不安,因医院中枯燥的治疗而感到孤独寂寞,因疾病带来的疼痛和治疗感到悲伤愤怒。诸如此类的负面情绪让他们对自身病情关注度高,注意力无法分散到外界,加重了心理负担,影响疾病的治疗,阻碍老年人健康的恢复。医护人员要密切关注老年人的心理状态,消除老年病人的负面情绪,与家人合作,对患者进行负面情绪的排解,主动与老年人交流沟通,调动各种护理资源相互支持配合,多元化实施护理,帮助老年患者缓解负面情绪,提升疾病护理效果,促进老年人健康的恢复。

医护人员在沟通时应注重语言沟通和非语言沟通技巧的配合运用,重点是发挥语言的表达沟通作用,与老年患者进行面对面的交谈,尊重和接受老年人喜欢提问题且经常进行重复性发问。作为照护者的家属,要注意用柔和的语调耐心回答老人的问题,同时要配合倾听与眼神交流等非语言沟通技巧的运用。耐心的倾听也十分重要,有些老年人因在住院期间正常的社交互动需求无法满足,倾向于通过说话来增加存在感和安全感,会选择一直不停地说话,因此家属在照顾时要耐心倾听,必要时可以夸大面部表情来表达开心、忧愁等情绪,同时提供自然的眼神交流,展现对老年患者所聊话题的关注度。这有利于老年人分散其集中于疾病的注意力,降低产生焦虑、孤独、愤怒等负面情绪的可能性。

在住院老年患者的心理护理方面,多元化的方法有助于实现差别化的针对性护理。在疾病和不良情绪的认知方面,医护人员需要进行宣传教育,使老年患者了解病情、发病原因以及疾病带来的影响等知识,帮助老年患者放下心理包袱,增加面对疾病的信心,促使老年患者积极寻求医学手段以获得及时的专业化的全面治疗。在应对不良情绪的技巧方面,要因人制宜,根据老年人的不同情绪,教他们不同的应对技巧,如注意力转移法、自我暗示法等;在应对方式上,对患者家属进行卫生健康和心理教育,争取家属强有力的配合,有的放矢,减轻患者的心理负担,使老年人积极主动地配合治疗。

2. 阻断负向心理

住院老年患者在疾病的压力下,常常会情不自禁地对自己的身体健康保持负向的消极想法,照护者应该积极与老年患者沟通,在疾病护理的过程中了解其心理感受,帮助老年患者确认这些负面情绪,并加以取代和减少这些负向想法。照护者可以帮助老年患者回顾以前的工作和生活经历,以往在工作中取得的成绩和生活中有趣的事情,增加熟悉感和愉悦感,减轻焦虑感、孤独感,充分挖掘老人在能力、人格等方面的优势,使其认识到自身价值,增强自信心,逐渐适应疾病带来的身体和生活的改变。

照护者要协助患者参与社交互动活动,增强生活自理能力和自我价值感,根据老年患者的身体情况安排一些外出活动,以减少患者的负向评价,使老年患者唤起身体的行动力和心理的满足感,保护他们的自尊心,起到稳定情绪的作用。护理人员要主动关心老人,理解老人的痛苦,减轻其心理压力,阻断负面情绪的产生。

3. 正面鼓励

由国家出资或给予政策支持,医院成立专门的老年照护队伍,对从事老年疾病护理的护士,进行系统的专业护理知识和心理学知识的培训,提供护理技术指导和教学,提升其综合素质。在住院病人新入院时,医院应由这些专业的老年照护人士全面评估病人,在尊重老年人的民族习惯和宗教信仰的前提下,根据老年人的职业、社会生活背景、性格等,建立比较系统的老年患者的心理档案,为心理护理提供客观依据。在疾病护理的过程中,专业照护人士通过与病人交流互动,及时发现老年患者存在的心理问题,针对差异化的心理状态,因人因病施护,帮助其树立与疾病抗争的信心。

这些专业的护理人员要积极主动地与老年患者沟通交流,当老年患者出现病情变化和情绪波动时,用和蔼的态度亲切的语气鼓励老年患者说出内心的想法,指导其正确认识疾病,沉着应对自身变化,树立正确的生死观,尊重生老病死的客观规律,帮助他们科学地安排住院期间的生活,找到生存的意义和生活的乐趣。与此同时,对家属进行专业化的指导,让家属充分了解老年人在患病过程中心理变化的特点,鼓励家属主动关心和理解老人,减轻其心理负担。对老年患者及其家庭照护者提供正向的心理调试方法,使其能够控制情绪,自我排解不良情绪,形成适合老年人养病的和谐环境。

第八章　城镇独生子女父母与非独生子女父母精神养老的差异

一、"独子化"是父母精神养老差异的关键因素吗

随着经济社会的迅速发展,生活水平逐渐提高,人们对老年生活的要求逐渐从强调物质层面扩展到物质与精神并重。长沙市民政局老龄办曾对近2000户老年人的生存状态进行调查,结果表明老年人的精神需求已超过物质需求,成为未来养老的主要特征。① 虽然这个结果不一定完全对,但也在一定程度上说明精神需求在老年人那里逐渐得到重视。退休后的老年人离开了熟悉的工作环境,产生大量可支配的空闲时间,加之社会角色和地位发生明显转变,社会交往与社会活动随之减少。这些改变会对老年人的精神生活产生明显影响,容易使他们滋生无聊、烦闷的情绪,他们也期望获得一种充实、愉悦的老年生活,以弥补心理上的失去感。

随着年龄的增长,老年人开始偏向于情绪、精神方面的满足。社会情绪选择理论认为,情绪、认知与动机相互影响,当个体意识到剩余时间有限时,会产

---

① 朱华:《长沙老年人现状调查:精神渴望远超物质需求》,2015 年 10 月 19 日,见 https://www.icswb.com/h/152/20151019/357858_m.html。

生动机的转变,会偏向于通过与他人的交往来获得情绪方面的满足,包括寻找生活意义、获得亲密情感和建立社会关系。① 这意味着步入老年阶段,精神需求开始日益凸显,老年人会逐步在与子女、配偶、亲属的交往中,以及在其他社会关系中,寻求精神方面的资源与渠道。我国 2012 年修订的《老年人权益保障法》规定,家庭成员应当关心老年人的精神需求,不得忽视、冷落老年人。② 这从法律层面认定了老年人的这一需求,确认了老年人的这一权益。

在"多子多福"的生育文化中,第一代独生子女父母只生育了一个小孩,因而他们的养老问题包括精神养老问题受到越来越多的关注。第一代独生子女已经处于成家立业阶段,而他们的父母也已逐步进入老年期,这一批政策性的独生子女父母的养老问题已从"将来时"变为"现在时"。只生一个小孩的事实缩小了众多家庭的规模,改变了众多家庭的结构,导致在上下两代人之间就出现了家庭的小型化、核心化的局面。而且在低生育率的事实面前,已经降下来的生育意愿在短时间内很难回升,第一代独生子女总体上也不会有较高的生育意愿,他们的父母要实现含饴弄孙、儿孙绕膝的天伦之乐也是很难的。

有研究指出,独生子女家庭不仅面临着经济保障风险,还面临着精神慰藉等非经济养老风险,③相比于经济供养和生活照料,独生子女家庭面临的更加难以解决的养老问题出现在精神慰藉方面。④ 在精神慰藉方面,第一代独生子女父母也表现出了一定的担心与焦虑,⑤且有这种担心与焦虑的比例明显

① 高云鹏、胡军生、肖健:《老年心理学》,北京大学出版社 2013 年版,第 156—157 页。

② 《中华人民共和国老年人权益保障法(主席令第七十二号)》,2012 年 12 月 28 日,见 https://www.gov.cn/flfg/2012-12/28/content_2305570.htm。

③ 于长永、乐章:《城市独生子女家庭的养老风险及其规避》,《社会科学管理与评论》2009 年第 2 期。

④ 刘生龙、胡鞍钢、张晓明:《多子多福? 子女数量对农村老年人精神状况的影响》,《中国农村经济》2020 年第 8 期。

⑤ 王树新、张戈:《我国城市第一代独生子女父母养老担心度研究》,《人口研究》2008 年第 4 期。

高于非独生子女父母。① 家庭养老的精神慰藉能力主要取决于情感资源和时间资源。"四二一"家庭因为结构简单,家庭成员间的情感联系更紧密,但子女的唯一性以及分散居住等,又使子女的时间资源成为最紧缺的资源。② 独生子女父母独自在家的情况更为普遍,子女常忙于家庭以外的事务加重了他们精神上的孤独感。在以子代为重心的独生子女家庭中,父母的家庭地位被弱化,传统的家长权威根据子代际遇发生转移,致使家长产生更强的失落感。与此同时,独生子女成为多个老人的养老期望重心,老人们也可能在子女养老的厚此薄彼或者应接不暇中产生被冷落感。社会交往频率降低、家庭成员的减少和家庭结构简单化三者叠加在一起,容易使老人们产生一些精神方面的问题。③

独生子女父母的养老问题,实际上是子女及其个人因素对养老产生影响和作用的问题。现有研究集中探讨了子女对养老的作用,包括子女数量、子女特征等变量对养老支持的影响,但较少研究老年人个体的养老表现,即少有从独生子女父母的角度开展研究,对于养老的事实是怎样在独生子女父母身上得以展开还知之甚少。已有研究不仅关注独生子女父母的经济支持,还关注生活照料和精神慰藉,认识到独生子女父母的养老问题包括精神方面,但多数研究只是基于理论探讨,少有实证研究。在少量的以第一代独生子女父母为研究对象的养老研究中,研究议题多着眼于养老方式、养老意愿,少有涉及精神养老问题。对于独生子女父母的精神养老问题,现有研究要么是就精神养老议题泛泛发表意见和观点,要么就是在别的研究主题里裁取少量变量开展基于二手数据的实证研究,并没有通过专门的研究设计而获取的数据资料。

---

①　风笑天:《面临养老:第一代独生子女父母的心态与认识》,《江苏行政学院学报》2010年第6期。

②　宋健:《"四二一"结构家庭的养老能力与养老风险——兼论家庭安全与和谐社会构建》,《中国人民大学学报》2013年第5期。

③　乐章、陈璇、风笑天:《城市独生子女家庭养老问题》,《福建论坛(经济社会版)》2000年第2期。

传统"养儿防老"的文化背景下,人们在探讨养老问题时往往把眼光聚集到子女身上。当大量的独生子女生育事实与"多子多福"的愿景想象相遇时,子女因素在养老过程中显得更为突兀。虽然国家已对计划生育政策做出了连续的调整,放开了二胎、三胎,但是生育政策所引起的人口发展效果是具有很长一段时间的延迟效应的,目前的独生子女父母的养老问题就是1980年前后执行计划生育政策所引发的结果。只生育一个小孩早已是众多家庭的事实,精神养老的需求也已迫在眉睫,第一代独生子女父母如何面对精神养老?"独子化"会对他们的精神养老带来什么影响,或者独生子女父母与非独生子女父母在精神养老上有什么异同?"独子化"是造成父母精神养老差异的关键要素吗?本章试图对上述问题进行讨论。

二、研究思路与设计

(一)变量及其测量

1. 自变量

本章的自变量为是否"独子化"生育。操作起来就是调查对象是否生育独生子女或者是否为独生子女父母。问卷中有"您现在共有多少子女"这个提问,将答案为1个的归为独生子女父母,答案大于1个的归为非独生子女父母。本研究的调查对象是在1976—1986年期间生育第一个小孩的父母,如果生了一个小孩就停止生育的就是第一代独生子女父母,如果还继续生育小孩的就是非独生子女父母。

2. 因变量

因变量为精神养老。人们晚年的精神生活既包括客观性的要素,也包括主观性的要素。当人们意识到剩余的时间有限时,会觉得时间越过越快,对生活中的资源与机会会越来越有选择性,更可能偏向于追求情感上的愉悦,寻找生活中的意义,获得亲密的情感和建立社会性关系,将更多的资源和机会投放在情感上有意义的目标和活动中。因为老年人珍视感情上的回应与满足,他们倾向于花更多的时间与熟悉的人在一起,选择性地缩小社会互动,将积极的情感体验最大化,而将消极的情感风险最小化。老年人系统地建设和维护他们的社交网络,以满足他们的情感需要。他们积极管理自己的世界,虽然会减少参与某些活动,但仍会活跃于另一些活动中。

本章中的精神养老包括三个维度。首先是精神健康,具体包括人们对整体生活的满意度与快乐感的"幸福感"和测量老年心理健康的"心理健康水平"两个指标。精神健康与人们生活的客观条件密切相关,是现实生活的主观反映,体现个体对自身存在状况的一种积极的心理和行为体验,并不是某种转瞬即逝的情绪状态。从内容上讲,精神健康是人们所体验到的一种丰富的存在状态,反映的是人们的性格、情绪、适应、人际、认知达到了何种程度与水平。其次是精神参与,具体包括建立社会性关系的"人际互动"和寻找有意义的目标和活动的"活动参与"两个指标。要测量精神参与,既要考虑人际互动的结构,即人际关系是否存在,它在整体关系网中的比例,与中心人的互动频率,以及互动方式,又要考虑人际互动的功能,即预期情感性的支持内容,还要考虑社会活动的参与,即"目前所从事的活动"。最后是精神保障,具体包括自我满足的"精神自养"和由子女满足的"精神赡养"两个指标。精神保障主要基于家庭和个人层面,即子女的精神赡养和个人的精神自养。家庭层面的精神赡养主要体现在子女对父母的孝顺频度上。个人层面的精神自养体现在积极的养老观念上。

(1)幸福感。对幸福感的判断与体验,主要是建立在当前情况与预期目标之间差异的基础上,如果当前情况达到或高于预期目标,就会产生满意的感受。幸福感是老年人精神健康的常用指标之一,本章研究用"纽芬兰纪念大学幸福度量表"(Memorial University of Newfoundland Scale of Happiness)来测量幸福度。该量表以测量老年人的幸福度为目的,以情感平衡理论为基础,设置正性情感、负性情感、正性体验、负性体验四个维度,共 24 个条目,表现出良好的内部一致性和时间稳定性,[1]其理论结构、评分及条目内容基本适用于中国老人。本章研究对原版量表做了适当修改。一是删除有语义重复、用词晦涩和不适合中国老年人的条目,每个维度各删除两个条目,保留 16 个条目。[2]二是将原量表中各条目的备选答案都改为:很不符合、不太符合、一般、比较符合、很符合。三是条目答案的赋值都改为:正性情感和正性体验维度的条目答案按 1、2、3、4、5 赋值;负性情感和负性体验维度的条目答案按 5、4、3、2、1 赋值。量表修改后,个案在量表上的得分越高,就表明该个案的幸福度越高。量表的 Alpha 系数为 0.839,四个维度的 Alpha 系数分别为:正性情感 0.694、负性情感 0.698、正性体验 0.850、负性体验 0.813。量表的 KMO 值为 0.898,Bartlett 球形度检验显著性为 0.000,运用量表数据进行因素分析所抽取的因素与量表的维度结构基本相同。这表明修改后的量表具有良好的测量信度和建构效度。

(2)心理健康水平。本章研究从性格、情绪、适应、人际、认知五个方面来构建量表,问卷中包括 10 个条目,[3]每个条目列有很不符合、不太符合、说不准、比较符合、很符合 5 级答案,分别按 1、2、3、4、5 取赋值。数据分析时进行

---

[1]　Kozma,A.,Stones,M.J.,"The Measurement of Happiness:Development of the Memorial University of Newfoundland Scale of Happiness(munsh)", *Journal of Gerontology*, No.6(1980), pp. 906-912.

[2]　量表中这 16 个条目包含四个方面:(1)正性情感:情绪很好;很走运;总的来说,生活处境变得使你感到满意;(2)负性情感:非常孤独或与人疏远;感到生活处境变得艰苦;感到心情低落,非常不愉快;(3)正性体验:所做的事像以前一样使您感兴趣;当您回顾您的一生时,感到相当满意;现在像年轻时一样高兴;对当前的生活满意;健康情况与年龄相仿的人相比差不多甚至还好些;(4)负性体验:这段时间是一生中最难受的时期;所做的大多数事情都令人厌烦或单调;随着年龄的增加,一切事情更加糟糕;最近一个月一些事情使您烦恼;有时感到活着没意思。

[3]　量表中这 10 个条目是:觉得一切都很好,心平气和;保持自己性格开朗,不孤僻、随和、不固执己见;遇事会想得开,善于自我调控;感到羞涩、容易紧张,无缘无故感到害怕或惊慌;经常与周围环境保持接触,并保持兴趣;能在集体允许范围内发挥个性,认为自己仍能发挥作用;经常感到属于朋友中的一员,只要愿意就能找到朋友;经常愿意与别人交谈,能接受别人的建议、对人宽容;具有从经验中总结学习的能力;生活目标切合实际,处理问题较现实,有自知之明。

了重新赋值:将"很不符合""不太符合"作为否定回答赋值为0,将"一般""比较符合""很符合"作为肯定回答赋值为1,各项之和为总得分,满分为10,所得分数代表心理健康水平,分数越高说明心理状况越好,并将0—2、3—5、6—8、9—10得分段分别定义为心理健康水平低、一般、良好、很好四个等级。

(3)人际互动。人际互动反映譬如与家人、亲戚、朋友等对象的交流互动中所体验到的情感支持。在问卷中包含三个问题:"当您心情沮丧时您找谁安慰或聊天倾诉?""当您拿不定主意时,您找谁提供意见?""当您平时外出时,您找谁陪伴?"每个问题所提供的备选对象为配偶、子女、孙辈、亲戚、朋友、机构人员、社区人员、同事、其他、都没有。依据回答情况,被选中答案赋值为1,未被选中的答案赋值为0。将调查对象在对以上三个问题上的回答赋值相加,构成人际互动的对象选择情况。人际互动的方式在问卷中列举了"面对面""电话""网络文字或音频视频""电子邮件""其他"五种方式。依据调查对象对以上五种方式的选择,被选中的赋值为1,未被选中的赋值为0,将调查对象对上述回答情况相加,就得到互动方式的选择情况。

(4)活动参与。活动参与反映当前精神生活的活动水平。问卷中列出了老年人日常生活中的14种活动,包括照顾孙辈、做家务、看电视、读书看报、上网、继续工作、文体娱乐活动、锻炼身体、旅游、义工和志愿者、学习知识、种花种菜养鸟、交朋友、其他。询问对方目前主要从事的活动,被选中答案赋值为1,没被选中的答案赋值为0,将所有答案的赋值相加得到总分,总分的区间为0 14。得分越高说明活动参与的水平越高。

(5)精神自养。精神自养具体可分为养老担心度、养老信心感以及自我老化态度指标。按程度高低设立五级答案,分别按1、2、3、4、5赋值,把三个指标的答案相加得到精神自养水平,得分区间为3—15。

(6)精神赡养。精神赡养反映亲子之间的交往尤其是来自子女的情感交流和支持情况。从五个方面进行考量:"子女关心问候的频率""子女陪伴体检看病的频率""子女提供意见的频率""子女帮助做家务的频率""子女支持决定的频率"。采用"从来没有"到"很多"五级答案,分别赋值1、2、3、4、5,将个案在五个问题上的答案得分相加得到子女的精神赡养情况,得分越高就表明子女给予的精神赡养越充足。

3. 控制变量

(1)个体因素。主要选取性别、年龄、受教育程度、是否退休、原就业单位、经济条件、是否有宗教信仰、是否患病八个变量。性别、年龄不同,对精神养老的需求和水平可能不同。受教育程度、原就业单位性质的不同,可能意味着工作条件、经济收入、社会认同等方面的不同。年龄按照实际情况分为60岁以下、60—70岁和71—80岁三组。受教育程度划分为小学及以下、初中、高中、中专/中技/高职、大专、大学本科及以上六个层次。经济条件采用经济收入满意度的自我评价来测量,分为"很不满意"到"很满意"五级指标。单位性质分为体制内和体制外:将党政机关、事业单位、国有企业归为体制内单位,将集体企业、民营/私营企业、外企、自营公司、自由职业、个体经济、非政府/非营利组织、其他归为体制外就业。

(2)家庭因素。家庭在精神养老方面起着重要作用,老年人是否与子女同住、婚姻关系是否完整等都可能影响到精神养老的效果。将家庭因素分为两个指标:居住关系和婚姻状况。居住关系分为独居与非独居,将与配偶、未婚儿子、未婚女儿、已婚儿子、已婚女儿、孙子女、保姆、其他人居住归为非独居,另一类则是独自居住。婚姻状况分为三类:在婚、离异、丧偶。

(3)社会因素。社会因素包含居住城市、社区设施硬件水平、社区文化设施软件水平。所居住的城市为北京、南京、郑州、佛山、绵阳。调查中列举了常规居民社区有的公共硬件设施:健身器材、老年活动中心、老年餐桌、日间照料中心、棋牌室、社区文化中心、文化休闲广场、阅览室、科普知识宣传区、社区医院或诊所、心理健康辅导站、养老院、聊天室、其他。询问被调查者所居住的社区是否设有上述设施,有就赋值为1,没有就赋值为0,将各选项相加,得分区间为 0—14,得分越高表明所住社区的硬件设施水平越高。问卷中还列出了一些社区常规可能开展的活动:免费的健康咨询、心理或健康知识讲座、跳舞唱歌、绘画诗歌、组织集体旅游、小品曲艺、棋牌娱乐、其他。询问被调查者近半年所居住的社区是否举办上述活动,如果举办了就赋值 1,没有举办就赋值 0,将各项活动的举办情况相加,得分区间为 0—8,得分越高就表明所居住的社区的文化软件设施水平越高。

各类变量的基本情况如表 8-1 所示。

表 8-1　主要变量的基本情况（n=1296）

变量名	变量值	百分比	变量名	变量值	百分比
是否独子化	独生子女父母	68.0	婚姻状况	在婚	91.4
	非独生子女父母	32.0		离异	3.1
性别	男	47.5		丧偶	5.6
	女	52.5	居住关系	独居	4.5
年龄	50—59 岁	35.5		非独居	95.5
	60—70 岁	60.6	是否患有疾病	是	43.8
	71—80 岁	3.9		否	56.2
是否信仰宗教	是	17.4	居住城市	北京	20.8
	否	82.6		南京	19.7
受教育程度	小学及以下	9.9		郑州	19.7
	初中	47.8		佛山	20.5
	高中	29.9		绵阳	19.3
	中专/中职/高职	5.9	经济收入自评	（均值）	3.28
	大专	4.1	社区设施硬件	（均值）	4.0
	大学本科及以上	2.5	文化活动软件	（均值）	2.0
是否退休	是	84.1	幸福感	（均值）	9.6
	否	15.9	活动参与	（均值）	4.5
原单位性质	体制内	42.4	精神赡养	（均值）	17.6
	体制外	57.6			

（二）分析思路

本章聚焦于第一代独生子女父母与同龄非独生子女父母在精神养老上是否会存在差异,或者说"独子化"生育是否会影响到父母的精神养老这一问题。通过三个步骤来展开数据分析。首先是描述第一代独生子女父母与同龄非独生子女父母在精神养老各维度上的现实表现。使用均值比较、交互分类等描述统计方法,对"独子化"生育与精神养老各维度之间的关系进行检验,以发现变量之间是否存在关联性。

其次是检验"独子化"生育对精神养老各维度的影响。第一代独生子女父母与同龄非独生子女父母在精神养老各维度上可能存在显著差异,也可能不存在显著差异。在简单的双变量分析得到初步结论的基础上,引入控制变量进行多元回归分析,以进一步检验和确认这种影响是否真的存在。如果"独子化"生育存在影响,具体又有哪些影响因素? 如果"独子化"生育不存在影响,那么影响两类父母精神养老各维度的因素又有何不同?

最后是分析引入的控制变量对精神养老各维度的影响。探讨除了是否"独子化"生育这一变量的影响,还将简要分析控制变量与精神养老的关联性。

三、数据统计结果与分析

（一）独生子女父母与非独生子女父母的精神健康状况及影响因素

1.两类父母的幸福感不存在明显差异

幸福感是人们对其生活质量所做的情感性和认知性的整体评价,是测量老年人精神健康的重要维度,可从正性情感、正性体验和负性情感、负性体验四个维度来考察。在养老生活中,两类父母的幸福感如何? 对幸福感在第一代独生子女父母和同龄非独生子女父母之间做均值比较,所得结果见表8-2。第一代独生子女父母与同龄非独生子女父母的正性因子得分均大于负性因子得分,表明两类父母在主观上感觉较为幸福和满意。总幸福感平均得分分别是9.65±8.85和9.36±7.79,第一代独生子女父母的幸福感高于同龄非独生子女父母。但独立样本的T检验显示,两类父母在总幸福感、正性情感、正性体验、正性因子总分、负性情感、负性体验、负性因子总分等方面,都不存在显著差异。这表明,对于这一代父母来说,不管是生育一个小孩,还是生育一个以上的小孩,都不会影响到他们的幸福感。

表8-2　主观幸福感与两类父母的独立样本 T 检验分析结果

	独生子女 父母(n=881)	非独生子女 父母(n=415)	T 值及显著性水平
总幸福感	9.65±8.85	9.36±7.79	0.60
正性情感	10.71±2.25	10.66±2.06	0.42
正性体验	17.25±3.55	16.91±5.57	1.60
正性因子总分	27.96±5.30	27.56±5.08	1.26
负性情感	6.91±2.42	6.75±2.21	1.14
负性体验	11.40±4.17	11.46±4.13	−0.20
负性因子总分	18.31±6.16	18.21±5.94	0.29

注: * P<0.1, **P<0.05, ***P<0.01。

2. 两类父母的心理健康水平不存在明显差异

老年人的心理健康状态可以通过性格变化和精神状态来反映。如果心理健康状态良好,在一定程度上体现了老年人良好的生活质量。同时,心理健康能够减少不良的焦虑情绪的产生,降低生理和心理疾病的发生率。对心理健康水平在第一代独生子女父母与同龄非独生子女父母之间做交互分类分析,所得结果见表8-3。两类父母的心理健康水平表现非常好:独生子女父母的心理健康处于"良好""很好"的比例分别为65.8%、25.2%,两项比例之和高达91%;非独生子女父母的心理健康处于"良好""很好"的比例分别为68%、22.7%,两项比例之和高达90.7%。两类父母还有9%左右的人心理健康处于一般水平,但真正心理状态很糟糕的人很少。统计检验也显示,两类父母在心理健康方面不存在明显差异。

表8-3　两类父母与心理健康水平的交互分类分析结果

单位:%

是否独生子女父母	心理健康水平			
	低	一般	良好	很好
是	0.6	8.4	65.8	25.2
否	0	9.3	68	22.7

注:1. Fisher 确切概率法检验值 = 3.22,P 值 = 0.345;2. * P<0.1,**P<0.05,***P<0.01。

3.影响两类父母幸福感的具体因素存在差异

对幸福感的描述统计显示,两类父母的幸福感水平相当,在总的幸福感及其具体维度上都没有显示明显的统计差异。利用总样本的数据,以幸福感为因变量,引入个人因素、家庭因素、社会因素,建立模型Ⅰ和模型Ⅱ。模型Ⅰ和模型Ⅱ共同引入的变量是性别、年龄、受教育程度、是否信教、是否退休、原工作单位性质、经济收入满意度、是否患有疾病;婚姻状况、居住关系;居住城市、社区设施硬件水平、社区文化软件水平。所不同的是模型Ⅱ加入是否"独子化"这一自变量,目的在于控制其他变量的条件下考察是否"独子化"生育对年老父母的精神健康是否产生影响。具体分析结果见表8-4。

表8-4　幸福感的多元线性回归分析结果(Beta 值)

变量	总样本(n=1296)		独生子女父母(n=881)	非独生子女父母(n=415)
	模型Ⅰ	模型Ⅱ		
是否独子化(否=0)		−0.04		

续表

变量	总样本（n=1296）		独生子女父母（n=881）	非独生子女父母（n=415）
	模型 I	模型 II		
性别（男=0）	0.026	0.028	0.032	−0.002
年龄（50—59 岁=0）				
60—70 岁	0.03	−0.035	−0.048	0.014
71—80 岁	0.054*	0.050*	0.016	0.126**
是否信教（是=0）	−0.04	−0.038	0.019	−0.162***
受教育程度（小学及以下=0）				
初中	0.127***	0.132***	0.145**	0.132**
高中	0.111**	0.119***	0.129**	0.132**
中专/中技/高职	0.086***	0.088***	0.085**	0.101*
大专	0.087***	0.092***	0.105***	0.04
大学本科及以上	0.027	0.031	0.041	0.017
是否退休（是=0）	0.036	0.037	0.038	0.027
工作单位性质（体制内=0）				
经济收入自评	0.136***	0.138***	0.155***	0.110**
是否患有疾病（是=0）	0.26***	0.260***	0.262***	0.249***
婚姻状况（在婚=0）				
离异	−0.025	−0.024	−0.03	−0.031
丧偶	−0.044	−0.046	−0.072*	−0.044
是否独居（是=0）	0.083**	0.080**	0.074*	0.012
社区设施硬件水平	0.163***	0.161***	0.189***	0.091
社区文化软件水平	0.007	0.01	0.004	0.03
居住城市（北京=0）				
南京	−0.266***	−0.268***	−0.267***	−0.288***
郑州	0.275***	−0.279***	−0.265***	−0.320***
佛山	−0.371***	−0.374***	−0.335***	−0.464***
绵阳	−0.277***	−0.280***	−0.259***	−0.365***
R²	0.217	0.219	0.235	0.228
调整的 R²	0.204	0.205	0.215	0.185
DW 值	1.471	1.473	1.441	1.630
F 值	16.076***	15.496***	11.977***	5.262***

注：*P<0.1，**P<0.05，***P<0.01。

从表8-4中总样本数据模型可以看出,是否"独子化"对老年父母的幸福感影响不显著。在模型Ⅰ的基础上,在模型Ⅱ中加入是否"独子化"变量后,回归分析的结果并没有发生明显变化。模型Ⅱ的 R^2 值比模型Ⅰ仅仅提升了0.002,对幸福感的差异的解释力没有得到明显改善,这进一步说明是否"独子化"生育与老年父母的幸福感不存在显著相关性。对老年父母来说,影响其幸福感的主要有七个变量:年龄、受教育程度、经济收入自评、是否患有疾病、是否独居、居住城市以及社区设施硬件水平。这七个变量可解释老年父母幸福感差异的21.9%。

年龄是影响老年父母幸福感的重要因素:相对于处于50—59岁的父母,虽然60—70岁年龄段的父母没有表现出差异,但随着年龄的进一步增大,处于71—80岁年龄段的父母的幸福感明显获得提升。受教育程度与老年父母的幸福感之间存在显著相关性:与只有小学及以下文化水平的父母相比,具有初中、高中、中专、中技、高职、大专文化水平的父母的幸福感明显要高,但是这种幸福感优势随着受教育程度的提高而逐渐下降,到了具有大学本科及以上文化的父母身上,这种优势变得不复存在。两类父母在经济收入满意度的自评上每增加1个单位,其幸福感就会上升0.155和0.11个标准单位。相对于患有疾病的、独自居住的父母,没有疾病的、和他人一起居住的父母的幸福感明显要高。与居住在北京的两类父母相比,居住在南京、郑州、佛山、绵阳的父母的幸福感都明显要低。社区设施硬件也是影响老年父母幸福感的重要因素:设施硬件水平高的社区老年居民的幸福感明显要高于设施硬件水平低的社区老年居民。

但是如果将总样本分成独生子女父母和非独生子女父母两个样本,引入同样的自变量,分别做回归分析,所得到的结果在两个模型中有所区别。在两个分样本模型中,经济收入自评、是否患有疾病、居住城市三个变量对两类父母的幸福感的影响是一致的:相对于经济收入满意度低的、患有疾病的父母,经济收入满意度高的、没有疾病的父母的满意度明显要高;相对于居住在北京的父母,居住在南京、郑州、佛山、绵阳的父母的幸福感则明显要低。

但是年龄、是否信教、受教育程度、婚姻状况、是否独居和社区设施硬件水平这些变量对两类父母的幸福感的影响则出现了差异性:在年龄上,71—80岁年龄段的非独生子女父母的幸福感明显高于50—59岁年龄段的非独生子女父母,而年龄变量对独生子女父母的幸福感则没有影响。在受教育程度上,虽然相对于只有小学及以下文化水平的父母,两类父母都既表现出随着受教育程度提高幸福感会增强,又表现出这种幸福感优势会随着受教育程度的提高而逐渐下降,但所不同的是,这种明显优势在非独生子女父母身上到了大专文化这个层次就不再存在了,而在独生子女父母身上到了本科文化这个层次才消失。在婚姻状况和是否独居上,相比于在婚的、独居的独生子女父母,丧偶的独生子女父母的幸福感明显要低,有人共同居住的独生子女父母的幸福感明显要高,而这种影响在非独生子女父母身上并不显著。在社区设施硬件水平上,设施硬件水平与幸福感在独生子女父母样本中有明显的正相关关系,而这种关系在非独生子女父母样本中并不存在。总体上说,年龄、是否信教、受教育程度、婚姻状况、是否独居和社区设施硬件水平这些变量对独生子女父母的幸福感的影响要明显一些,而对非独生子女父母的幸福感的影响则要小。

(二) 独生子女父母与非独生子女父母的精神参与及影响因素

1. 两类父母在人际互动方面不存在明显差异

社会心理学用"镜中我(looking glass self)"来强调社会互动对个人本我概念形成的重要性,经由他人的反应,我们才能知道我是谁。所以,老年人的人格和情绪不仅取决于老年人自身,也深受其周围的人和外在环境的影响。在社会交往活动的范围日渐变窄、频率日渐降低的情况下,老伴和老友就变得相当重要。人际互动是精神养老的重要内容,合理的互动频率、互动对象和互动方式,有利于精神养老的有序进行,减少老年人空虚、孤寂之感。一般认为,独生子女父母因为家庭资源的减少,配偶之间的互动显得也更重要,而且其人际互动的需求会更多地外溢于社会。两类父母在精神性的互动对象、互动频率、互动方式等人际互动上表现出什么特征?

先看两类父母的人际互动对象。在日常精神生活情景下,老人会根据生活经验、主观预期选择能够并愿意为其提供情感支持的人作为互动对象。将情感支持细化为聊天倾诉、提供意见、外出陪伴三类,将互动对象分为配偶、子女、孙辈、亲戚、朋友、机构人员、社区人员、同事、其他共九类,询问被访者需要聊天倾诉、问询意见和外出陪伴时,最可能选择对象的前三位,统计结果如表8-5所示。

表8-5 两类父母的情感性互动对象情况

	独生子女父母 (n=881)		非独生子女父母 (n=415)		合计 (n=1296)	
	频次	百分比(%)	频次	百分比(%)	频次	百分比(%)
配偶	735	34.0	360	35.0	1095	34.3
子女	638	29.5	318	30.9	956	30.0
孙辈	108	5.0	51	5.0	159	5.0
亲戚	187	8.7	99	9.6	286	9.0
朋友	395	18.3	164	15.9	559	17.5
机构人员	5	0.2	3	0.3	8	0.25
社区人员	6	0.3	4	0.4	10	0.3
同事	54	2.5	17	1.7	71	2.2
其他	5	0.2	1	0.1	6	0.2
都没有	28	1.3	13	1.3	41	1.3

注:百分比基于应答人次。

当需要情感性互动时,第一代独生子女父母与同龄非独生子女父母首选的互动对象是配偶,分别占比 34% 和 35%;其次是子女,分别占比 29.5% 和 30.9%;再次是朋友,分别占比 18.3% 和 15.9%;亲戚、孙辈和同事分别排在第四、第五和第六位。在情感性互动对象选择中,独生子女父母选择配偶和子女的比例分别比非独生子女父母低 1 个百分点、1.4 个百分点,选择朋友的比例则比非独生子女父母高出 2.4 个百分点。另外,两类父母选择机构人员、社区人员以及其他人员作为情感性互动对象的比例均不到 1%。这既跟社区养老服务发展不充分有关,也与人与人之间交往网络的差序格局有关,人们通常根据与自己关系的亲疏远近来选择交往互动对象。

人们在日常生活情景中对情感性支持对象的选择,在相当程度上构成人们在精神生活中主要的人际互动网络。两类父母的情感性支持和活动对象主要是配偶、子女、朋友、亲戚,其他人员则很少,表现出"亲属网为主,朋友关系为辅,其他关系较弱"的人际互动网络特征。

再看两类父母的人际互动方式。调查中列出面对面交谈、电话、网络文字或音频视频、电子邮件、其他等方式。询问调查对象近一个月来跟表 8-5 中列举的那些交往对象主要是用哪些方式联系,可以多选。分析结果见表 8-6。数据表明,两类父母主要是通过面对面交谈的方式与他人联系,分别占 43.4% 和 44.3%;其次是通过电话进行联系,分别占 40.4% 和 42.7%;再次是通过网络文字或音频视频的方式进行联系,分别占 15.8% 和 12.3%。而通过电子邮件以及其他方式进行联系的都不到 1%。第一代独生子女父母通过面对面、电话的方式进行互动联系的比例要比同龄非独生子女父母低 0.9 个百分点和 2.3 个百分点,而通过网络文字或者音频视频的方式进行互动联系的比例要比同龄非独生子女父母高 3.5 个百分点。在一定程度上表明,第一代独生子女父母更可能使用网络文字、音频视频的方式与外界沟通交流,而同龄非独生子女父母则更可能通过面对面、电话的方式与外界沟通交流。

表8-6 两类父母近一个月与他人联系的方式情况

	独生子女父母 (n=881)		非独生子女父母 (n=415)		总样本 (n=1296)	
	频次	百分比(%)	频次	百分比(%)	频次	百分比(%)
面对面	842	43.4	396	44.3	1238	43.7
电话	784	40.4	382	42.7	1166	41.2
网络文字或音频视频	306	15.8	110	12.3	416	14.7
电子邮件	4	0.2	2	0.2	6	0.2
其他	3	0.1	4	0.4	7	0.2

注:百分比基于应答人次。

最后看两类父母的人际互动频率。将人际互动的频率分为很少、偶尔、经常三个层次,询问调查对象在近一个月当中与表8-5中列举的互动对象的联系频率,统计结果见表8-7。数据表明,无论是第一代独生子女父母还是同龄非独生子女父母,他们与日常人际交往对象的联系频率都比较高,经常联系的比例分别为64%和68.9%,偶尔联系的频率分别为31%和27.7%,很少联系的频率分别为5%和3.4%。独生子女父母与日常人际交往对象经常联系的比例比非独生子女父母要低4.9个百分点,偶尔和很少联系的比例则要高3.3和1.6个百分点。但是统计检验显示这种差距并不明显,或者说两类父母在人际交往的频率上没有明显区别。

表8-7 两类父母近一个月与他人联系的频率情况

	独生子女父母 (n=881)		非独生子女父母 (n=415)		总样本 (n=1296)	
	人数	百分比(%)	人数	百分比(%)	人数	百分比(%)
很少	44	5	14	3.4	58	4.5
偶尔	273	31	115	27.7	388	29.9
经常	564	64	286	68.9	850	65.6

注:1.百分比基于应答人数;2.卡方检验值=3.699,显著性P=0.157。

2.两类父母在活动参与上不存在显著差异

问卷中列出老年人日常性的一些活动:照顾孙辈、做家务、看电视、读书看报、上网、继续工作、文体娱乐活动、锻炼身体、旅游、义工和做志愿者、学习知识、种花种菜养鸟、交朋乐友、其他,询问被调查者目前主要从事的活动,可以多选。分总样本、独生子女父母、非独生子女父母分别做频数统计,得到的结果如表8-8所示。

表8-8　两类父母目前参与活动的情况

	独生子女父母 (n=881)		非独生子女父母 (n=415)		总样本 (n=1296)	
	频次	百分比(%)	频次	百分比(%)	频次	百分比(%)
照顾孙辈	323	7.5	167	8.8	490	7.9
做家务	679	15.9	294	15.5	973	15.7
看电视	715	16.7	348	18.3	1063	17.2
读书看报	314	7.3	136	7.2	450	7.3
上网	271	6.3	83	4.4	354	5.7
继续工作	176	4.1	77	4.1	253	4.1
文体娱乐 活动	282	6.6	115	6.1	397	6.4
锻炼身体	530	12.4	255	13.4	785	12.7
旅游	219	5.1	75	3.9	294	4.8
义工和 做志愿者	104	2.4	40	2.1	144	2.3
学习知识	43	1.0	21	1.1	64	1.0
种花种菜 养鸟	251	5.9	105	5.5	356	5.8
交朋乐友	350	8.2	164	8.6	514	8.3
其他	23	0.5	18	0.9	41	0.7
都没有	2	0.1	2	0.1	4	0.1

注:百分比基于应答频次。

数据表明,第一代独生子女父母与同龄非独生子女父母参加活动频次最多的前三位和频次最少的后三位都是一致的:前三位中,排在第一位的是看电视,分别占 16.7% 和 18.3%;第二位是做家务,分别占 15.9% 和 15.5%;第三位是锻炼身体,分别占 12.4% 和 13.4%。后三位分别是义工和做志愿者、学习知识以及其他。第一代独生子女父母排在第四位的活动是交朋乐友,其余活动依次是照顾孙辈、读书看报、文体娱乐、上网、种花种菜养鸟、旅游、继续工作。而同龄非独生子女父母排在第四位的活动是照顾孙辈,其余依次是交朋约友、读书看报、文体娱乐、种花种菜养鸟、上网、继续工作、旅游。二者相比较,第一代独生子女父母参加的活动要比同龄非独生子女父母更丰富一些。独生子女父母参加读书看报、上网、文体娱乐、旅游、义工、志愿者、种花种菜养鸟等活动的比例,要比同龄非独生子女父母分别高 0.1、1.9、0.5、1.2、0.3 和 0.4 个百分点。

将两类父母参与上述活动的情况相加(参与了赋值为 1,没有参与赋值为 0),得到他们参与活动的种类的数量,称之为活动参与度,总分的区间为 0—14,得分越高说明活动参与的水平越高。在独生子女父母和非独生子女父母之间对活动参与度做均值比较分析,得到结果见表 8-9。数据表明,第一代独生子女父母与同龄非独生子女父母的活动参与度分别为 4.61 和 4.39,前者的活动参与度高于后者,而且独立样本 T 检验显示,这种差异是明显的。这说明“独子化”生育与老年父母的活动参与度可能有较强的关联性。

表 8-9　两类父母与活动参与度的独立样本 T 检验分析结果

	独生子女父母 (n=881)	非独生子女父母 (n=415)	均值差	T 值及 显著性水平
活动参与度	4.61	4.39	0.217	1.996**

注: * P<0.1, ** P<0.05, *** P<0.01。

3. 影响两类父母活动参与度的具体因素存在差异

"独子化"生育究竟会不会影响到老年父母的活动参与呢? 利用总样本的数据,以活动参与度为因变量,引入个人因素、家庭因素、社会因素,建立模型 Ⅰ 和模型 Ⅱ。模型 Ⅰ 和模型 Ⅱ 共同引入的变量是性别、年龄、受教育程度、是否信教、是否退休、原工作单位性质、经济收入满意度、是否患有疾病;婚姻状况、居住关系;居住城市、社区设施硬件水平、社区文化软件水平。所不同的是模型 Ⅱ 加入是否"独子化"这一自变量,目的在于控制其他变量的条件下考察是否"独子化"生育对年老父母的活动参与是否产生影响。具体分析结果见表 8-10。

表 8-10　社会活动参与度的多元线性回归(Beta 值)

变量	样本总体(N=1296)		独生子女父母(n=881)	非独生子女父母(n=415)
	模型 Ⅰ	模型 Ⅱ		
是否独子化(否=0)		0.022		
性别(男=0)	0.060 **	0.058 **	0.065 **	0.037
年龄(50—59 岁=0)				
60—70 岁	0.006	0.009	0.005	0.012
71—80 岁	−0.052 *	−0.050 *	−0.036	−0.059
是否信教(是=0)	−0.006	−0.007	−0.038	0.066
教育程度(小学及以下=0)				
初中	0.090 **	0.087 **	0.094	0.068
高中	0.096 **	0.092 **	0.085	0.089
中专/中技/高职	0.075 **	0.073 **	0.023	0.179 ***
大专	0.066 *	0.063 *	0.078 **	−0.015
大学本科及以上	0.102 ***	0.100 ***	0.112 ***	0.041
是否退休(是=0)	−0.02	−0.021	−0.023	−0.016
工作单位性质(体制内=0)	−0.109 ***	−0.108 ***	−0.100 ***	−0.129 ***
经济收入自评	0.018	0.017	0.024	0.011

续表

变量	样本总体（N=1296）		独生子女父母（n=881）	非独生子女父母（n=415）
	模型 I	模型 II		
是否患有疾病（是=0）	0.062**	0.062**	0.052	0.086*
婚姻状况（在婚=0）				
离异	0.023	0.023	0.027	-0.001
丧偶	-0.029	-0.027	-0.046	0.005
是否独居（是=0）	0.04	0.042	0.046	-0.004
社区设施硬件水平	0.327***	0.328***	0.355***	0.286***
社区文化软件水平	0.120***	0.119***	0.090**	0.153***
居住城市（北京=0）				
南京	0.103***	0.105***	0.064*	0.214***
郑州	0.082**	0.084**	0.066*	0.162***
佛山	-0.091***	-0.090***	-0.107***	-0.016
绵阳	0.181***	0.182***	0.151***	0.264***
R^2	0.288	0.289	0.287	0.331
调整的 R^2	0.276	0.276	0.269	0.293
DW 值	1.71	1.71	1.7	1.813
F 值	23.417***	22.43***	15.714***	8.803***

注：* $P<0.1$，** $P<0.05$，*** $P<0.01$。

从数据看，"独子化"生育对老年父母的活动参与度并不存在明显的影响。模型 II 加入是否"独子化"变量后，这一变量在模型中表现并不显著。与模型 I 相比，模型 II 中的自变量与活动参与度之间的关联性效果差不多，模型 II 的 R^2 值比模型 I 仅提升了 0.001，模型的拟合优度并没有得到明显改善。引入控制变量后，虽然是否"独子化"与老年父母的活动参与的关联性消失了，但也可以发现一些影响两类父母活动参与度的其他因素。

性别、年龄、原工作单位性质、是否患病等变量是影响老年父母活动参与度的显著因素：女性的活动参与度明显要高于男性，比男性的社会活动参与度高 0.065 个标准单位；相对于处于 50—59 岁的父母，虽然 60—70 岁的父母的活动参与度还没表现出明显的不同,但71—80岁的父母的活动参与度明显要低;受教育程度也有明显影响,相对于文化水平为小学及以下的父母,文化水平在初中及以上的父母的活动参与度都明显要高;原来在体制外工作的父母的活动参与度比原来在体制内工作的父母明显要低;患有疾病的父母的活动参与度比没有疾病的父母明显要低。

社区设施硬件水平、社区文化软件水平、居住城市等变量对老年父母的活动参与度也有明显影响:老人所住社区的硬件设施水平、软件设施水平越高,老人参加活动的可能性越大;与居住在北京的老人相比,居住在南京、郑州、绵阳的老人的活动参与度要高,而居住在佛山的老人的活动参与度则要低。

但是如果将总样本分成独生子女父母和非独生子女父母两个子样本,引入同样的自变量,分别做回归分析,所得到的结果在两个模型中会有所区别。在两个分样本模型中,原工作单位性质、社区设施硬件水平、社区文化软件水平对两类父母的活动参与度的影响是一致的:不管是独生子女父母还是非独生子女父母,在体制内工作的老人的活动参与度比在体制外工作的老人要高;所居住的社区的设施硬件水平和文化软件水平越高,老人的活动参与度越高;与居住在北京的老人相比,居住在南京、郑州、绵阳的老人的活动参与度要高,而居住在佛山的老人的活动参与度则要低。

但是性别、受教育程度、是否患有疾病这些变量对两类父母的活动参与度的影响则出现了差异性:在性别上,独生子女母亲的活动参与度比独生子女父亲明显要高,但在非独生子女父母身上这种差别并不明显;在受教育程度上,相比较只有小学及以下文化水平的独生子女父母,具有大专及以上文化水平的独生子女父母的活动参与度明显要高,但这种特征只在中专/中技/高职文化水平的非独生子女父母身上存在,在其他文化水平层次的非独生子女父母身上并不存在;在健康状况上,是否患病不影响独生子女父母的活动参与度,但是不患病的非独生子女父母的活动参与度明显高于患病的非独生子女父母。

（三）独生子女父母与非独生子女父母的精神保障状况及影响因素

1.两类父母的精神自养不存在显著差异

精神自养探讨的是老年人如何看待自己,包含积极、自信、自强的意识或者观念。精神自养具体可分为养老担心度、养老信心感以及自我老化态度指标。按程度高低设立五级答案,分别按 1、2、3、4、5 赋值,把三个指标的答案相加得到精神自养水平,得分区间为 3—15。对精神自养水平在两类父母之间做均值比较分析,分析结果见表 8-11。在精神自养水平上,第一代独生子女父母与同龄非独生子女父母得分均值分别是 10.30 和 10.47,前者比后者略低,统计检验显示这种差距也不明显。

表 8-11 两类父母与精神自养水平的独立样本 T 检验分析结果

	独生子女父母 （n＝881）	非独生子女父母 （n＝415）	均值差	T 值及 显著性水平
精神自养水平	10.30	10.47	−0.180	−1.614

注: * P<0.1, **P<0.05, ***P<0.01。

2.两类父母在精神赡养方面存在显著差异

精神赡养主要是指子女对父母在精神上、心理上给予的安慰,[①]是一种家庭内部精神养老资源的分配。老人获得的精神赡养越多,表明子女给予父母的关爱、体贴、尊重、孝顺就越多。子女的关心和问候,陪同寻诊问药,帮助做家务,遇事提供参考意见,支持自己的决定,都是老人得到来自子女精神赡养的具体体现。对老人的精神赡养水平在两类父母之间做均值比较,得到的结果见表 8-12。

---

① 冯湘妮:《老年人的失落感与精神赡养的法律调适》,《人口学刊》1994 年第 1 期。

表 8-12 两类父母与子女精神赡养水平的独立样本 T 检验分析结果

	独生子女父母 （n=881）	非独生子女父母 （n=415）	均值差	T 值及 显著性水平
精神赡养水平	17.45	18.05	-0.5988	-2.676*

注：* P<0.1，** P<0.05，*** P<0.01。

如表 8-12 所示，两类父母的精神赡养水平均为中等偏上，表明对子女给予精神赡养的总体评价较好，但两类父母在精神赡养上的得分上存在差异：第一代独生子女父母的得分为 17.45，同龄非独生子女父母的得分为 18.05，前者比后者低 0.6，而且独立样本 T 检验显示这种差异是很明显的。这在一定程度上说明独生子女父母的精神赡养水平不如非独生子女父母。

3. 影响两类父母精神赡养的具体因素存在差异

均值比较分析显示，独生子女父母的精神赡养水平不如非独生子女父母。这种影响是否真的存在呢？利用总样本的数据，以活动参与度为因变量，引入个人因素、家庭因素、社会因素，建立模型Ⅰ和模型Ⅱ。模型Ⅰ和模型Ⅱ共同引入的变量是性别、年龄、受教育程度、是否信教、是否退休、原工作单位性质、经济收入满意度、是否患有疾病；婚姻状况、居住关系；居住城市、社区设施硬件水平、社区文化软件水平。所不同的是模型Ⅱ加入是否"独子化"这一自变量，目的在于控制其他变量的条件下考察是否"独子化"生育对年老父母的精神赡养是否产生影响。具体分析结果见表 8-13。

表 8-13 子女精神赡养的多元线性回归结果（Beta 值）

变量	样本总体（n=1296）		独生子女 父母（n=881）	非独生子女 父母（n=415）
	模型Ⅰ	模型Ⅱ		
是否独子化（否=0）		-0.068**		
性别（男=0）	0.027	0.031	-0.005	0.087*

续表

变量	样本总体（n=1296）		独生子女父母（n=881）	非独生子女父母（n=415）
	模型Ⅰ	模型Ⅱ		
年龄（50—59 岁＝0）				
60—70 岁	-0.028	-0.037	-0.073*	0.055
71—80 岁	-0.050*	-0.057*	-0.068**	-0.015
是否信教（是＝0）	-0.051*	-0.048*	-0.022	-0.087*
教育程度（小学及以下＝0）				
初中	-0.052	-0.043	-0.005	-0.062
高中	-0.004	0.009	0.035	0.016
中专/中技/高职	-0.024	-0.02	0.006	-0.055
大专	-0.008	0.001	0.014	-0.006
大学本科及以上	-0.016	-0.01	-0.007	0.024
是否退休（是＝0）	0.003	0.004	-0.021	0.036
原单位性质（体制内＝0）	-0.019	-0.023	-0.026	-0.014
经济收入自评	0.012	0.016	0.039	-0.028
是否患有疾病（是＝0）	0.046	0.046*	0.051	0.041
婚姻状况（在婚＝0）				
离异	0.006	0.009	0.012	-0.004
丧偶	0.080**	0.075**	0.046	0.102*
是否独居（是＝0）	0.044	0.039	0.031	0.028
社区设施硬件水平	0.151***	0.147***	0.173***	0.087
社区文化软件水平	-0.028	-0.024	-0.036	0.001
居住城市（北京＝0）				
南京	-0.033	-0.037	-0.075*	0.044
郑州	0.057	0.051	0.021	0.107
佛山	0.013	0.008	-0.007	0.036
绵阳	0.345***	0.340***	0.327***	0.359***
R^2	0.145	0.149	0.166	0.132
调整的 R^2	0.13	0.134	0.145	0.083
DW 值	1.585	1.593	1.656	1.48
F 值	9.833***	9.72***	7.762***	2.711***

注：* P<0.1，** P<0.05，*** P<0.01。

　　从数据看,"独子化"生育对老年父母的精神赡养存在明显的影响。与模型Ⅰ相比,模型Ⅱ中的自变量与精神赡养之间的关联性效果有所增强,模型Ⅱ的 R^2 值比模型Ⅰ提升了0.004,模型的拟合优度得到一些改善。最关键的是,是否"独子化"生育对老年父母的精神赡养是一个明显的影响因素:相对于非独生子女父母,独生子女父母来自子女的精神赡养要低0.068个标准单位。这进一步证实独生子女父母的精神赡养水平不如非独生子女父母。

　　除此之外,年龄、是否信教、是否患病、婚姻状况、社区设施硬件水平、居住城市等变量也会影响到老年父母的精神赡养水平:随着年龄的增大,老年人的精神赡养水平会逐渐降低,71—80岁的老年人的精神赡养水平明显不如50—59岁的准老年人;没有宗教信仰、没有患病的老年人的精神赡养水平比有宗教信仰、患病的老年人明显要低;相对于在婚的老年人,丧偶的老年人明显可以从子女身上得到更多的精神赡养;所住社区的设施硬件水平越高,老年人的精神赡养也会越好;与居住在北京的老人相比,居住在南京、郑州、佛山的老人的精神赡养并没有特殊性,但居住在绵阳的老人的精神赡养水平明显要高。

　　如果将总样本分成独生子女父母和非独生子女父母两个子样本,引入同样的自变量,分别做回归分析,所得到的结果在两个模型中几乎完全不一样。在独生子女父母样本中,模型对因变量的解释力达到14.5%,而在非独生子女父母样本中,模型对因变量的解释力只有8.3%。这说明所引入的变量对独生子女父母的精神赡养的解释力较强,而影响非独生子女父母的精神赡养的重要解释变量还没有找到。

　　在独生子女父母样本模型中,年龄、社区设施硬件水平、居住城市三个变量明显影响到精神赡养水平:年龄越大,精神赡养水平越低;社区设施硬件水平越高,精神赡养水平也会提高;相对于居住在北京的独生子女父母,居住在南京的独生子女父母的精神赡养水平要低,而居住在绵阳的独生子女父母的精神赡养水平要高。在非独生子女父母样本模型中,性别、是否信教、居住城市三个变量明显影响到精神赡养水平:非独生子女母亲的精神赡养水平比非独生子女父亲要高;不信教的非独生子女父母的精神赡养水平比信教的非独生子女父母要低;居住在绵阳的非独生子女父母的精神赡养水平比居住在北京的非独生子女父母要高。

四、独生子女父母与非独生子女父母的
精神养老存在一定差异

（一）两类父母在精神赡养上存在明显差别

独生子女家庭与非独生子女家庭的根本区别就是生育子女的数量不一样,前者生育一个子女,后者生育两个子女及以上。这种区别可以一分为二看待:一方面,在计划生育政策的大环境下,在低生育率的共同情形下,不管是生育一个孩子还是生育两个孩子及以上,总体上育龄夫妇生育的孩子数量都不多,即使是生育非独生子女,一般也就是比独生子女家庭多一个孩子,很少有多两个或三个小孩的;另一方面,正是因为这一代人生育的孩子数量都不多,多生一个或者少生一个小孩,对整个家庭产生的影响则可能是系统性的。

本章的数据分析发现,独生子女父母和非独生子女父母在心理健康水平和幸福感上不存在明显差异。这说明两类父母在精神健康方面是大致相当的。尤其是在幸福感这个指标上,两类父母都具有良好的社会适应性,能够愉快幸福地生活,精神状态较好。这说明"独子化"生育没有对老人的幸福感带来明显影响。而年龄、受教育程度、经济收入自评、是否患有疾病、是否独居、居住城市、社区设施硬件水平等变量与老年人的幸福感显著相关。

本章的数据分析还发现,独生子女父母和非独生子女父母在人际互动(互动对象、互动方式、互动频率)和活动参与(活动类型、活动参与度)方面也不存在明显的差异。这也表明"独子化"生育没有对老人的精神参与带来明

显影响。而性别、年龄、受教育程度、工作单位性质、是否患有疾病、居住城市、社区设施硬件水平、社区文化软件水平这些与老人的活动参与度显著相关。

值得注意的是"独子化"生育对独生子女父母的精神赡养具有明显的负面影响。在精神保障的两个指标,即精神自养和精神赡养上,独生子女父母和非独生子女父母在精神自养方面没有明显区别,但在精神赡养指标上差异明显:独生子女父母的精神赡养水平明显不如非独生子女父母。除此之外,年龄、宗教信仰、是否患有疾病、婚姻状况、居住城市、社区设施硬件水平等变量也会影响到两类父母的精神赡养情况。

(二) 两类父母在精神养老的获得路径上存在差异

本章研究发现,"独子化"生育与独生子女父母的幸福感、活动参与度无明显关联,但在幸福感、活动参与度的获得路径上存在明显的差异。独生子女父母的幸福感主要受到是否患有疾病、受教育程度、经济收入自评、婚姻状况和社区设施硬件水平的影响较大,而非独生子女父母的幸福感主要受年龄、居住城市的影响较大。独生子女父母的活动参与度主要受性别、受教育程度和社区设施硬件水平的影响较大,而非独生子女父母的活动参与度主要受原工作单位性质、社区文化软件水平的影响较大。两类父母都要受到社区、社会层面的影响,居住城市以及社区设施硬件水平、社区文化软件水平在不同程度上都影响到老人的精神养老。

但在幸福感上,独生子女父母的幸福感受到个人以及配偶因素的影响较大,身体越健康,受教育程度越高,经济收入满意度越高,其幸福感越高。另外,独生子女父母一方丧偶后,其幸福感会降低。与非独生子女父母相比,独生子女父母对配偶的情感依赖更大。在活动参与度上,两类父母均受到社区设施硬件水平、社区文化软件水平的较大影响,而且独生子女父母还受到性别、受教育程度等个人因素的影响,非独生子女父母还受原工作单位性质的影响。

如果仅仅考虑独生子女这个因素,即以"独子化"分界,独生子女父母的子女资源可视为"少",非独生子女父母的子女资源可视为"多",而本章的结论表明,独生子女父母在幸福感和活动参与度两方面受子女数量的因素影响较少,而且在一定意义上,独生子女父母比非独生子女父母对子女资源的依赖少,在这两个方面的精神养老表现得更为独立。只是这种优势在子女精神赡养面前就不再存在。在家庭养老的传统思想下,我国大部分老年人都习惯依靠子女养老,这种养老方式依赖性强,独立性弱。然而,复杂的社会经济环境使传统的依靠子女的养老方式受到严峻挑战,形势上要求老年人具有独立养老的精神。这里的"独立"是指不"依赖"子女。

父母的幸福感不受"独子化"生育的影响,通过积极参与各类活动来丰富精神生活,这种独立精神在独生子女父母身上表现得更明显一些。在子女精神赡养水平上,独生子女父母显著比非独生子女父母要低,但独生子女父母的幸福感和活动参与度在一定程度上高于非独生子女父母,尽管这种差异还不很显著。根据资源依赖理论,任何人要满足自己的需求都会与外部环境产生互动关系。父母对子女的依赖可以看作是一种亲子互动,对老年父母来说,资源依赖最多的是子女,无论子女是否提供资源,父母都会为满足自身养老需求而对子女产生依赖性。当从子女身上获取不到足够的资源时,父母就会从外部寻求支持,这种外部资源的寻求其实就是独立性的增加,可见资源依赖与独立自主之间存在着张力。有研究发现,居民养老最关心的是对自己生存和发展的满足程度,如果本身不能够获得足够的生存和发展资源,就会寻找外部的资源支持。① 人们向往高质量的养老生活,独立是独生子女父母在精神养老上最高层次的表现,如果没有独立性就难有高质量的精神养老。

---

① Pfeffer, J., Salancik, G., *The External Control of Organization: A Resource Dependence Perspective*, New York: Haper&Row Publishers, 1978, pp.43-47.

第九章　城镇第一代独生子女
失能父母的精神慰藉

一、城镇第一代独生子女父母的
人际交往与亲情互动

城镇第一代独生子女父母整体上已经退休,逐渐卸下各种社会性角色,回归非正式的个人和家庭生活。由于家庭规模小、家庭交往对象有限,子女已经成年,在居住安排上很可能与自己"分而不离"甚至"既分又离",他们的亲情交往可能受到影响。

(一)交往对象与交往方式

调查中列出了配偶、子女、孙辈、亲戚、朋友、机构人员、社区人员、同事、其他九类人员,询问被访者联系最多的前三类人员。如表9-1所示,独生子女父母和非独生子女父母交往得最多的人员排前三位的都是配偶、子女和朋友,其次是孙辈和亲戚。两类父母的安慰倾诉、寻求主意意见、外出陪伴的对象排前三位的也是配偶、子女和朋友,其次才是亲戚。而在两类父母的交往对象中,同事、机构人员、社区人员占比都很低。

表 9-1 独生与非独生子女父母的交往对象

单位:%

	配偶	子女	孙辈	亲戚	朋友	机构人员	社区人员	同事	其他	都没有
过去一个月您跟谁有联系	80.0	85.9	20.9	21.6	25.1	0.2	1.3	4.8	0	0.1
过去一个月与您交往最多的人是谁	78.5	68.4	15.7	11.0	22.9	0.2	1.2	4.4	0.2	0.2
当心情沮丧时找谁安慰或聊天倾诉	71.1	48.6	5.5	15.6	32.9	0.3	0.3	3.2	0.5	2.0
当拿不定主意时,找谁提供意见	78.3	62.7	5.4	13.1	17.8	0.4	0.2	1.4	0.2	0.9
当您平时外出时,您找谁陪伴	80.0	43.9	7.7	10.6	26.5	0.4	0.5	3.5	0.1	0.9

如表 9-2 所示,两类父母与上述九类人员交往中,交往方式排在前三位的是面对面、打电话、网络文字和音频视频,分别占到 95% 以上、90% 左右、30% 左右。两类父母有超过 95% 采用面对面的直接交往;非独生子女父母选择打电话的多一些(92.0%);独生子女父母选择打电话的低一些(89.0%);非独生子女父母选择网络文字和音频视频的少一些(26.5%),独生子女父母则选择网络文字和音频视频高一些(34.7%)。

表 9-2 独生与非独生子女父母的人际交往方式

单位:%

交往方式	独生子女父母(n=881)	非独生子女父母(n=415)
面对面	95.6	95.4
打电话	89.0	92.0
网络文字、音频视频	34.7	26.5

续表

交往方式	独生子女父母（n=881）	非独生子女父母（n=415）
电子邮件	0.5	0.5
其他	0.3	1.0

（二）日常活动参与、人际冲突与权益保护

调查中列出了照顾孙辈、做家务、看电视、读书看报、上网、再就业、文体娱乐、锻炼身体、旅游、义工与志愿者、学习知识、种花种菜养鸟、交朋友、其他14种日常活动，由被访者选择近期主要从事的活动。如表9-3所示，独生子女父母参与较多的活动排在前六位的分别是看电视（81.2%）、做家务（77.1%）、锻炼身体（60.2%）、交朋友（39.7%）、照顾孙辈（36.7%）、读书看报（35.6%），其次才是文体娱乐（32.0%）、上网（30.8%）、种花种菜养鸟（28.5%）、旅游（24.9%）；非独生子女父母参与较多的活动排在前六位的分别是看电视（83.9%）、做家务（70.8%）、锻炼身体（61.4%）、照顾孙辈（40.2%）、交朋友（39.5%）、读书看报（32.8%），其次才是文体娱乐（27.7%）、种花种菜养鸟（25.3%）、上网（20.0%）、再就业（18.6%）。两类父母参与的日常活动及整体频率都差不多，独生子女父母参与做家务、读书看报、上网、文体娱乐、旅游、种花种菜养鸟相对多一些，而非独生子女父母参与照顾孙辈、看电视的要多一些。

表9-3　独生与非独生子女父母的人际交往渠道

单位:%

	独生子女父母（n=881）	非独生子女父母（n=415）
照顾孙辈	36.7	40.2
做家务	77.1	70.8
看电视	81.2	83.9
读书看报	35.6	32.8
上网	30.8	20.0
再就业	20.0	18.6

	独生子女父母（n＝881）	非独生子女父母（n＝415）
文体娱乐	32.0	27.7
锻炼身体	60.2	61.4
旅游	24.9	18.1
义工、志愿者	11.8	9.6
学习知识	4.9	5.1
种花种菜养鸟	28.5	25.3
交朋友	39.7	39.5
其他	2.6	4.3
都没有	0.2	0.5

调查中问询了在过去一个月内被访者与其他人发生冲突的次数（包括口角、争执、谩骂、肢体冲突；发生冲突的赋值为 1，没发生冲突的赋值为 0）。统计结果见表 9-4。两类父母极少有跟他人发生人际冲突，而且相互之间没有明显差异。发生冲突的频次统计也表明了这一点：在 1296 个被调查者中，过去一个月内与他人发生过争执 1 次、2 次、3 次的分别有 24 人、9 人、3 人，还有 3 人是极端一些的个案，分别与他人发生了 5 次、6 次、10 次冲突。

表 9-4　两类父母一个月内与他人发生冲突
次数的独立样本 T 检验结果

	是否为独生子女父母（平均值±标准差）		T	P
	是（n＝881）	否（n＝415）		
与他人冲突次数	0.06±0.38	0.05±0.54	0.282	0.778

注：* $P<0.05$，** $P<0.01$，*** $P<0.001$。

调查中询问过被访者是否发生过财产纠纷、消费者权益受损情况，统计结果见表 9-5。两类父母 97% 以上都没有发生过财产纠纷，90% 左右没有在消费过程中权益受损的情况，而且两类父母之间在上述两个指标上不存在明显差异。

表9-5　两类父母的权益保护情况

指标	名称	是否为独生子女父母（%）		卡方值	P
		是（n=881）	否（n=415）		
是否有财产纠纷	没有发生过	97.16	97.35	0.037	0.848
	发生过	2.84	2.65		
是否消费者权益受损	没有发生过	90.01	88.67	0.54	0.462
	发生过	9.99	11.33		

注：* P<0.05，**P<0.01，***P<0.001。

（三）家庭亲子互动与精神情绪状态

如表9-6所示，不管是独生子女父母还是非独生子女父母，有80%以上认为家庭关系和睦友好，与子女相处融洽，在家庭能够受到尊重；也有80%左右表示亲子之间能相互依赖，子女能经常关心问候自己；子女支持自己意愿或决定频率比较高的占到60%以上，给子女出主意提建议频率、子女陪体检看病频率比较高的占到50%以上；子女帮做家务频率比较高的也要占到50%左右。两类父母在子女关心问候频率、子女帮做家务频率、家庭关系和睦友好的判断上有明显差距，而且都是独生子女父母处于劣势：整体上看，独生子女父母在得到子女关心问候、子女帮忙做家务、认为家庭关系和睦友好等方面的可能性都要明显低于非独生子女父母。

表9-6　两类父母的家庭亲子互动情况

互动内容	名称	是否独生子女父母（%）		卡方值	P
		是（n=881）	否（n=415）		
子女关心问候频率	少	9.3	6.1	6.785	0.034
	说不准	14.2	11.3		
	多	76.5	82.7		

续表

互动内容	名称	是否独生子女父母（%）		卡方值	P
		是（n=881）	否（n=415）		
子女陪体检看病频率	少	26.1	21.9	3.427	0.180
	说不准	20.7	19.8		
	多	53.2	58.3		
给子女出主意提建议频率	少	23.8	22.4	0.762	0.683
	说不准	24.3	23.1		
	多	51.9	54.5		
子女帮做家务频率	少	30.8	20.0	16.653	.000
	说不准	22.0	24.3		
	多	47.2	55.7		
子女支持自己意愿或决定频率	少	14.3	10.8	3.498	0.174
	说不准	25.0	24.1		
	多	60.7	65.1		
家庭关系和睦友好	不同意	1.4	0.2	8.360	0.015
	说不准	14.1	9.9		
	同意	84.6	89.9		
在家中受尊重	不同意	2.3	1.2	1.814	0.404
	说不准	16.0	15.4		
	同意	81.7	83.4		
与子女相处融洽	不同意	2.0	1.7	4.480	0.106
	说不准	16.1	11.8		
	同意	81.8	86.5		
亲子相互依赖	不同意	3.5	3.4	1.204	0.548
	说不准	18.8	16.4		
	同意	77.6	80.2		

注：* P<0.05，**P<0.01，***P<0.001。

老年人的晚年生活可能多愁善感，也可能豁达乐观，一般处于正向情感和负向情感的混合状态，这种情绪体验，用孤独度、焦虑度和抑郁度三个维度来测量。一共涉及了 26 个选项。同时结合主观幸福感来测量精神状态,主观幸福感的测量借鉴纽芬兰纪念大学幸福度量表,做了部分调整,从结构上分为正性情感(PA)、负性情感(NA)、正性体验(PE)和负性体验(NE)四个部分,共涉及了 16 个选项。采用李克特量表来测量,提供很不符合、不太符合、说不准、比较符合、很符合五个选项,分别赋值为 1、2、3、4、5。在情绪体验部分,抑郁度用 8 个条目来测量,分数区间为 8—40 分;焦虑度用 8 个条目来测量,分数区间为 8—40 分;孤独度用 10 个条目来测量,分数区间为 10—50 分。在主观幸福感方面,负性情感用 2 个条目来测量,分数区间为 3—15 分;负性体验用 5 个条目来测量,分数区间为 5—25 分;正向体验用 5 个条目来测量,分数区间为 5—25 分;正性情感用 3 个条目来测量,分数区间为 3—15 分。

统计结果见表 9-7。从情绪体验来看,两类父母在抑郁度、焦虑度、孤独度上的得分平均在 17、19、29 以上。统计检验显示两类父母之间在情绪体验上差异不明显,两类父母较于抑郁度和焦虑度,感受比较明显的是孤独。从主观幸福来看,两类父母在正性情感、负性情感、正性体验、负性体验以及总幸福度(总幸福度=正性情感 PA-负性情感 NA+正性体验 PE-负性体验 NE)方面,都没有明显的差异。

表 9-7　两类父母精神情绪状态的独立样本 T 检验结果

		是否为独生子女父母 (平均值±标准差)		T	P
		是(n=881)	否(n=415)		
情绪体验	抑郁度	17.25±6.01	17.62±5.98	−1.044	0.297
	焦虑度	19.04±5.63	19.55±5.59	−1.521	0.128
	孤独度	29.51±5.08	29.32±4.85	0.634	0.526
幸福感	负性情感	6.91±2.42	6.75±2.21	1.143	0.254
	负性体验	11.40±4.17	11.46±4.13	−0.207	0.836
	正性体验	17.25±3.55	16.91±3.57	1.6	0.11
	正性情感	10.71±2.25	10.66±2.06	0.423	0.672

注: * P<0.05, **P<0.01, ***P<0.001。

二、独生子女父母与失能重叠下的精神养老

（一）生育一个子女与失能

大规模的工业化、城镇化,快速的经济社会发展,社会的个体化,使得中国的社会关系发生了明显变化。城镇老年人除了面临生理机能障碍之外,还可能遇到社会融合程度降低、孤独感,而这又可能导致自卑、恐惧和抑郁。① 城市里的邻里关系疏远,各家各有自己的小天地,"远亲不如近邻"的情景已然不再,难以继续过去农村或厂房职工宿舍那种邻里互帮互助、团结友爱的生活样式。退休期的到来、工作关系的疏离,使得老年人从忙碌的工作中抽离,一时难以适应突如其来的"无所事事"之感。经济科技不断进步,新兴事物更新换代、层出不穷,老年人的接受能力难以跟上事物发展速度,容易出现畏首畏尾、自卑等心理。家庭规模的缩小,儿孙绕膝的天伦之乐逐渐被两人面对空旷房间的寂寞之感代替。而且老年人会出现一些疾病问题,急性、慢性、突发性的疾病,让他们开始出现焦虑和担心。

独生子女父母养老的家庭精神支持减弱。城镇中的三口之家几乎都是独生子女家庭,②尤其是"四二一"或"四二二"家庭代际结构,造成赡养比例的失调,父母难以从子女身上获得他们想要的家庭支持;子女的单一性导致独生子女父母在进入老年期时家庭养老资源减少,无论是经济来源、生活照料,还是亲子交往、精神慰藉,他们能够从这个唯一的孩子身上得到的都将非常有限。③ 因社会流动性增强,行业竞争激烈,职业工作强度大,独生子女也不得

---

① Cao W.M., Li L., Zhou X.D., et al., "Social Capital and Depression: Evidence from Urban Elderly in China", *Aging & Mental Health*, Vol.19, No.5(2015), pp.418-429.

② 风笑天:《论城市独生子女家庭的社会特征》,《社会学研究》1992 年第 1 期。

③ 风笑天:《从"依赖养老"到"独立养老"——独生子女家庭养老观念的重要转变》,《河北学刊》2006 年第 3 期。

不为自身事业前程考虑,往往心有余而力不足,很难有足够的精力满足老年人的精神需求,加上代际倾斜形成的对下一代子女的过度关爱,以致即使同住一个屋檐下,也有可能减少对老年父母的关爱和情感交流。子女所给予的精神慰藉逐步被空虚感所替代,其养老困难便开始显现出来。

从居住方式看,子女与父母"分而不离"甚至"既分又离"的情况大量存在。从情感互动上看,在业、在婚、已育子女会更可能减少与父母情感联络;①而独生子女父母也可能接受邻里关系的淡薄,跟随子女到外地一同居住,陌生的生活环境也使得独生子女父母变得小心翼翼。传统养老观念认为养老是一个家庭内部行为,往往内部消化,但独子化形势下大批独生子女父母开始将养老需求外溢于社会养老服务中,可是我国社会保障发展水平有限,在提供养老精神慰藉方面仍处在初级阶段,身体状况尚可的独生子女父母仍能通过除了儿女之外的各种活动和渠道填补精神空虚,但身体状况较差的独生子女父母除了遭受身体的折磨,心理与精神上的慰藉获取更是难上加难。

在老年人生活水平与健康状况不断改善的同时,2015 年的有关调查显示,仍然有 18.3% 的老年人为失能、半失能状态,总数达 4063 万人。② 失能老人面临着生活自理能力的缺失,外出和社会参与的限制,与家人朋友互动的减少,往往使得失能老人产生自卑、自闭、自弃的想法,加重孤独感和丧失感,最终过着"得过且过"的生活。失能老人需要的不仅是物质上的供给,精神层面也需要引起重视,如何重建一个新的观念体系和生活态度,并为他们提供精神上的服务,成了解决其老年问题所要面临的重要挑战。

在规模不断扩大的失能老年人队伍中,有一个特殊群体需要引起关注,那就是遭遇失能的第一代独生子女父母。现有研究对于第一代独生子女父母的

---

① 宋健、黄菲:《中国第一代独生子女与其父母的代际互动——与非独生子女的比较研究》,《人口研究》2011 年第 3 期。

② 《第四次中国城乡老年人生活状况抽样调查成果发布》,央广网,2016 年 10 月 10 日,见 http://old.cnr.cn/2016csy/gundong/20161010/t20161010_523186698.shtml。

精神慰藉或者精神养老的关注,集中在空巢父母、失独父母,较少涉及失能后的独生子女父母。第一代独生子女父母在失能后的养老现状(精神慰藉与人际交往)如何?与非独生子女失能父母相比,第一代独生子女父母在失能后是否有着不一样的精神慰藉需求?他们是否觉得精神养老存在困难,这些困难是如何体现的?原因是什么?是否只是单纯的低生育率所造成的结果?国家、社会、家庭、个人该如何面对这些困境?这是本章拟讨论的问题。

(二)所面临的精神养老难题

20 世纪 80 年代党中央已经意识到独生子女父母在年老时会有缺人照顾的问题,并提出要在生产发展的同时,社会保障也要不断完善,实现老有所养。自 1990 年我国人口老龄化逐步显现以来,独生子女父母的养老问题就受到人口学、社会学、老年学、经济学等学科学者的关注。针对独生子女父母精神赡养或精神慰藉方面的研究,主要有三个方面:

一是独生子女父母精神慰藉获取状况。第一代独生子女父母在这方面表现出了一定的担心与焦虑,而出现这种担心的比例明显高于非独生子女父母,[1]独子化的家庭中经济压力相对较小,但在精神慰藉上可能会面临更多困难。在现代城市社会,生活压力、居住分离的情况使得独生子女难以挤出时间和精力与父母交流[2];独生子女价值观念的改变和发展的自主性增强,子女与父母之间更可能处于疏离状态[3]。客观来看,独生子女对父母的精神赡养极

---

① 风笑天:《面临养老:第一代独生子女父母的心态与认识》,《江苏行政学院学报》2010 年第 6 期。

② 龙书芹、风笑天:《城市居民的养老意愿及其影响因素——对江苏四城市老年生活状况的调查分析》,《南京社会科学》2007 年第 1 期。

③ 王树新、赵智伟:《第一代独生子女父母养老方式的选择与支持研究——以北京市为例》,《人口与经济》2007 年第 4 期。

具挑战,要求他们具有坚韧的道德意志和乐于牺牲的道德精神。① 除了家庭交往减少,淡漠的邻里关系和丧失的工作关系也会加剧独生子女父母精神慰藉获取难度。工作内容的丧失,无所事事的时间增加,只能通过增加文体活动时间去弥补。这种无所事事加重了他们的孤独感,给他们的日常生活带来困扰,甚至于出现"与世隔绝,与人隔绝"的困境。②

　　二是精神慰藉的需求主体类型。已有研究较多地将精神慰藉或精神赡养的需求主体定为独生子女"空巢"父母和"失独"父母。"四二一"结构是家庭结构与代际关系的特殊表达③④,其实质是"双独家庭"代际结构所带来的家庭养老问题⑤;独生子女家庭的空巢具有骤变性⑥,要求独生子女的父母有事前的充分思想准备和事后的迅速调节能力,进入空巢期,他们寂寞的感觉比较强烈⑦。空巢家庭的养老支持中精神赡养与慰藉也很重要⑧,空巢老人常感寂寞孤独,易患上老年抑郁⑨,特别是独生子女家庭的空巢具有特殊性,空巢期的提前到来与延长,老人陷入"孤独与寂寞"境地在所难免,甚至患上空巢综合症⑩。独生子女父母的养老困难主要集中在空巢、高龄、疾病、寡居、失能、失智等特殊时段,"失独"父母的精神慰藉更需引起重视,独生子女的死亡

① 熊汉富:《独生子女对父母精神赡养的道德责任探析》,《道德与文明》2009 年第 3 期。

② 风笑天:《城市独生子女父母的老年保障问题》,《北京大学学报(哲学社会科学版)》1991 年第 5 期。

③ 宋健:《再论"四二一"结构:定义与研究方法》,《人口学刊》2010 年第 3 期。

④ Jiang,Q.B.,Sanchez-Barricarte,J.J.,"The 4-2-1 Family Structure in China:A Survival Analysis Based on Life Tables", *European Journal of Ageing*, Vol.8,No.2(2011),pp.119-127.

⑤ 风笑天:《"四二一":概念内涵、问题实质与社会影响》,《社会科学》2015 年第 11 期。

⑥ 谭琳:《新"空巢"家庭——一个值得关注的社会人口现象》,《人口研究》2002 年第 4 期。

⑦ 赵莉莉:《我国城市第一代独生子女父母的生命历程——从中年空巢家庭的出现谈起》,《青年研究》2006 年第 6 期。

⑧ 刘桂莉:《养老支持力中的"精神赡养"问题——试以"空巢家庭"为例》,《南昌大学学报(人文社会科学版)》2003 年第 1 期。

⑨ 钟冬红:《空巢老人的心理问题与社会工作的介入》,《河北能源职业技术学院学报》2009 年第 4 期。

⑩ 陈友华:《独生子女政策风险研究》,《人口与发展》2010 年第 4 期。

瞬间剥夺了父母的感情寄托,毁灭了家庭的希望,失独父母比较普遍地表现出自责、敏感、抑郁等状况①;失独家庭的精神慰藉需要建立亲情关怀机制②。

三是独生子女父母精神慰藉需求趋于社会化。虽然独生子女父母的养老资源在减少,但第一代独生子女父母进入老年后首选的养老方式仍是居家养老③;独生子女家庭不具备传统家庭养老的基础,要由"依赖养老"向"独立养老"转变观念④;这种转变要求政府、社会提供必要的政策与服务支持,发挥社会组织的精神慰藉供给功能,完善居家养老和建立社区服务,将居家养老、社区照顾和机构养老结合起来⑤。但过分强调社区供给是不合理的,还需将"精神赡养"与"精神自养"相结合。⑥

吴振云定义老年心理健康分析框架为五个方面:性格健全,开朗乐观;情绪稳定,善于调适;社会适应良好,能应对应激事件;有一定的交往能力,人际关系和谐;认知功能基本正常。⑦ 对于失能老人来说,良好的心理健康需要良好的精神慰藉作为支撑,现有对失能老人的研究主要集中在长期照料方面,而对失能老人的精神慰藉方面的研究,主要在以下两个方面开展讨论:

一是失能老人精神健康的影响因素与精神慰藉需求现状。失能老人需要他人照护,生活质量严重下降,大多数人精神压力大、心情烦躁、寡言少语,感

---

① 张必春、江立华:《丧失独生子女父母的三重困境及其扶助机制——以湖北省8市调查为例》,《人口与经济》2012年第5期。
② 李兰永、王秀银:《重视独生子女意外死亡家庭的精神慰藉需求》,《人口与发展》2008年第6期。
③ 王树新、赵智伟:《第一代独生子女父母养老方式的选择与支持研究——以北京市为例》,《人口与经济》2007年第4期。
④ 风笑天:《从"依赖养老"到"独立养老"——独生子女家庭养老观念的重要转变》,《河北学刊》2006年第3期。
⑤ 尹志刚:《我国城市首批独生子女父母养老方式选择与养老模型建构》,《人口与发展》2009年第3期。
⑥ 穆光宗:《独生子女家庭非经济养老风险及其保障》,《浙江学刊》2007年第3期。
⑦ 吴振云:《老年心理健康的内涵、评估和研究概况》,《中国老年学杂志》2003年第12期。

到孤独寂寞。① 失能老人对精神慰藉方面的需求巨大②,并且高龄失能老人的精神慰藉需求远高于日常照护的需求③,高龄失能老年人整体身心健康水平较差,老年人的身体健康状况越差,对居家养老服务的精神慰藉需求越大④。但随着家庭规模的缩小,供养比例失调,使家庭照料失能半失能老年人的资源严重不足,失能老人不仅需要照护者协助饮食起居,还需要其提供康复护理、精神慰藉等服务,照护者的照护质量直接影响失能老人的生活质量,⑤机构内护工往往也是有理性地付出自己的情感劳动⑥。所以需要搭建平台,让社区养老与机构养老作有益补充。

二是失能老人照护者的困境间接影响精神慰藉的供给。家庭护理工作最容易被忽视,⑦⑧失能半失能老人的日常生活大都要靠家庭成员进行照护,有些子女经济负担过重,时间久了容易产生厌烦情绪,个别家庭出现对失能老人训斥、指责、谩骂等现象,伤害老年人自尊心,使老年人晚年生活十分窘迫。学者开始注意到失能老人的照护者困境,居家照顾者的心理健康跟社会支持、照顾评价等多种因素有关,而自觉身体状况、社会支持在直接影响居家照顾者心理健康的同时,还通过影响照顾者的照顾评价进一步对其心理健

① 张洪美、李秀艳、毕春华:《社区失能老年人照护服务需求调查研究》,《卫生监督管理》2018 年第 20 期。

② 周绍斌:《从物质保障到精神保障——老年保障的新趋势》,《福建论坛》2007 年第 7 期。

③ 王建辉、安思琪、陈长香:《高龄失能老年人身心健康状况的支持体系》,《中国老年学杂志》2018 年第 14 期。

④ 胡宏伟、李玉娇、张亚蓉:《健康状况、社会保障与居家养老精神慰藉需求关系的实证研究》,《西华大学学报(哲学社会科学版)》2011 年第 4 期。

⑤ 程冉冉、周燕、王培培等:《社区失能老人对家庭型医养护一体化需求》,《中国老年学杂志》2018 年第 13 期。

⑥ Johnson, E.K., "The business of care: the moral labour of care workers", *Sociology of Health & Illness*, Vol.37, No.1(2015), pp.112-126.

⑦ Dresser, L., "Cleaning and Caring in the Home: Shared Problems? Shared Possibilities?", *Ssrn Electronic Journal*, 2008, pp.96-118.

⑧ Broadbent, K., "I'd Rather Work in a Supermarket: Privatization of Home Care Work in Japan", *Work, Employment and Society*, Vol.28, No.5(2014), pp.702-717.

康产生影响。① 失能老人家庭照护者所面临的困境,需要全社会齐心协力,不仅仅是个人的责任,也是政府和全社会的责任。②

三、质性研究设计及资料收集

（一）研究方法与研究对象选择

1.质性研究方法

第一代独生子女父母失能后的精神慰藉,既包括自身个人兴趣爱好的实现,也包括来自家庭社会对该群体提供的各种人际交往和社会活动的支持,更包括了价值实现类的精神需求的满足。在已有相关研究中,用定量的数据分析方法的确能提供不少便利,但独生子女父母失能后精神慰藉的需求和满足,影响机制与原因难以量化分析,从单纯的定量数据分析上难以获取研究对象对精神慰藉的认知与态度,也不能深入地体会到该群体精神慰藉获取的境况。

基于此,本章借助质性研究方法,运用多重资料收集方法,从整体性出发,与研究对象通过互动,归纳并解释社会现象。精神慰藉作为养老的重要内容,具有建构性的特征,精神慰藉包含了研究主体自身的价值观与人生观,需要研究者置身于该情境当中,嵌入精神慰藉概念的构建和整合过程里,深入了解独生子女父母失能后精神慰藉内涵和获取现状,挖掘深层困境原因,找到深层机制和整合模式进行解决。

研究者不仅作为一个客观的研究人员角色,也要能融入被研究者所阐述的情境中,获取所需资料。但在真实访谈中,研究者容易受到先入为主的自身

---

① 张曈、赵富才:《失能老人主要居家照顾者的照顾评价、社会支持与心理健康的关系》,《中国健康心理学杂志》2011 年第 5 期。
② 王净、刘定刚、肖瑶:《失能老人对家庭照护者的不利影响及对策》,《中国老年学杂志》2018 年第 15 期。

情感波动、阐述者对问题的理解与回答、表情语速动作等方面的影响。所以在开展本章研究的访谈时,研究者尽量做到客观,消除先入为主的思想,以期获得更多研究资料。

2. 研究对象的选择

本章研究对象是失能的第一代独生子女父母,相比宽泛的老年人概念,在选择本章研究的对象时,需要考虑几个方面的问题:失能的原因与程度。是因身体疾病突发性失能(如帕金森综合征或者中风等),还是因意外事故导致身体失能(如车祸等),抑或是先天性失能或器官衰退导致的失能等。而失能的程度对本研究的潜在影响也不容忽视。城镇户口的失能老人(范围可放宽到居住于城镇的失能老人),受教育程度、经济水平、子女生活状况等变量可能影响研究对象的精神生活的满足。在操作上,本章选取的对象是在"吃饭、穿衣、上下床、上厕所、室内走动、洗澡"六项测算指标中,至少有一项做不到的,具有城镇户口(范围可放宽到居住于城镇)且终身只生育了一个孩子(包含未能生育依法收养一个孩子的父母)的年满 60 周岁的人。

按要求选取 11 位失能的第一代独生子女父母、5 位失能的城镇非独生子女父母进行比较研究。为了规避质性研究中"守门人"角色的严格要求和研究者与被研究者陌生关系产生的不信任感,本次研究选取对象由熟人介绍,以目的抽样选取了桂林市 X 养老院,获得"守门人"放行,接触到了研究对象;利用滚雪球的方法,对三个社区内符合要求的研究对象进行访问。除了访问符合条件的第一代独生子女父母,还利用三角校验,对其子女、朋友、护工等进行访问,获得更客观更详细的资料,在访问过程大致告知访问内容并均获得被研究者的同意方才进行。

(二) 研究的内容框架

世界卫生组织(WHO)按照残疾的性质、程度和影响,将残疾分为残损

(组织器官缺损)、失能(个体能力障碍)和残障(社会能力障碍)(ICIDH)三个不同的层次。失能是指由于意外伤害或疾病导致身体或精神上的损伤,造成某人部分或全部的工作能力因此受限,无法执行与其所受教育、训练、经验相当的本行业或任何其他行业的工作,导致生活自理能力或社交能力的丧失。失能老人则是由于年老、疾病(脑梗、脑出血、糖尿病综合症、小脑萎缩、阿尔茨海默症、帕金森综合症、肿瘤、类风湿、骨折)伤残等原因,吃饭、洗澡、穿衣、上厕所、控制大小便、室内活动等日常生活不能自理,必须由他人协助或者完全依赖他人才能完成的 60 周岁以上的老人。2015 年发布的《北京市城乡老年人口状况调查报告》提出了一个操作性的定义:"'不能自理'的老人是指在日常生活能力量表(ADL)的六项测量项目即吃饭、穿衣、上下床、上厕所、室内走动和洗澡中,至少有一项活动为'做不了'的老年人。"按照中国老龄科研中心关于将"失能"再分类的操作性定义,1—2项失能为"轻度失能";3—4项失能为"中度失能";5 项及以上失能为重度失能。①

有学者认为精神慰藉、精神养老、精神赡养是同等概念。穆光宗对老年人的精神赡养问题进行了讨论,精神赡养的实质是满足老年人的精神需求,即自尊的需求、期待的需求和亲情的需求,与此对应的满足是人格的尊重、成就的安心和情感的慰藉,并且指出不同阶段,精神慰藉有不同的载体。② 宁雯雯、慈勤英将老年人的精神慰藉状况操作化为精神依赖度、养老担心度、主观幸福感三个指标。③

精神支持只强调精神供给,然而精神慰藉不应只局限于供给者,还有精神自给、精神需求等内容;精神养老虽说不是独立养老方式,但是精神慰藉属于

---

① 唐钧:《中国有多少失能老人》,《中国社会保障》2016 年第 12 期。
② 穆光宗:《成功老龄化之关键:以"老年获得"平衡"老年丧失"》,《西南民族大学学报(人文社科版)》2016 年第 11 期。
③ 宁雯雯、慈勤英:《老年人精神慰藉过程中的子女作用》,《重庆社会科学》2015 年第 1 期。

养老需求的一部分,不管是什么养老方式,精神慰藉都是养老的重要内容(见图 9-1)。

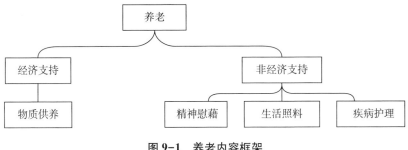

图 9-1　养老内容框架

本章将已有对精神慰藉的阐述进行梳理和提取,从三个方面对精神慰藉进行界定:

第一,精神慰藉作为养老中的非经济支持因素,是相对于经济支持而言的。目前我国社会主要关注养老保障的养老金、生活照料等物质性、工具性方面,但是养老是物质、活动供给与精神慰藉相结合,其作用相辅相成,物质层面关注的是老年人吃饱穿暖、生病照料等问题,而精神慰藉则是关注精神层面的内容。

第二,精神慰藉是"孝道"文化的体现。《礼记》有云,孝有三:大尊尊亲,其次弗辱,其下能养。尊老敬老,正是养老中精神慰藉的具体体现和要求。从传统孝道文化的养老资源上看,其实现主要依靠家庭养老为主,但在如今社会,养老需要多方支持。

第三,精神慰藉是需要通过个体、家庭、社会、国家协同供给。以失能后独生子女父母为主体,通过自身进行精神自养;也需要家庭、社区、社会等提供良好的外部资源。精神慰藉可来自自身的精神状态的调节、子女的慰问与关心、社区提供慰藉服务、社会政策的制定与执行等。

表 9-8　养老中精神慰藉主要内容

第一层面	兴趣爱好	1. 无所事事型	a.看电视听广播;b.去公园呼吸新鲜空气;c.棋牌类活动等
		2. 愉悦身心型	a.读书;b.唱歌;c.老年大学课程等精神文化需求
		3. 精神信仰型	信教等
第二层面	人际互动	1. 自我内心互动	a.自我开导与满足;b.建立小目标,学会夸赞自己;c.写日记
		2. 亲情互动(配偶、子女、其他亲属)	a.配偶、子女照顾与相处模式;b.夫妻、子女间共同话题与心灵契合(以聊天内容与次数多寡衡定);c.被配偶、子女等夸赞,获得认同感;d.对于家庭事务的自决权与知情权;e.其他亲属慰藉(电话慰问、见面关怀、帮忙程度等);f.心愿获得亲属们的满足
		3. 朋友、同事往来	a.朋友聊天聚会;b.同事慰问
		4. 非亲属朋友互动	a.社区邻里(养老院其他老人)互动;b.护工关心;c.陌生之人慰藉(陌生人敬老举动,志愿者慰问);d.基本诉求获得反馈满足
第三层面	活动参与	1. 社区活动	a.参加老年大学;b.技能培训、兴趣培养;c.集中性讲座
		2. 公益	a.给抑郁患者提供倾诉出口;b.为需要社会矫治的青少年给予人生经验
第四层面	价值实现	1. 家务劳动的参与	a.做家务;b.带孩子等
		2. 参与决策与咨询	a.组织过去担任领导职务的离退休干部开展调查研究;b.给各项工作提供决策、咨询建议
		3. 老年生产力	参加力所能及的生产、工作或劳动
		4. 专业服务	有各种专业特长者以业务咨询或技术、教育、文化、医疗专长继续服务于社会
		5. 社会工作	参加治安联防、纠纷调解、环境卫生监督和居委会工作等

　　综合来看,本章研究将精神慰藉定义为通过满足精神主体的诉求而进行显性的物质供给和隐性的非物质供给以达到精神愉悦与满足的目的,以减少生活变化中产生的自卑感、失落感、孤独感、凄凉感和厌世感。精神慰藉的获取除了有受访者对于精神层面的需求(如自尊需求、自我实现的需求、爱的需

求等)、内心的自我满足与宽慰,还有社会各界所给予的各种支持。可将精神慰藉这一概念内涵进一步操作化为具体的四个指标:兴趣爱好、人际交往、社会参与和价值实现,这四个指标较为具体而深入地涵盖了精神慰藉内容的各个方面,在每个指标之下再进行细化,以期实现囊括的内容生动而全面(见表9-8)。

对本章研究对象而言,精神慰藉既包括家庭、社区、社会层面提供交流、尊重等精神关爱与服务,也包含失能后的独生子女父母自我心理调节、社会参与和价值实现。精神慰藉着重于"精神"二字,表现了主观性较强的特征,难以进行量化分析描述。人们在进行养老时,往往会忽略精神慰藉这一大内容,但精神慰藉无形地贯穿于各种养老方式当中。失能后的第一代独生子女父母进入老年期,有个良好的精神状态,实现物质与精神共同满足,是提高他们老年生活质量的关键着力点。

(三)研究方案设计与资料收集

主要使用半结构式访谈法和非参与观察法。事先设计好访谈大纲,虽然该大纲的问题设计是机动的、松散式的,但是访谈的实现紧紧围绕研究主题来进行。在实际访谈中会出现一些不可控因素,需要灵活应变,及时调整访问预设。第一代独生子女失能父母精神慰藉具有较强的主观能动性,使用这种访谈方式,可以对研究对象的精神世界进行更为透彻的分析。采用访谈法与非参与式观察法相结合,也有助于对精神慰藉内容的全面解读,剖析所包含的各种影响因素。

访谈法在选取研究对象上具有较高的针对性与自由度,这种带有主观性的研究方法并不意味着所选样本不具有代表性,而是所选取的每一个个案,都能符合所研究主题所需的信息,有着较强的排他性(选择这个个案而不选择其他个案的原因),并且在针对这个个案的研究时,在需要调整预设问题的时候需要及时做出取舍与更改。

在设计访谈大纲时,所有设问都是紧紧围绕着精神慰藉这一焦点展开的。再根据所定义的养老精神慰藉包括兴趣爱好、人际互动、活动参与、价值实现四个层面,利用启发性的问题,了解失能后的第一代独生子女父母精神需求和自我满足现状,还要收集关于子女、亲属、朋友、社区所提供的精神支持情况。除了对被访者所回答的资料收集,还要注重被访者的背景资料。将这些信息进行归纳总结,描绘出失能的独生子女父母精神生活的情况,尽可能保证研究的效度。

在进行访谈时,主要使用手机录音记录。经过对录音资料转换为文字并校对,以备分析时所用。在访谈时有很多信息是没法通过录音进行记录的,比如说受访人对某一问题面露难色、迟疑等态度,这种细节的表达对分析问题也有一定的帮助,需要在访问结束后进行反思。在对访谈录音转换成的文字资料进行分析后,归纳出受访者所表达的核心信息,以便后续分析和研究,抓住精神慰藉的核心内容,构建失能父母精神慰藉的框架体系,进行有层次有深度的论述与分析。

四、独生子女失能父母精神慰藉获取状况

(一)所选取的个案及其失能情况

在所选取的 16 个个案中,11 个为第一代独生子女父母,5 个非独生子女父母,都符合失能的选取条件。所选取个案的情况见表 9-9:独生子女父母中女性为 7 人,男性为 4 人;选择机构养老为 6 人,居家养老为 5 人。非独生子女父母中女性为 3 人,男性为 2 人;选择机构养老 1 人,居家养老4 人。

表 9-9　研究个案及其失能情况

		1. W1 女（有一女，本地工作）	2. W2 男（有一子，外地工作）	3. L1 男（有一女，本地工作）	4. F1 女（有一女，本地工作）	5. J1 女（有一女，本地工作）	6. Q1 女（有一子，本地工作）
独生子女父母	机构养老	脑梗，帕金森，有褥疮，吞咽缓慢，轻度老年痴呆，卧床不起，属完全失能	帕金森，腰椎骨折，可自行吃饭，借助助行设备缓慢行走，洗澡睡觉需帮助	中风，腿部不能走动，但能自主吃饭、洗漱，坐为主，上下床需护工护理	糖尿病并发症，不能独立行走，需人照顾洗澡、卧床等日常行为	车祸导致脑部受创，失智状态，意识不清，需护工照顾	5岁左右患小儿麻痹，现肌肉萎缩，整个脚掌向内侧弯曲，失去行动能力
		7. H1 男（育有一女，外地读书）	8. H2 女（育有一女，外地工作）	9. W3 女（育有一女，外地工作）	10. L1 女（育有一女，外地工作）	11. Y1 男（育有一子，与儿子居住）	
	居家养老	中风瘫痪，失去行动能力三个月，需要人照顾穿衣、上厕所等日常行为，情绪低落，易激动	高血压致使右腿麻木，伴有腰间盘突出，半失能已经两年，走路需搀扶，但可以坐轮椅	患有脑萎缩和严重的颈椎病，头晕且痛，卧床，尿路问题导致频繁想小便	在40岁时操作机器不当造成三截右手个手指，除了吃饭穿衣不便，行走能力尚可	2015年患上严重的静脉曲张导致无法自行走	
		B1 女（育有一子一女，与儿子居住）	H3 男（育有一子一女，与女儿居住）	L2 女（育有两儿，与小儿子居住）	Z1 女（育有一子一女，但并不和孩子住）		
非独生子女父母	居家养老	58岁遭遇车祸右腿骨折，现因关节炎右腿走路疼痛且患糖尿病并发症致使脚麻	眼睛白内障几近失明	患脑梗两年导致下身瘫痪，无法自主行走	患有严重糖尿病并产生并发症，右手没有知觉，左手会抖		
	机构养老	M1男（育有两个女儿，一个在本地工作，另一个嫁去外地）患血栓，瘫睡在床，护理二级，需护工喂饭翻身洗澡，难以自主行动，由于卧床时间久，身上生褥疮，不自主地挠，皮肤多处已破裂					

注:受访者以姓氏大写字母加数字代替,如遇大写字母重复,数字依次顺延。

（二）所选个案的精神慰藉获取现状

通过实地调研与观察，第一代独生子女父母在失能后的行为状况堪称为"静止"模式，他们受限于身体的失能状况，所获的精神慰藉也因此大打折扣。入住养老机构的受访者失能情况较为严重，多为只能卧床的老人，生活较为规律且简单枯燥；选择居家生活的另一批受访者多为失能情况较轻，虽有行动不便，但是相比失能情况较重的受访者来说，他们能活动的范围较大。表9-10为受访的失能独生子女父母和非独生子女父母的基本生活情况。

表 9-10　失能的独生子女父母与非独生子女父母基本生活情况

入住养老机构	05：00—06：00	护工扶起床、换尿布、洗漱	12：00—17：00	卧床看电视、午睡（有的研究对象有家属探视）		
	06：00—07：00	护工喂早餐	17：00—18：00	护士送药，护工帮忙喂晚餐		
	07：00—11：30	卧床看电视、打瞌睡	18：00—19：30	家属探望密集时间，也是在外地工作的子女电话问候密集时间点		
	11：30—12：00	护工喂午饭	19：30—05：00	晚休时间		
	注：护工每隔两个小时给老人翻身，有需求需要叫唤护工，但因护工人数少难以及时满足需要，因护工忙所以在喂饭时间是最佳的与护工沟通交流的时间点					
居家	独生子女父母			非独生子女父母		
	H1	看电视，打瞌睡，与妻子简单交流，偶尔与女儿通电话		B1	信奉基督教，与小区内老人交谈	
	H2	与配偶一同外出写生，摄影，偶尔给女儿发微信		H3	听相声，与小区内老人交谈	
	W3	在家看电视居多，偶有下楼走走，身体状况好时种种花，做家务，女儿经常打电话		L2	看电视（养生节目），不愿过多交流	
	L1	跳广场舞，与舞友去KTV唱歌		Z1	与配偶一起照看孙子孙女，唱歌	
	Y1	与配偶简单交流，看新闻				

1. 兴趣爱好转为简单的活动

因身体限制多数受访者表示自己的兴趣爱好被迫发生转移,身体局限性致使受访者不得已选择简单活动来打发时间,基本情况见表9-11。

表9-11　受访者的兴趣爱好转移情况

	失能前	失能后		失能前	失能后
W1	逛公园、锻炼	看电视剧、睡觉	W3	跳广场舞、打牌	在家待着
W2	旅游、看小说	发呆	L1	跳舞、打字牌	闲逛
L1	闲逛	看战争片、打瞌睡	Y1	钓鱼	看新闻
F1	看书	看小品、信基督教	B1	信基督教、每周外出做礼拜	在家待着、偶下楼与邻里闲聊
J1	唱歌	闲逛	H3	运动,打乒乓球	听相声
Q1	种花、与人交谈	一个人呆坐着	L2	打牌	看电视
H1	下棋	看电视	Z1	做油茶	外出闲逛
H2	老年大学课程	摄影	M1	去公园、打牌	看战争片、睡觉

失能的独生子女父母主要的日常兴趣活动分为:无所事事型、愉悦身心型、精神信仰型三类。无所事事型表现为受访者每天无所事事,只能利用简单活动打发时间,此类型所能提供的精神慰藉效果较差。具体内容为:

(1)看电视、听广播。受访者表示看电视这种快捷方式最能有效地消磨时间,受访者大都完全丧失活动能力只能躺在床上,靠看电视缓解空虚凄凉之感。选择电视或广播频道时,也会因性别产生选择偏好,男性失能老人偏好新闻、军事题材的电视剧电影,而女性失能老人偏好小品、家庭伦理剧等轻松愉快的节目,但是老年保健节目女性会比男性关注更多一些。

W2受访者:我每天就指着电视看新闻过日子喽,这是在养老院唯一的消遣,主要是现在动不得了,年轻的时候我好喜欢去旅游的,五岳几乎全去过了,但是衡山一直没去,想着退休后怎么也要爬一次嘛,也没想到自己会得病,现在就在电视上看看祖国的大好河山了。

(2)去公园散心。这个方式不仅能缓解因身体局限性长期居家导致的压抑心情,还可以在公园里找到老年群体进行沟通交流,公园是很多退休老人"扎堆"的地方。

(3)棋牌类活动。不少受访者表示,这种棋牌类活动,一坐可以坐半天,并且还可以动动脑,既消磨了无聊的时光还可以活动活动头脑,他们并不在乎输赢得失,为的就是排遣无聊寂寞心情。

而失能状况较轻、文化程度较高、经济水平较好的受访者愿意选择精神愉悦型慰藉方式,大多以书法、唱歌、参加老年大学课程为主,他们对待失能会保持积极心态,但是选择这一类型兴趣爱好的受访者还是占少数。

如表9-11所示,与非独生子女父母在兴趣爱好方面的实际情况相比较,第一代独生子女父母失能后的兴趣爱好没有出现很大的差异性,因为兴趣爱好主要受个人文化程度、经济条件、自身身体状况等因素影响,并且两类父母都经历着身体失能的因素制约,兴趣爱好由多向选择性向打发时间为主转移,这类兴趣爱好所带来的精神慰藉程度低,但也实属无奈。独生子女父母的精神慰藉主要是靠兴趣爱好来填满日常难以与自己子女见面的空虚,当发生失能事件时,兴趣爱好的单一性导致其从兴趣爱好上获取到的慰藉大打折扣,对独生子女父母的打击更大,更容易出现消极情绪。

2.人际互动意愿与质量下降

在人际互动中,失能的第一代独生子女父母表现出敏感自卑,出现害怕孤独、敏感、暴躁、自怨自艾、忧郁寡断、郁郁寡欢的消极情绪。人际互动资源主要有配偶、独生子女、亲朋好友、护工和其他非正式社会资源。在实际调查的11位个案中,在问及"有心事会倾诉出来吗? 会向谁倾诉?"时,失能的独生子女父母的回答偏向于"不说""向陌生人倾诉也好过对配偶、子女的倾诉"。他们认为自己已经是一个累赘,不愿意再将麻烦带给配偶与子女。他们减少外出次数,减少邻里互动,对于少量的非正式组织的慰问表现得冷漠。从互动质量上看,配偶作为主要照顾者照顾着失能一方的衣食起居,常常疏忽了对亲密关系者的交流与互动。在调研观察中得知,配偶与受访者的互动限于喂饭、换洗衣物、协助上厕所、协助出门等事情上。

> W2受访者:我老婆一星期来一次养老院看我,她嫌难转车,她来就拿点药和日用品给我啊,她一星期来看我一次不错了,所以我要是不高兴了,也不想和她讲,不知道你听过这句话没,本是同林鸟,遇难各自飞,你也莫想靠别人。

由于独生子女外出工作、照顾家庭等原因,大多与失能父母分开居住,见面次数少,大多采取电话慰问、上门探望这种简单快捷的慰问方式,内容围绕简单关心、家庭、工作、近况展开。一些独生子女即使在本地工作每晚都能见面,但见面时间短,子女忙于失能父母的日常照料,老人产生愧疚感进而降低对自己精神照顾的要求,在索取来自子女的精神慰藉上缺乏主动性,子女也难以及时了解其失能父母的精神状况,疏于对失能父母的精神照顾。作为独生子女父母,他们很少主动打电话给自己的孩子,一般都是子女主动打给父母询问近况。子女的关心固然是好事,能够解决一定的精神寂寞问题,但是子女的精神慰藉较为简单,难以深入老人内心,更加重老人的孤独感。表9-12为受访者与子女互动频次与内容。

表9-12　受访者与子女互动频次与内容

	慰藉方式	慰藉内容	频次	有否交流	交流内容或情况
W1女儿(独)	上门探望式	喂饭、擦身等日常照料	几乎每晚都去养老院,一次约30分钟	有	家庭情况
W2儿子(独)	电话慰问式	电话交谈	每隔两天一次、一次15分钟	有	聊工作、旅游见闻

续表

	慰藉方式	慰藉内容	频次	有否交流	交流内容或情况
L1 女儿（独）	上门探望式	拿生活用品	隔三天去一次养老院，一次约15分钟	简单交流	询问病情
F1 女儿（独）	上门探望式	喂饭、擦身等日常照料	几乎每晚都去养老院，一次约40分钟	简单交流	问候，一交流就哭
Y1 儿子（独）	同一屋檐式	一起吃饭	几乎每天	几乎无	一回家就玩手机
B1 儿子（非独）	同一屋檐式	每晚回家与父母吃饭	每天一次	简单交流	询问病情，女儿一周来家吃饭一次
H3 女儿（非独）	同一屋檐式	煮饭、扶下楼走走	几乎每天	简单交流	家里事不告诉父母，儿子较少打电话慰问

F1 受访者:我的女仔真的好忙,我女一般每天都来的,她在铁西那边上班,晚上过来都七点了,帮我洗洗脸啊擦擦身子啊,帮我洗洗刷刷,没有空聊天的,做完这些事就回去了,回到公司宿舍八点多。我女有时跟我讲,妈妈我好累的。

在调查中发现,非独生子女对于失能父母采取同一屋檐式慰藉更多,他们同住在一起,且其他孩子能够进行相应补足,提供更多的精神慰藉。但有一点值得注意,独生子女会更注重对于失能父母的精神慰藉供给,只是日常照料等原因顾此失彼。其他亲属、朋友关系疏离,以上门慰问或电话慰问为主,共同回忆过去有趣的人和事,关心受访者失能状况等,但一般不会涉及物质上的帮助;精神慰藉比较简单,在实际访谈中,精神支持会因受访者失能情况好坏来进行有选择的供给,也就是说,若失能情况严重,他们会选择用电话慰问的方式代替上门慰问,或者是直接减少慰问次数。

W2 受访者:住养老院一年多了,我同学来过一次。我有两个知心朋友啊,人家也忙,也顾不上你。讲不好听的,哪个愿意来养老院这种地方啦。同事,就是泛泛之交吧,平时也不是很深交。

而与失能老人接触较多的护工在日常照顾上也仅局限于日常护理,帮助喂饭、翻身、换尿布、洗澡等事情,遇到护工的服务态度差更是加重了失能独生子女父母的愤怒与孤独。

　　W1 受访者:这边护工你看她的态度,每次叫她过来翻个背要喊半天,过来了还跟我生气。还是愿意回家啊。

3. 社会活动参与度不高

失能的独生子女父母由于身体条件的限制和人际互动意愿的降低,对于社会活动的参与度也是比较低的。较之于健康的老年人,失能的老年人对于社会活动的参与能力受到失能程度的影响,所需的社会活动慰藉也根据失能程度的不同导致强度不同。此类社会活动一般由社区组织实施,由养老机构进行补充,对于住在县城或者老城区的失能独生子女父母来说,社区精神支持力较弱,失能的独生子女父母是游离于社区服务边缘的,甚至与社区零接触。

通过对受访者的访谈可归纳出三种特点:第一,失能的独生子女父母与社区联系不紧密,主要是去办业务才会有接触;第二,失能的独生子女父母对于社区活动表现出观望态度,他们希望有健全的社区服务和活动可以丰富他们无聊的生活,但他们又觉得社区工作人员不够专业,自己身体有局限,害怕出现突发事件,导致他们对社区存在纠结的态度;第三,社区对于失能老人采取的一般是召集志愿者上门慰问,主要内容为给老人发放一些水果和零食,不做过多交流,精神慰藉效果较差。

　　Y1 受访者:我反正不晓得社区有没有搞活动,要是有的话,也
　　是那种能动的老人家去参加吧,好少有专门的针对我们这种动不
　　了的老人家的活动。你想嘛,到时候跌着了,谁负责。而且,这些

老人家上厕所也不方便,你都还没开始活动,这边又想上厕所了。而且社区的人又不是专业的会护理的,我都不敢去,还是在家里面待着算了。

F1 受访者:那些社区的志愿者时不时会拿点这种小蛋糕啊苹果啊给我们吃,这些东西有什么好吃的。把东西放下了就走了,还不如不来,唉。

4.价值实现的方式和渠道少

一些处于半失能状态的受访者会进行一些增加自我效能感为目的的行动,客观上一个人做出一种行为时是会对这种行为所产生的结果有一种期待,这种活动是具有内生驱动力的。对于独生子女父母来说,他们的想法就是自己只有一个孩子,需要进行资源的代际传递,能帮到他们多少就帮多少,而对于失能父母而言,能够自己做一些力所能及的日常活动,也是对自己孩子帮助的替代。受访者表示自己是想做一些家务事或者帮忙看孩子,能使自己逐步建立信心,判断自己还存在"可用性",并且,家务劳动也是家庭内部的一种表达和互动,①在做家务时可增强与家庭成员的情感交流,维持和谐的家庭关系,也能达到较好的精神慰藉。

W1 受访者:我刚开始得病的时候还不用像现在一样躺床上,还能在家带孙仔,现在孙仔也没得人管(老人反复强调因病不能带外孙,体现老有所为的欲望)。因为自己年轻时太累太辛苦了,得这个病一下就病倒了,别的事我都不想,就想着能照顾孙仔就好了。

但实地调查发现,由于受访者身体机能的限制,出现"想做不能做、想做不让做、想做没事做"的境况。配偶与子女将其保护起来,不让他们继续做家务。也可能因生活理念和习惯的差异导致子女对其所做家务的挑剔,引发家

---

① 刘爱玉、庄家炽、周扬:《什么样的男人做家务——情感表达、经济依赖或平等性别观念?》,《妇女研究论丛》2015 年第 3 期。

庭矛盾。H1 受访者的女儿表示：她还天天帮我擦一下桌子板凳，我整天担心她动来动去的又摔倒，我觉得她就是在帮倒忙，我一说她她还不高兴。所以受访者表示会产生吃力不讨好的委屈。失能的独生子女父母所提供的家务劳动，并未获得理解与尊重。普遍有自己都管不好自己，更别说再投身社会了的心态，被动接受着废用性衰退。

五、城镇第一代独生子女失能父母的精神慰藉困境

独生子女失能父母获取精神慰藉，不仅受个人因素制约，还受到社会结构方面的影响，造成独生子女家庭支持不足和独生子女失能父母精神慰藉外溢需求难以得到满足的钟摆难题（Pendulum Problem）。[①] 由于独生子女父母经历的"空巢"时期较长，他们能更早更好地学会从独生子女家庭以外去寻找精神慰藉替代，从兴趣爱好、人际交往、社会参与和价值实现的活动上解决依赖性，失能后的独生子女父母亦是如此。当发生失能事件，独生子女父母的精神慰藉获取平衡又一次被打破，但是在以下四个方面的获取上，有着较为突出的困难。

（一）兴趣爱好的"钟摆难题"

继续进行兴趣爱好活动获取精神慰藉是独生子女父母常见的排解寂寞的方式，表现出从依赖家庭内部的精神支持向积极寻求慰藉的自主自立转变。但是由于独生子女失能父母受到身体因素的限制，他们丰富多彩的兴趣爱好

---

① 在此处"钟摆"主要是借鉴钟摆的特征来定义——当钟摆摆动起来时，会同时产生向左向右的惯性，在运动中逐渐抗衡从而消耗动力，以到达平衡状态。此时钟摆的左右摆动惯性更像是同时产生两个相反的力量互相拉扯，造成受力主体进退两难的境遇；摇摆幅度越大，困难越大；当一方力量减弱，另一方力量也随之减弱，当两种力量获得相应整合，则出现平和状态。

活动难以为继,只能进行一些打发时间型的活动,所以在兴趣爱好方面主要表现出以下两种困境。

1. 被迫接受低层次的兴趣爱好

失能的独生子女父母由于身体机能限制,兴趣爱好由多向选择性向打发时间为主转移,这类兴趣爱好所带来的精神慰藉程度低,独生子女父母的精神慰藉主要是靠兴趣爱好等各类活动来填满日常难以与自己子女见面的空虚。当发生失能事件时,兴趣爱好的单一性导致其获取到的慰藉大打折扣,容易出现消极情绪。

> Y1受访者:我现在是天天在家看电视,没得事做,我也想重新找点耍法。一来不晓得搞点什么,二来又怕这个身体挨不起。这日子过起没意思。

2. 自身身体机能受限所致

对于失能程度较低的受访者来说,其兴趣爱好的获取选择面更多,有着较强的灵活性与自主性,而对于失能程度较高的受访者来说,他们只能选择一些层次较低的兴趣爱好来获取精神慰藉,而较长时间获得低质量的精神慰藉也可能会造成"精神食粮缺乏或偏食",引起不健康的心理疾病。在实际访问过程中,就发现了一些受访者每天情绪很消极,产生厌世、轻生念头,而这种隐性的不稳定因素对老人的精神世界产生较大的压力。

受访的独生子女失能父母表示,他们愿意发掘一些新的爱好,期待达到精神慰藉自我独立。但是由于失能类型和失能程度的制约,他们又不得已接受着空虚无聊的生活,产生纠结烦闷的心理。而这种心理一方面是减少对独生子女精神依赖的期待,另一方面是不得不接受失能现实的挫败。

（二）人际交往的"钟摆难题"

失能独生子女父母因身体状况的限制,人际交往辐射面缩小,影响着他们管理和应对情绪的能力,表现为冷漠、难过等消极情绪,但这种消极情绪会传染扩散至与之交往的人群,而与失能老人交往的人群为了避免受到消极情绪的影响,又会减少与其交往的次数,陷入人际交往的恶性循环。在失能独生子女父母人际交往中会出现以下两种现象。

1. 主动脱离关系网络

因其身体失能的原因,自我认同感逐渐丧失,慢性病等导致的身体失能瓦解了自身与周围环境的稳定平衡,老年人失能后心理状态历程为独立、现实、避世、冷淡等特征,[1]常常会出现缺乏目标、自暴自弃、得过且过的冷漠状态。

> F1 受访者:我和你说,人这一辈子只要一得病,那就不用谈论幸福了,整天坐在这里,吃饭、睡觉也要麻烦别人,自己就像一个包袱。我对不起我女儿,我就一个女儿啊,我生病了,她也跟着难受,她每次来看我都要哭,然后我也哭。

这种冷漠状态也导致了受访者主动避免与其他人说话,封闭在自己的世界里,表现为对配偶的冷漠生气、对子女的愧疚和对其他社会支持的抗拒。调查中发现了一个比较有特色的转换模式:第一,将子孙后代的成就转换为自身精神上的满足,若子孙后代碌碌无为,会表现出一定的焦虑;第二,将获取的物质养老资源转换成精神慰藉资源,能够将子女、社区的物质支持、照料支持转换成精神支持;第三,自我互动难以排解不良情绪后转换成兴趣爱好来获取慰藉。

---

① Lee,E.-K.O., Brennan, M., "Stress Constellations and Coping Styles of Older Adults with Age-Relate Visual Impairment", *Health and Social Work*, No.32(2006), pp.289-299.

2. 被动接受疏离关系

第一，避免"悲伤传染"式疏离。由于失能独生子女父母遭受身体机能的损坏和独子化的孤独，难以从相关活动中主动获取精神满足，子女不在身边更加重他们的精神脆弱，产生"自怨自怜""悲天悯人"的悲伤情绪，而这种情绪也加大了与他们交流的难度，除了在语言组织和沟通方式上要注意分寸，与其交流后的人员也会受到悲伤情绪的传染，增加了交流的心理成本，自然会选择淡化与疏离与失能独生子女父母的稳固关系。

第二，对"麻烦型关系人"的疏离。麻烦关系人（Difficult People）指对自己有高需求、难以相处、比较麻烦的人。失能的独生子女父母由于身体状况差，对子女、配偶或者护工有着较高需求，这种疏离较多存在于家庭内部或者与机构护工的人际关系中。这种疏离存在主观性，但规范性和制度性的约束，需要他们与高需求和麻烦的人保持关系。独子化致使他们从子女身上获得的养老资源较少，来自子女的精神慰藉缺乏针对性且浮于表面。若独生子女作为失能父母的主要照顾者，照顾的压力可能让他们的情绪受到较大影响。独生子女缺乏共同商量、能够分担、共同应对的兄弟姐妹，需要独自承担照顾家庭和失能父母的重任，其心理也通过情绪传染至失能父母身上，让失能父母情绪更加患得患失，敏感多疑。

现阶段护理人员大多是专业素质不高的家庭妇女，常常会忽视受护理人的情绪问题，失能父母行动不便，其基本需求主要靠护工来满足，若护工无视其需求，或是不能满足其需求，他们会产生一种基本权利丧失的不受尊重感，产生消极情绪。并且来自护工的精神慰藉会受到护工自身道德和素质的约束，具有较大的不确定性。

> M1 受访者：以前在家请护工，在家自由多了，也用不着看这边养老院护工的脸色，这边护工你看她态度，每次叫她过来翻个背要喊半天，过来了还跟我生气，还是愿意回家啊。

而机构也因人手短缺,日常照护工作量大,护工往往疏离与失能的独生子女父母的交往。

> 护工1:我们已经算是尽力了,老人家有时不讲道理,事情又多,我们护工也忙,说到精神交流这个问题,根本就没得时间管哦,喂饭、换尿布、翻身,一整天都忙得团团转。

第三,缺乏专业心理开导式疏离。有些精神慰藉供给主体想要与独生子女失能父母进行沟通交流,但受限于心理开导的技巧和手段,难以进行有效的深度交谈,致使供给主体减少或放弃与其交流。

> Q1受访者儿子:我也想她高兴点,那我也跟到高兴点。我讲买个电视进来给她看转移一下注意力,她又嫌吵。你也晓得,我们男的心思还是没得那么细腻的,也没空关心她的内心世界。我晓得她蛮难过的吧,放到哪个身上都蛮难过,我自己也觉得压力好大。

(三) 社会参与的"钟摆难题"

独生子女失能父母的精神慰藉需求,往往在家庭内部难以得到满足,常外溢到社区或者社会,他们会更加期望通过社会参与减少对配偶及其子女的依赖。这些社会活动一般由社区组织实施,由养老机构进行补充。社会活动的参与困境主要表现为:受资金不足、资源分配不均、担心承担责任、身体失能状况等主客观条件限制,导致活动链断裂。

1. 社区活动组织不力且信息缺乏

所访问的对象有九成表示几乎没有参加过社区组织的老年活动。社区助老服务与设施不完善、老年活动室环境差、街道办或居委会职能单一、社区活动缺乏组织者、街道办与居委会互相推诿等,导致对独生子女失能父母精神慰藉起到的作用很小。在实地走访中,不少受访者对通过媒介了解到的助老设施完善的其他社区表示很大的憧憬,体现出受访者对社区活动实际情况的不满与对自己身体的担忧：现有的社区老年服务和活动项目主要针对低龄、健康、生活能够自理的老人；社区（养老院）缺乏运送失能老人下楼活动的服务，害怕一不小心摔着老人担责任；社区（养老院）内缺乏轮椅等代步工具的储备，老人想参加活动心有余而力不足；社区也只是提供一点生活服务上的方便，忽视精神方面的需求，难以有针对性地提供文化娱乐、社会参与、精神慰藉这些方面的设施和服务；老年教育设施缺乏，老年大学宣传不够且难以满足老有所学的需求；无老年活动室，老年活动无组织性；老年活动室环境差，缺乏维修与合理利用；社区只管盖章、发表等这种繁杂琐碎的政务工作，不组织老年活动，也没有志愿者或上门服务；活动信息获取渠道少，且一般贴在社区门口，失能独生子女父母因身体局限出门困难，难以获得活动信息。

2. 社会支持和资源缺乏

社区居委会表示缺乏活动资金来源。鲜有社区民间组织和专业化企业来配套社区的老年服务项目。社区工作者专业素质不高，年轻高素质人才难留。社区组织管理散乱，出现社区服务资源"投资、使用、管理、收益"四者分离状态。社区老年服务发展不均衡，受众群体少。能管好独居高龄老人和低保户老人就不错了，独生子女父母起码还有人管，社区的力量要先去解决急需帮助的群体。办了活动也只有非失能老人前来参加，对于失能老人仍是心有余而力不足。社区对失能老人身体状况的不稳定性表示为难。政府对养老院资源分配有失偏颇，好的养老院经常举办各种活动，但好的养老院对弱势老人具有排斥性。

3. 自身失能状况的限制

有的受访者表示自己身体状况差，不愿意进行社区活动，没有精神也没有体力，出去就是别人的累赘；如厕不便也不好意思开口，只能减少外出活动。

失能独生子女父母既存在进行社会参与的期望,来转移对家庭精神慰藉的依赖,又存在社会资源少、社区活动组织不力等困难;既存在社区组织活动缺乏失能老人的参与,又存在受失能类型和失能状况的制约失能老人难以参与社会活动的困难。

(四) 自我价值实现的"钟摆难题"

调查发现目前失能独生子女父母在价值实现上出现的困境主要有以下两个方面。

1. 家务劳动的价值容易被忽视和低估

一些处于半失能状态的受访者会进行一些增加自我效能感为目的的行动。他们的想法就是自己只有一个孩子,需要进行资源的代际传递,能帮到他们多少就帮多少,能够自己做一些力所能及的日常活动,也是对自己孩子帮助的替代,具有较大的内生驱动力。受访者表示自己做一些家务事或者帮忙看孩子,能使自己逐步建立信心,认为自己还存在"可用性",并且,家务劳动也是家庭内部的一种表达和互动。

> W1 受访者:我刚开始得病的时候还不用像现在一样躺床上,还能在家带孙仔,现在孙仔也没得人管(老人反复强调因病不能带外孙,体现老有所为的欲望)。因为自己年轻时太累太辛苦了,得这个病一下就病倒了,别的事我都不想,就想着能照顾孙仔就好了。

但调查发现,由于受访者身体失能,配偶与子女会将其保护起来,不让他们继续做家务;而且因生活理念和习惯的差异,子女对其所做的家务可能会挑剔,引发家庭矛盾,受访者会产生吃力不讨好的委屈,所提供的家务劳动并未获得理解与尊重。仍能做家务劳动,本身就是一种对社会的贡献,可以减轻社会资源对其的照顾投入,还能使其子女能够专心投入社会建设中,为社会带来经济效益。总的来说,失能的第一代独生子女父母在家务劳动所提供的价值是被家庭、社会所忽视的。

2. 广泛性和便利性不足致使自我价值实现门槛高

失能老人一边经历着还没享受到退休后清闲的时光就难以自理的折磨，一边又经历着"退休综合征"带来的失意与压抑。年轻人就业压力很大，很难从有限的工作岗位中释放出供给失能老人的岗位。看不到失能老人的年龄经验红利；不愿意提供返聘机会；社会支持网络劝导安心在家，身体本来就不好，还出去做事对人对己都不负责任。刚退休的独生子女失能父母容易产生"无用感""包袱感"。但有些价值的实现具有精英化的特征，要求有足够的精力、清醒的头脑、仍能活动的体格或者有较高的文化程度与素养。这对于失能老人来说无疑是天方夜谭，他们觉得自己的身体根本不可能再能创造出价值，连自己都管不好自己，更别说再投身社会了。并且在提供价值实现的精神慰藉中，有些要求社会各界如非政府组织（NGO）、养老机构等提供渠道和机会，实际上困难较大。

在自我价值实现上，存在积极增加自我效能、满足价值实现需求的推力，也存在价值被忽视和低估的拉力；存在低估自己价值的推力，也存在家庭、社会、国家提供价值实现渠道少、价值实现门槛高的拉力。

从以上四个层面的难题，可看出失能独生子女父母在精神慰藉上，既具有一般失能老人寻求精神慰藉困境的同质性，也有独子化养老过程中精神慰藉获取困境的特殊性。失能后的独生子女父母对精神慰藉获取上的认知是积极的，并且家庭中子女支持的差异助推独生子女父母在失能后试图向精神慰藉的另外三个层面寻求满足。失能后独生子女父母开始积极面对独子化的现状，心态也比非独生子女父母能够较快调整，出于尽量不给自己的孩子添麻烦的心理，所以在兴趣爱好、人际交往等非家庭交往、社会活动、价值实现这几个方面提出了更高的要求，产生溢出效应（见图9-2）。

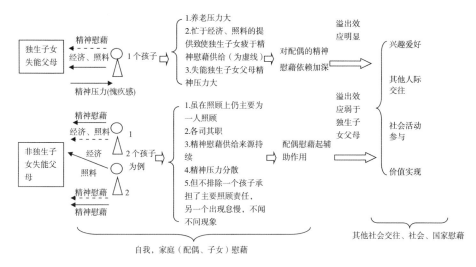

图 9-2　独生子女父母与非独生子女父母在失能后的需求溢出示意图

六、独生子女失能父母精神慰藉困境的解决机制

面对失能事件时,不同生活背景、性格特征的老年人有着不同的心理压力,需要失能老人个人的心理调适和外界的安慰、劝导,来缓解失能导致的心理压力并重构失能生活。① 构建独生子女父母失能后的精神慰藉机制,不仅关系到这一群体老年生活的快乐与满足,也与社会福祉息息相关。从精神慰藉的内涵与外延上看,兴趣爱好的丰富、自我精神的满足、人际互动支持、社会活动参与和价值实现的诉求,这四个层面单靠某一方力量都难以解决,需要自身、家庭、社会等多个主体相互支撑。从需求外溢理论来看,失能后的独生子女父母在精神慰藉获取中,当存在自身身体因素限制、家庭资源不足等客观情

---

① 梅运彬:《老年残疾人及其社会支持研究——以北京市为例》,武汉理工大学出版社2010年版,第94—95页。

况,无法满足精神慰藉的需求时,精神需求会出现外溢,而这些外溢需求需要公共部门进行兜底。在积极老龄化的大背景下,要求家庭内需求的满足者(自身、家庭)和外溢需求的公共部门所提供的精神慰藉,不能仅仅是低层次的、单一性的,而是需要构建一个由内而外、由低级到高级的、相互整合的精神慰藉满足机制,使其从感觉、认知、意识、心理方面呈现出健康良好的精神状态,从而提高失能独生子女父母的生活质量。

构建失能的第一代独生子女父母精神慰藉获取机制,需要考虑机制内各主体所能提供的资源、所承担的责任、所存在的困难和机制实施的路径,将有关的精神慰藉实施主体整合起来(见表9-13),归纳出解决机制的四个特点。

表 9-13 精神慰藉供给主体的资源、责任、困难

	个人	家庭	社区	政府、社会
资源	自我心理调适	夫妻间的扶持、独生子女关心、亲戚间的关怀	活动场所、提供喘息式精神照护、专业社工护工、志愿者	政策支持、社会风气、政府购买精神慰藉服务
责任	承担自主养老责任,减少"依赖"	家庭伦理,孝道文化	共建和谐、安定、融洽社区	应担负人口政策贡献群体相应养老责任
困难	失能独生子女父母的独特性,身体机能的损坏导致心理压力大,自我心理调适难以实现	对于失能对象的主要照护者身体和心理素质要求高;独生子女缺乏时间陪伴;家庭成员缺乏有效心理调适知识	缺乏活动资金来源和专业化社区服务队伍、社区发展不均衡	政策制定难以完全涵盖所有问题,精神慰藉需求方难以评估、标准也较难制定

(一)组织赋能型兴趣爱好活动

对于独生子女失能父母来说,其年龄尚未进入高龄,并且因其经历过"空巢"时期,所以在精神慰藉上有一定的准备,主要矛盾集中于"失能"上,在解决机制构建时尽量以赋能为主。

1.根据失能状况调整兴趣爱好

因身体的限制,难以通过精神慰藉程度较高的兴趣爱好获得慰藉,所以不得不向低层次的活动转移。对于失能程度较低的独生子女父母,尽可能使其从外溢效应中获取精神慰藉,可以选择与之前的兴趣爱好相一致的活动,例如去公园活动。对于失能程度较高的独生子女父母,因其精神慰藉外溢需求更为明显,需要有针对性地进行心理辅导与干预,在加强心理建设的基础上,配合一些层次虽低但基本上也能起到慰藉的方式,如中风卧床的老人可以选择看电视、听广播、与家人打电话。根据失能的具体情况选择精神慰藉,如患眼疾的对象可采用听广播、与其他老人聊天,而患帕金森、中风、脑梗的对象可以看电视、看书等。

2.专业评估系统选择可行的赋能型爱好

通过专业的评估系统,失能的独生子女父母可结合自身身体情况,选取适合自身条件的兴趣爱好,获取相应的精神慰藉。也要对其失能类型与失能程度进行精神慰藉获取评估。评估主要针对不同的失能类型和程度来进行,配合日常生活活动能力量表(ADL 与 ADLs),如因失能程度较高而卧床的老人,从身体状况评估其精神慰藉自身满足是否足够,判断是否需要外界提供精神慰藉进行补给。可将较为相似的失能类型与失能程度的独生子女父母分类,由专业的医生总结出仍可进行的兴趣爱好和建议不继续进行的兴趣爱好,制成一个图表,个人和家庭可以根据这个图表进行匹配,查找适合继续进行的兴趣爱好。在有条件的养老机构中,可利用专业社工进行失能者园艺治疗,赋予失能独生子女父母"个人意义感、自我掌控感、选择决定感、效能体验感"。

(二) 构建干预型人际交往模式

精神慰藉是一个难以量化和评估的问题,带有很强的主观性与个人色彩,当社会关系网络中出现一个打破关系网的失能者,往往会导致其他支持人纷纷退出和削减关系的情况,使失能者从人际互动中获取到的精神慰藉质量降级,从而将外溢的需求不得已集中于配偶和独生子女身上,造成独生子女压力更大。人际交往层面"钟摆困境"的解决需要从老人本身和提供精神慰藉主体两方面进行构建。

1. 增加独生子女失能父母对心理辅导的认知

独生子女父母遭遇失能困境时会遭受的打击或多或少影响着正常生活和心理健康,但并不是每一个遭受失能困境的独生子女父母都会消极情绪叠加,有的还会选择积极抗争。从个人角度,给予自己的精神慰藉,除了与自身个体性格有关,还与老人的文化程度、失能程度、失能类型有关:个体性格的变动概率较小,特别是到了老年期后,奢求老人自己转变个性是不现实的,但是获取精神慰藉需要做出努力,要调适对待失能状况的心态,主动与人交际,敞开心扉,选择"移情"来转移消极情绪。

失能后的独生子女父母还需要对心理辅导进行重新认识。机构护工谈到,"老人听到心理咨询就觉得排斥,因为在他们传统观念里,那就意味着他们有病,只有那些精神病、疯子才需要看心理医生"。本章的研究对象是较为容易产生心理健康问题的,通常情况下,独生子女父母由于与子女分离、退休后交际圈缩小、因意外情况导致失能等原因叠加,容易产生孤独感和不安全感,情绪无法做到有效控制的话,就可能产生心理健康问题。共性的表现就是老人总是处于不停地抱怨他人、不停地指责他人的模式中,很难站在他人的立场上看待问题。需要多向老人科普有关心理咨询的流程与作用,让他们能从心里接受心理咨询。

2. 对精神慰藉供给主体的干预

首先需要提高供给主体对精神慰藉的认识。子女、配偶等家庭成员需在物质供养的基础上增加对其精神生活的关注。独生子女所提供的精神慰藉浮于表层,不能深入了解父母具体的精神需求。除了是独生子女父母不愿意麻烦自己子女的心态,更多的是独生子女因工作繁忙、异地居住等原因,与自己父母的生活越离越远,父母只能依赖于配偶。构建人际交往层面的体系,应着重从独生子女入手,加强交流与联系。由于独生子女家庭支持不足,所以在精神慰藉问题的解决上,必须明确第一代独生子女失能父母的特殊性。

人社部门要创新独生子女休假探亲机制,凡是成家后的独生子女,工作期达两年且不与父母住在一起,不能在普通双休和公休假日团聚又没有寒暑假的,均可享受带薪探望父母假,可自行分配使用;若独生子女父母一方或两方均失能的,护理假可相应延长,并给予相应照护与慰藉补贴。

鼓励独生子女失能父母的朋友、同事或义工经常性地对其实施关心,将提供精神慰藉的时间累计,以后反馈于自己需要精神慰藉的情况。在一些一线城市社区养老照料中心存在可购买精神慰藉服务,但收费较为昂贵,让老年人望而却步。就如北京来说,30 元/次的助浴、25 元/小时的家政服务,150 元/小时的精神慰藉服务,在老人看来确实过于昂贵。政府应积极考虑提供正式的心理咨询业务,并把这项服务纳入政府购买服务的范围,如果老人自己只需要支付其中的一小部分费用,也许会更容易接纳,[1]北京市总工会已经开始试点通过政府购买服务的方式为社区老人提供心理健康辅导,进行心理健康筛查。

其次是给予供给主体必要的干预与帮助。独生子女失能父母产生人际交往的"钟摆困境",还表现为供给主体有精神慰藉的意愿,但是缺乏专业的手段,慰藉难以达到效果。针对这一困境,需要构建以政府为主导的心理防治与精神慰藉机制。

形成良好的精神关爱与敬老社会氛围。现如今"敬老""助老"风气有所

---

① 《老人精神慰藉如何走进社区？听听专家怎么说》,《北京晚报》2017 年 6 月 12 日。

提升,但是值得注意的是社会上对失能老人这一群体还仅仅停留在"客气"大于"尊敬"的阶段,甚至是带有怜悯之心。整个社会在老人失能后给予更多的关注、理解与尊敬,能让该群体重拾生活的信心,顺利安度老年期。政府需要有针对性地增加失能后独生子女父母生活状况的宣传力度,利用宣传片、公益广告等形式,让社会大众了解到在独生子女家庭中,倘若父母一方出现难以自理的失能状况,整个独生子女家庭几乎会陷入"失能"境遇,需要社会各界关注。

提供必要的精神慰藉社会资源。建立专业的心理咨询机构。专业的心理救助人员可以对独生子女父母失能后精神状况进行有效的技术保障。为社区或养老机构配备专业心理咨询师,能够有针对性地提供心理辅导,增加失能老人对心理咨询的接纳度。专业咨询师清楚给失能老人与给年轻人做心理咨询的差异,"润物细无声"地找出原因、对症下药,提高失能患者的接纳度,增加心理防治的科学性。还要增加护理人员和社会工作人员的投入与培训。通过给予国家补贴的方式,鼓励大量学习老年护理和社会工作专业的大学生加入护理行业,政府可借鉴免费师范生的奖助模式,鼓励就读护理相关专业,签订定向就业协议,留住更多专业护理和社工人才,缓解当前机构护工素质偏低、护工年龄大、缺乏护理知识,但机构又招不到年轻专业护工的尴尬局面。专业培训机构还可大力培养专业的护理和服务人员,增加专业服务人员的数量,更好地满足失能父母的精神慰藉需求。政府更要推动养老产业的发展。推进养老服务体系信息化建设,针对独生子女父母在失能后精神慰藉的供给缺乏问题,企业可以利用人工智能系统制造可进行对话的语音聊天小机器人,给予需要精神慰藉的独生子女失能父母购买补贴等。对于新兴的精神慰藉服务(陪聊天、用轮椅推着老人出门等),政府需要重视与规范。

(三)建设养老资源丰富型社区

精神慰藉的资源种类多,但是由于精神慰藉的实现带有较强的主观色彩,很多资源客观存在但不被失能的父母所利用,正如社区作为独生子女父母需求外溢效应最大的接收者,拥有较多的养老资源,但是需要者与社区供给方资源流动堵塞,导致现存社区精神慰藉资源无法得以较好利用。资源配置如果合理,父母失能后仍能愉悦地度过老年期,这也解释了为什么有的老人在失能后仍能保持愉悦乐观的心情,而有的老人在失能后丧失了生活的信心。

1. 完善社区对失能独生子女父母的服务资源

如政府补贴购买社区老年人基础活动设施,使社区能够提供轮椅租赁、失能老人活动室、心理健康咨询室等;重新规划社区管理的职责与内容,建立起为社区居民利益的小组模式和考核制度,以熟悉社区人员基本状况、举办活动次数和效果作为考评内容,增加社区与独生子女失能父母的联系,将该群体从社区管理的边缘拉回管理圈内;建立独生子女失能父母获取慰藉的资源体系,其多样性和广泛性需要进行分类与梳理,分为是否容易获得资源和资源是否充足两个方面(见图9-3)。

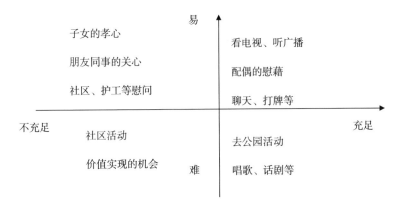

图9-3　失能独生子女父母获得精神慰藉资源难易与充足程度

社区需要对本社区失能的独生子女父母基本情况进行了解,并给予上门慰问、聊天等支持。要提出的是,独生子女父母在失能后精神慰藉的需求不仅局限于社区对其发放米面粮油,而是要深入了解其内心的想法与真实的精神需求,所以要求社区工作人员定期走访目标户,与他们的独生子女和配偶建立联系。社区要积极动员独生子女家庭的亲属及社区其他成员对失能父母进行精神关怀,在老年工作中注重独生子女父母在失能后的精神慰藉。

在实地走访中,很多受访者表示在社区里的活动都是自己自发组织的,缺乏与社区的联系和社区人员的牵头,存在较大的不确定性和不规范性。社区应重新规划自身职能,有效主导各群体老人参与不同的社区活动,鼓励失能的独生子女父母加入社区大家庭中,缓解该群体的孤独感和无助感。社区作为有效连接独生子女失能父母个人与街道、居委会等的平台,将个人情况反馈给这些管理部门,有助于管理部门有效进行精神慰藉资源的合理配置。为了搭建社区内人员的交流平台,需要充分发挥如今的网络优势,如建立 QQ 互助群、社区心理咨询网站等,有条件的社区可以完善老年活动室,开展失能群体交流会,让经历相同的失能独生子女父母聚在一起相互沟通,以获得精神上的宽慰。但是也要谨防"悲伤传染",需要拿捏好尺度。

社区老年大学在丰富老年教育事业的同时,需要提出一些更高的要求。现阶段的老年大学在文体娱乐、文化传播、生活保健等内容上进行了丰富的拓展,除了书画、歌剧等课程的教授外,还增加了例如英语、计算机这样的知识普及课程,但是涉及价值实现的技能培训比较欠缺。可以利用老年大学这一个平台,对有需要的独生子女失能父母进行一些简单技能培训,提高其参与社会能力,获取价值实现这一高层次精神慰藉。

2. 保证无障碍设施的连续性

政府需加大在社区内对失能群体无障碍设施的基础建设投入。现如今虽然有无障碍设施的建设,但是其连续性较差,不利于失能群体出门活动。应保证无障碍设施的连续性,让失能群体放心踏出家门,积极参加活动,获取高层次精神慰藉。对公共厕所、城市道路、居住区、居住建筑这几个失能群体经常或预期会出现的场景进行改造,例如无障碍洗手盆的水嘴中心距侧墙应大于

550mm,其底部应留出宽 750mm、高 650mm、深 450mm 的空间,供乘轮椅者膝部和足尖部移动,并在洗手盆上方安装镜子,出水龙头宜采用杠杆式水龙头或感应式水龙头;要求满足轮椅通行需求的人行天桥及地道处宜设置坡道,当设置坡道有困难时应设置无障碍电梯,坡道的净宽度不应小于 2.00m;居住区内的居委会、卫生站、健身房、物业管理、会所、社区中心、商店等为居民服务的建筑应设置无障碍出入口。设有电梯的建筑至少应设置 1 部无障碍电梯;未设有电梯的多层建筑,应至少设置 1 部无障碍楼梯①。

(四) 构建疏通式价值实现渠道

在自我价值实现上,失能的独生子女父母存在积极增加自我效能满足价值实现需求,同时也存在价值被忽视和低估;既存在低估自己价值的状况,也存在家庭、社会、国家提供价值实现渠道少,价值实现门槛高的情况。解决这个钟摆难题,需要从内外两方面入手。

1. 赋予必要的知情权与决定权

很多受访者表示自己在失能后便与家庭事务脱节,处于剥离状态,但受访者表示还是愿意参与家庭事务的讨论与决策的,而子女配偶出于好心使失能者免于家庭事务的纷扰,反而加重失能受访者的孤独感。有的受访者在失能前有着较为清晰的精神生活规划,但是因为失能使其精神生活目标和节奏打乱,例如放弃了之前的爱好等,想要寻求新的爱好。失能的独生子女父母会想要子女和配偶给他们一点决定权,并对这个决定表示支持和鼓励,而不是代替他们做决定。

---

① 中华人民共和国住房和城乡建设部:《无障碍设计规范(GB 50763—2012)》,2012 年 3 月 30 日,见 http://zjj.ahsz.gov.cn/download/5bbe97c7b760b4e97150fcb8。

2. 为仍可进行生产的失能父母提供机会

可借鉴日本的失能老人成为爱心接线员的案例,对那些只是半失能或者卧床但头脑清醒的独生子女父母提供实现自我价值的渠道。一方面既可以解决失能的独生子女父母孤单无用之感,另一方面可以利用其人生经验回馈社会。还可以建立支援活动数据库,例如手工制品、博物馆讲解员、社区收发员等工作,提供给失能但仍愿意投身于社会的独生子女父母申请。

3. 加大老年教育的投入

除了社区教育、老年大学教育等形式丰富的老年教育形式,针对失能后的独生子女父母的身体限制,还可增加网络教育、在线学习,身体情况尚可的独生子女失能父母仍可在人人学习、时时学习、处处学习的氛围中实现老有所乐和老有所为。如今通信技术蓬勃发展,在普及高能技术时,要更加注重失能老人,不应将他们隔离于高科技之外。

构建解决独生子女父母失能后精神慰藉获取机制,必须紧紧围绕"失能"这一关键点,突出第一代独生子女父母的群体特征,以愉悦其精神、获得精神满足、实现老有所为、减轻独生子女负担、实现安享晚年为目标,建立评估体系、资源体系、运行体系,使该机制能有效运转起来。在这一整套机制中,精神慰藉供给主体主要有四个:自身、家庭、社区(包括朋友、同事资源)和社会,这四大主体相互连接、相互补充,任何一方断裂都会导致精神慰藉机制的运转脱节。

第十章　居住安排对独生子女父母与非独生子女父母精神健康的影响

一、研究问题与已有相关研究的结论

（一）老年人的精神健康及其影响因素

老年人的精神健康问题逐渐得到关注。一方面,经济社会在快速发展,人们的物质生活水平日渐提高,对美好生活的期望日渐增强;另一方面,医疗卫生水平不断提升,人口预期寿命不断延长,老年阶段在人的生命周期中所占比例也得以加大;再者,人口老龄化程度加重,家庭养老功能弱化。这三个因素叠加在一起,老年人的精神健康问题得到社会各界尤其是老年人自身的重视。精神健康是身体健康和心理健康的基础性需要得到满足后更高层次的健康需要[1],通常指人们在焦虑、抑郁等方面的情绪和感受,一个人的焦虑感或抑郁感往往与其精神健康状况呈反比例状态[2]。有学者提出,老年人属于弱势人

---

[1]　刘继同:《"中国社区福利体系与社区精神健康社会工作实务体系建设"研究专题》,《浙江工商大学学报》2019年第1期。

[2]　陈伟:《都市未婚青年的精神健康及生活满意度——来自"上海都市社区调查"的发现》,《华中科技大学学报(社会科学版)》2020年第5期。

群,参加的社会活动较少,社会支持较少,更易发生自杀行为,其中 60 岁及以上老年人的自杀率最高①,中国老年人自杀意念的发生率为 9.9%。② 空巢、独居、丧偶等特殊情况老年人的自杀率则高出其他人数倍。③

物质生活水平不断提高,老年人对高品质物质生活、高品位精神生活的追求越来越高,老年人的需求呈现多元化趋势。老年人对家庭成员负有情感上的依赖,家庭成员能否满足老年人的精神生活需求,是否能够给予老年人情感、心理等方面的关心和支持,能否使老年人快乐幸福度过晚年,④对是否能够解决老年人的精神健康问题有重要作用。精神健康问题不仅会影响老年人的生活质量、身心健康,精神障碍甚至会提升老年人的死亡率。老年人是精神障碍的高危人群,精神健康问题可能导致老年人罹患抑郁症等精神疾病,产生自杀意念。有学者研究发现在我国年龄分段中,65 岁及以上人口的自杀率最高。⑤ 多位学者指出,作为与死亡率相关的保护性力量,精神健康状况的提升或降低与死亡率,尤其是老年人的死亡率存在显著的相关关系。⑥⑦⑧

老年人精神健康受众多因素影响。子女数量、受教育程度、养老方式、婚

① Fassberg,M.M.,et al.,"A Systematic View of Social Factors and Suicidal Behavior in Older Adulthood",*International Journal of Environmental Research of Public Health*,Vol.9,No.3(2012),pp. 722-745.

② 王珊、陈欧、赵妹等:《中国老年人自杀意念发生率的 Meta 分析》,《护理研究》2020 年第 5 期。

③ 谭翠莲、罗序亮、李琴:《丧偶对中国老年人抑郁状况的影响分析——基于 CHARLS 数据》,《南方人口》2021 年第 3 期。

④ 尤吾兵:《我国老年人口"精神赡养"的图景勾勒及支持系统构建——基于"年轻人—老年人"综合调查视角》,《云南民族大学学报(哲学社会科学版)》2020 年第 6 期。

⑤ Wang,C.W.,Chan,C.,Yip,P.,"Suicide Rates in China from 2002 to 2011:An Update",*Social Psychiatry & Psychiatric Epidemiology*,Vol.49,No.6(2014),p.929.

⑥ 孙晓冬、张骏:《城乡丧偶老年人的精神健康:基于社会支持的研究》,《宁夏社会科学》2021 年第 1 期。

⑦ Chida,Y.,Steptoe,A.,"Positive Psychological Well-being and Mortality:a Quantitative Review of Prospective Observational Studies",*Psychosomatic Medicine*,Vol.70,No.7(2008),pp.741-756.

⑧ Koopmans,T.A.,Geleijnse,J.M.,Zitman,F.G.,et al.,"Effects of Happiness on All-Cause Mortality During 15 Years of Follow-Up:The Arnhem Elderly Study",*Journal of Happiness Studies*,Vol. 11,No.1(2010),pp.113-124.

育情况等人口学因素都会影响老年人精神健康。有研究比较分析不同子女数目、家庭户型、居住方式的老年人在精神依赖度、养老担心度和主观幸福感上的差异性，结果表明与子女居住的老人在精神上更倾向于依赖子女，女儿数量可以显著提升城乡丧偶老年人的精神健康。[1][2]　翟绍果、王健荣研究指出，受教育程度影响老年人的精神健康及主观幸福感。[3]　吴振云等人通过对北京居家养老者和集中养老者的调查研究，得出和翟绍果、王健荣的研究相一致的结论，即老年人心理健康水平随教育程度的提高而有所改善，而且还发现不同养老方式下的老年人心理健康状况有所差异。[4]　玛斯特卡萨（Mastekaasa）指出，婚姻状态是影响精神健康状况的重要因素，已婚者的幸福感高于未婚者。[5]魏东霞的研究指出，婚姻状态、婚姻质量与个体精神健康密切相关。已婚者的精神健康水平要好于离婚、丧偶或从未结婚者，分居对个体精神健康存在负面影响。[6]　也有研究者得出不同结论，如邢占军等人的研究发现，我国城市无婚姻生活者的精神健康状况优于有婚姻生活者，且婚姻生活与精神健康的关系在性别中存在显著差异。[7]

有学者研究得出个人主观感知可间接影响老年人精神健康。程新峰等人认为抑郁程度会影响精神健康。[8]　郑莉、李鹏辉通过孤独感、抑郁和自评压力

① 宁雯雯、慈勤英：《老年人精神慰藉过程中的子女作用》，《重庆社会科学》2015 年第 1 期。

② 吴振云、李娟、许淑莲：《不同养老方式下老年人心理健康状况的比较研究》，《中国老年学杂志》2003 年第 11 期。

③ 翟绍果、王健荣：《社会支持对老年人主观幸福感的影响研究——基于精神健康因素的多重中介效应》，《西北人口》2018 年第 4 期。

④ 吴振云、李娟、许淑莲：《不同养老方式下老年人心理健康状况的比较研究》，《中国老年学杂志》2003 年第 11 期。

⑤ Mastekaasa, A., "Marriage and Psychological Well-Being: Some Evidence on Selection into Marriage", *Journal of Marriage & Family*, Vol.54, No.4(1992), pp.901-911.

⑥ 魏东霞、谌新民：《婚姻对个体精神健康的影响——基于中国健康与养老追踪调查的实证分析》，《西北人口》2017 年第 4 期。

⑦ 邢占军、金瑜：《城市居民婚姻状况与主观幸福感关系的初步研究》，《心理科学》2003 年第 6 期。

⑧ 程新峰、刘一笑、葛廷帅：《社会隔离、孤独感对老年精神健康的影响及作用机制研究》，《人口与发展》2020 年第 1 期。

衡量精神健康,得出亲属、朋友提供的社会支持可以间接改善留守老人精神健康。[1] 也有研究表明,城市化和经济发展与精神健康显著相关,城市化和经济发展推动公共卫生事业的发展进而有利于精神健康,城市居民的精神健康水平也普遍高于农村居民。[2][3]

(二) 居住安排对老年人的影响

不同的居住方式反映亲子关系状况,影响老年人日常照料的可获得性、精神需求,甚至影响老年人的生活满意度、主观幸福感和生活质量。鄢盛明等人发现老年人的居住安排与老年人获得子女提供的生活照料、经济支持和精神支持具有相关性。[4]

在日常照料方面,居住安排影响老年人的身体健康、生活质量以及获得生活照料的可能性。罗楚亮认为亲子同居可以对老年贫困起到缓解作用,提升老年人生活质量,与成年子女共同居住将显著降低老年人的贫困概率。靳永爱也认为亲子同居可以让老年人获得来自子女的物质和精神支持,降低老年人发生生活困难的概率。[5] 阮文倩等人认为与成年子女一起居住的老年人自评健康最好,生活质量最高,主观幸福感和生活满意度也较高。[6]

① 郑莉、李鹏辉:《社会资本视角下农村留守老人精神健康的影响因素分析——基于四川的实证研究》,《农村经济》2018 年第 7 期。

② Zachary,Z.,Toshiko,K.,Tang,Z.,et al.,"Explaining Late Life Urban vs. Rural Health Discrepancies in Beijing",*Social Forces*,Vol.88,No.4(2010),pp.1885-1908.

③ Zhong,B.L.,Liu,T.B.,Chiu,H.F.K.,et al.,"Prevalence of Psychological Symptoms in Contemporary Chinese Rural-to-urban Migrant Workers:An Exploratory Meta-analysis of Observational Studies Using the SCL-90-R",*Social Psychiatry & Psychiatric Epidemiology*,Vol.48,No.10(2013),pp.1569-1581.

④ 鄢盛明、陈皆明、杨善华:《居住安排对子女赡养行为的影响》,《中国社会科学》2001 年第 1 期。

⑤ 靳永爱、周峰、翟振武:《居住方式对老年人心理健康的影响——社区环境的调节作用》,《人口学刊》2017 年第 3 期。

⑥ Han,W.J.,Li,Y.,Whetung,C.,"Who We Live With and How We Are Feeling:A Study of Household Living Arrangements and Subjective Well-Being Among Older Adults in China",*Research on aging*,Vol.43,No.9-10(2021),pp.388-402.

　　在精神需求方面,居住安排影响老年人的幸福感和生活满意度,有利于改善老年人的精神健康。吴伟、周钦认为老年父母与子女保持"一碗汤的距离"可以提升两代双方的幸福感和生活满意度,其所指的"一碗汤距离"主要形容两代之间居住距离的亲和性,即子辈从自己家中给父辈住处送去一碗热汤,汤送到还不会变凉。[①] 曾宪新的研究也发现,与子女居住的老年人的生活满意度往往比较高。[②] 聂建亮等人的研究认为亲子同居与老年人的主观幸福感密切相关,当子女外出务工时,与子女同居的老年人主观幸福感较独居老年人的主观幸福感高。[③] 翟绍果等人的研究指出不同居住背景对老年人的精神健康及主观幸福感存在显著差异。[④]

　　国外一些研究很早就得出居住安排、住房质量与老年人的精神健康存在相关关系。休斯和韦特(Hughes & Waite)以美国中老年人为研究对象得出居住安排与自评健康、死亡率、抑郁症存在相关关系。[⑤] 海斯利普、布卢门撒尔和加纳(Hayslip、Blumenthal&Garner)认为亲子居住与父母的精神健康存在密切关系。[⑥] 康纳利和毛雷尔—法齐奥(Connelly&Maurer-Fazio)认为与子女居住距离较短有利于老年人精神健康。[⑦] 也有学者认为,住房因素对老年人精神健康存在或多或少的影响,丹尼尔(Daniël)等学者发现住房质量越高,老

　　① 吴伟、周钦:《房价与中老年人居住安排——基于 CHARLS 两期面板数据的实证分析》,《财经科学》2019 年第 12 期。

　　② 曾宪新:《居住方式及其意愿对老年人生活满意度的影响研究》,《人口与经济》2011 年第 5 期。

　　③ 聂建亮、陈博晗、吴玉锋:《居住安排、居住条件与农村老人主观幸福感》,《兰州学刊》2022 年第 1 期。

　　④ 翟绍果、王健荣:《社会支持对老年人主观幸福感的影响研究——基于精神健康因素的多重中介效应》,《西北人口》2018 年第 4 期。

　　⑤ Hughes, M.E., Waite, L.J., "Health in Household Context: Living Arrangements and Health in Late Middle Age", *Journal of Health & Social Behavior*, Vol.43, No.1(2002), pp.1-21.

　　⑥ Hayslip, B., Blumenthal, H., Garner, A., "Social Support and Grandparent Caregiver Health: One-Year Longitudinal Findings for Grandparents Raising Their Grandchildren", *The Journals of Gerontology Series B*, *Psychological Sciences and Social Sciences*, Vol.70, No.5(2015), pp.804-812.

　　⑦ Connelly, R., Maurer-Fazio, M., "Left Behind, At-risk, and Vulnerable Elders in Rural China", *China Economic Review*, No.37(2016), pp.140-153.

年人之间主观幸福感的差异越小。国内学者也不断关注居住安排与老年人精神健康的关系,陈和肖(Chen&Short)的研究表明居住安排对中国老年人精神健康存在影响。[1] 梁樱认为居住质量较差会对精神健康产生负面影响。[2]

(三)居住安排影响老年人精神健康的研究结论尚不一致

一部分学者认为,与子女居住可以获得较多的养老支持,包括经济支持、生活照料、健康护理等,有利于老年人精神健康。董晓芳、刘茜发现与子女居住的父母精神健康状况更佳;相反,老人与子女居住距离越远,精神状况越差。[3] 周榕、黄金玉、江克忠等人认为,与子女(就近)居住有助于老年人的精神健康。[4][5][6] 穆滢潭的研究显示与子女居住对老年人精神健康具有显著的积极效应。[7] 有研究者通过主观幸福感、抑郁水平衡量主观精神健康,得出与子女居住的老年人的主观幸福感水平较高、抑郁水平较低,有利于老年人精神健康。黄和西姆(Hwang&Sim)研究了 65 岁以上的韩国老人在不同居住安排下的幸福感,得出与子女同居的老人会表现出更大的幸福感。[8] 吉(Gee)认为

---

① Chen,F.,Short,S.E.,"Household Context and Subjective Well-Being Among the Oldest Old in China",*Journal of Family Issues*,Vol.29,No.10(2008),pp.1379-1403.

② 梁樱、侯斌、李霜双:《生活压力、居住条件对农民工精神健康的影响》,《城市问题》2017年第9期。

③ 董晓芳、刘茜、高堂在:《不宜远居吗?——基于 CHARLS 数据研究子女居住安排对父母健康的影响》,《中国经济问题》2018 年第 5 期。

④ 黄金玉、曹蒙、张甜甜等:《河南省老年人社会经济地位对精神健康的影响研究——以医疗保险和居住安排为中介变量》,《现代预防医学》2022 年第 4 期。

⑤ 周榕、李光勤、王娟:《代际居住距离对独居老人孤独感的影响研究——基于 2661 名城市独居老人的经验分析》,《西北人口》2020 年第 6 期。

⑥ 江克忠、陈友华:《亲子共同居住可以改善老年人的心理健康吗?——基于 CLHLS 数据的证据》,《人口学刊》2016 年第 6 期。

⑦ 穆滢潭、原新:《居住安排对居家老年人精神健康的影响——基于文化情境与年龄的调解效应》,《南方人口》2016 年第 1 期。

⑧ Hwang,E.J.,Sim,I.O.,"Association of Family Type with Happiness Attributes Among Older Adults",*BMC Geriatrics*,Vol.21,No.1(2021),pp.100.

独居老人的幸福感较低,与子女同居可以提升老年人的幸福感。[1] 王金水、许琪得出亲子同居有利于提升老年人的主观幸福感的结论。[2] 余央央、许琪等学者研究发现,老年人与子女同居会降低其罹患抑郁疾病的概率,有利于精神健康。[3][4]

另一部分学者认为,与子女居住会在日常生活、照看孙辈等方面加强老年人的身心负担,不利于老年人的精神健康。丸山(Maruyama)基于日本数据的实证研究认为与子女同居会降低老年人获得日常资源的可能性,不利于老年人的精神健康。[5] 穆罕默德和斯利瓦斯塔瓦(Muhammad&Srivastava)认为,老年人轮流居住的方式降低了老年人的心理健康水平和主观幸福感。[6] 理查德(Richard)[7]、迈克尔(Michael)[8]等学者认为老年人单独居住对其精神健康具有积极影响。王跃生认为分居减少了亲子代际生活上的摩擦,一定程度上有利于和谐代际关系的建立与老年人的精神健康。[9] 刘宏、高松、王俊研究认为与子女分居且经济独立的老年人身心健康状况有明显优势。[10] 叶欣的研究指

---

① Gee,E.M.,"Living Arrangements and Quality of Life Among Chinese Canadian Elders", *Social Indicators Research*,Vol.51,No.3(2000),pp.309-329.

② 王金水、许琪:《居住安排、代际支持与老年人的主观福祉》,《社会发展研究》2020年第3期。

③ 余央央、陈杰:《子女近邻而居,胜于同一屋檐? ——居住安排与中国农村老年人认知健康》,《财经研究》2020年第8期。

④ 许琪:《居住安排对中国老年人精神抑郁程度的影响——基于CHARLS追踪调查数据的实证研究》,《社会学评论》2018年第4期。

⑤ Maruyama,S.,"The Effect of Coresidence on Parental Health in Japan",*Journal of the Japanese and International Economies*,No.35(2015),pp.1-22.

⑥ Muhammad,T.,Srivastava,S.,"Why Rotational Living Is Bad for Older Adults? Evidence from a Cross-Sectional Study in India",*Journal of Population Ageing*,No.15(2022),pp.61-78.

⑦ Light,R.J.,"Investigating Health and Subjective Well-Being:Methodological Challenges", *The International Journal of Aging & Human Development*,Vol.19,No.2(1985),pp.167-172.

⑧ Michael,Y.L.,Berkman,L.F.,Colditz,G.A.,et al.,"Living Arrangements,Social Integration, and Change in Functional Health Status",*American Journal of Epidemiology*,No.2(2001),pp.123-131.

⑨ 王跃生:《农村家庭代际关系理论和经验分析——以北方农村为基础》,《社会科学研究》2010年第4期。

⑩ 刘宏、高松、王俊:《养老模式对健康的影响》,《经济研究》2011年第4期。

出与子女分居的丧偶老年人的精神健康状况较好。① 也有研究者认为,与子女分居使老年人感到孤独、抑郁,降低主观幸福感,不利于精神健康。斯利瓦斯塔瓦和穆罕默德(Srivastava&Muhammad)利用"建立印度人口老龄化知识库"的数据,研究了居住安排与老年人生活幸福感的相关性,认为与子女分居老年人较与子女同居的老年人主观幸福感较低。② 苏桦等认为,与子女分居会提升老年人的抑郁、孤独水平,对老年人的身心健康产生不利影响。③

一方面,国家已认识到居住安排对老年人居家养老的重要性,了解到老年人精神健康对积极应对人口老龄化的作用。2018 年全国人大常委会通过《中华人民共和国老年人权益保障法》修正案,对家庭赡养的支持政策进行了重新定位,鼓励家庭成员与老年人共同生活或者就近居住,同时规定老年人的精神需求保障。④《中共中央国务院关于加强新时代老龄工作的意见》又一次强调鼓励成年子女与老年父母就近居住或共同居住。⑤ 另一方面,目前对居住安排和精神健康之间关系的研究还不足。研究内容上未能深入剖析居住安排对老年人精神健康的影响。现有研究涉及老年人的躯体健康、代际支持、精神健康、孤独感、幸福感,相对于其他方面,对精神健康的关注明显不够,而且大多以抑郁水平、孤独感、生活满意度等单一因素来衡量精神健康,少有采用包含多个因子的量表来测量精神健康。在低生育率的背景下,尤其

---

① 叶欣:《中国丧偶老年人居住安排对心理健康的影响研究——基于 CHARLS 2015 全国追踪调查数据的分析》,《人口与发展》2018 年第 5 期。

② Srivastava,S.,Muhammad,T.,"In Pursuit of Happiness:Changes in Living Arrangement and Subjective Well-Being among Older Adults in India",*Journal of Population Ageing*,No.2(2021),pp. 459-475.

③ 苏桦、张丹霞、董时广等:《社区空巢老人抑郁孤独状况与幸福感及生存质量干预研究》,《中国预防医学杂志》2016 年第 8 期。

④ 《中华人民共和国老年人权益保障法》,2018 年 12 月 29 日,见 http://gkml.xiaogan.gov. cn/c/alsmzj/ylfw/218083.jhtml。

⑤ 《中共中央国务院关于加强新时代老龄工作的意见》,2021 年 11 月 24 日,见 http:// www.gov.cn/zhengce/2021-11/24/content_5653181.htm。

是对于第一代独生子女父母而言,居住安排会对他们的精神健康方面带来什么影响呢?

二、研究思路与设计

(一)研究假设

家庭生命周期理论、家庭现代化理论和社会支持理论,在理论上演绎了居住安排的变化以及居住安排与精神健康的相关性。家庭是最基本的社会互动场所。由于家庭养老功能弱化、子女外出打工、空巢老人数量增加、老年人精神健康问题凸显等养老问题的存在,老年人的精神健康引起人们的关注。本章基于以往相关研究的结论,结合具体生活实际与实际调查结果,提出一个基本假设:居住安排影响城市老年人的精神健康。具体假设包括以下三个部分:

从幸福感和抑郁水平两个维度来反映精神健康,代表个体的积极情绪和消极情绪状态,分别探讨居住安排对城市老年人幸福感的影响和居住安排对城市老年人抑郁水平的影响,提出两个研究假设:假设1:居住安排对城市老年人的幸福感、抑郁水平有显著影响;假设2:城市老年人的精神健康因与谁居住不同而不同。具体表现为:与独自居住的城市老年人相比,与配偶居住、与子女居住、与配偶子女共同居住的城市老年人的幸福感较强;与配偶居住、仅与子女居住、与配偶子女共同居住的城市老年人的抑郁水平较低。

第一代独生子女父母已步入老年。独生子女父母与非独生子女父母在居住安排上存在差异,①独生子女父母通常更早进入空巢状态。刘生龙等认为

---

① 伍海霞、王广州:《独生子女家庭亲子居住特征研究》,《中国人口科学》2016年第5期。

独生子女父母仅有一个子女,在子女稀缺性和唯一性的影响下,对子女的陪伴、情感交流等精神需求难以得到有效满足。[①] 徐俊等人认为相比多子女父母,独生子女父母的养老风险和困境主要体现在情感慰藉等非经济因素方面。[②] 基于此,提出研究假设3:居住安排对独生子女父母与非独生子女父母精神健康的影响存在差异性。

(二) 变量及其测量

1. 自变量

本章研究的第一个自变量为居住安排。老年人的居住安排实质上是老年人生活的家庭结构和家庭成员之间的固定关系、人际交往。一般情况下,老年人的居住安排是指在老年家庭中,老年人与亲属关系为主的共同居住者形成的居住及其构成,包括独居户、老年夫妇户、老少居住户和与成年亲属居住户四类。但是现有研究对居住安排的分类也有不同之处。联合国将老年人的居住安排分为五种形式:独居、仅与配偶居住、与子女(包括孙子女)同居、与其他亲属同居及与不相关的人同居。[③] 姚引妹将老年人居住方式按照居住地点分为院居和家居。[④] 孙鹃娟认为老年人的居住方式可以按照单身户、夫妻户、二代户、三代及以上户的方式划分。[⑤] 阎志强、宋淑洁认为老年人口具有不同的居住安排状况,包括一人独居、与配偶同居、与子女等亲属居住。[⑥] 陈仁兴

[①] 刘生龙、胡鞍钢、张晓明:《多子多福? 子女数量对农村老年人精神状况的影响》,《中国农村经济》2020 年第 8 期。

[②] 徐俊、风笑天:《独生子女家庭养老责任与风险研究》,《人口与发展》2012 年第 5 期。

[③] 张丽萍:《老年人口居住安排与居住意愿研究》,《人口学刊》2012 年第 6 期。

[④] 姚引妹:《长江三角洲地区农村老年人居住方式与生活质量研究》,《浙江大学学报(人文社会科学版)》2002 年第 6 期。

[⑤] 孙鹃娟:《中国老年人的居住方式现状与变动特点——基于"六普"和"五普"数据的分析》,《人口研究》2013 年第 6 期。

[⑥] 阎志强、宋淑洁:《老年人口居住安排、健康状况与广东养老机构发展》,《南方人口》2020 年第 6 期。

将居住安排分为独居、与配偶居住、与子代居住以及其他居住方式四类。① 基于居住安排的概念、现有研究的基础,本章将居住安排分为与谁居住和居住条件两个维度:与谁居住主要分为独自居住、仅与配偶居住、仅与子女居住、与配偶子女居住和其他五类;居住条件主要有房间数量、住房设施和是否有独立的房间三个指标。

本章研究的第二个自变量为是否独生子女父母。操作起来就是调查对象是否生育独生子女或者是否为独生子女父母。问卷中有"您现在共有多少个子女"这个提问,将答案为 1 个的归为独生子女父母,答案大于 1 个的归为非独生子女父母。本研究的调查对象都是在 1976—1986 年生育第一个小孩的,如果生了一个小孩就停止生育了的就是第一代独生子女父母,如果还继续生育小孩的就是非独生子女父母。

2. 因变量

本章研究的因变量是精神健康。精神健康的概念和测量,尚无一致的表述和依据,不同的研究者对精神健康的理解不同,且大多研究者将精神健康与心理健康混同。世界卫生组织将精神健康定义为一种没有精神疾患的健康状态,这种状态可以让人妥善面对正常的生活压力并高效率地完成工作。老年人精神健康测量标准具有多样性,不局限于单一指标。一部分学者通过抑郁水平衡量精神健康。如王金水等人通过抑郁程度测量精神健康[2],张文宏等人也认为抑郁水平在精神健康检查方面有较高的信度[3]。也有研究者通过流

---

① 陈仁兴:《居住安排对老年人居家养老服务需求的影响——基于第四次中国城乡老年人生活状况抽样调查山东省数据》,《调研世界》2020 年第 5 期。

② 王金水、许琪、方长春:《谁最能从社会参与中受益? ——社会参与对老年人精神健康的异质性影响分析》,《人口与发展》2021 年第 4 期。

③ 张文宏、于宜民:《社会网络、社会地位、社会信任对居民心理健康的影响》,《福建师范大学学报(哲学社会科学版)》2020 年第 2 期。

调用抑郁自评量表(CES—D)①、流调中心抑郁量表②、一些测量抑郁症状的题目来测量精神健康③。另一部分学者将主观幸福感知作为衡量精神健康的指标。如孙晓冬等将被访者个人生活感知进行操作化用来衡量被访者的精神健康水平。④ 还有一部分学者用抑郁水平和个人生活感知衡量精神健康。如程新峰从抑郁和生活满意度两个方面度量精神健康。⑤

基于此,本章综合已有相关研究的定义和测量维度,将老年人较高水平的精神健康理解为具有较高的幸福感和较低的抑郁水平,能够心情愉悦地安度晚年的精神状态,并且将幸福感与抑郁水平相结合,探讨居住安排对城市老年人精神健康的影响。

(1)幸福感。主要指个体对自身行为环境、生活质量评价满意的情感体验。老年人的幸福感是衡量其生活质量、精神健康的重要指标。⑥ 乔普(Jopp)等认为主观幸福感是衡量积极老龄化的重要标准。⑦ 李树等认为,幸福感更高的居民会获得更好的健康,个体幸福感更高,其精神健康状况也更好。⑧ 现有研究大多用单一问题衡量主观幸福感,用幸福度量表衡量主观幸福感的研究较少。

---

① 李华、徐英奇:《分级诊疗对居民健康的影响——以基层首诊为核心的实证检验》,《社会科学辑刊》2020 年第 4 期。

② 徐延辉、赖东鹏:《民生风险感知与城市居民的精神健康研究》,《华东师范大学学报(哲学社会科学版)》2021 年第 2 期。

③ 王雪辉、彭聪:《老年人社会经济地位对健康的影响机制研究——兼论生活方式、公共服务和社会心理的中介效应》,《中国卫生政策研究》2020 年第 3 期。

④ 孙晓冬、张骏:《城乡丧偶老年人的精神健康:基于社会支持的研究》,《宁夏社会科学》2021 年第 1 期。

⑤ 程新峰、刘一笑、葛廷帅:《社会隔离、孤独感对老年精神健康的影响及作用机制研究》,《人口与发展》2020 年第 1 期。

⑥ 许学华、李晓鹏、李菲等:《老年人主观幸福感的影响因素及感恩的调节作用》,《中国老年学杂志》2021 年第 17 期。

⑦ Jopp, D., Smith, J." Resources and Life-management Strategies as Determinants of Successful Aging:On the Protective Effect of Selection, Optimization, and Compensation", *Psychology and Aging*, Vol.21, No,2(2006), pp.253-265.

⑧ 李树、陈刚:《幸福的就业效应——对幸福感、就业和隐性再就业的经验研究》,《经济研究》2015 年第 3 期。

本章研究采用纽芬兰纪念大学幸福度量表(MUNSH)测量幸福感。纽芬兰幸福度量表常用于老年人主观幸福感自评,共有 24 个条目,包括 5 个正性情感(PA)、7 个正性体验(NA)、5 个负性情感(PE)、7 个负性体验(NE)。采用纽芬兰幸福度量表中 16 个条目来测量主观幸福感,量表包括 3 个正性情感、5 个正性体验、3 个负性情感、5 个负性体验。正性情感的条目有:情绪很好;很走运;总的来说,生活的处境变得使你感到满意。负性情感的条目有:感到心情低落,非常不愉快;非常孤独或与人疏远;感到生活处境变得艰苦。正性体验的条目有:所做的事情像以前一样使您感兴趣;当您回顾您的一生时,感到相当满意;现在像年轻时一样高兴;对当前的生活满意;健康状况与年龄相仿的人相比差不多甚至还好些。负性体验的条目有:这段时间是一生中最难受的时期;所做的大多数事情都令人厌烦或单调;随着年龄的增加,一切事情更加糟糕;最近一个月一些事情使您烦恼;有时感到活着没意思。

将原量表中各条目的备选答案都改为:很不符合、不太符合、一般、比较符合、很符合。条目答案的赋值都改为:正性情感和正性体验维度的条目答案按 1、2、3、4、5 赋值;负性情感和负性体验维度的条目答案按 5、4、3、2、1 赋值。量表修改后,个案在量表上的得分越高,就表明该个案的幸福度越高。量表的 Alpha 系数为 0.839,四个维度的 Alpha 系数分别为:正性情感 0.694、负性情感 0.698、正性体验 0.850、负性体验 0.813。量表的 KMO 值为 0.898,Bartlett 球形度检验显著性为 0.000,运用量表数据进行因素分析所抽取的因素与量表的维度结构基本相同。这表明修改后的量表具有良好的测量信度和建构效度。

(2)抑郁。抑郁通常指情绪障碍,是一种以心境低落为主要特征的综合征。抑郁是老年人常见的精神疾病之一。著名心理学家马丁·赛利曼曾将抑郁比作精神上的"感冒"症状,来形容抑郁的多发现象。抑郁不仅会影响老年人的身体健康,还会影响其精神健康,甚至产生自杀意念和自杀行为。① 本章

---

① 刘丹丹、刘习羽、刘慧敏等:《中国农村老年人抑郁现状及影响因素分析》,《郑州大学学报(医学版)》2021 年第 5 期。

采用抑郁量表来测量抑郁水平,该量表包含8个条目:感到心情低落,非常不愉快;反复思考一些没有目的的事情,思维内容无条理,大脑持续处于紧张状态;自我评价过低,自责或有内疚感;记忆力退化严重;反复出现轻生想法或行为;食欲不振,体重减轻,无原因的疲劳;感到羞涩,容易紧张,无缘无故感到害怕或惊慌;经常有睡眠障碍,做噩梦。每个条目提供的备选答案为很不符合、不太符合、一般、比较符合、很符合,分别按1、2、3、4、5赋值。个案在抑郁量表上得分越高,就说明抑郁水平越高。

3.控制变量

城市老人的精神健康还会受到性别、年龄、受教育程度、地区等因素的影响,因此本章把这些变量作为控制变量纳入模型分析。具体的控制变量有性别、年龄、民族、受教育程度、经济状况(包括收入和支出)、是否患病、婚姻状况、是否独生子女父母、养老意愿和居住城市。各类变量的基本情况见表10-1。

表10-1　各类变量的基本情况描述（n=836）

变量	类别	百分比（%）	变量	类别	百分比（%）
性别	男	51.4	与谁居住	独自居住	5.6
	女	48.6		仅与配偶居住	55
年龄	60—70岁	94		仅与子女居住	8.4
	71—80岁	6		与配偶子女居住	30
民族	汉族	98.3		其他居住安排	1
	少数民族	1.7	房间数量	1	2.8
受教育程度	小学及以下	13		2	42.6
	初中	51.6		3	44.4
	高中/中专/中技/高职	28.5		4	10.3
	专科及以上	6.9	住房设施	电梯	9.4

续表

变量	类别	百分比（%）	变量	类别	百分比（%）
收入	20000 元以下	6.5	住房设施	自来水	18.7
	20001—40000 元	9		煤气 / 天然气	18.2
	40001—60000 元	23		安全扶手	8
	60001 元以上	61.6		防护地垫或防滑地板	8
支出	10000 元以下	5.9		感应夜灯	8.7
	10001—20000 元	9.8		呼叫器 /GPS 定位器	1.8
	20001 元以上	84.3		沐浴凳	3.6
是否患病	是	50.1		便椅	3
	否	49.9		洗衣机	18.1
婚姻状况	在婚	89.1		拐杖	2
	离异	3.7		轮椅	0.5
	丧偶	7.2	住房情况	有独立的房间	97.6
是否独生子女父母	是	63.4		无独立的房间	2.4
	否	32.2	居住城市	北京市	28.9
养老意愿	由子女养老	32.9		南京市	16.9
	社区托老养老	11.1		郑州市	12.6
	社会养老	11.1		佛山市	20.9
	夫妻作伴养老	37.3		绵阳市	20.7
	自我养老	6.3			
	亲友结伴养老	0.6			
	其他	0.6			

三、数据统计结果与分析

（一）居住安排情况

1. 与谁居住

用是否独生子女父母和与谁居住做交互分类分析,得到结果见表10-2。就独生子女父母而言,7.0%为独自居住,57.7%与配偶居住,6.8%与子女居住,27.9%与配偶子女共同居住,0.6%为其他居住形式;就非独生子女父母而言,3.0%为独自居住,50.3%与配偶居住,11.1%仅与子女居住,33.7%与配偶子女共同居住,1.6%为其他居住形式。两类父母最常见的居住形式是与配偶居住,所占比例都超过了一半,另外一种重要的居住形式就是与配偶子女共同居住,所占比例都达到30%,而独自居住、仅与子女居住以及其他居住形式的占比都很少。需要注意的是,独生子女父母与配偶居住、独自居住的比例要高于非独生子女父母;而非独生子女父母与配偶子女共同居住、与子女居住的比例高于独生子女父母;而且统计检验显示二者之间差距很明显。说明独生子女父母"空巢"而居的可能性明显大于非独生子女父母。

表10-2　是否独生子女父母和与谁居住的交互分类分析结果

单位:%

		总样本 （n=836）	独生子女 父母（n=530）	非独生子女 父母（n=306）
与谁居住	独自居住	5.6	7.0	3.0
	仅与配偶居住	55.0	57.7	50.3
	仅与子女居住	8.4	6.8	11.1
	与配偶子女居住	30.0	27.9	33.7
	其他居住安排	1.0	0.6	1.6
合计		100.0	100.0	100.0

注:卡方值=15.452,P值=0.004。

2.居住条件

居住环境是人们日常的活动空间,潜在塑造着人们的生活行为和个人认知。居住环境内部的各个因素,房间数量、室内结构、家具设计、房屋基本设施等居住条件均会对居民的生活体验和幸福感产生或多或少的影响。[1] 居住条件用房间数量、是否有独立房间和住房设施三个指标描述。

(1)房间数量。对居住的房间数量在两类父母之间做均值比较,得到的结果见表10-3。总样本人均居住的房间数量为2.62,标准差为0.705,多数城市老年人居住的是两间房到三间房。独生子女父母和非独生子女父母所居住的房间数量平均分别为2.53和2.78,标准差分别为0.693、0.703。可见独生子女父母居住的房间数量要少于非独生子女父母。这种居住房间数量差异和上述与谁居住在一起的差异具有一致性:独生子女父母更可能只与配偶住在一起或者单独居住,非独生子女父母更可能与配偶子女共同居住或者与子女住在一起;正是因为居住在一起的人可能更多,所以居住的房间数量才更多。

表 10-3　居住房间数量与是否独生子女父母的均值比较分析

变量名称	数值范围	总样本 (n=836)		独生子女 父母(n=530)		非独生子女 父母(n=306)	
		均值	标准差	均值	标准差	均值	标准差
房间数量	1—4	2.62	0.705	2.53	0.693	2.78	0.703

(2)是否有独立房间。将是否有独立居住的房间与两类父母做交互分类分析,所得结果见表10-4。在总样本中,97.6%的父母有独立的居住房间,而没有独立居住房间的父母只有2.4%。但是就独生子女父母而言,96.4%有独

---

① 徐延辉、刘彦:《居住环境、社会地位与老年人健康研究》,《厦门大学学报(哲学社会科学版)》2020年第1期。

立的房间,有 3.6%无独立的房间;而对非独生子女父母来说,99.7%有独立的房间,只有 0.3%无独立的房间;而且卡方检验显示二者之间具有明显差距。也就是说,非独生子女父母比独生子女父母更可能有自己独立的房间。这一结果与前面得出的非独生子女父母所居住的房间数要多于独生子女父母的结论一致。

表 10-4 是否有独立房间与是否独生子女父母交互分类分析结果

单位:%

		总样本(n=836)	独生子女父母(n=530)	非独生子女父母(n=306)
是否有独立房间	有	97.6	96.4	99.7
	无	2.4	3.6	0.3
合计		100.0	100.0	100.0

注:卡方值=8.819,P 值=0.001。

(3)住房设施。表 10-5 列出了两类父母所居住房子的设施情况。就总样本来看,所居住的房子配备基本的生活设施和用具,但只有较少部分的老年人的住房配有适老性的设施和用具。几乎所有的父母的住房都有自来水,超过 96%的房子配有煤气/天然气,超过 95%的房子配有洗衣机。独生子女父母与非独生子女父母的房子配有电梯的比例分别是 51.50%、46.70%,配有感应夜灯的比例分别是 45.30%、47.70%,配有安全扶手的比例分别是 41.30%、45.40%,配有防护地垫或防滑地板的比例分别是 38.90%、49.70%。独生子女父母的房间配有沐浴凳、便椅、拐杖、轮椅的比例分别是 17.70%、13.80%、9.40%、3.20%和 21.90%、19.60%、13.40%、2.00%。

对比发现,两类父母在自来水、煤气/天然气、洗衣机等基本生活设施和用具上没有明显的差异,而且配备的比例都很高,但是非独生子女父母的住房,在安全扶手、防护地垫或防滑地板、感应夜灯、呼叫器/GPS 定位器、沐浴凳、便椅、拐杖等具有较高适老化设施配备上,都要高于独生子女父母所住的房间。独生子女父母房间只有电梯、轮椅两项设施用具的配备比例超过了非独生子女父母。

表 10-5　两类父母住房所有的设施情况

单位:%

住房设施	独生子女父母(n=530)	非独生子女父母(n=306)
电梯	51.50	46.70
自来水	99.20	99.70
煤气/天然气	96.80	96.70
安全扶手	41.30	45.40
防护地垫或防滑地板	38.90	49.70
感应夜灯	45.30	47.70
呼叫器/GPS 定位器	8.50	11.10
沐浴凳	17.70	21.90
便椅	13.80	19.60
洗衣机	95.30	97.40
拐杖	9.40	13.40
轮椅	3.20	2.00

（二）居住安排与精神健康的相关性

1. 居住安排与幸福感

本章以幸福感和抑郁水平作为测量精神健康的两个指标。两个指标都为连续变量。选择居住安排中的与谁居住、是否有独立房间两个指标与幸福感进行均值比较分析,分析结果见表 10-6。数据表明,与配偶子女共同居住的老年人的幸福感最高(10.84 ± 8.23),其次是仅与配偶居住的老年人(9.15 ± 8.81),再次是仅与子女居住的老年人(8.67 ± 9.76),而独自居住的老年人(4.02 ± 8.63)和其他居住形式的老年人(3.25 ± 6.60)的幸福感明显偏低。而且统计检验显示,这种差距是很明显的。可见老人与谁居住在一起是重要的,老人要么与配偶住在一起,要么与子女住在一起,要么与配偶子女共同住在一起,这三种情况下老人的幸福感都还不错,但如果离开了这三种对象,其幸福感会明显下降。数据还表明,是否有独立房间也与老年人的精神健康具有明显关联。有独立房间的老年人的幸福感明显要高(9.39±8.75),而没有独立房间的老年人的幸福感明显偏低(4.5±11.11)。

表 10-6　居住安排与主观幸福感的均值比较分析(X±S)

	与谁居住(X±S)					居住条件(X±S)	
	独自居住	仅与配偶居住	仅与子女居住	与配偶子女居住	其他居住安排	有独立房间	无独立房间
幸福感	4.02±8.63	9.15±8.81	8.67±9.76	10.84±8.23	3.25±6.60	9.39±8.75	4.5±11.11
F	7.384					6.021	
P	0.000					0.014	

注: * P<0.05, **P<0.01, ***P<0.001。

2. 居住安排与抑郁水平

选择居住安排中的与谁居住、是否有独立房间两个指标与抑郁水平进行均值比较分析,分析结果见表 10-7。数据表明,与其他人居住的老人的抑郁水平最高(21.63±2.97),其次是独自居住(19.43±6.36),与配偶居住、与子女居住的老人的抑郁水平相当,分别是 17.97±6.39、17.64±5.65,而与配偶子女共同居住的老人的抑郁水平最低(16.37±5.97)。统计检验显示,老人与谁居住和其抑郁水平显著相关。老人与配偶、子女或者配偶子女共同居住,其抑郁水平会比较低,而如果老人与其他人或者单独居住,其抑郁水平明显要高。值得注意的是,是否有独立房间与老人的抑郁水平之间并没有明显的关联性。有独立房间的老年人抑郁水平为 17.56±6.26,无独立房间的老年人抑郁水平为 18.50±5.20。

表 10-7 居住安排与抑郁水平均值比较分析（X±S）

	与谁居住（X±S）					居住条件（X±S）	
	独自居住	仅与配偶居住	仅与子女居住	与配偶子女居住	其他居住安排	有独立的房间	无独立的房间
抑郁水平	19.43±6.36	17.97±6.39	17.64±5.65	16.37±5.97	21.63±2.97	（17.56±6.26）	（18.50±5.20）
F	4.783					0.445	
P	0.001					0.505	

注：* P<0.05，**P<0.01，***P<0.001。

（三）居住安排对两类父母精神健康的影响

1. 居住安排对两类父母幸福感的影响

以居住安排为自变量，以幸福感为因变量，探讨居住安排对幸福感的影响。回归分析分独生子女父母和非独生子女父母两个样本。各自的模型I以居住安排为自变量，幸福感为因变量，分析两个变量之间的关系。各自的回归模型II在模型I的基础上引入控制变量年龄、性别、民族、受教育程度、个人收入、个人支出、是否患病、婚姻状况、养老意愿、居住城市，进一步确认居住安排对老年人的幸福感的影响。分析结果见表10-8。从各自的模型I到模型II，判定系数R^2得到提高，在独生子女父母样本达到0.246，在非独生子女父母样本则达到0.233。

表 10-8 幸福感的多元线性回归结果（Beta 值）

变量		独生子女父母（n=530）		非独生子女父母（n=306）	
		模型 I	模型 II	模型 I	模型 II
（常量）		3.162**	14.001***	7.2***	14.657***
与谁居住（独自居住=0）	仅与配偶居住	6.073***	2.109	1.794	1.792
	仅与子女居住	5.449**	1.93	1.535	0.843
	与配偶子女居住	8.0***	3.352	3.188	2.868
	其他居住安排	-3.829	-4.553	-1.6	0.049

续表

变量		独生子女父母（n=530）		非独生子女父母（n=306）	
		模型 Ⅰ	模型 Ⅱ	模型 Ⅰ	模型 Ⅱ
有无独立房间（有=0）	无独立的房间	-1.918*	-1.253	-0.681	0.133
年龄（60—70 岁=0）	71—80 岁		2.656		1.636
性别（男=0）	女		-0.439		-0.523
民族（汉族=0）	少数民族		-4.025		-12.328***
受教育程度（小学及以下=0）	初中		-0.194		1.163
	高中、中技、高职		0.131		2.283
	大专及以上		0.664		2.895
年收入（20000 元以下=0）	20001—40000 元		2.3		-2.416
	40001—60000 元		2.213		-2.89
	60001 元以上		4.629***		-0.199
年支出（10000 元以下）	10001—20000 元		-5.425***		-3.44
	20001 元以上		-6.338***		-3.019
是否患病（是=0）	未患病		4.61***		3.405***
婚姻状况（在婚=0）	离异		-0.786		1.386
	丧偶		-4.227		2.543
养老意愿（由子女养老=0）	社区托老养老		-1.819		-4.211**
	社会养老		-4.765***		-1.267
	夫妻作伴养老		-1.496		0.027
	自我养老		-6.029***		-1.849
	亲友结伴养老		-16.703**		-3.894
	其他		-6.943*		2.279
居住城市（北京=0）	南京		-6.637***		-6.447***
	郑州		-4.97***		-6.263***
	佛山		-9.177***		-8.382***
	绵阳		-6.012***		-6.852***
R^2		0.048	0.286	0.013	0.304
调整的 R^2		0.041	0.246	0	0.233

续表

变量	独生子女父母（n=530）		非独生子女父母（n=306）	
	模型Ⅰ	模型Ⅱ	模型Ⅰ	模型Ⅱ
DW 值	1.691	1.758	1.986	2.19
F 值	6.667***	7.161***	1.03	4.318***

注：* $P<0.1$，** $P<0.05$，*** $P<0.01$。

（1）居住安排与独生子女父母的幸福感无显著相关性。在独生子女父母样本中，从模型Ⅰ看，居住安排与独生子女父母的幸福感有显著相关性。在不考虑其他因素的情况下，与独自居住的独生子女父母相比，与配偶居住、与子女居住、与配偶子女共同居住的独生子女父母的幸福感分别要高 6.073、5.449、8.0 个标准单位，而其他居住形式的独生子女父母则要低 3.829 个标准单位；与有独立房间的独生子女父母相比，没有独立房间的独生子女父母的幸福感要低 1.918 个标准单位。但是引入年龄、性别、民族、受教育程度、个人收入、个人支出、是否患病、婚姻状况、养老意愿、居住城市等控制变量后，上述差异都消失了。这说明独生子女父母在幸福感上的差异，不是由居住安排上的差异引起的，而是源于上述控制变量上的差异。

（2）居住安排与非独生子女父母的幸福感无显著相关性。在非独生子女父母样本中，从模型Ⅰ看，居住安排与非独生子女父母的幸福感无显著相关性。在不考虑其他因素的情况下，与独自居住的非独生子女父母相比，与配偶居住、与子女居住、与配偶子女共同居住的非独生子女父母的幸福感分别要高 1.794、1.535、3.188 个标准单位，而其他居住形式的非独生子女父母则要低 1.6 个标准单位；与有独立房间的非独生子女父母相比，没有独立房间的非独生子女父母的幸福感要低 0.681 个标准单位。但是统计检验显示，这种差距都是不明显的。

（3）影响独生与非独生子女父母幸福感的因素同大于异。表 10-8 还表明,影响独生子女父母幸福感的因素主要是收入、支出、是否患病、养老意愿和居住城市。收入对独生子女父母幸福感有正向影响,支出则具有明显的负向影响。与年收入在 20000 元及以下的独生子女父母相比,年支出在 20001—60000 元的独生子女父母在幸福感上优势明显,但年收入为 60001 元以上的独生子女父母的幸福感则明显要高。与年支出在 10000 元及以下的独生子女父母相比,年支出在 10000 元以上的独生子女父母的幸福感明显要高。与患有疾病的独生子女父母相比,未患病的独生子女父母的幸福感明显要高。在养老意愿上,与选择子女养老的独生子女父母相比,选择社会养老、自我养老、亲友结伴养老和其他形式养老的独生子女父母的幸福感要低 4.765、6.029、16.703、6.943 个标准单位。就居住城市而言,与居住在北京的独生子女父母相比,居住在南京、郑州、佛山、绵阳的独生子女父母的幸福感分别要低6.637、4.97、9.177、6.012 个标准单位。

表 10-8 也表明,在引入年龄、性别、民族、受教育程度、个人收入、个人支出、是否患病、婚姻状况、养老意愿、居住城市等变量后,发现民族、是否患病、养老意愿和居住城市这四个变量对非独生子女父母的幸福感有明显影响。相对于汉族非独生子女父母,少数民族非独生子女父母的幸福感明显要低。未患病的非独生子女父母的幸福感显著高于患病的非独生子女父母。选择社区托老养老的非独生子女父母的幸福感明显低于选择由子女养老的非独生子女父母。与居住在北京的非独生子女父母相比,居住在南京、郑州、佛山、绵阳的非独生子女父母的幸福感明显要低。

总的来说,影响独生子女父母和非独生子女父母幸福感的共同因素有是否患病、养老意愿和居住城市,而年收入和年支出会单独影响到独生子女父母的幸福感,民族却会单独影响到非独生子女父母的幸福感。

2. 居住安排对两类父母抑郁水平的影响

以居住安排为自变量,以抑郁水平为因变量,探讨居住安排对抑郁水平的

影响。回归分析分独生子女父母和非独生子女父母两个样本。各自的模型Ⅰ
以居住安排为自变量,抑郁水平为因变量,分析两个变量之间的关系。各自的
回归模型Ⅱ在模型Ⅰ的基础上引入控制变量年龄、性别、民族、受教育程度、年
收入、年支出、是否患病、婚姻状况、养老意愿、居住城市,进一步确认居住安排
对老年人的抑郁的影响。分析的结果见表10-9。从各自的模型Ⅰ到模型Ⅱ,
判定系数 R^2 得到提高,在独生子女父母样本达到0.313,在非独生子女父母样
本则达到0.453。

表 10-9　抑郁水平的多元线性回归分析结果(Beta 值)

变量		独生子女父母(n=530)		非独生子女父母(n=306)	
		模型Ⅰ	模型Ⅱ	模型Ⅰ	模型Ⅱ
（常量）		19.27***	14.542***	20****	11.782***
与谁居住(独自居住=0)	仅与配偶居住	-1.659	-1.823	-1.305	0.01
	仅与子女居住	-1.992	-0.567	-1.971	0.217
	与配偶子女居住	-2.696***	-2.107	-3.932**	-1.035
	其他居住安排	2.063	2.592	1.8	0.64
居住条件（有独立房间=0）	无独立的房间	-0.333	0.343	1.335	1.141
年龄(60—70岁=0)	71—80岁		-1.132		0.143
性别(男=0)	女		0.227		0.571
民族(汉族=0)	少数民族		1.427		0.135
受教育程度（小学及以下=0）	初中		0.303		-0.418
	高中中技高职		-0.63		-1.445
	专科及以上		-0.995		-2.974
年收入(20000元以下=0)	20001—40000元		-2.764**		-1.251
	40001—60000元		-1.445		-0.654
	60001元以上		-3.131***		-2.877**
年支出(10000元以下=0)	10001—20000元		2.866**		4.582***
	20001元以上		4.012***		4.199***

续表

变量		独生子女 父母(n=530)		非独生子女 父母(n=306)	
		模型 I	模型 II	模型 I	模型 II
是否患病(是=0)	否		-2.947***		-3.307***
婚姻状况(在婚=0)	离异		0.127		0.677
	丧偶		0.334		0.227
是否独生子女父母 (是=0)	非独生子女父母				
养老意愿(由子女养老=0)	社区托老养老		1.761		2.499**
	社会养老		3.012**		1.921*
	夫妻作伴养老		2.126***		2.62***
	自我养老		3.663***		2.307
	亲友结伴养老		3.75***		1.87
	其他		5.914		-0.887
居住城市(北京=0)	南京		3.627**		4.334***
	郑州		4.329***		7.082***
	佛山		2.805***		4.101***
	绵阳		7.874***		8.894***
R^2		0.014	0.313	0.05	0.453
调整的 R^2		0.006	0.275	0.037	0.397
DW 值			1.822		2.08
F 值		1.824	8.157***	3.93***	8.177***

注: * P<0.1, ** P<0.05, *** P<0.01。

(1)居住安排与独生子女父母的抑郁水平无显著相关性。在独生子女父母样本中,从模型I看,居住安排与独生子女父母的抑郁水平无显著相关性。在不考虑其他因素的情况下,与独自居住的独生子女父母相比,仅与配偶居住、仅与子女居住、其他居住安排的独生子女父母的抑郁水平没有显著区别,但与配偶子女居住的独生子女父母的抑郁水平要低 2.696 个标准单位;与有独立房间的独生子女父母相比,没有独立房间的独生子女父母的抑郁水平没有表现出明显的或高或低的特征。而且引入年龄、性别、民族、受教育程度、年收入、年支出、是否患病、婚姻状况、养老意愿、居住城市等控制变量后,上述的一点点差异也消失了。这说明独生子女父母在抑郁水平上的差异,不是由居住安排上的差异引起的,而是源于上述控制变量上的差异。

(2)居住安排与非独生子女父母的抑郁水平无明显关联。在非独生子女父母样本中,从模型Ⅰ看,居住安排与非独生子女父母的抑郁水平无显著相关性。在不考虑其他因素的情况下,与独自居住的非独生子女父母相比,虽然仅与配偶居住、仅与子女居住、其他居住安排的非独生子女父母的抑郁水平没有明显区别,而与配偶子女居住的非独生子女父母则要低 3.932 个标准单位;与有独立房间的非独生子女父母相比,没有独立房间的非独生子女父母的抑郁水平要高 1.335 个标准单位。但是统计检验显示,这种差距都是不明显的。

(3)影响独生与非独生子女父母抑郁水平的因素相一致。表 10-9 还表明,影响独生子女父母抑郁水平的因素主要是年收入、年支出、是否患病、养老意愿和居住城市。年收入对独生子女父母的抑郁水平有负向影响,年支出则具有明显的正向影响。与年收入在 20000 元及以下的独生子女父母相比,年收入在 20001—40000 元、60001 元以上的独生子女父母在抑郁水平上明显要低,分别要低 2.764、3.131 个标准单位。而相对于年支出在 10000 元及以下的独生子女父母,年支出在 10001—20000 元、20001 元以上的独生子女父母的抑郁水平明显要高,分别高 2.866、4.012 个标准单位。与患有疾病的独生子女父母相比,未患病的独生子女父母的抑郁水平明显要低。在养老意愿上,与由子女养老的独生子女父母相比,选择社会养老、夫妻作伴养老、自我养老、亲友结伴养老的独生子女父母的抑郁水平要高,分别高 3.012、2.126、3.663、3.75 个标准单位。就居住城市而言,与居住在北京的独生子女父母相比,居住在南京、郑州、佛山、绵阳的独生子女父母的抑郁水平要低,分别低 3.627、4.329、2.805、7.874 个标准单位。

表 10-9 也表明,在引入年龄、性别、民族、受教育程度、年收入、年支出、

是否患病、婚姻状况、养老意愿、居住城市等控制变量后,发现年收入、年支出、是否患病、养老意愿和居住城市这五个变量对非独生子女父母的抑郁水平有明显影响。相对于年收入在 20000 元及以下的非独生子女父母,年收入在 20000 元以上的非独生子女父母的抑郁水平要低,尤其是年收入在 60000 元以上的非独生子女父母明显要低。相对于年支出 10000 元及以下的非独生子女父母,年支出在 10001—20000 元、20001 元以上的非独生子女父母的抑郁水平明显要高,分别高 4.582、4.199 个标准单位。相对于患病的非独生子女父母,未患病的非独生子女父母的抑郁水平明显要低(3.307 个标准单位)。相对于由子女养老的非独生子女父母,选择社区托老养老、社会养老、夫妻作伴养老的非独生子女父母的抑郁水平明显要高,分别高 2.499、1.921、2.62 个标准单位。与居住在北京的非独生子女父母相比,居住在南京、郑州、佛山、绵阳的非独生子女父母的抑郁水平明显要高,分别高 4.334、7.082、4.101、8.894 个标准单位。

总的来说,影响独生子女父母抑郁水平的有年收入、年支出、是否患病、养老意愿和居住城市,而影响非独生子女父母抑郁水平的也是年收入、年支出、是否患病、养老意愿和居住城市,而且影响的方向也是一致的,只是在具体影响的水平上存在些许差异。

四、居住安排、是否独生子女父母与精神健康

(一) 两类父母的居住安排存在一定差异

前述研究发现,独生子女父母仅与配偶居住、独自居住的比例要高于非独生子女父母;而非独生子女父母与配偶子女居住、仅与子女居住的比例高于独生子女父母。也就是说独生子女父母"空巢"而居的可能性明显大于非独生

子女父母。独生子女父母居住的房间数量要少于非独生子女父母,因为独生子女父母更可能只与配偶住在一起或者单独居住,非独生子女父母更可能与配偶子女共同居住或者与子女住在一起,正是因为居住在一起的人更多,所以居住的房间数量才更多。非独生子女父母比独生子女父母更可能有自己独立的房间,因为非独生子女父母所居住的房间数要多于独生子女父母。

两类父母在自来水、煤气/天然气、洗衣机等基本生活设施和用具上没有明显的差异,而且配备的比例都很高,但是非独生子女父母的住房在安全扶手、防护地垫或防滑地板、感应夜灯、呼叫器/GPS 定位器、沐浴凳、便椅、拐杖等较高适水平老化设施配备上都要高于独生子女父母所住的房间。独生子女父母房间只有在电梯、轮椅两项设施用具的配备比例超过了非独生子女父母。

(二) 居住安排与老年人的精神健康具有关联性

老人与谁居住在一起是重要的,老人要么与配偶住在一起,要么与子女住在一起,要么与配偶子女共同住在一起,这三种情况下老人的幸福感都还不错,但如果离开了这三种对象,其幸福感会明显下降。数据表明,是否有独立的房间也与老年人的精神健康具有明显关联。有独立房间的老年人的幸福感明显要高,而没有独立房间的老年人的幸福感明显偏低。

数据还表明,老人与谁居住与其抑郁水平显著相关。老人与配偶、子女或者配偶子女共同居住在一起,其抑郁水平会比较低,而如果老人与其他人或者单独居住,其抑郁水平明显要高。值得注意的是,是否有独立的房间与老人的抑郁水平之间并没有明显的关联性。

(三) 影响两类父母精神健康的因素具有同质性

居住安排与独生子女父母、非独生子女父母的幸福感都无显著相关性。独生子女父母、非独生子女父母在幸福感上的差异都不能从居住安排的差异中得到有效解释。影响独生子女父母幸福感的因素主要是收入、支出、是否患病、养老意愿和居住城市。而影响非独生子女父母的幸福感的因素主要是民族、是否患病、养老意愿和居住城市。可见,是否患病、养老意愿、居住城市这三个变量是影响独生子女父母和非独生子女父母幸福感的共同因素,而年收入、年支出会单独影响到独生子女父母的幸福感,民族会单独影响到非独生子女父母的幸福感。

居住安排与独生子女父母、非独生子女父母的抑郁水平无显著相关性。居住安排上的差异既不能解释独生子女父母的抑郁水平的差异,也不能解释非独生子女父母的抑郁水平的差异。影响独生子女父母与非独生子女父母抑郁水平的因素是一致的:年收入、年支出、是否患病、养老意愿和居住城市。这五个变量既影响独生子女父母的抑郁水平,又影响到非独生子女父母的抑郁水平。而且影响的方向也是一致的,只是在具体影响的水平上存在些许差异。

第十一章 缓解城镇第一代独生子女父母养老困境的机制建构

一、城镇第一代独生子女父母对社会的贡献及其面临的困境

（一）城镇第一代独生子女父母的社会贡献

实施计划生育政策降低了我国人口数量的增长速度,促使人口数量、质量、年龄结构等与我国实际的资源、生态环境相互匹配,让人口数量处在适宜的经济、资源承载力之内,促进了可持续发展。这也是广大独生子女父母牺牲自身生育权利,为维护资源环境与人口的协调发展做出的重要贡献。

1.促进人口再生产类型现代化

实施计划生育政策最直接的结果就是降低我国人口出生率,改变人口再生产类型。我国的人口出生率从计划生育政策实施之初的20‰左右,下降至近年来的8.52‰以下,低于同等发展水平的发展中国家,降至发达国家水平。[①]

[①] 《中国统计年鉴2021》,中国统计出版社2021年版,第32页。

中国妇女总和生育率在 20 世纪 70 年代前一直处于较高水平,基本上在 5.0—6.5,即当时中国妇女一生中平均至少生育 5 个孩子,而在计划生育政策实施后,妇女总和生育率水平快速下降,1980 年为 2.7,后续年份也基本维持在这个水平上,1994 年以后则稳定在 1.7 左右。①

依据王金营的推算,将 1972—2000 年无计划生育政策的模拟人口结果,与实行了计划生育政策的实际人口发展情况相比较,发现在 1972—2000 年这 28 年中,中国累计少生了 2.64 亿—3.2 亿人口,使我国总人口少增加 2.3 亿—2.9 亿。② 也有学者分析发现,1972—2008 年,不考虑其他因素,计划生育政策使中国少生了 4.58 亿人。③ 计划生育政策的实施大幅度减轻了我国人口发展对经济、社会的压力,为我国发展打下了良好的人口基础。

伴随着出生率的大幅度下降,人民生活水平的提高、医疗技术的改善,中国的人口死亡率也逐渐降低。从 1949 年新中国成立以来,经过两次人口生育高峰,中国基本实现了从传统的高出生率、高死亡率、低自然增长率的人口再生产模式转为低出生率、低死亡率、低自然增长率的现代型人口再生产模式。④ 相较于西方近百年的转变时间,中国仅用了短短的几十年就转换为现代化的人口再生产模式,这给我国各方面发展营造了有利环境。

2. 促进国民经济增长

计划生育政策的首要目标是缓解人口与资源、环境之间的冲突,集中资源、力量发展生产力,达到促进经济增长的效果。如图 11-1 所示,随着中国人口出生率逐渐下降,人口再生产模式的转变,人均国内生产总值(GDP)在

---

① 王金营:《1990—2000 年中国生育模式变动及生育水平估计》,《中国人口科学》2003 年第 4 期。
② 王金营:《中国计划生育政策的人口效果评估》,《中国人口科学》2006 年第 5 期。
③ 陶涛、杨凡:《计划生育政策的人口效应》,《人口研究》2011 年第 1 期。
④ 晏月平、黄美璇、郑伊然:《中国人口年龄结构变迁及趋势研究》,《东岳论丛》2021 年第 1 期。

不断上升。这从侧面反映了计划生育政策效果。

图 11-1　中国人口再生产模式转变与人均 GDP①

　　具体说来,计划生育政策通过以下两条路径促进经济增长。一是"人口红利"的积极作用。按照原新等人的划分,包括资源型人口红利和资本型人口红利两种。资源型人口红利是从人口数量角度来看,劳动年龄人口众多,而少儿和老人数量较少,总抚养比的下降使得劳动年龄人口的劳动负担减轻,从而能更有效率地投入社会生产发展进而带来经济增长。另外是资本型人口红利的作用,即从人口质量的角度来看,子女数量的减少会增加父母对子女的教育投资,通过提升劳动力素质进而带来经济增长。②

　　先看资源型人口红利的作用。如图 11-2 所示,抚养比的变化反映了劳动负担下降的趋势,③总抚养比自 20 世纪 80 年代的 60% 左右,下降至

---

　　①　笔者依据国家统计局历年《中国统计年鉴》中出生率、死亡率及 1978 年不变价计算的人均 GDP 指数资料制表。

　　②　原新、金牛:《中国人口红利的动态转变——基于人力资源和人力资本视角的解读》,《南开学报(哲学社会科学版)》2021 年第 2 期。

　　③　此处只讨论抚养比的下降趋势,自 2010 年后抚养比的上升,也是计划生育政策后期带来的必然结果,但此处不做讨论,此处只着眼于计划生育政策曾经带来的实施效果。

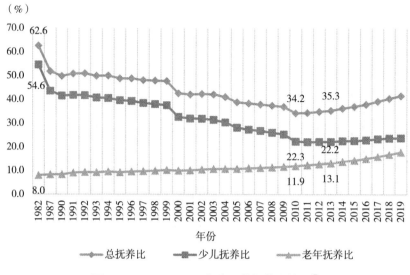

图 11-2　1982—2019 年中国的抚养比状况①

2010 年的 30% 左右。计划生育政策的实施,降低了劳动年龄人口的负担,使其能够无后顾之忧地参与经济活动。有学者通过柯布—道格拉斯生产函数模型来分析劳动负担比对经济增长的影响,其将劳动负担比作为影响变量引入模型中,结果显示劳动负担比与经济增长呈现较强的负相关。劳动负担比每下降 1%,我国经济即增长 1.06%,②并且经测算显示,1978—2007 年的 30 年中劳动负担比下降带来的经济增长占经济总增长的 27% 左右。

　　仔细观察中国劳动负担比的变化可以发现,总抚养比的变化,主要是少儿抚养比的大幅度降低,而老年抚养比一直呈缓慢上升的趋势。从资源消费能力的角度来看,赵国庆、姚青松通过构建中国居民人均消费函数,利用 1980—2015 年居民人均可支配收入、居民人均消费以及少儿、老人抚养比数据进行测算,发现中国少儿人口对资源的消费能力最强,而老年人口的消

---

　　①　《中国统计年鉴 2021》,中国统计出版社 2021 年版,第 33 页。

　　②　王金营、杨磊:《中国人口转变、人口红利与经济增长的实证》,《人口学刊》2010 年第 5 期。

费能力较弱,①计划生育政策带来的少儿人口的大幅度减少,为劳动年龄人口所减轻的负担非常明显,带来的经济效用最高。

再看资本型人口红利的作用。人口数量与质量的替代效应在计划生育政策、人口再生产模式转变中得到了体现。微观家庭中子女数量的减少带来了子女质量的提高,家庭将以往多子女的抚养费用集中到一个孩子身上,增加这个子女的教育投资,提高劳动力的素质,增强人力资本的积累,促进经济增长。有研究基于世代交叠理论和柯布—道格拉斯生产函数模型,通过数值模拟方法来分析不同生育率下的子女教育状况,结果发现,当总和生育率为 1 的时候,家庭教育投资率为 6.5%,而当总和生育率上升为 3 的时候,家庭教育投资率大幅下降至 2%左右。生育率水平与家庭单个子女教育投资率存在负相关关系,生育率越高,每个孩子分摊到的教育资源越少。②

二是家庭子女数量的下降,使得家庭消费人口数量减少,家庭开支明显减少,提高了储蓄率。有研究建立了三期世代交替模型来讨论计划生育政策对中国储蓄率的影响。基于其构建的储蓄方程和 1989—2007 年的分省份面板数据分析发现,1989—1998 年段的出生率对储蓄率有着显著的积极作用。③计划生育政策影响了子女赡养老人的传统,鼓励个人积累养老资源。在中国市场化改革的浪潮下,储蓄与投资的环境也逐渐完善,起到了促进经济增长的重要作用。④

①　赵国庆、姚青松:《年龄结构与经济增长——理论框架与基于中国数据的实证分析》,《上海金融》2018 年第 3 期。

②　瞿凌云:《人口政策的经济效应分析——基于人口数量与质量替代效应的视角》,《人口与经济》2013 年第 5 期。

③　汪伟:《计划生育政策的储蓄与增长效应:理论与中国的经验分析》,《经济研究》2010 年第 10 期。

④　蔡昉:《人口转变、人口红利与经济增长可持续性——兼论充分就业如何促进经济增长》,《人口研究》2004 年第 2 期。

3. 促进性别平等与社会进步

以"独生子女政策"为核心的计划生育政策一定程度上稀释了重男轻女传统观念的作用。在同样的经济水平下,中国夫妇在传统上往往更倾向投资男孩的教育,而计划生育政策使得夫妇的子女数量大幅度下降,独生子女家庭中,父母无法对子女"重男轻女",从而促进了性别间的教育平等化。而且子女数减少,家庭用于子女教育投资的资金也更加充裕,缩小了性别间受教育年限的差异。① 城市中大量出现"独女户"家庭,这些家庭必然会对这个唯一的女儿倾注教育、成长资源。女性受教育水平提高,往往可以谋求更好的工作岗位,提高其社会地位。有学者利用双差分策略方法评估了计划生育政策对女性受教育年限的影响,以农村"一胎半"政策地区为对照了解到 1979 — 1984 年出生的女性在教育获得上存在优势,与男性受教育年限的差距缩小,使城市女性的受教育年限增加 0.71 年;与计划生育政策更加宽松的少数民族地区相比,城市汉族女性的受教育年限增加了 1.45 年,可以说计划生育政策显著提高了女性的受教育水平。② 受教育年限提高,经济参与度、收入水平也会提高,从而提升女性的社会地位。加之子女数量减少,独生子女母亲也能够从照料子女的繁重事务中脱身,投身经济社会建设事业当中,促进社会整体发展。

4. 缓解人口与资源、环境的紧张关系

首先从人口与资源数量对比来看,中国虽然水资源、矿产资源等自然资源比较丰富,但分布并不均匀,在人均资源占有量上也十分有限。1995 年中国淡水资源总量居世界第六位,而人均水资源量仅为世界水平的四分之一;森林

① 叶华、吴晓刚:《生育率下降与中国男女教育的平等化趋势》,《社会学研究》2011 年第 5 期。

② 陆万军、张彬斌:《中国生育政策对女性地位的影响》,《人口研究》2016 年第 4 期。

资源居世界第五位,但人均森林面积只有世界人均水平的七分之一。这些数据可以看出我国人口与资源之间的紧张关系,显示出控制人口规模是中国发展的题中之义,计划生育政策使中国减少几亿新生人口,促进了人口、资源、环境的协调发展。①

其次从动态的角度来看,人口增加会带来资源消耗速度超过人口增长速度的状况,最终减少自然资源存量。② 人口对资源和环境有两条影响路径:一是直接影响。人口增多,人们正常的生理活动对环境有负面影响,降低空气质量和水资源质量。二是间接影响。人口增多带来的物质生产活动增多,消耗了更多的资源。以食品消费为例,为了满足新增人口的生存需要,不得不改变原有的森林和草原作为耕地,使得环境、生态平衡等被破坏。③ 而且物质生产活动也会带来一定的环境污染,加剧对资源和环境的压力。

(二) 第一代独生子女父母面临哪些养老困境

第一代独生子女父母的生命历程有时代的特殊性。他们已经走过的人生道路比较坎坷:于新中国成立前后出生,同新中国的发展与建设、探索与挫折同步,经历过饥饿、上山下乡、经济体制转轨带来的下岗失业等事件的人不在少数。以本书的调查数据为例,2019 年平均年龄为 62 岁的 881 位独生子女父母经历的一些困难事件:饥饿(37.7%)、下岗失业(32.8%)、下岗再就业(28.4%)、上山下乡(22.2%)。1978 年开始改革开放,之后社会主义市场经济体制逐步建立起来。计划经济体制、单位制共同形成的社会体制呈现出

---

① 刘颖秋、宋建军:《世纪之交我国人口、资源、环境的趋势分析与对策》,《中国人口·资源与环境》1996 年第 1 期。

② 申亚民、吴润:《陕西人口、资源、环境与可持续发展实证分析》,《理论导刊》2004 年第 10 期。

③ 田雪原:《人口、经济、环境的可持续发展》,《中国社会科学》1996 年第 2 期。

"高就业、低工资、高福利"特征。① 第一代独生子女父母在计划经济低工资制度下度过了很长一段时间,使得他们自身的经济水平受到了影响,年轻时的储蓄相对有限。但是按照计划安排工作的制度带来了单位的人员冗余,想要转为市场经济体制,必然会出现裁员现象,才能促进企业自身的市场化运转,于是很多人都被经济体制转变的浪潮裹挟,经历了下岗失业,所能享受的福利也大大减少,进入社会主义市场经济体制后,他们便逐渐步入老年时期。

计划生育政策对人口再生产的干预,虽然起到了促进经济增长的"人口红利"作用,但也要看到劳动年龄人口负担的动态变化过程,随着时间的推移,劳动年龄人口逐渐变为被抚养的人口之后,中国社会逐渐进入老龄化阶段,抚养比急剧上升。我国人口转变主要是受到了计划生育政策的强制干预,在短短几十年,走过了发达国家上百年的自然转变过程,导致在经济尚未高度发达时就进入了老龄社会。② 与发达国家相比,中国社会保障与保险福利、经济金融投资市场等方面的发展还不完善。以养老保险为例,我国的养老保险制度只是做到了制度上的全覆盖,而不是全部人口的覆盖,养老保险制度还存在诸多不足,我国的独生子女父母尚不能像发达国家超低生育率下的老人那样享有较高质量的老年生活。

计划生育对微观家庭发展能力造成了一定的负面影响。总和生育率下降,子女数量缩减,很显然家庭人口数会减少,父母与一个未婚子女组成的核心家庭越来越多。有研究者通过构建家庭发展能力的估计方程,利用1991—2010 年全国样板数据来分析严格的独生子女政策对家庭发展能力的影响,计量分析结果显示,在计划生育政策下,家庭规模越来越小,家庭在社会生活中为家庭成员提供的各种具体和抽象的支持减少,家庭亲密度与

① 杜建明、郑智航:《论我国经济与社会权利发展的"中国特色"》,《河南大学学报(社会科学版)》2020 年第 1 期。
② 王桂新:《生育率下降与计划生育政策的作用——对我国实行计划生育政策的认识与思考》,《南京社会科学》2012 年第 10 期。

赡养抚育能力都显著下降。① 独生子女父母面临养老时,家庭的支持能力不足,能够发挥的作用也很有限。而且独生子女在父母年老后往往也组建了自己的小家庭,在"代际倾斜"价值观下,将更多资源倾注于自己的下一代,也会减少独生子女父母可获得的养老资源,使得独生子女父母的养老成为一个严峻的问题。②

独生子女父母的养老困难指的是特殊时段的特殊困难。特殊时段指的是当他们遭遇到贫困、灾变、空巢、高龄、疾病、寡居、失能、失智、失独等特殊时期。这些特殊时期,有一些是随着年龄的增大而一定会经历的,有一些是可能会遇到的灾变或事故。特殊困难指的是陷入养老的经济、照料、精神等多方面的困境。目前关于独生子女父母养老状况的调查结论基本上还算乐观,似乎他们养老的困难并不大,但实际上当独生子女父母的年龄逐渐增大,养老问题才会逐渐呈现出来。首先年老多病会影响到经济状况,需要更多的医疗费用来治疗疾病。与此同时照料需求也会大幅度增长,无论是医院看护还是后续康复,都需要细致的关怀照料。而身体健康水平与心理健康又是息息相关的,一旦自理能力丧失,其对精神需要的水平也会上升,失能、半失能独生子女父母的精神需要很难得到满足,可能陷入养老的经济、照料、精神等多方面的困境。

需要指出的是,上述特殊时期的特殊养老困难,是任何人在老年生活中都可能遇到的,独生子女父母可能遇到,非独生子女父母同样可能遇到。在计划生育政策的大背景下,不管是一胎政策还是"一胎半"政策或两胎政策,育龄夫妇的生育数量都大幅减少,即使不是生一个小孩,一般也只是生育两个小孩,生育多个小孩的很少见。所以在老年生活中,不管是独生子女父母还是非

---

① 石智雷:《计划生育政策对家庭发展能力的影响及其政策含义》,《公共管理学报》2014年第4期。

② 乐章、陈璇、风笑天:《城市独生子女家庭养老问题》,《福建论坛(经济社会版)》2000年第2期。

独生子女父母,上述特殊时段的特殊困难都是难以承受的。只不过是对于独生子女父母来说,要面对和承受起来会更加困难。

二、计划生育配套奖励扶助政策情况

(一)计划生育政策及其配套奖励扶助政策

在计划生育政策的执行中,产生了大量的独生子女父母。而与计划生育政策配套的奖励扶助政策能够在多大程度上帮助独生子女父母养老呢?在此对计划生育配套的奖励扶助政策进行了详细的梳理,力求回答这一问题。首先对计划生育配套奖励扶助政策的总体情况进行分析,然后单独探讨独生子女父母退休后的奖助政策的实施状况。独生子女父母退休后各项奖励并未全国统一,各地政策内容和结构较为散乱。通过对不同省份的独生子女父母养老相关制度与政策进行整合梳理,以求窥见我国现阶段对独生子女父母养老所提供的政策支持。

计划生育政策自实施以来,其配套的奖励扶助政策处于不断发展中。表11-1呈现了计划生育政策以及各项奖励扶助政策的具体内容。经过试点与正式实施、待遇水平提高,建立调整机制等,目前已形成"三项制度"加子女成长和退休奖助的政策格局。即农村部分计划生育家庭奖励扶助制度、西部地区"少生快富"工程、计划生育特殊家庭扶助制度三项制度,以及针对独生子女成长的奖励、父母退休后的奖励扶助政策,详见表11-2。子女成长与退休奖助的政策并未实现全国统一,各地的实施办法也存在差异,各省份具体规定详见表11-3、表11-4。现行的"三项制度"作为计划生育利益导向政策的主体,在2006—2008年建立起来,其他奖助政策则是2001年开始制定出来。

表 11-1　计划生育政策及其配套奖励

时间	法律、政策层次			文件名称	摘要
	宪法和法律	行政法规（国务院）	行政规章（部委）	地方性法规		
1980 年					《中共中央关于控制我国人口增长问题致全体共产党员、共青团员的公开信》	"独生子女"政策正式实施：一对夫妻只生育一个孩子。
1982 年	√				1982 年宪法	"独生子女"的计划生育政策入宪法。
2001 年	√				《中华人民共和国人口和计划生育法》	第十八条：国家稳定现行生育政策，鼓励公民晚婚晚育，提倡一对夫妻生育一个子女；符合法律、法规规定条件的，可以要求安排生育第二个子女。第二十七条：自愿终身只生育一个子女的夫妻，国家发给《独生子女父母光荣证》。获得《独生子女父母光荣证》的夫妻，按照国家和省、自治区、直辖市有关规定享受独生子女父母奖励。独生子女发生意外伤残、死亡，其父母不再生育和收养子女的，地方人民政府应当给予必要帮助。第二十八条：地方各级人民政府对农村实行计划生育的家庭发展经济，给予资金、技术、培训等方面的支持与优惠；对实行计划生育的贫困家庭，在扶贫贷款、以工代赈、扶贫项目和社会救济等方面给予优先照顾。
2004 年			√		《关于农村部分计划生育家庭奖励扶助制度试点的方案（试行）》	农村只有一个子女或两个女孩的计划生育家庭，夫妇年满 60 周岁以后，由中央或地方财政安排专项资金给予奖励扶助的一项基本的计划生育奖励制度。标准：人均不低于 600 元/年。

续表

时间	法律、政策层次			文件名称	摘要
	宪法和法律	行政法规（国务院）	行政规章（部委）	地方性法规		
2006年			√	《关于印发全国农村部分计划生育家庭奖励扶助制度管理规范的通知》（人口厅发[2006]122号）	农村部分计划生育家庭奖励扶助政策于2006年正式实施。
2006年			√	《人口计生委财政部关于印发西部地区计划生育少生快富工程实施方案的通知》（国人口发[2006]117号）	西部地区（内蒙古、海南、四川、云南、甘肃、青海、宁夏、新疆8省区）可以生育3个孩子而自愿少生1个孩子，并采取了长效节育措施的夫妻，给子一次性奖励资金及其他政策优惠。
2007年			√	《全国独生子女伤残死亡家庭扶助制度试点方案》	对独生子女死亡后再未生育或合法收养子女的夫妻，由政府给子每人每月不低于100元的扶助金；对独生子女伤、病残后未再生育或收养子女的夫妻，由政府给子每人每月不低于80元的扶助金。
2008年			√	《关于实施"三项制度"工作的通知》（国人口发[2008]83号）	1.全国独生子女伤残死亡家庭特别扶助制度，在全国正式实施。2.提高农村部分计划生育家庭奖励扶助制度更名为全国计划生育家庭的奖励扶助标准，提高到每人每年不低于720元。中央财政按照基本标准，对西部地区负担80%、中部地区负担50%。3.内蒙古、海南、四川、云南、甘肃、青海、宁夏、新疆等8省（区）按照政策法规的规定，可以生育三个孩子而自愿少生一个或两个孩子，并按照各省（区）的有关规定采取了长效节育措施的夫妇。

续表

时间	法律、政策层次				文件名称	摘要
	宪法和法律	行政法规（国务院）	行政规章（部委）	地方性法规		
2011 年			✓		《将符合规定的"半边户"农村居民部分计划生育家庭纳入农村奖励扶助制度的通知》，（人口政发〔2011〕53 号）	将一方为农村居民、一方为城镇居民的夫妇（即"半边户"）中符合条件的农村居民一方，纳入农村奖励扶助制度。
2011 年					《关于建立全国农村部分计划生育家庭奖励扶助和计划生育家庭特别扶助标准动态调整机制的通知》（财教〔2011〕622 号）	当农村居民家庭年人均生活消费支出累计增长幅度达到或超过 30%时启动调整机制。调整后的特别扶助标准＝现标准×（1＋累计增长幅度）。
2010 年			✓		《关于印发西部地区计划生育"少生快富"工程专项资金管理暂行办法的通知》（财教〔2010〕242 号）	内蒙古、海南、四川、云南、甘肃、青海、宁夏、新疆 8 省（区）和新疆生产建设兵团各省（区）的少生三个孩子而自愿少生一个或两个孩子，并按照各省（区）的有关规定采取了长效节育措施的农牧区育龄夫妇，不低于 3000 元的标准给予一次性奖励。中央财政按每对夫妇奖励 3000 元的基本标准负担 80%，地方财政负担 20%。超出基本标准或扩大实施范围所需资金全部由地方财政负担。

401

续表

时间	法律、政策层次			文件名称	摘要
	宪法和法律	行政法规（国务院）	行政规章（部委） 地方性法规		
2011 年			√	《关于调整全国农村部分计划生育家庭奖励扶助和计划生育家庭特别扶助标准的通知》（财教〔2011〕623 号）	决定自 2012 年 1 月 1 日起： 1. 奖扶标准从现在的每人每月不低于 60 元提高到每人每月不低于 80 元。 2. 特扶标准（独生子女死亡家庭）从现在的每人每月不低于 100 元提高到每人每月不低于 135 元，特扶标准（独生子女伤残家庭）由现在的每人每月不低于 80 元提高到每人每月不低于 110 元，特别扶助（计划生育手术并发症人员）标准暂不调整。
2013 年	√			《全国人民代表大会常务委员会关于调整完善生育政策的决议》	"单独二孩"
2013 年			√	国家卫计委等 5 部门《关于进一步做好计划生育特殊困难家庭扶助工作的通知》（国卫家庭发〔2013〕41 号）	特别扶助金标准提高，（独生子女死亡家庭）提高到每人每月不低于 340 元（城镇）;170 元（农村）（独生子女伤残家庭）提高到每人每月不低于 270 元（城镇），150 元（农村）。
2015 年	√			人口和计划生育法修正案	"全面二孩"

续表

时间	法律、政策层次				文件名称	摘要
	宪法和法律	行政法规（国务院）	行政规章（部委）	地方性法规		
2015 年		√			《关于实施全面两孩政策　改革完善计划生育服务管理的决定》	（十五）加大对计划生育家庭扶助力度。切实保障计划生育家庭合法权益，使他们优先分享改革发展的成果。对政策调整前的独生子女家庭和农村计划生育双女户家庭，继续实行现行各项奖励扶助政策，在社会保障、集体收益分配、就业创业、新农村建设等方面予以倾斜。完善计划生育家庭奖励扶助制度和特别扶助制度，实行扶助标准动态调整。帮扶存在特殊困难的计划生育家庭，妥善解决他们的生活照料、养老保障、大病治疗和精神慰藉等问题。推进计划生育与扶贫开发相结合，继续实施"少生快富"工程。对政策调整后自愿只生育一个子女的夫妻，不再实行现行独生子女父母奖励优惠等政策。
2016 年				√	各省、直辖市、自治区《人口与计划生育条例》	各地方落实计划生育、奖励扶助政策的详细规定。
2016 年			√		《关于进一步完善计划生育投入机制的意见》（财社〔2016〕16 号）	1. 加大扶助保障力度。2. 统一城乡独生子女伤残、死亡家庭扶助标准（统一为 270、340 元）。

注：表格中列举的各省、直辖市、自治区《人口与计划生育条例》以最新的 2016 年修订版本没有列在索引中，一是内容各有所修改，二是参考意义不大。

表 11-2 计划生育配套奖励补助政策分类表①

名称	时间	实施对象	待遇标准	资金来源
全国农村部分计划生育家庭奖励扶助制度	2006 年	农村只有一个子女或两个子女的计划生育家庭,夫妇年满 60 周岁以后,给予奖励扶助,一方为农村居民,一方为城镇居民的夫妇(简称"半边户"),年满 60 周岁符合条件的农村居民一方	每人每月不低于 80 元(即每人每年不低于 960 元)	中央财政对西部地区负担 80%,中部地区负担 50%。东部地区由地方财政自行安排
西部地区"少生快富"工程	2006 年	内蒙古、海南、四川、云南、甘肃、青海、宁夏、新疆 8 省(区)和新疆生产建设兵团中以生育三个孩子而自愿少生一个或两个孩子,并按照各省(区)的有关规定采取了长效节育措施的农牧区育龄夫妇	不低于 3000 元的标准给予每对夫妇一次性奖励。	中央财政按每对夫妇奖励 3000 元的基本标准负担 80%,地方财政负担 20%
全国计划生育家庭特别扶助制度	2008 年	1933 年 1 月 1 日以后出生;女方年满 49 周岁;只育一个子女或合法收养一个子女;现无存活子女或独生子女被依法鉴定为残疾(伤、病残达到三级以上)	城乡统一标准:独生子女伤残夫妻每人每月不低于 270 元;独生子女死亡的夫妻每人每月不低于 340 元	中央财政对西部地区负担 80%,中部地区负担 50%。东部地区由地方财政自行安排

① 依据现行有效政策及待遇标准整理所得。

续表

名称		时间	实施对象	待遇标准	资金来源
独生子女父母奖励扶助	子女成长	2001年	领取了《独生子女父母光荣证》的夫妻，在独生子女满14/16/18周岁时可领取的一次性奖励或按月月奖励，以前也称"独生子女保健费"	一次性奖励在100—1000元不等；按月每人每月5—50元不等	所在单位安排（有工作）、地方人民政府安排（无工作的及农村地区）
	退休补助	2001年	领取了《独生子女父母光荣证》的夫妻，在退休时或55—60周岁时可领取的一次性奖励或按月加发养老金等奖助政策（以城镇职工为主）	一次性奖励在1000—5000元不等；加发退休金比例在5%—10%不等（计发基数各不相同）；按月奖励在10—80元不等	
	农村照顾		比如在农村里划分宅基地时，独生子女家庭可以多算一人		

表 11-3 独生子女父母奖励费/独生子女保健费实施情况

实施对象	名称	水平	地区	资金来源
领取了《独生子女光荣证》的夫妻	一次性奖励费	不少于1000元	福建	所在单位安排(有工作)、地方人民政府安排(无工作的及农村地区)
		100—500元	贵州	
	发放至独生子女满18周岁	5—10元	四川	
		每人每月不少于10元	北京、河北、吉林、黑龙江、辽宁(也可一次性支付2000元)、山东	
		每人每月不少于20元	河南	
		每人每月不少于30元	陕西	
		夫妻每月共领取不少于100元	海南	
		金额未知	广西	
	发放至独生子女满16周岁	每人每月不低于20元	安徽	
		每人每月不低于50元	山西	
		每人每月不低于10元	甘肃、新疆	
			上海,金额未知	
		低于10元	重庆(2.5—5元)、浙江(不低于100/年)、贵州(5元)	
	发放至独生子女满14周岁	每人每月不少于10元	内蒙古、广东、青海、云南、湖北(也可一次性1500元)	
		每人每月不少于20元	内蒙古农牧民独女户、江苏、湖南(5—20元)	

表11-4　独生子女父母退休后的奖助政策①

享受条件:领取了《独生子女父母光荣证》的夫妻		待遇水平	地区	资金来源
城乡居民:(无工作的)独生子女父母,女方年满55周岁,男方年满60周岁的		每人享受不少于1000元的一次性奖励	北京	有单位的由单位负责,单位没有支付能力,没有工作单位的由当地方政府或计生行政部门负责
		一次性奖励费5000元	上海②	
	农村	每人每月加发10元基础养老金	重庆③(参加城乡居保的)	
		农村独女户父母年满55周岁,独男户和双女户年满60周岁的父母,每人每月发给不少于100元	陕西	
		农村独生子女户、双女户父母从60周岁起由人民政府每月不低于50元的奖励扶助金	山西	

① 本表为笔者依据中国各省、直辖市、自治区《人口与计划生育条例》2016年以来最新修订版本以及各省级行政区人民政府网站、各省级行政区卫生与健康委员会、中国人口与计划生育协会网站上详细办法等资料整理所得。未标注出处的为《人口与计划生育条例》中的内容,标注出处的为各网站上的详细规定。

② 上海市人民政府:《关于印发修订后的〈上海市计划生育奖励与补助若干规定〉的通知》,2011年6月1日,见https://www.shanghai.gov.cn/nw26275/20200820/0001-26275_28037.html。

③ 重庆市人力资源和社会保障局重庆市财政局:《关于建立城乡居民基本养老保险待遇确定和基础养老金正常调整机制的实施意见》,2019年9月26日,见https://rlsbj.cq.gov.cn/zwgk_182/zfxxgkml/zcwj_145360/jfxzgfxwj/202004/20200403_6970674.html。

续表

享受条件：领取了《独生子女父母光荣证》的夫妻		待遇水平	地区	资金来源
城乡居民（无工作的）独生子女父母，女方年满55周岁，男方年满60周岁的		每人享受不少于1000元的一次性奖励	北京	有单位的由单位负责，单位没有支付能力、没有工作单位的由地方政府或计生行政部门负责
		每人享受2000元的一次性奖励（满60周岁）	吉林①	
		一次性奖励费5000元	上海	
	城镇居民	每人每月加发10元基础养老金	重庆（参加城乡居保的）	
		每人每月不少于80元	广东②、湖南	
		每人每月加发全区上一年企业退休人员基本养老金月平均标准的5%	广西	
		按月发放全省省职工月平均工资的10%	陕西	

---

① 吉林省人民政府：《关于印发吉林省城镇计划生育家庭独生子女父母退休后奖励实施意见的通知》，2004年4月12日，见http://xxgk.jl.gov.cn/szf/gkml/201812/t20181204_5347568.html。

② 广东省2009年规定城镇居民、独生子女父母，退休后按月发给80元。其中一些发达地区扩展到城乡居民，如广州市对符合该条件的城乡居民均按月发给150元奖助。《广州市人民政府办公厅关于印发广州市独生子女父母计划生育奖励办法的通知》，2019年12月24日，见https://www.gz.gov.cn/zwgk/fggw/sfbgtwj/content/post_4758396.html。

续表

享受条件:领取了《独生子女父母光荣证》的夫妻		待遇水平	地区	资金来源
国家工作人员,企事业单位职工的(有工作单位的)实行养老保险的独生子女父母在退休时	一次性奖励	每人享受不少于1000元的一次性奖励	甘肃,北京	有单位的由单位负责,单位没有支付能力,没有工作单位的由地方政府或单位行政部门负责
		每人享受2000元的一次性奖励	辽宁(或每人每月10元),吉林	
		每人享受不少于3000元的一次性奖励	河北,黑龙江(2000年前领证的,且参加养老保险的职工)	
		每人享受3500元的一次性奖励	湖北①	
		每人享受5000元的一次性奖励费	上海	
		上年度职工平均工资收入的30%的一次性补助	山西,山东(企业职工)	
		一次性奖励	安徽(企业职工),山东(机关事业单位职工)	

① 具体规定是:"对领取了《独生子女证》或《独生子女父母光荣证》,退休时按统账结合基本养老保险制度改革办法计发基本养老金,且领取的养老金中未包含计划生育奖励项目的企业退休人员,由企业一次性奖励3500元。"湖北省人民政府办公厅:《转发省人口计生委等部门关于落实计划生育奖励企业退休职工计划生育奖励政策实施方案的通知》,2007年11月22日,见ht-tp://www.hubei.gov.cn/zfwj/ezbf/201112/t20111207_1712608.shtml。

续表

享受条件：领取了《独生子女父母光荣证》的夫妻		待遇水平	地区	资金来源
国家工作人员，企事业单位职工，（有工作单位的）实行养老保险的独生子女父母在退休时	一次性奖励	一次性退休补贴标准：本人退休时职务（岗位、技术等级）、级别（薪级、岗位）对应 2014 年 9 月的基本工资标准×5%×240 个月	四川①（机关事业单位职工）	有单位的由单位负责，单位没有支付能力、没有工作单位的由当地政府或计生行政部门负责
		办理本人一个月工资额的独生子女父母补充养老保险	黑龙江（2000 年后领证）	
		适当奖励，遵照规定；但没有看到具体标准	四川（企业职工）	
	加发退休金	每人每月发放不少于 80 元	湖南②、广东、河南③（满 60 周岁后）	
		每月加发退休金/基本养老金④的 3%	重庆⑤（企业职工限于 1996 年前参加工作人员）	

① 原为按月增发 5%，2014 年按 5% 的加发比例计算一次性退休补贴。《姚义贤介绍我省对独生子女父母家庭的奖励政策》，2007 年 11 月 22 日，见 https://www.sc.gov.cn/10462/10910/12828/12830/2013/12/20/10288973.shtml? from=singlemessage。四川省人力资源和社会保障厅，四川省财政厅：《关于机关事业单位养老保险制度改革后调整部分工作人员原退休费加发政策的通知》，2017 年 2 月 14 日，见 http://rsj.luzhou.gov.cn/Upload/rsj/%7BMime%7D/2017/11/17/20171117095556 7580.pdf。

② 湖南省也有所改动，原执行加发 5% 退休金的，也要改成执行每月发 80 元。湖南省人民政府：《关于印发湖南省完善城镇独生子女父母奖励办法若干规定的通知》，2014 年 9 月 3 日，见 http://www.hunan.gov.cn/hnszf/szf/hnzb_18/2014_18/2014nd16q_18/szfwj_98168_18/201409/t20140903_4700987.html。

③ 河南省卫生计生委、河南省财政厅：《关于实施城镇独生子女父母奖励扶助制度的通知》，2015 年 3 月 30 日，见 https://wsjkw.henan.gov.cn/2021/08-23/2298806.html。

④ 基本养老金由基础养老金和个人账户养老金组成。

⑤ 重庆市劳动局：《关于印发重庆市企业职工基本养老保险实施办法若干政策问题的处理意见的通知》，2015 年 12 月 19 日，见 https://rls-bj.cq.gov.cn/zwgk_182/zhxxgkml/zcwj_145360/jfxzgfxwj/201512/W020230214610915142042.pdf。

续表

享受条件：领取了《独生子女父母光荣证》的夫妻		待遇水平	地区	资金来源
国家工作人员,企事业单位职工的,(有工作单位的)实行养老保险的独生子女父母在退休时	加发退休金	每月加发退休金/基本养老金的5%	广西、海南、贵州（企业职工）；安徽、黑龙江（未参加养老保险的机关事业单位职工）	有单位的由单位负责,单位没有工作单位的由地方政府或计生行政部门负责
		每月加发退休前工资的5%	江苏（也可其他形式）、云南（机关事业单位职工）、贵州（机关事业单位）、新疆（或不少于3000元的一次性奖励）	
		加发上年度全省月平均养老金的5%	云南（企业职工）	
		按月发放全省职工月平均工资的10%	陕西	
年满六十周岁后	护理假	住院治疗期间,给予其子女每年不超过20天的护理假,护理假视为出勤	河南	

2001 年中国颁布《人口与计划生育法》作为我国人口与计划生育政策实施的主导法律文件,计生政策与奖励扶助有了法律依据,其中规定获得《独生子女父母光荣证》的夫妻按规定享受独生子女父母奖励;当独生子女发生意外伤残、死亡,其父母不再生育和收养子女的,地方人民政府应当给予必要的帮助。从法律角度为计划生育配套奖励扶助政策定下了基调。

1. 覆盖群体

从奖助政策覆盖面上看,现行奖助政策更多考虑的是对计划生育政策下特殊群体的照顾,如独生子女伤残、死亡(全国计划生育家庭特别扶助制度);对贫困地区独生子女父母的照顾(西部地区"少生快富"工程、全国农村部分计划生育家庭奖励扶助制度),对"普通"独生子女父母的奖助政策并未制度化。

在农村计划生育家庭的奖励扶助制度的实施对象中,目前只是对农村独生子女户、双女户实行奖助,而同样是响应计划生育政策,第一胎是女孩,第二胎生了男孩的农村居民不能享受此待遇,制度上的区别对待可能造成这部分父母的相对剥夺感。

在对各省份《人口与计划生育条例》及相关具体规定进行查找梳理时也看到,一些省份的市民针对缺乏奖助的状况在省长信箱中提出意见,如一位四川省农村居民表示,自己是父母领养的,同样是独生子女家庭,但由于政策文件中规定的是"只生育一个子女"的父母,所以这种领养情况并不能享受全国农村部分计划生育家庭奖励扶助制度。[1] 这也反映出了奖助制度造成的相对剥夺感。因为无论是生育还是领养,都是在计划生育政策下所形成的独生子女家庭。

---

[1] 《未育抱养子女和独子或者双女家庭的区别》,2017 年 12 月 13 日,见 http://xfj.sc.gov.cn/scszmail/public/detail/4be47985d3684a48b0cf8bc133086114。

2. 奖助类型

针对独生子女父母养老方面的奖助政策很少,很多奖助政策的着眼点并不在于养老,而在于家庭发展、家庭经济状况的改善、子女成长的帮扶等。如独生子女父母奖励费是针对子女成长而设立的奖助政策;西部地区"少生快富"工程是针对西部地区农牧区夫妇家庭发展的奖助政策;全国计划生育家庭特别扶助制度也是对残独、失独家庭的保障与奖励。

目前仅有针对全国农村部分计划生育家庭的奖助制度是针对农村居民满60周岁后的补助,以及各省份依据《人口与计划生育法》自行规定的水平较低的退休奖助政策。而且天津市、福建省、青海省、宁夏回族自治区以及内蒙古自治区五个省级行政区并没有针对独生子女父母退休后的奖助政策。

3. 待遇水平

现有奖助政策的待遇水平并不高,以农村部分计划生育家庭奖励扶助制度为例,2004年试点时待遇水平为每人每月不少于50元,后逐步提高到每人每月80元(2012年)的水平。从2012年到现在,经济快速发展,而这一待遇水平却没有提高,起到的作用也比较有限。

对独生子女伤残、死亡的奖助水平同样也不高,独生子女的伤残和死亡往往带来的是高昂的医疗费,很多独生子女发生意外,花了很多费用抢救,留下了后遗症或者死亡,这些家庭的经济状况往往很差,而且在精神上也遭受了难以想象的巨大痛苦,而目前的扶助水平还很低,即便是几经调整,其水平分别为270元/人每月(伤残)、340元/人每月(死亡)。夫妇二人均健在,每个月家庭可以拿到540元(伤残),而这样的数额与巨额医疗费相比,无异于杯水车薪。而且享受全国计划生育特别扶助制度的对象,年纪都比较大,除了有照顾、医治子女的花费,自身的健康状况也不断下降,其面临的养老困境不容小觑。

上述与独生子女父母相关的奖励、扶助、支持政策实际上对绝大多数独生子女父母而言帮助有限。只有生活情况较为特殊、困难情况较为突出的独生子女父母才会被考虑。而且对于能享受到这些政策的贫困、农村双女户、失独的独生子女父母而言,待遇水平并不高。

(二) 独生子女父母退休后享受的奖励扶助政策及分析

表11-4是笔者依据个省级行政区规定所整理出的退休后奖助政策,这些奖助政策大多针对城镇独生子女父母,涉及农村独生子女父母退休后的奖助较少。可能是中国于2006年正式实施了全国农村部分计划生育家庭的奖励扶助政策,所以在各地《人口与计划生育条例》中基本没有再对农村独生子女父母的奖助进行规定,只有个别经济发达地区的退休奖助政策包含了农村地区。

1. 覆盖对象

当前,独生子女父母退休后的奖励扶助尚未实现全国统一的制度化,各省级行政区多为依据《中华人民共和国人口与计划生育法》的相关条款自行制定,如第二十三条规定,国家对实行计划生育的夫妻,按照规定给予奖励;第二十七条规定,在国家提倡一对夫妻生育一个子女期间,自愿终身只生育一个子女的夫妻,国家统一下发《独生子女父母光荣证》,获得《独生子女父母光荣证》的夫妻,按照国家和省、自治区、直辖市有关规定享受独生子女父母奖励。目前我国除港、澳、台、西藏自治区四个地方外,30个省级行政区中,有25个出台了独生子女父母退休后奖励扶助政策,而天津、福建①、青海、宁夏、内蒙古这五省(区、市)并没有针对独生子女父母退休后奖助政策的规

---

① 福建省虽然没有退休后奖助,但其在独生子女父母领取"独生子女父母光荣证"时可以领取1000元的一次性奖励。

定(参见图 11-3)。

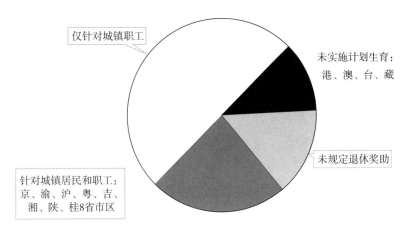

■未实施计划生育　□未规定退休奖助　■针对城镇职工、居民　□仅针对城镇职工

图 11-3　全国独生子女父母退休奖助覆盖对象

　　而在已有规定的省份中,大部分省份的退休奖助政策只针对城镇职工独生子女父母,而农村独生子女父母则无法享受。只有北京、重庆、上海、广东、吉林、湖南、陕西、广西这 8 个省(区、市)对城镇独生子女父母退休后的奖励扶助政策惠及了农村居民。

　　2. 奖助类型

　　从奖助类型上来说,目前的类型还比较单一,基本上有规定的 25 个省级行政区中,24 个省份仅有发放现金这一类奖助类型,采取了一次性奖励和持续性奖励的形式(按月加发退休金等),这体现出退休后奖助政策导向上偏重于经济支持和经济保障的特征。但如前所述,独生子女父母在老年期,面临的不只是经济方面的问题,生活照料、生病照料、精神慰藉的需求也很高,尤其在未来十年内,第一代独生子女父母逐渐步入高龄期,其所面临的生活照料问题更加严峻。目前仅有河南省除现金奖助外,还规定了一条"护理假",即在独生子女父母住院治疗期间,给予其子女每年不超过 20 天的护理假,且护理假期间视为出勤,正常发放工资。河南省制定规定时不仅考虑到经济问题,也考虑到了照料问题。但从实际推行的角度来说,这一奖助是否能真正实现也是一个问题,规定指出,护理假期间职工仍算作出勤,企业照发工资,但独生子女父母做出的贡献是由全社会共同享有的,不仅仅是企业享受到了经济社会发展的红利,仅由企业承担这一护理假的出勤费用并不合理,会导致许多企业不愿意算职工出勤,或者采取其他方式来规避发放护理假期的工资。在一些省级行政区《老年人权益保障条例》或实施办法中,以及某些发达的地市的相关规定中也涉及独生子女父母护理假这一奖助政策,①水平有所不同,5—20 天不等,可看出这一奖助还有待完善,目前仅有河南省将护理假写入《人口与计划生育条例》。

3. 享受条件

一是享受条件局限于领取了《独生子女父母光荣证》的夫妻。而实际中有很多独生子女父母出于各种原因没有领取《独生子女父母光荣证》,导致很多人领取不到奖助的情况,这一奖助并没有完全发挥应有的效果。

二是从退休奖助政策上来看,目前独生子女父母退休后奖助的待遇水平依独生子女父母不同居住地、工作单位而存在差别。在政策规定上存在不公平的情况。

城市中退休奖助待遇多针对城镇职工,仅有个别地区的退休奖助惠及了城乡居民。城镇居民的独生子女父母的待遇水平也少于有正式工作单位的独生子女父母。如重庆市规定 1996 年前参加工作,即中国社会养老保险制度1997 年转为社会统筹和个人账户模式的改革前参加工作的独生子女父母,在退休后可以每月加发基本养老金的 3%;而重庆市城乡居民独生子女父母的退休奖助待遇为参加了城乡居民养老保险的人员每月只加发 10 元的基础养

---

① 《河南省人大常委会审议通过〈河南省老年人权益保障条例〉》,中国人民共和国民政部网站,2018 年 8 月 6 日,见 https://www.mca.gov.cn/n152/n168/c76640/content.html。

老金,可见退休奖助水平的差距。

在有正式工作的城镇职工中,也存在着身份差别带来的奖助差异。机关事业单位独生子女父母的奖助水平往往高于企业职工独生子女父母的奖助水平。如黑龙江省、云南省、贵州省、四川省、重庆市等省市在奖助政策的规定上就客观存在机关事业单位和企业职工的差距。黑龙江省城镇企业职工的独生子女父母退休时能享受3000元的一次性奖励,而机关事业单位退休的独生子女父母可以享受每月加发退休金的5%。贵州省则是企业职工独生子女父母退休后每月加发退休金的5%,而机关事业单位职工是每月加发退休前月工资的5%,虽然在规定上就差了几个字,但退休前月工资水平是远高于退休金水平的。

4.待遇水平

一是在奖助形式上,退休奖励以一次性居多,按月加发退休金的少。目前城乡居民享受的退休奖助多为一次性奖励,而很多省份的城镇职工独生子女父母退休后可获得每月加发的5%—10%的养老金,固定加发比例与动态养老金水平的挂钩显然比一次性奖励的奖助水平更高。在城镇职工中,按月加发退休金的形式基本上是局限在机关事业单位退休的职工。独生子女父母的养老是一个持续性过程,不是一次性现金奖励就可以解决的。在现金水平上,也难以满足独生子女父母养老的需求。如上海市统一了城乡、不同工作的独生子女父母在退休后可获得的奖助待遇,均为一次性奖励5000元,而2019年上海市全市消费支出为45065元,①平均每月消费3800元左右,5000元基本相当于一个多月的基本生活费,而2019年全市居民医疗保健的年均消费为3205元,5000元一次性奖励仅比年均医疗保健花费的金额多一点,这种一次性奖励对于独生子女父母养老无法发挥太

---

① 《2020年上海统计年鉴》,中国统计出版社2020年版,第174页。

大作用。

二是按月加发退休金的水平也各不相同，全国不统一。加发退休金的形式，其实待遇水平也不高，而且还存在差距，表 11—4 按照待遇水平的高低将奖助政策进行排列，可以看出目前待遇水平较高的是陕西省，该省按月给退休后的独生子女父母发放全省职工月平均工资标准的 10%，而且这一待遇在城镇职工和居民中是统一的。2019 年陕西省全省职工的年平均工资为 82114 元，月平均工资为 6842 元，即独生子女父母按月可以领取 684 元左右，其他省份的待遇远低于这一水平。

三是从各省份实际水平来看，现行奖助政策的作用较小。按照风笑天的定义，我国第一代独生子女父母的出生年份为 1948—1960 年，按照我国 50—60 岁的法定退休年龄来算，第一代独生子女父母的退休年份在 1998—2020 年。按照企业职工养老保险计发办法的规定来看，这部分退休的独生子女父母大部分都可以称为"中人"，即在 1997 年养老保险统帐结合制度实施前参加工作，在统账结合制度实施后退休的人员，其养老保险待遇包括基础养老金、个人账户养老金、过渡性养老金三个部分。

以地方政策为例，重庆市规定 1996 年前参加工作的企业职工在退休后每月可获得退休金 3% 的独生子女父母奖助待遇，1996 年起按职工工资 11% 计入个人账户，根据退休金计算公式：$T = 20\%A + \dfrac{K}{120} + (1.4\% \ AQM1 + 70)\left(\dfrac{M1}{M}\right)$。[①] 先来计算基础养老金，为职工退休前一年全市职工月平均工资，以 1998—2020 的中间年份 2009 年作为独生子女父母退休年份来计算，重庆市独生子女父母 2009 年退休的基础养老金为：2008 年全市职工月平均工资[②] × 0.2 =

———————————

① 重庆市人民政府：《关于印发〈重庆市企业职工基本养老保险实施办法〉的通知》，2021 年 2 月 26 日，见 http://rlsbj. cq. gov. cn/zwgk _ 182/fdzdgknr/lzyj/xzgfxwj _ 1/szfgfxwj/202102/t20210226_8944799.html。

② 重庆市 2008 年年平均工资为 26985 元，月平均工资为 2248. 75 元。见《中国统计年鉴 2009》，中国统计出版社 2009 年版，第 147 页。

2248.75×0.2＝449.75(元)。以1996年1月建立个人账户来算,1996—2009年为个人账户缴费15年,个人账户储存额为15年间各年职工工资的11%的总和,此处各年间职工工资以全市职工平均工资来代替,为方便计算,以2008年月平均工资代替该15年内的平均工资,其个人账户养老金＝(15×12×11%×2248.75)÷120＝309.2(元)。

职工平均缴费工资指数中以职工所在省份平均工资来计算的话,缴费多少年,指数就为1×n÷n,最后平均缴费工资指数＝1。该职工2009年退休,估计其工作30年,那么其缴纳个人账户的年限从1996—2009为15年,应缴纳的年限为30年。所以此处的过渡性养老金＝(1.4%×2248.75×1×15＋70)×(15÷30)＝271.12(元)。该职工2009年的退休金为450＋309＋271＝1030(元),可以领取的奖助待遇为1030×3%＝30.9(元)。由此可见,独生子女父母退休后的奖助待遇水平并不高。

5. 奖助政策管理

退休后奖助政策的管理文件,各省份的颁布机构并不同,有的是省级人民政府出台管理办法,有的是由卫健委、人力资源和社会保障厅出台管理办法。很多独生子女父母不太了解这些政策,需要查找的时候也很难找到。应该建立一个专门的政策合集,开放给公众,让独生子女父母能详细了解这些政策。

目前退休后奖助待遇的资金来源上,也存在一定的问题。基本上这些奖助待遇都是由工作单位来筹集,工作单位破产或者没有工作单位的由地方政府或相关的行政部门来负责。可是,独生子女父母所作的贡献由全社会享有,不应该以工作单位为主体来支付奖助待遇,很容易造成企业层面的不公。另外,关于连续性奖励的规定,即便是机关事业单位与企业职工均实行了统账结合的制度,其实际领取的待遇水平也是存在差异的。

三、中国养老事业发展各类
扶持政策实施状况

（一）养老经济支持与救助政策

我国养老事业整体发展的历程从 2000 年我国进入老龄化社会开始萌发，以 2013 年《中华人民共和国老年人权益保障法》（简称《权益保障法》）第一次修订为界限，可以区分为两个阶段，2000—2013 年是对养老事业的初步探索，这个时期主要政策建设的是养老机构，基本没有建设居家养老方式，也没有对养老的精神慰藉层面进行关注。2013 年《中华人民共和国老年人权益保障法》第一次修订版正式实施后，养老事业的建设有了法律规定和更为明确的方向。"积极应对人口老龄化"成为一项国家战略。法律规定国家保障老年人依法享有的权益。其中第三章"社会保障"、第五章"社会优抚"规定了基本养老保险、长期护理保险等内容，也强调了高龄津贴等内容，注重的是老年人养老的经济状况，也指明了养老照料支持的发展方向。第二章"家庭赡养与扶养"的第十三条规定，老年人养老以居家为基础，家庭成员应当尊重、关心和照料老人。其后多条规定详细界定了老年人家庭成员、赡养人等应依法承担的责任，保护了居家养老老年人的合法权益。第四章"社会服务"强调了社区服务对居家养老的老年人的重要性，也强调了养老机构的建设。此外，《权益保障法》也涵盖了老年人宜居环境建设、老年人参与社会发展等内容。就目前养老事业发展状况来看，经济支持、涉及不同养老方式的照料支持、刚刚开始涉及的精神慰藉支持有所发展，但老年人参与社会建设方面并没有太大的发展。

养老至少有经济支持、生活照料和精神慰藉三部分内容，所以本章对养老政策也依照这三条主线来进行梳理。总体来说，养老事业的现有政策在这三个方面都有所涉及,只是很多内容需要进一步的发展与完善。对老年人经济支持与扶助的政策较少,且水平低,实施对象多限于极特殊情况下的老年人,如高龄、独居、失能等。在目前的政策下,还难以看到对独生子女父母生活照料的安排。对精神慰藉的帮助政策也较少,近几年个别政策文件中关注了精神慰藉方面,其政策服务的享受对象也多倾向于经济实力较高、闲暇时间较多且有学习意愿的老年人,更关注老年人教育事业的发展,而对失能、独居等身体状况较差的老年人的关注较少,这方面的政策还需要进一步发展。

在养老的经济支持方面,制度化的政策主要是针对经济困难的高龄、失能等老年人的补贴,这一制度 2019 年在全国已经基本建成。[①] 除此之外,我国社会救助制度中的最低生活保障制度、特困人员供养制度也使经济状况极端不足的老年人可以享受的一些帮助。还有一个全国性政策是对入学老年大学的贫困老年人进行的学费减免政策,但由于各地老年大学建设状况的差异,这一政策的实现程度也有所不同。另外一些经济较为发达的先进地区才有其他方面的经济支持,如广州市对老年人家庭与社区的无障碍改造补助,上海市针对享受长期护理保险制度的老年人提供的补助等,这些水平较高、考虑也较为完善的经济支持与救助政策局限于部分发达地区,没有成为广大老年人均可享受的全国性政策(详见表11-5)。总体而言,这些经济支持与救助政策有以下几个特点。

---

① 《老年人高龄津贴、服务补贴和护理补贴制度基本覆盖全国》,央广网,2019 年 1 月 4 日,见 http://china.cnr.cn/news/20190104/t20190104_524470622.shtml。

表 11-5 养老经济支持与救助政策索引表

时间	政策文件	摘要	关键词
2009年	《北京市人民政府办公厅转发市民政局市残联关于北京市市民居家养老（助残）服务"九养"办法的通知》（京政办发〔2009〕104号）	第二条 建立居家养老（助残）券服务制度和百岁老人补助医疗制度（助残），为老年人（残疾人）提供多种方式的养老（助残）服务，以满足老年人在生活照料、家政服务、康复护理等方面的基本生活服务需求。老年人（残疾人）可通过养老（助残）券购买社区和社会各项养老（助残）服务。具体标准是为60至79周岁的重度残疾人每人每月发放100元养老（助残）券；为80周岁及以上的老年人每人每月发放100元养老（助残）券。对100周岁及以上老年人，在本市定点医疗机构门诊及住院发生的，且符合本市有关医疗报销规定的医疗费用中的个人按比例负担部分给以补助。	为残疾、高龄老年人每月发放100元补助
2009年	《自治区人民政府办公厅关于建立80岁以上低收入老年人基本生活津贴制度的通知》（宁政办发〔2009〕135号）	凡具有本自治区户口，且年龄在80周岁以上（含80周岁，即1929年12月31日以前出生的）的农村老年人和城市低收入家庭中无固定收入的老年人，从今年5月份起，可享受"高龄老人津贴"待遇。本通知所说的城市低收入家庭是指家庭共同生活成员人均月收入低于当地最低生活保障线150%的家庭。对于五保供养对象，已享受城乡低保待遇，领取离退休金的老年人，不再享受"高龄老人津贴"。家庭收入计算范围和方法，参照低保收入计算办法执行。高龄老人津贴发放标准，原则上按照各地低保标准，补助水平和发放对象的年龄实行分档发放，并随当地经济社会发展，提高和低保标准变动情况适时进行调整。	宁夏回族自治区是第一个建立高龄津贴的省份
2009年	《民政部办公厅关于转发宁夏建立高龄津贴制度有关政策的通知》（民办函〔2009〕151号）	请各省、自治区、直辖市民政厅（局），新疆生产建设兵团民政局学习借鉴宁夏的经验做法，按照李学举部长举手的讲话精神，结合当地实际，加快制定有关政策措施，尽快探索建立高龄老人津贴制度。	民政部号召各地向宁夏学习，建立起高龄津贴制度

续表

时间	政策文件	摘要	关键词
2013年	《中华人民共和国老年人权益保障法》第一次修订版本		
2014年	《财政部、民政部、全国老龄工作委员会办公室关于建立健全经济困难的高龄、失能等老年人补贴制度的通知》（财社〔2014〕113号）	（一）补贴范围。 补贴人员范围为经济困难的高龄、失能等老年人。各地应结合实际情况，清晰界定补贴人员范围，明确补贴发放对象。其中：经济困难的高龄老人需经县级以上民政部门核定；经济困难的失能等老年人需经县级以上医疗卫生机构鉴定。 （二）补贴内容。 对经济困难的高龄、失能等老年人，地方各级人民政府应当逐步给予养老服务补贴。上述老年人的生活困难，原则上通过基本养老保险、城乡低保制度，社会救助制度和临时救助制度解决。 （三）补贴标准。 对经济困难的高龄、失能等老年人补贴标准，由各地根据当地经济发展水平、物价变动情况和财力状况自主确定。有条件的地方，可由省、自治区、直辖市人民政府根据实际情况制定省级补贴标准；没有条件的地方，县人民政府根据实际情况确定。 （四）补贴方式。 原则上按月给符合条件的老年人发放现金、代金券。具体发放方式，由各地自定。但无论选择何种发放方式，都应做到及时、透明、便捷。	经济困难的高龄、失能老年人，通过制度补贴

423

续表

时间	政策文件	摘要	关键词
2014年	《社会救助暂行办法》(中华人民共和国国务院令第649号)	第二章 最低生活保障 第九条 国家对共同生活的家庭成员人均收入低于当地最低生活保障标准，且符合当地最低生活保障家庭财产状况规定的家庭，给予最低生活保障。 第十二条 对批准获得最低生活保障的家庭，县级人民政府民政部门按照共同生活的家庭成员人均收入低于当地最低生活保障标准的差额，按月发给最低生活保障金。 对获得最低生活保障后生活仍有困难的老年人、重度残疾人和重病患者，县级以上地方人民政府应当采取必要措施给予生活保障。 第三章 特困人员供养 第十四条 国家对无劳动能力、无生活来源且无法定赡养、抚养、扶养义务人，或者其法定赡养、抚养、扶养义务人无赡养、抚养、扶养能力的老年人、残疾人以及未满16周岁的未成年人，给予特困人员供养。 第十五条 特困人员供养的内容包括： (一)提供基本生活条件； (二)对生活不能自理的给予照料； (三)提供疾病治疗； (四)办理丧葬事宜。	低保、特困救助等内容
2015年	《国家发展改革委、民政部关于规范养老机构服务收费管理促进养老业健康发展的指导意见》(发改价格〔2015〕129号)	政府投资兴办的养老机构主要发挥保基本作用，着力保障特殊困难老年人和扶养人和扶养人，或者其赡养人和扶养人的养老机构，根据《中华人民共和国老年人权益保障法》，对无生活来源、无赡养能力和抚养能力的孤寡、失独、高龄老年人及失能、半失能老年人提供养老服务，床位费、护理费等实行政府定价或政府指导价，伙食费等服务收费按照非营利原则据实收取。	政府兴办的养老机构对不同困难程度的老年人的不同优惠

续表

时间	政策文件	摘要	关键词
2016年	《人力资源社会保障部办公厅关于开展长期护理保险制度试点的指导意见》（人社厅发〔2016〕80号）	（三）试点目标。探索建立以社会互助共济方式筹集资金，为长期失能人员的基本生活照料和与基本生活密切相关的医疗护理等提供资金或服务保障的社会保险制度。利用1—2年试点时间，积累经验，力争在"十三五"期间，基本形成适应我国社会主义市场经济体制的长期护理保险制度政策框架。	长期护理保险制度试点
2016年	《广州市民政局等五部门关于印发广州市特殊困难老年人家庭无障碍设施改造项目资金公共居住及居住改造管理办法的通知》（穗民规字〔2016〕8号）	第四条 本办法适用于家庭中有年满60周岁及以上且目符合下列条件之一的广州市户籍老年人家庭（以下称"五类特殊困难老年人家庭"）：（一）最低生活保障对象（已领取《广州市城镇居民最低生活保障金领取证》或《广州市城镇居民低收入困难家庭证》或《广州市农村低收入困难家庭证》）；（二）低收入困难家庭（已领取《广州市城镇低收入困难家庭证》或《广州市农村低收入困难家庭证》）；（三）农村"五保"对象（已领取《农村五保供养证》）；（四）领取抚恤补助待遇的优抚对象（已领取《中华人民共和国军人因公牺牲证明》或《中华人民共和国烈士证》或《中华人民共和国残疾军人证》）；（五）计划生育特别扶助对象（已领取《计划生育特别扶助证》）。第九条 五类特殊困难老年人家庭无障碍改造每户补助金额不超过5000元。第十条 居住区公共设施无障碍改造，每居住区补助金额不超过20000元。	包含了计划生育特别扶助扶助设施无障碍改造

425

时间	政策文件	摘要	关键词
2016年	《广州市人民政府办公厅关于印发广州市社区居家养老服务管理办法的通知》（穗府办规〔2016〕16号）	第二十六条、第二十七条规定：具有本市户籍且在本市行政区域内居住，符合以下情形之一的服务对象可申请政府服务资助： （一）第一类资助对象每月400元。经评估属于重度失能的，每月增加护理资助200元。 1. 城镇"三无"人员和农村五保供养对象； 2. 最低生活保障家庭、低收入困难家庭中失能的； 3. 最低生活保障家庭、低收入困难家庭、享受抚恤补助的优抚对象、80周岁及以上的老年人等4类人员中独居或者仅与持证重度残疾子女共同居住的； 4. 曾获市级及以上劳动模范荣誉称号中失能的； 5. 100周岁及以上的； 6. 计划生育特别扶助人员。 （二）第二类资助对象每月最高资助200元。 本人月养老金低于本市最低工资标准，且自愿负担一半费用的下列失能老人： 1. 80周岁及以上的； 2. 纯老家庭（含孤寡、独居）人员。	针对年老、困难、失能老年人的资助（特地指出了计划生育特别扶助人员）
2017年	《上海市民政局、上海市财政局关于本市长期护理保险试点区养老服务补贴相关事项的通知》（沪民老工发〔2017〕6号）	对符合长期护理保险参保条件，具有本市户籍，经济困难的老年人，根据其老年照护等级等情况，按照一定标准给予相应养老服务。 照护等级为一级的按每月750元标准来补贴。 照护等级为二级及以上的低保、低收入家庭中的老年人在享受长期护理保险相应待遇的同时，按照护等级二级、三级、四级、五级分别给予每月250元、375元、500元服务补贴。低收入家庭二级、三级、四级、五级老年人，按低保家庭老年人标准的50%给予补贴，对低保家庭老年人享受长期护理保险待遇的个人自负的个人自负部分，给予全额补贴。	对参加长期护理保险的贫困老人的补贴

续表

时间	政策文件	摘要	关键词
2017年	《国务院关于印发"十三五"国家老龄事业发展和养老体系建设规划的通知》(国发〔2017〕13号)	第三章　健全完善社会保障体系 第二节　社会福利制度 制定实施老年人照顾服务项目，鼓励地方丰富照顾服务方式，着力保障特殊困难老年人的养老服务需求，确化照顾服务提供方式。着力保障特殊困难老年人的养老服务。在全国范围内基本建成针对经济困难的高龄、失能老年人的补贴制度。对经济困难的老年人，地方各级人民政府逐步给予养老服务补贴。完善农村计划生育家庭奖励扶助和特别扶助制度。 第三节　社会救助制度 确保所有符合条件的老年人按规定纳入最低生活保障。完善医疗救助制度，全面开展重特大疾病医疗救助，逐步将低收入家庭老年人纳入救助范围。完善临时救助制度，加强对老年人的"救急难"工作，按规定对流浪乞讨、遭受遗弃等生活无着老年人给予救助。	社会福利：高龄、失能补贴制度；社会救助：低保、特困救助制度
2017年	《国务院办公厅关于制定和实施老年人照顾服务项目的意见》(国办发〔2017〕52号)	（十九）老年教育资源向老年人公平有序开放，减免贫困老年人进入老年大学（学校）学习的学费。提倡乡镇（街道）、城乡社区落实老年人学习场所，提供适合老年人的学习资源。	减免贫困老年人入学费
2019	《关于印发〈北京市老年人养老服务补贴管理实施办法〉的通知》(京民养老发〔2019〕160号)	1.困难老年人养老服务补贴。本市户口且符合以下条件之一的老年人，可以按照以下标准申领补贴：享受低保待遇的老年人每月300元，低收入家庭中未享受低保待遇的老年人每月200元，计划生育特殊家庭且不符合前述条件的老年人每月100元。	北京市对老年人各项补贴的具体金额

时间	政策文件	摘要	关键词
2019年	《关于印发〈北京市老年人养老服务补贴津贴管理实施办法〉的通知》(京民养老发〔2019〕160号)	2.失能老年人护理补贴。本市户口且符合以下条件之一的老年人,可以按照以下标准申领补贴:经综合评估为重度失能的老年人,残疾等级为一级的视力、肢体、智力、精神等残疾老年人,补贴标准为每人每月600元;残疾等级为二级的智力、精神等残疾老年人的视力、肢体的多重残疾老年人,补贴标准为每人每月400元;残疾等级为二级的智力、精神等残疾老年人的听力、言语残疾老年人,补贴标准为每人每月200元。3.高龄老年人津贴。本市户口且符合以下条件之一的老年人,可以按照以下标准申领津贴。80周岁至89周岁的老年人每人每月100元,90周岁至99周岁的老年人每人每月500元,100周岁及以上的老年人每人每月800元。	北京市对老年人各项补贴的具体金额
2021年	《国务院办公厅关于进一步做好困难群众基本生活保障有关工作的通知》(国办发明电〔2021〕2号)	对经济困难的高龄、失能、独居(留守)老年人和孤儿、事实无人抚养儿童、农村留守儿童、流浪乞讨人员、残疾人、精神障碍患者等特殊困难群众,开展巡访探访,提供针对性帮扶和关爱服务。做好有意愿且生活不能自理特困人员的集中供养服务。加强贫困重度残疾人照护服务,落实经济困难的高龄、失能老年人补贴等政策。	进一步强调低保、特困供养等制度
2021年	《民政部关于印发〈特困人员认定办法〉的通知》(民发〔2021〕43号)	60周岁以上的老年人,收入低于当地最低生活保障标准,且财产符合当地特困人员财产状况规定的无生活来源的应当认定为本办法所称的无生活来源。无法定赡养、抚养、扶养义务人或者其法定义务人无履行义务能力的情况下可申请特困人员救助供养范围。	特困供养人员认定的详细规定

1. 享受对象的局限性

现有政策的享受对象还是比较局限的,主要是对经济水平很低,非常贫困的老年人执行的救助政策,能够享受到这些补助的老年人很少,涉及独生子女父母的更少。

从 2009 年宁夏回族自治区率先建立起高龄津贴制度,到 2014 年财政部、民政部、全国老龄工作委员会办公室《关于建立健全经济困难的高龄、失能等老年人补贴制度的通知》(财社〔2014〕113 号),又到 2021 年国务院办公厅《关于进一步做好困难群众基本生活保障有关工作的通知》(国办发明电〔2021〕2 号),这些文件的内容都在强调建立对经济困难的高龄、失能老年人的救助政策。在享受对象上,这些优抚补贴政策集中于经济困难的老年人,而且是经济困难的高龄、失能老人才能获得这些补助,即年纪稍轻、没有残疾和失能情况的老年人无法获得补助。第一代独生子女父母们还属于低龄老人,暂时无法获取这些补助。

从社会救助制度来看,我国的最低生活保障制度也能覆盖到老年人,享受了低保制度仍旧收入不高的老年人可以享受特困人员供养。而这些低保、供养制度所针对的是经济状况很差、无劳动能力、无法定赡养人等情况的老年人。这些补助真正针对的受众并不是第一代独生子女父母,他们当中少有人能享受到这一政策。

个别较为发达地区的补贴政策考虑到了计划生育政策下的老年人,如广州市民政局等五部门印发的《广州市特殊困难老年人家庭及居住区公共设施无障碍改造项目资金管理办法的通知》(穗民规字〔2016〕8 号)、广州市人民政府办公厅《关于印发广州市社区居家养老服务管理办法的通知》(穗府办规〔2016〕16 号),这两个政策文件中列出了"计划生育特别扶助老人"这一享受对象,但必须看到这也是对情况较极端的独生子女父母的帮助,这些养老补贴中并没有优先考虑那些子女健在的独生子女父母。

2. 待遇水平有待提高

这些补贴政策基本属于社会救助的一部分,保障水平很低,从水平较高的社会福利层次构建的养老经济支持较少。以北京市为例,经济困难补助、高龄津贴、失能老年人补助三项制度的待遇水平并不高,2019 年,北京市为 80—89 岁老年人发放高龄津贴的标准为每月 100 元,90 以上的每月 500 元,百岁老人的标准可以达到每月 800 元,但能领取到 500—800 元的老年人非常少,而且这一标准是北京市基于自身经济发展状况所划定的标准,全国其他经济欠发达地区的标准会更低。再来看北京市 2009 年给 60—79 周岁的重度残疾老年人每人每月发放 100 元的现金券,以购买社区的各项养老服务,对 80 岁以上的老年人的扶助标准也是如此。经过了十年的发展,这些补助标准仍旧在100 元左右,无法很好地满足老年人的需求。要肯定的是,北京市各项规定具有层次性,2019 年政策标准中可以看出,北京市对不同残疾、失能程度的老年人的补贴标准也不同。广州、上海等补贴政策水平较高,但获取待遇的条件也较严格,真正享受到这些补助的老年人并不多。而且这些政策主要局限于这几个大城市,全国并没有建立起统一的制度、统一的标准,面向全体老年人的经济支持与救助政策并不完善。

3. 实现机制尚不健全

针对经济困难的高龄、失能老年人的救助政策按国家文件要求,主要通过养老保险制度、低保制度来实现,但这也存在疏漏。实际中,许多养老经济支持与救助政策的独立性不强,即存在和其他社会保障子项目有身份资格"捆绑"的情况。没有能力参加养老保险、没有被认定为低保户或特困户的老年人无法享受一些经济支持和救助政策,使得部分真正需要救助的老年人很可能得不到帮助。

（二）养老照料支持政策

1. 养老机构照料支持政策

2001 年,刚刚进入老龄化社会,我国就出台了《老年人社会福利机构的基本规范》,对不同身体状况的老年人居住的养老机构进行了划分,也为加强老年人社会福利机构的规范化管理提供了制度层面的规范要求。2010 年我国又对常用的日间照料服务中心、老年养护院的建设标准进行了详细规定。2013 在《中华人民共和国老年人权益保障法》实施后,关于养老机构建设的政策主要有两个趋势:一是继续强调各类养老机构的建设发展,鼓励多主体参与养老机构运作,辅之以各项优惠政策;二是更加重视老年人的医疗需求,探索和发展医养结合机构、中医药与养老机构相结合的政策(见表 11-6)。

首先,关于养老机构定位问题。目前,我国对养老机构在社会养老中发挥作用的定位存在局限,实际能够进入机构进行养老的是少数老年人。《"十三五"国家老龄事业发展和养老体系建设规划》中也指出"机构为补充",所以养老机构的建设还很缓慢,更多老年人依靠的是居家养老方式。全国老龄办公室副主任也指出:"机构养老只能作为一种补充,特别是对于高龄、失能、'三无'等特殊老人群体起到托底作用。"[1]近年来有研究探讨北京、上海等发达地区曾经提出的 9073、9064 格局的合理性,认为 3%—4% 的机构养老的建设规划比例过低,而实际上老年人的机构养老意愿远大于 3%—4%,机构养老意愿在独生子女父母中更是达到 30%。而且老龄化的趋势不断加重,越来越多人口变老,维持 3% 的床位比例,养老机构的发展速度要慢于老龄化速度。事实上在"十二五"规划完成的 2015 年,我国养老床位数已经达到了每千人 30.3张,又经过五年的发展,床位数并没有增加多少。

---

[1]　新华社:《养老政策新思路:从"机构为支撑"到"机构为补充"》,2015 年 11 月 3 日,见 http://www.gov.cn/zhengce/2015-11/03/content_2959628.htm。

表 11-6 养老机构照料支持政策索引表

时间	文件名称	摘要	关键词
2001 年	《老年人社会福利机构基本规范》（民发〔2001〕24号）	明确了各类、各种所有制形式的为老年人提供护、康复、托管等服务的社会福利机构养老院、养老福利院、养老院、老年公寓，老年社会福利机构的服务对象、服务标准，为老年人社会福利事业健康发展提供了政策依据。	明确养老机构的服务标准
2010 年	《社区老年人日间照料中心建设标准》（建标143—2010）	社区老年人日间照料服务中心是指以生活不能完全自理，日常生活需要一定照料的半失能老年人为主的日托老年人提供膳食供应、个人照顾、保健康复、娱乐等日间服务的设施。	半失能老年人为主的日托老年人服务机构
2010 年	《住房和城乡建设部、国家发展改革委关于批准发布〈老年养护院建设标准〉的通知》（建标〔2010〕194号）	养护院主要是针对失能老人，带住宿的。第九条规定：每千名老年人口养护床位数宜按19—23张床测算。	失能老年人的专业照料机构
2013 年	《中华人民共和国老年人权益保障法》第一次修订版	第四十一条 政府投资兴办的养老机构，应当优先保障经济困难的孤寡、失能、高龄等老年人的服务需求。	法律标准
2013 年	《养老机构设立许可办法》（民政部令第48号）	明确规定了为老年人提供集中居住和照料服务的养老机构设立许可的申请、受理、审查、决定和监督检查的具体要求，具体程序和标准	细化养老机构设立许可条件和程序
2013 年	《国务院关于促进健康服务业发展的若干意见》（国发〔2013〕40号）	各地要鼓励以城市二级医院转型、新建等多种方式，合理布局，积极发展老年病医院、护理院、临终关怀医院等医疗机构。	鼓励医疗护理机构的发展

续表

时间	文件名称	摘要	关键词
2013年	《国务院关于加快发展养老服务业的若干意见》(国发〔2013〕35号)	医疗和养老结合方式的探索①养老机构内设医疗服务②医疗机构积极发展养老服务③推进面向养老机构的远程医疗政策试点,制定优惠政策,鼓励人员从事养老服务。	医养结合方式的探索鼓励人员从事养老服务
2014年	《教育部等就养老服务业人才培养的意见》(教职成〔2014〕5号)	1. 扩大养老服务职业教育规模。2. 加快发展养老服务本科教育。3. 积极发展养老服务研究生教育。4. 支持养老服务实训基地建设。5. 推进养老服务相关专业点建设。6. 加强养老服务相关专业教材建设。7. 加强养老服务相关专业师资队伍建设。8. 广泛开展国际交流与合作。9. 提升养老服务从业人员整体素质。10. 推行养老服务相关专业"双证书"制度。11. 推动开展社会养老志愿服务。12. 鼓励专业对口毕业生从事养老服务业。	提高养老事业人员素质,人才培养政策
2014年	《国家卫生计生委办公厅关于印发〈养老机构医务室基本标准(试行)〉和〈养老机构护理站基本标准(试行)〉的通知》(国卫办医发〔2014〕57号)	明确规定养老机构医务室、护理站的人员、房屋、设备、转诊制度应当达到基本标准。养老机构医务室是设置在养老机构内,为养老机构患者提供老年保健,一般常见病,多发病诊治、护理,诊断明确的慢性病治疗,急诊救护等服务的医疗机构;养老机构护理站是设置在养老机构内,为养老机构患者提供常见病多发病护理、慢性病护理、心理护理、康复指导,根据医嘱进行处置、消毒等服务,健康教育等服务的医疗机构。	规定了养老机构内设医务室、护理站的基本标准
2014年	《国家发展改革委、民政部等10部门关于加快推进健康与养老服务工程建设的通知》(发改投资〔2014〕2091号)	健康与养老服务工程重点加强健康服务体系、养老服务体系和体育健身设施建设,大幅提升医疗服务能力,形成规模适度的养老服务体系和体育健康服务体系。到2015年,基本形成规模适度、运营良好、可持续发展的养老服务体系建设,每千名老年人拥有养老床位数达到30张,社区机构为依托,社区为基础,以居家为支撑,功能完善,规模适度,覆盖城乡的养老服务体系。到2020年,全面建成以居家为基础,功能完善的养老服务网络基本健全。每千名老年人拥有养老床位数达到35—40张。	养老床位数标准;兴建日间照料服务中心等机构

续表

时间	文件名称	摘要	关键词
2014年	《国家发展改革委、民政部等10部门关于加快推进健康与养老服务工程建设的通知》（发改投资〔2014〕2091号）	养老服务体系主要任务包括为老年人提供膳食供应、个人照顾、保健康复、娱乐和交通接送等日间服务的社区老年人日间照料中心，主要为失能、半失能老人提供生活照顾，健康护理、康复娱乐、文化娱乐等服务的老年养护院等专业养老服务设施，具备餐饮、清洁卫生、文化娱乐等服务的农村养老院和医养结合服务设施，以及为农村老年人提供养老服务的农村养老服务设施建设。	养老床位数标准；兴建日间照料服务中心等机构
2015年	《民政部等10部门关于鼓励民间资本参与养老服务业发展的实施意见》（民发〔2015〕33号）	鼓励民间资本参与居家、社区、机构养老服务；支持民间资本参与养老产业发展；推进医养融合发展；完善投融资政策；落实税收优惠政策；加强人才保障；促进民间资本规范有序参与。保障用地需求。税收优惠政策：对民办养老机构提供的育养服务免征营业税。养老机构用水、电、气、热享受居民价格。对民办养老机构提供的育养服务免征营业税。对民办养老机构在建设过程中涉及的土地使用权转让，不征收增值税，对符合条件的小型微利养老服务企业，按照相关税收政策给予增值税、营业税、所得税优惠，在政策有效期内按规定免征营业税。	鼓励民间资本参与养老机构建设；税收优惠政策
2015年	《国务院办公厅关于印发全国医疗卫生服务体系规划纲要（2015—2020年）的通知》（国发办〔2015〕14号）	推动中医药与养老结合，充分发挥中医药"治未病"和养生保健优势；建立健全中医药医疗机构与养老机构之间的业务协作机制，鼓励开通养老机构与医疗机构的预约就诊绿色通道，协同做好老年人慢性病管理和康复护理。	鼓励中医药和养老结合
2016年	《国家卫生计生委办公厅、民政部办公厅关于印发医养结合重点任务分工方案的通知》（国卫家函〔2016〕353号）	结合基本公共卫生服务的开展为老年人建立健康档案，到2020年65岁以上老年人健康管理率达到70%以上。鼓励为社区高龄、重病、失能、部分失能以及计划生育特殊家庭、提供定期体检、上门巡诊、家庭病床、社区护理，健康管理等基本服务。推进基层医疗卫生机构护人员与社区、居家养老结合，与老年人家庭建立签约服务关系，为老年人提供连续性的健康管理服务和医疗服务。	医养结合各部委落实；分工给各部委落实

续表

时间	文件名称	摘要	关键词
2016年	《民政部、卫生计生委关于做好医养结合机构服务许可工作的通知》（民发〔2016〕52号）	打造申请医养结合机构"无障碍"审批通道，为医养结合机构的申请提供方便。	畅通医养结合机构的审批通道
2016年	《国家卫生计生委关于印发全国护理事业发展规划（2016—2020年）的通知》（国卫医发〔2016〕64号）	"十三五"期间，大力发展老年护理服务事业，全面提升老年护理服务能力。加强老年护理服务，医养结合及安宁疗护护理机构能力建设，不断完善相关服务指南和规范，进一步规范护理服务行为。加大人才培养力度，切实提升老年护理服务水平。老年护理机构建设：到2020年，争取支持每个地市设立一所护理院，完善老年护理相关设备设施配备。鼓励社会力量积极举办老年护理服务机构。有条件的地区设立安宁疗护中心，满足老年人健康需求。	到2020年，每个地市设立一所护理院
2016年	《国务院关于印发"十三五"深化医药卫生体制改革规划的通知》（国发〔2016〕78号）	到2020年，按照每千常住人口不低于1.5张床位为社会办医院预留规划空间，同步预留诊疗科目设备配置空间。符合国情的医养结合体制机制和政策法规体系基本建立，所有医疗机构开设为老年人提供挂号，就医等便利服务的绿色通道，所有养老机构能够以不同形式为入住为入住老年人提供医疗卫生服务。	养老机构为老年人提供医疗服务
2016年	《人力资源社会保障部办公厅关于开展长期护理保险制度试点的指导意见》（人社厅发〔2016〕80号）	充分利用促进就业创业扶持政策和资金，鼓励各类人员到长期护理服务领域就业创业。	鼓励人员从事长期护理服务业

续表

时间	文件名称	摘要	关键词
2017年	《国务院关于印发"十三五"国家老龄事业发展和养老体系建设规划的通知》(国发〔2017〕13号)	第一节 强化工作基础保障 壮大人才队伍。推进涉老相关专业教育体系建设,加快培养老年医学、康复、护理、营养、心理和社会工作、经营管理、康复辅具配置等人才。建立以品德、能力和业绩为导向的职称评价和技能等级评价制度,拓宽养老服务专业从业人员发展空间。推动各地保障和逐步提高养老服务从业人员薪酬待遇。 第二节 推动养老机构提质增效 加快推进具备社会化提供养老服务条件的公办养老机构制为企业或开展公建民营。实行老年人入住评估制度,优先保障困难老年人的服务需求。中供养需求和其他经济困难的孤寡、失能、高龄等老年人的服务需求。完善公建民营养老机构管理办法,鼓励社会力量通过独资、合资、合作、联营、参股、租赁等方式参与公办养老机构改革。政府投资建设和购置的养老设施,新建居住(小)区按规定配建并移交给民政部门改建的养老设施、党政机关和国有企事业单位培训疗养机构等改建的养老设施,均可实施公建民营。	提高养老从业人员待遇;鼓励养老机构转为公建民营;推进社会力量兴办养老机构
		地方政策	
2016年	北京市人民政府办公厅转发市卫生计生委等部门关于推进医疗卫生与养老服务相结合的实施意见的通知(京政办发〔2016〕54号)	(八)落实老年人医疗服务优待政策: 为本市常住老年人建立健康档案,每年为65岁及以上常住老年人至少提供1次免费健康服务。结合分级诊疗和医院联体建设,为老年人特别是高龄、重病、失能、部分失能及计划生育特殊家庭老年人提供便利服务,并对经过便利转诊医院诊治能转回社区的老年人做好跟踪管理。各级医疗卫生机构及医务工作者定期为老年人开展义诊。	为特殊老年人提供医疗服务优待

表 11-7　每千名老年人拥有养护院床位数

备注	人口数量（人）	床位总数（张）	床位数/千人（张）
2015 年成果①	—	—	30.3
2020 年目标（养老机构）②	—	—	35—40
2019 年数据(60+)	25384 万	775 万	30.5
2019 年数据(65+)	17603 万	775 万	44

　　实际上,3% 左右的床位标准达到了吗？ 2019 年我国 60 岁以上人口为 25384 万人,③而民政部数据显示,2019 年全国共有各类养老机构和设施 20.4 万个,床位数达到 775 万张。④ 可以算出 2019 年每千名老年人拥有 30.5 张床位,明显低于"十三五"规划的 35—40 张的目标。即便是以 65 岁以上老年人来计算,只是达到每千名老年人拥有床位 44 张(见表 11-7)。可以看出,中国养老产业、社会养老机构的建设在数量上还有很大的提升空间。而且只有个别发达地区的建设意见中提到了为计划生育特殊家庭老年人提供转诊等便利服务,如北京市。

　　关于医养结合发展政策,从政策的出发点来讲,该政策的出台意味着国家重视养老事业,也关注到了老年时期的照护问题,但医养结合是指养老机构与医疗机构以不同形式的结合,主要还是局限于养老机构中,而实际上对于养老机构的发展规划的规模就很小,真正享受医养结合养老机构的老年人的数量还是比较少的。目前医养结合政策在我国仍处于初步探索阶段,发展方向得

---

　　① 国务院:《关于印发"十三五"国家老龄事业发展和养老体系建设规划的通知》,2017 年 3 月 6 日,见 http://www.gov.cn/zhengce/content/2017-03/06/content_5173930.htm。

　　② 《关于加快推进健康与养老服务工程建设的通知》,《劳动和社会保障法规政策专刊》2014 年第 11 期。

　　③ 《中国统计年鉴 2020》,中国统计出版社 2020 年版,第 37 页。

　　④ 中华人民共和国民政部:《2019 年民政事业发展统计公报》,2022 年 6 月 21 日,见 http://images3.mca.gov.cn/www2017/file/202009/1601261242921.pdf。

以明确,战略规划也在逐步推进和落实。然而医疗保险、医疗救助、长期护理保险等配套的政策支持,入住程序规范、报销比例、税收减免、行业服务标准和规范等方面还需要进一步明晰。

2.居家养老照料支持政策

对于居家养老照料模式的支持政策,主要是依托养老机构、社区等载体,推进这些组织机构提供上门服务,比如签约家庭医生、建立健康档案、发展"互联网+"、物联网式居家服务等。在中国重视家庭、血缘的传统文化下,居住在家中安度晚年是中国人普遍选择的养老方式,独生子女父母也是如此。而且第一代独生子女父母目前刚处于低龄老年人阶段,身体较为健康,在家中养老的情况也比较普遍。相对于机构养老的照料支持政策来说,居家养老支持政策与独生子女父母的养老状况的关系也更加密切。居家养老方式中,老年人除了依靠自己、子女、保姆等,很重要的一个环节是老年人所在社区提供的上门服务。

目前居家养老照料支持政策的发展层次较低(见表11-8)。很多政策规定还处在倡导、规划、鼓励开发、支持社区提供上门服务的层次。这些并不是严格的硬性目标,很多较好的思路仍旧处于试点当中,全国很多地区还没有享受到居家养老服务的便捷帮助。时间起步也较晚,相关鼓励、支持政策也是近十年内才陆续出台的。目前居家养老事业建设的程度较低,主要是依托现存的养老机构、医疗机构,让这些机构的服务延伸到居民家庭中,从社区层面的建设与规划并不多。需要注意的是,我国对养老机构的规划数量并不多,目前的养老机构只能满足大约3%老年人的需要,这样有限的养老机构的服务资源想要下放延伸至居民个人和居民家庭中去,能惠及的老年人微乎其微。目前只有一些较为发达地区的老年人才能享受到相关服务。一是老年人居所附近有发展较好、功能完善的养老机构和医疗机构;二是这些机构提供的服务较为成熟,价格也在老年人的可承受范围内。这两点同时达成也并不容易。医疗机构的资源在目前形势下也是较为紧张的,能够富余出可延伸的服务也比较困难。

家庭医生签约、建立居民个人健康档案等政策思路较好,但覆盖水平还有待提升。智慧养老产品、诊疗终端产品等的开发也还在推进中,这些想法与服务的前景较为光明,现在能享受到这些服务的仅有非常小的一部分老年人。如家庭医生的覆盖率目标在 2017 年也仅为 60%,并没有覆盖全体老年人。从全体老年人的角度来讲资源与服务缺乏,作为老年人中的一部分,第一代独生子女父母能享受到这些服务的更是少之又少。

从现有政策目标来看,家庭医生、健康档案、养老医疗机构服务等内容,更加注重的是患病老年人的养老问题。通过其他机构的发展辐射带动患病老年人的治疗。但身体较健康的老年人目前仍占多数,《中国统计年鉴 2020》显示,截至 2019 年年底,我国 60 岁以上人口占总人口的比重为 18.13%,而高龄老人,即 80 岁以上的老年人占总人口的比重还不到 3%。① 目前我国老年人大部分为低龄、中龄老人,身体健康还不至于是很严重的问题,但他们需要的日常生活照料等内容在居家、社区养老建设中体现得很少。可以说目前居家、社区养老事业的建设还着眼于较极端情况,忽略了日常生活照料在老年人养老中的重要作用。日常生活照料水平很大程度上决定着老年人的生活满意度,这一点在未来的建设中尤需注意。这也关乎着为中国发展建设做出了巨大贡献的第一代独生子女父母的晚年幸福问题,他们的主体目前仍旧是中低龄老年人,需要日常生活照料,尤其是需要居家养老的各项上门服务。

我国养老事业一直以来对居家养老的定位都是“以居家为基础”,即绝大多数的老年人居于家中安度晚年,而以目前的政策来说,现在的家庭还难以发挥这种基础作用。老年人居于家中养老并不是维持现状就好,想要实现家庭在养老中的基础作用还需要进一步努力,以更多样化的服务来做好养老事业,需要更加关注日常生活照料的方面。

---

① 《中国统计年鉴 2020》,中国统计出版社 2020 年版,第 37 页。

表 11-8 居家养老照料支持政策索引表

时间	文件名称	摘要	关键词
2013 年	《中华人民共和国老年人权益保障法》	在法律层面上要求地方政府和有关部门采取措施，发展养老照护服务业。	法律规定
2014 年	《民政部办公厅关于开展国家智能养老物联网应用示范工程的通知》（民办函〔2014〕222 号）	三、试点任务 （二）探索依托养老机构对周边社区老人开展服务新模式。依托养老机构的物联网信息管理系统，对周边社区老人提供信息采集、医疗救助、健康体检等服务，探索对周边社区老人开展养老服务、医疗服务新模式。	养老机构的物联网信息管理系统为居家老人提供服务
2015 年	《国务院办公厅关于印发全国医疗卫生服务体系规划纲要（2015—2020 年）的通知》（国发办〔2015〕14 号）	发展社区健康养老服务。提高社区卫生服务机构为老年人提供日常护理、慢性病管理、康复、健康教育和咨询，中医养生保健等服务的能力，鼓励医疗机构将护理服务延伸至居家庭。	发展社区机构为居民家庭提供的护理服务
2016 年	《国务院医改办等部门关于推进家庭医生签约服务指导意见的通知》（国医改办发〔2016〕1 号）	（二）主要目标。2016 年，在 200 个公立医院综合改革试点城市开展家庭医生签约服务，鼓励其他有条件的地区积极开展签约。重点在签约服务的方式、内容、收付费、考核、激励机制等方面实现突破，优先覆盖老年人、孕产妇、儿童、残疾人等人群，以及高血压、糖尿病、结核病等慢性病和严重精神障碍患者等。到 2017 年，家庭医生签约服务覆盖率达到 30% 以上，重点人群签约服务覆盖率达到 60% 以上。到 2020 年，力争将签约服务扩大到全人群，形成长期稳定的契约服务关系，基本实现家庭医生签约服务制度的全覆盖。	鼓励居民、家庭与家庭医生签约

续表

时间	文件名称	摘要	关键词
2016年	《关于推进老年宜居环境建设的指导意见》（全国老龄办发〔2016〕73号）	（三）适老健康支持环境。 7.优化老年人就医环境。加强老年病医院、护理院、老年康复医院和综合医院老年医学科建设，推进基层医疗卫生服务网点建设，积极推进乡镇卫生院和村卫生室一体化管理，为老年人提供便利的就医环境。推进基层医疗卫生机构和医务人员与社区、居家养老结合，与老年人家庭建立签约服务关系，为老年人提供连续性的社区健康支持环境。鼓励医疗卫生机构与养老机构开展对口支援，合作共建，支持养老机构开展医疗服务，为入住老年人提供无缝对接的医疗服务。 8.提升老年健康服务科技水平。开展智慧健康养老示范应用，鼓励地方积极性创建开展试点，调动各级医疗资源，开展智慧健康养老服务。鼓励引导产业发展，大数据等技术搭建社区、家庭性健康服务平台，提供实时监测，长期跟踪，评估制定鼓励老年人健康管理服务。发展血糖、心率、脉搏监测等生物医学传感类可穿戴设备，开展适用于基层医疗卫生机构和社区家庭的各类诊疗终端和康复诊疗设备。	社区健康支持环境；开发适用社区家庭的诊疗终端、治疗的设备
2017年	《国务院关于印发"十三五"国家老龄事业发展和养老体系建设规划的通知》（国发〔2017〕13号）	第四章　健全养老服务体系 第一节　夯实居家社区养老服务基础 大力发展居家社区养老服务。逐步建立支持家庭养老的政策体系，支持成年子女与老年父母共同生活，履行赡养义务和承担照料责任。支持城乡社区定期上门巡访独居、空巢老年人家庭，帮助老年人为重困难。 专栏3　居家社区养老服务工程： 依托城乡社区公共服务综合信息平台，以失能、独居、空巢老年人为重点，整合建立居家社区养老服务信息平台，呼叫老年人应急救援服务机制，方便养老服务机构和组织向居家老年人提供助餐、助洁、助医、日间照料等服务。	社区上门寻访独居、空巢老人；居家社区养老服务信息平台；健康教育；建立健康档案

续表

时间	文件名称	摘要	关键词
2017年	《国务院关于印发"十三五"国家老龄事业发展和养老体系建设规划的通知》（国发〔2017〕13号）	第五章 健全健康支持体系 第二节 加强老年人健康促进和疾病预防 开展老年人健康教育，增强老年人自我保健能力，提升老年人健康素养水平至10%。基层医疗卫生机构为辖区内65周岁以上老年人普遍建立健康档案，开展健康管理服务。加强对老年人心脑血管疾病、恶性肿瘤、呼吸系统疾病、口腔疾病等常见病、慢性病的健康指导，综合干预。指导老年人合理用药，减少不合理用药危害。研究推广老年病防治适宜技术，及时发现健康风险因素，促进老年病早发现、早诊断、早治疗。面向老年人开展中医药健康管理服务项目。加强对严重精神障碍患者的社区管理和康复服务。	社区上门寻访独居空巢老人；居家社区养老服务信息平台；健康教育；建立健康档案
2017年	《国务院办公厅关于印发深化医药卫生体制改革2017年重点工作任务的通知》（国发办〔2017〕37号）	16.落实国务院医改办等单位《关于推进家庭医生签约服务的指导意见》，大力推进家庭医生签约服务，健全收付费、考核、激励机制以及医保政策。从老年人、孕产妇、儿童、残疾人等人群以及慢性疾病和严重精神障碍患者等入手，以需求为导向做实家庭医生签约服务。2017年，重点人群签约服务覆盖率达到60%以上，把所有贫困人口纳入家庭医生签约服务范围。（国家卫生计生委负责）	推进家庭医生签约服务
2017年	《民政部、财政部关于印发中央财政支持开展居家和社区养老服务改革试点工作绩效考核办法的通知》（民发〔2017〕55号）	第九条 试点资金和评定下一年度中央专项彩票公益金和评定下一年度试点地区将结果作为结算上一年度中央专项彩票公益金的重要依据。绩效考核不合格的，扣减该地区当年度资金。绩效考核优秀的，保留该地区当年试点资格；绩效考核优秀的，在拨付剩余资金的基础上给予适当奖励，并在下一年度增加该地区所在省份的试点地区名额。	对居家、社区养老试点工作情况的考核
2020年	《民政部 财政部确定第五批中央财政支持开展居家和社区养老服务改革试点地区的通知》（民函〔2020〕13号）	继续推进居家和社区养老服务改革试点，最近这次是第五批试点地区的批准文件。	居家、社区养老试点的不断推进

（三）养老精神慰藉政策

由表11-9可见，精神慰藉政策目前主要分为三个方面：一是老年人旅游事业的发展；二是老年教育事业的发展；三是对老年人日常生活中情感、精神需要的帮助，主要指的是依托现代信息技术生产满足老年人情感需求的内容。养老事业中精神慰藉的相关政策出台较晚，这和老年人需求的层次、中国经济社会发展阶段是密切相关的，相关政策都是在《中华人民共和国老年人权益保障法》颁布之后出台，先是对老年人旅游业发展的支持，如景区门票减免、老年人旅行团标准的规定；直到2016年才开始明确提出大力发展老年教育事业，兴建老年大学；2017年开始有相关政策文件涉及人工智能对养老服务的介入。精神慰藉支持政策还有待发展，现在正处于起步阶段，老年人能否享受到这些政策也与许多现实情况密切相关。

养老旅游业的发展是面向全社会所有老年人的，除了出台老年人旅行团队的建设标准，近年来也呈现出中医药与旅游业相结合的趋势，有对"旅游养老""候鸟式养老"等新兴养老方式的支持。门票减免等政策鼓励老年人出行，在旅游的过程中满足精神慰藉方面的需要。但这些旅游政策的实施受制于很多条件：一是老年人身体健康。基于健康的身体状况，老年人才有出行的可能，如果身患疾病，就谈不上出门，更谈不上旅游。二是能够旅游、可以采取旅居养老的老年人要具备一定的经济实力。像目前养老经济支持政策的享受对象就很难进行旅游活动。现实中很多老年人受限于这两个条件，能够出行的还是少数。未来十年内，第一代独生子女父母达到中高龄阶段，旅游能给他们带来的精神慰藉的作用并不大，失能、患病后的精神慰藉服务更为重要，这一点是目前政策上的缺失，未来仍需不断完善。而老年大学、人工智能技术产品的享受成本同样比较高昂，经济实力较为雄厚的老年人才能享受，这些服务也局限于非常小范围的老年人，更多的老年人还是享受不到。

表 11-9 与精神慰藉相关的养老政策索引表

时间	文件名称	摘要	关键词
2013 年	《国务院办公厅关于印发国民旅游休闲纲要（2013—2020 年）的通知》（国发办〔2013〕10 号）	落实对未成年人、高校学生、教师、老年人、现役军人、残疾人等群体实行减免门票等优惠政策。	景区门票减免优惠
2013 年	《国务院关于加快发展养老服务业的若干意见》（国发〔2013〕35 号）	发展老年人文体娱乐服务，地方政府要支持社区利用社区公共服务设施和社会场所组织开展适合老年人的群众性文化体育娱乐活动，并发挥群众组织和个人积极性。	社区公共设施；文体娱乐活动
2013 年	《国务院关于促进健康服务业发展的若干意见》（国发〔2013〕40 号）	发展健康文化产业，发展养生。旅游景区发展文化、体育和医疗健康游。	文化、旅游事业
2014 年	《国务院关于促进旅游业改革发展的若干意见》（国发〔2014〕31 号）	（十）大力发展老年旅游。结合养老服务业、健康服务业发展，积极开发多层次、多样化的老年人休闲养生度假产品。规划引导各类景区加强老年旅游设施建设，严格执行无障碍环境建设标准。适当配备老年人、残疾人出行通用器具，鼓励地方和企业针对老年旅游推出经济实惠的旅游产品和优惠措施。抓紧制定老年旅游服务规范，推动形成专业化的老年旅游服务品牌。旅游景区门票针对老年人的优惠措施要打破户籍限制。	老年旅游业
2015 年	《国务院办公厅关于印发中医药健康服务发展规划（2015—2020 年）的通知》（国办发〔2015〕32 号）	（五）培育发展中医药文化和健康旅游产业。发挥中医药健康旅游资源优势，整合区域中医药健康旅游示范区建设；发挥中医药健康养生文化优势，以老年旅游、养生保健、中医养生服务为核心，融中医药材种植、中医诊疗机构、中医养生保健机构、养生保健产品生产企业等资源，引入社会力量，打造以中医养生保健服务为核心，融中医药材种植、中医诊疗服务、中医药健康养生服务为一体的中医药健康旅游示范区。	建设中医药健康老年的旅游示范区
2016 年	《旅行社老年旅游服务规范》（LG/T 052—2016）	详细具体地规定了老年旅游服务中旅行社的服务行为规范、标准等内容。如：老年旅游者为年龄在 60 周岁以上的老年旅游产品消费者；老年旅游服务要有随团医生；各种活动的安排要有休息时间；旅行交通工具上要配备轮椅、拐杖等辅助器具。	老年旅游服务的具体规定

续表

时间	文件名称	摘要	关键词
2016年	《教育部等就部门关于进一步推进社区教育发展的意见》（教职成〔2016〕4号）	11. 大力发展老年教育。将老年教育作为社区教育的重点任务，结合多层次养老服务体系建设，改善基层社区域发挥示范作用的乡镇（街道）老年人学习场所和老年大学。努力提高老年教育的参与率和满意度。	老年人学习场所；老年大学
2016年	《国务院关于印发"十三五"旅游业发展规划的通知》（国发〔2016〕70号）	发展温泉旅游、建设综合性康养旅行基地。制定老年旅游转向规划和服务标准，开发多样化老年旅游产品。引导社会资本发展非营利性乡村养老机构，完善景区无障碍旅游设施，完善老年旅游保障产品。	康养旅行基地等
2016年	《国务院办公厅关于印发老年教育发展规划（2016—2020年）的通知》（国办发〔2016〕74号）	三 主要任务 （一）扩大老年教育资源供给。 促进各级各类学校开展老年教育。推动开放大学和广播电视大学举办"老年开放大学"或"网上老年大学"，并延伸至乡镇（街道）、城乡社区，建立老年学习网点。 （二）拓展老年教育发展路径。 丰富老年教育内容和形式。积极开展老年人思想道德、科学文化、养生保健、心理健康、职业技能、法律法规、家庭理财、闲暇生活、代际沟通、生命尊严等方面的教育，帮助老年人提高生活品质、实现人生价值。创新教学方法，将课堂学习和在线学习等模式、网上学习和实体学习、远程学习，在线学习和各类文化活动相结合，讲座、游学、参观、展演，积极探索体验式学习。鼓励老年人自主学习，支持建立志愿服务等多种类型的学习团队。鼓励老年人利用所学所长，在科学普及、环境保护、社区服务、志愿服务等各类型养教结合新模式。 积极开发老年人力资源。用好老年人这一宝贵财富，充分发挥老年人的智力优势、经验优势、技能优势，为其参与经济社会活动搭建平台，提供教育支持。发挥老年人在传承中华优秀传统文化、引导全社会特别是青少年培育和践行社会主义核心价值观等方面的积极作用，彰显长者风范。鼓励老年人利用所学所长，在科学普及、环境保护、社区服务、治安维稳等方面积极服务社会、奉献社会。	老年人远程教育；发挥老年人的智力优势；发挥老年人的积极作用；老年人志愿者队伍

续表

时间	文件名称	摘要	关键词
2016年	《国务院办公厅关于印发老年教育发展规划（2016—2020年）的通知》(国办发〔2016〕74号)	四、重点行动计划 (五)老有所为行动计划。组织引导离退休老干部、老同志讲好中国故事、弘扬中国精神，传播中国好声音。积极搭建服务平台，建立由离退休干部、专业技术人员及其他有所专长的老同志组成的老年教育兼职教师队伍。推动各类老年社会学校与大中小学校合作，发挥老年人在教育引导青少年继承弘扬优良传统。到2020年，力争每个老年大学培育1—2支老年志愿者队伍，老年学校普遍建有志愿服务组织。	老年人远程教育；发挥老年人的智力优势；发挥老年人的积极作用；老年人志愿者队伍
2017年	《国务院关于印发〈"十三五"国家老龄事业发展和养老体系建设规划〉的通知》(国发〔2017〕13号)	第八章 丰富老年人精神文化生活 第一节 发展老年教育 到2020年，基本形成覆盖广泛、灵活多样、特色鲜明、规范有序的老年教育新格局。全国县级以上城市(学校)至少应有一所老年大学。改善现有老年大学办学条件。建设一批本区域或发挥示范作用的乡镇(街道)老年人学习场所。改善基层社区老年教育机构设施设备，建设好村、社区老年学习点。探索"养、医、体、文"等场所与老年人学习场所的结合。开展养教结合试点。编辑出版有时代特色的老年教育系列教材。	每个县级以上城市至少有一所老年大学
2017年	《国务院关于印发〈第一代人工智能发展规划〉的通知》(国发〔2017〕35号)	智能健康和养老。加强群体智能健康管理，研发健康管理技术，突破健康大数据分析、物联网关键技术，研发可穿戴设备和家庭智能健康检测监测设备，推动健康管理实现从点状监测向连续监测、从短流程管理向长流程管理转变。建设智能养老社区和机构，构建安全便捷的智能化养老基础设施体系。加强老年人产品智能化和智能产品适老化，开发视听辅助设备、物理辅助设备等智能家居养老设备，拓展老年人活动空间。开发面向老年人的移动社交和服务平台，情感陪护助手，提升老年人生活质量。	人工智能社交助手、情感陪护助手

续表

时间	文件名称	摘要	关键词
2020年	《国务院办公厅印发关于切实解决老年人运用智能技术困难实施方案的通知》(国办发〔2020〕45号)	13.丰富老年人参加文体活动的智能化渠道。引导公共文化体育机构、文体和旅游类企业提供更多适老化智能产品和服务，同时开展丰富的传统文体活动。针对广场舞、群众合唱等方面的普遍文化需求，开发设计适老智能应用，为老年人社交娱乐提供便利。探索通过虚拟现实、增强现实等技术，帮助老年人便捷享受在线游览、观赛观展、体感健身等智能化服务。(文化和旅游部、体育总局及各地区按职责分工负责)	开发适老智能应用；虚拟现实实技术服务

（四）对相关政策状况的总结

通过对养老经济支持与救助政策、养老照料支持政策、养老精神慰藉政策的梳理，可以更清楚地了解到目前独生子女父母在养老方面的相关政策。针对独生子女父母的奖扶政策待遇水平低、定位单一，并未着眼于独生子女父母的养老问题，同时也缺乏精神慰藉、生活照料方面的支持政策。而整个养老体系的建设水平也不高，养老经济支持未能有效覆盖到独生子女父母，且各类救助政策的水平也很低；社会化养老机构的建设规模较小，各类服务还处于发展中；居家养老的配套政策、上门服务等尚处于起步阶段，并未普及；养老精神慰藉方面的政策发展层次也不高，缺乏真正有效、在现实中发力的政策。很多好的想法与思路到真正普及落地，还有很长的路要走。目前的养老体系也很难在养老的三个方面上给予独生子女父母支持。

独生子女带来家庭规模的收缩，弱化了家庭的养老功能，整个社会也没有建立起完善的社会化养老体系，而针对性政策体系建设不足使得独生子女父母并没有得到专门的关注。一旦独生子女父母遭遇不幸事件，如突发意外灾害、深陷贫困，空巢、独居，身体健康状况下降，进入失能、失智阶段，独生子女和配偶死亡等状况时，独生子女父母的养老很可能陷入困境。这不仅不利于独生子女父母的老年幸福，也会造成整个社会对年老的恐慌，还会削弱民众对政府的信任度。随着时间的推移，独生子女父母们处于空巢、独居、突发灾变、失能、失智、失独、丧偶等状况的可能性逐渐增加，可以预见的是，独生子女父母的养老困境会越发困难也越难解决，需要及早建立积极的解决机制，及时解决问题。解决独生子女父母的养老困境不仅是政府对做出牺牲和贡献的独生子女父母的补偿，也是促进社会可持续发展、实现第二个百年奋斗目标的题中应有之义。

四、城镇第一代独生子女父母
养老困境解决机制的构建

独生子女父母在特殊阶段会面临特殊的养老困境,亟须构建独生子女父母养老困境解决机制,保障为新中国发展建设做出贡献的独生子女父母的老年幸福,促进社会和谐,也为我国社会化养老体系的建设打下良好基础。解决机制需要立足现实,了解目前独生子女父母所获帮助的不足是非常重要的。

首先在经济帮助方面,现行政策存在许多不足。一是各种奖助政策定位仍旧在于促进家庭发展,并没有着眼于独生子女父母的养老问题,政策制定的思路需要向养老问题转变。二是政策享受对象多为极其特殊的独生子女父母,如贫困、高龄、失独等状况,并未覆盖所有应该补偿的独生子女父母。三是奖助政策、制度的不统一,待遇水平也有待提高,尚未形成全国统一的针对独生子女父母养老的补偿政策。第一代独生子女父母在个人自养、子女赡养、社会经济保障方面存在困难,给予经济帮助是解决独生子女父母养老困境的核心。这一点需要各级政府的不断努力,认识到独生子女父母养老的困难,认识到政府在解决独生子女父母养老问题中应当承担的历史责任,真正解决独生子女父母养老中的问题。

其次在照料服务方面,目前的政策对照料的帮助并不多。个别地区出台了独生子女护理假,但这一政策仅局限于某几个地方,而且护理假能否落实,发挥出应有的作用也是一个问题。而社会化养老体系处于建设之中,已有政策多为呼吁式的,落到实处、真正能让独生子女父母享受到的照料服务还非常少。无论是养老机构还是居家养老的相应上门服务,都存在这样的特征。在我国家庭养老为基础、机构养老为补充的养老体系设计中,养老机构的建设比例很小,大多数独生子女父母要居于家中养老,那么社区上门服务的完善、养老机构对接家庭的服务需要尽快完善起来。社会组织的力量是必不可少的，支持社会组织发展的政策也要建立起来。照料问题非常重要，这关乎独生子女父母老年期的正常生活，尤其在独生子女父母自身健康状况大幅下降、失能失智，身边照料人员的死亡，如独生子女、配偶死亡的特殊情况下，对照料的需求非常大。

最后是精神慰藉匮乏，很少有政策涉及精神慰藉的内容。涉及的政策也多为外部支持政策，如老年旅游业的发展、老年人情感陪伴助手等产品的开发支持政策，缺乏从独生子女父母自身出发的精神慰藉政策。对于独生子女父母来说，退出工作岗位让他们从以社会性角色为主转为以家庭性角色为主，处于退休适应期，这个时候他们可能需要再就业、参与社会活动，而这两方面并没有出现在现行政策当中。独生子女父母由于家庭收缩，子女离家，过早进入空巢期，对精神慰藉的需求比较高，更为严重的是独生子女残疾、死亡的家庭，独生子女父母遭受巨大打击后，对精神慰藉的需要就更高。再就业体系需要政府与市场企业、社会组织、社区等主体的协同配合，独生子女父母再就业，一是独生子女父母意愿的引导，二是社会中存在适合独生子女父母的工作岗位，各主体需要做好文化风气的建设与引导，更重要的是挖掘适合的工作岗位。同样，独生子女父母参与社会活动也需要社会组织的积极开发，还需要其他主体的配合。

从整体看，加大上述各方面的建设，构建独生子女父母养老困境的解决机制，必然要与其他社会群体的养老机制、社会各方面运作机制相互协调。独生子女父母有其遵守计划生育政策、区别于一般老年人的特殊性，但同时这种特殊性又是寓于老年人整体当中的。独生子女父母会遭遇的问题，也是社会中其他老年人可能遭遇的问题，只不过对于独生子女父母来说，子女的唯一性使其面临的问题更严重。从这个角度来说，构建独生子女父母养老困境的解决机制对全社会有着积极意义，一是整体性养老机制的构建可以借鉴独生子女父母养老困境解决机制的成功经验；二是通过解决机制的建设，宏观上提升老年人价值,创造年老后的新天地,促进养老服务事业、养老产业的进一步发展。

(一) 构建思路

独生子女父母养老困境解决机制的构建不仅是为了解决独生子女父母的养老问题,更要注重协调独生子女父母养老困境与一般老年人、与整个人口老龄化趋势的关系。需要关注整个养老体系的建设,在普遍的老年人供养体系中优先考虑独生子女父母的养老困难,实现独生子女父母与全体老年人的和谐统一,实现独生子女父母养老困境解决机制与社会经济发展各种机制的协调运转。如图 11-4 所示,本章试图基于社会、经济、文化大背景构建针对独生子女父母养老困境的解决机制,主要包含社会经济文化的宏观外部体系建设和独生子女父母养老困境解决机制子系统建设两大部分。

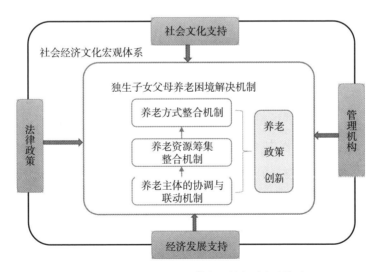

图 11-4　独生子女父母养老困境解决机制框架

首先,从宏观角度来讲,独生子女父母养老困境的解决有赖于社会经济发展水平的提高、社会文化观念的转变,需要各养老主体有目的地参与建设,可以归结为经济发展支持和社会文化支持两方面。对于各养老主体的责任规划,则需要以法律法规政策等形式加以确定,而具体责任和义务的执行,又需要政府各部门间的协调与联动,即各管理机构之间的关系需要厘清,确保任务协同,分工明确,形成一股合力,才能更好地解决独生子女父母的养老困境。这里强调的是法律政策支持和管理机构支持。法律与政策的实现也要对接当前中国的社会现实,如何在"放管服"改革下,制定有效又不杂乱、政府主导和社会配合的政策,也是宏观体系建设中要着重思考的内容。在以上四个方面的建设支持下,确保在各种特殊情况中的独生子女父母的养老权益的实现,提升独生子女父母的晚年幸福感,促进整个养老体系的发展进步。

除了宏观社会经济、文化等体系的建设,更重要的是构建一个功能完善、结构明晰、服务到位的独生子女父母养老困境的解决机制。这一机制是针对独生子女父母养老的机制,独生子女父母的出现有其特殊性,与国家政策、社会发展息息相关,其养老困境也存在特殊性,这需要国家和政府的补偿,需要在全体老年人中得到优先对待。这不仅是对计划生育政策负责,也是更好实现现行各政策的有力推手,只有政府善始善终地对待每一项政策,才能获取人民群众的信任。独生子女父母养老困境的解决机制主要包含三个方面:一是各养老主体的协调与联动机制。各养老主体需要明晰各自责任与定位,在独生子女父母养老过程中承担起相应责任。二是养老资源筹集整合机制。养老资源多种多样,随着时代发展进步,越来越多的高科技资源也开始出现,如何汇集有形与无形的养老资源,如何使现有资源的利用效率最大化,如何精准识别不同困境之下独生子女父母的养老需求等。三是养老方式的整合机制。不同养老主体与不同养老资源的结合,也塑造了不同的养老方式,如何在家庭养老为基础的背景下,促使不同状况的独生子女父母获得适当的养老支持和养老资源,如何促使需求与供给相联系,养老方式之间畅通、对接等。

（二）社会经济文化宏观体系建设

1. 努力营造尊老、敬老、老年人自我实现的社会文化氛围

首先，独生子女父母的养老困境得到妥善解决的社会前提是有一个尊老、敬老的社会文化风气。我国优良传统文化对老年人比较尊重，有一个较好的社会基础。而随着市场经济的发展，社会文化有所变化，子女不孝事件时有发生，此类负面事件会影响我国的社会文化氛围。重要的是尊老敬老风气的建设，在一个尊重老人、爱戴老人的社会中，独生子女父母的养老困境才有可能解决。

其次，独生子女父母为国家、社会发展做出的牺牲与贡献必须得到社会的肯定，这一点在舆论宣传上要注意，只有社会认识到并且承认独生子女父母曾经的牺牲和贡献，社会公众才不会对独生子女父母养老解决机制滋生不满，只有全社会认同对独生子女父母养老困境的帮助，才能促进社会和谐。

最后，从独生子女父母自身来说，独生子女父母的特殊养老状况不仅需要各养老主体的协同配合，更需要独生子女父母自身认知的提高，需要独生子女父母发挥自身的主观能动性。尤其在精神慰藉方面，独生子女父母需要积极主动走出去，参与社会活动和社会生产，丰富自身的精神生活，也有利于自身的生理、心理健康。社会文化要肯定老年人的自我价值，老年人仍旧可以利用自己所思所学为社会做贡献，老年人仍旧可以依照自身意愿寻找自己的兴趣爱好，参与社会活动。

2. 从老年人、独生子女父母角度出台和执行相关法规政策

独生子女父母是社会老年人中的重要部分，而针对所有老年人养老的法律体系还需要不断建设。法律层次的肯定是非常重要的。我国目前仅有一部标定老年人的法律，即《中华人民共和国老年人权益保障法》，还可以依据现

实情况制定更多专门针对老年人的法律规范,如《老年医疗法》《老年福利法》等,将目前散乱的养老政策整合起来,保证各级政府、各级管理部门有章可循。在这些法律规章中,需要突出对独生子女父母的优待。在法律法规、政策规章的执行过程中,管理机构的协调配合同样重要。管理机构主要指的是政府行政部门,包括中央政府、各部委以及地方政府各部门。独生子女父母养老困境的解决机制的资源协调、方式联动都需要各级部门之间的配合。在独生子女父母养老政策制定上,住房与城乡建设部、民政部、教育部等部门之间要有分工与配合,养老资源联动的部门需要一起商讨,地方政府给出更加明确的指导和资源配置流转顺序。

(三) 独生子女父母养老困境的解决机制

1. 养老主体联动机制

在现代社会,养老并非家庭内部事务,第一代独生子女父母的养老需要多主体的参与。解决由计划生育政策而产生的第一代独生子女父母养老困境,政府部门负有义不容辞的责任。在家庭养老方式日渐衰弱的情况下,社会化养老是必然趋势,社会组织、社区、单位、市场企业需要在独生子女父母的养老中发挥重要作用。作为传统赡养主体的子女也同样需要尊老、敬老,回报父母的养育之恩。更重要的是,独生子女父母的养老更要依靠自己,面临养老困境,提高养老的自主性。各养老主体的职责需要更加明确,协调配合做好供养主体的转承对接联动机制。

(1)政府

随着生产力和社会的不断进步,人均寿命不断延长,为了保障社会安定,政府承担一定的养老责任是现代社会赋予政府的责任。在独生子女父母的养老中,政府更是要积极主动认识到并承担自身的职责,不仅是保障独生子女父母的基本生存,在独生子女老年父母发生极端养老困境时伸出援手,更要积极主动补偿第一代独生子女父母所做出的牺牲和贡献。

首先,从中央到地方各级政府及职能部门要履行好法律与政策制定的职责,要在有一定强制性的层次保护好独生子女父母的基本权益。根据前文的政策梳理,我们可以看到现有政策的不足。在经济保障方面,对第一代独生子女父母养老的经济补偿没有做到全覆盖。更重要的是保障政策的公平性,与多子女父母、其他年龄群体之间的公平性需要通盘考虑。需要建立起面向全部受到计划生育政策影响的第一代独生子女父母的养老奖助补偿政策。界定好享受补偿政策的主体,要依据社会经济发展水平,确定较高的奖助水平,首先解决养老的经济问题。

其次,政府需要界定政府部门之间、养老主体之间的职责。确保各级政府制定的针对独生子女父母养老奖助、补偿等政策规定能够及时落实,并建立起相应的监督机制,保证政策不被曲解,并能及时调整。做好现行机构的职责分工,在独生子女父母养老困境解决机制的构建中,政府、社会组织、市场企业、社区等养老主体的职责和服务需要协调配合,政府应当起到主导作用。各部门的协调配合,管理机构的明晰,责任主体的明确,是养老服务体系简政放权、放管结合、优化服务改革的基础。

（2）各社会化养老主体

社会化养老主体的着眼点在于独生子女父母的养老照料和精神慰藉方面。先来看社区这一主体。社区是城市中的基本单位,发展居家养老模式必不可少,社区的主要任务是发展适合独生子女父母养老照料的上门服务,可以招募志愿者或者党员进行义务服务,着眼于为本社区独生子女父母优先服务,提供简单的工具性辅助照料,如搬重物、就诊用药等照料。对于专业化程度更高的照料服务,则需要社会工作者、家庭医生的帮助,这些服务的提供需要社区人员的不懈努力,也需要政府政策的不断支持。社区还应该组织一些精神慰藉的活动,首先做好身体健康的独生子女父母的精神慰藉内容,再考虑一些上门的服务,如陪身体不好的独生子女父母聊天、读书、学习新知识等活动。

社区可以做到的是陪伴,帮助解决独生子女父母的上门照料、精神慰藉等问题。目前各地尚在试点的时间银行制度也基本是依托社区来建设的。

社会组织在解决独生子女父母的养老困境中也大有可为。社会组织,比如各种老龄协会、书法协会,在独生子女父母养老困境的解决机制中主要负责精神慰藉的内容,通过各类宣传吸纳独生子女父母参与其中,提高他们社会参与度,解决精神慰藉问题。可多成立一些非营利的志愿性组织,为独生子女父母提供各种上门的精神慰藉。

单位、市场企业的作用。独生子女父母退休前单位也可以在其养老体系中发挥作用。第一代独生子女父母退休后,退休前单位可以挖掘一些适宜的岗位,吸纳已退休人员的再就业。当独生子女父母身体健康状况变差,出现各种特殊状况时,市场企业应当积极作为,可成立、建立养老机构来满足身体状况较差的独生子女父母的照料需求。市场企业也可创新发展道路,成立面向独生子女父母、全社会老年人的精神慰藉策划公司、活动经办机构等,构建出市场化解决精神慰藉需求的道路与方法。新成立的面向独生子女父母乃至全部老年人服务的企业需要政府的大力扶持。

(3)独生子女父母自身、子女等养老主体

首先要强调独生子女父母在自身养老中的重要地位。随着时代的变迁,社会化大生产的发展,子女离家是日趋普遍的趋势,作为独生子女父母,更需要认清现实状况,从"依赖养老"逐渐转为"独立养老"。经济方面的准备由于历史与现实原因,第一代独生子女父母的收入和积蓄并不多,需要仰仗子女和国家政策的补偿,但在照料和精神慰藉方面,独生子女父母自身可以发挥很大的能动性,来努力缓解这两方面的需求。首先独生子女父母要有正确定位,认识到变老这一现象是客观规律,心态要摆正。其次独生子女父母要从老有所为的角度来看待自己,年老并不意味着无价值,只要能发挥自身的主观能动性,参与再就业、参与社会活动,仍旧可以实现自身的价值。在照料方面,身体较为健康时可以多参与社区及社会组织组建的志愿服务队、时间银行等互助养老项目,为未来自身照料需求的满足打下基础。

　　独生子女对父母的经济支持、照料和精神慰藉是非常重要的。独生子女要承担赡养老人的责任,尽己所能为独生子女父母提供经济支持和照料支持。独生子女为父母提供的情感交流、精神慰藉是无可替代的,独生子女必须有清醒的认识,在生活中做到常联系、常陪伴父母。尊老敬老、孝顺父母的文化建设非常重要。以上内容整合为图 11-5 所示。

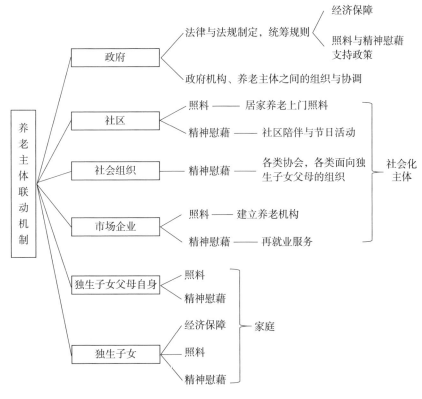

图 11-5　养老主体联动机制

2. 养老资源畅通机制

　　独生子女父母养老困境的解决机制要依托各主体的努力,而养老照料和精神慰藉的资源同样需要合理配置。独生子女父母的经济保障主要依托独生子女父母自身、子女,以及来源于政府的补偿,而照料和精神慰藉需要更多资源。

首先是场地空间,包括用于养老机构、社区活动的场地空间,还有用于精神慰藉的活动空间。近年来火热的广场舞是解决独生子女父母精神慰藉需求的好办法,但跳广场舞的实现是基于可获得的场地空间,场地资源非常重要。首先从养老机构、社区服务机构用地来说,各社会组织要积极主动提供、举办,政府也应当在场地空间的提供、利用上给予相应的优惠政策。其次是对于精神慰藉活动场地的探索,政府也要合理规划城市用地与空间。

场地空间是基础,物质资产、设备设施是养老照料、精神慰藉的重要支撑。无论是建设养老机构,还是举办面向独生子女父母精神慰藉的活动,都需要设施设备支持。对特定照料型养老机构的建设,物质资产和设备设施行业的发展需要市场化运营,通过市场竞争让更多物质资产、设施设备的产品质量得到提升,如养老机构的病床、家具及其他设施设备,也需要政府的各项政策鼓励。对于非营利组织兴办的精神慰藉等短期活动的资产设备需求,各级政府部门应当给予免费使用权,由相应部门提供相应的设施,政策上可以建立设备清单,流程上采取简化模式,鼓励各主体参与独生子女父母精神慰藉提供。而且场地空间的申请、划拨得到批准的同时,相关部门应当向主办者明示物质资产、设施设备的获取渠道、相应的鼓励优惠政策等内容,做到场地空间和设施设备的结合,提高针对独生子女父母养老内容的落实效率,做到资源的衔接、对接。

在养老产品上,需要的是研发部门的努力。首先为独生子女父母在内的社会老年人研发更合适更智能的产品,从简单的医药卫生、衣食住行方面到高级的智能穿戴设备、情感陪护助手等产品的研发,需要政府加大投入,需要社会组织的发展,更需要教育事业的发展,高校中可设置相应专业,在科研事业方面得到更多支持。各级政府部门、社会组织也要注重养老产品的研发,可以针对高校相关专业开展产品研发的科研项目,划拨资金给予研究项目,研发更好的养老产品。除了教育科研方面,市场企业在养老产品研发上也应当发挥重要作用,政府需要积极倡导市场企业在养老产业发展,出台相应的鼓励政策,通过市场机制开发更适宜独生子女父母养老的多样化产品,尤其要注重精神慰藉产品的研发,解决独生子女父母最缺乏的精神慰藉服务的提供难题。

在人力资源方面,主要内容包括照料人员的培训、养老产品研发人员的培训、各类管理人才的培训三个方面。一是照料人员的培训。不仅养老机构中照料人员需要得到专业化培训,社区服务、社区工作者也需要得到良好的培训和教育,这样才能确保社区提供的照料、精神慰藉内容的实施效果。而社区引进的上门服务的人力资源,如社会工作者等也需要接受系统的培训,深刻了解独生子女父母所思所想后才能增强服务实效。二是养老产品研发人才的培训。高校、市场企业要努力做好这一环节,为独生子女父母的养老提供实质性的帮助,确保人力资源水平和高效养老产品的互相配合,打好独生子女父母养老人才与物资的组合拳。三是对管理人才的培训。这是带好队伍的关键,高水平管理人才在养老机构、社区服务机构、政府部门中起到良好作用,能够促进养老机构、社区机构、政府部门的服务优化。

如何确保这些养老资源的协调联动呢?政府应该为众多养老资源按顺序明晰主管部门、责任主体,形成养老资源协调联动清单,让获取养老资源的各养老主体有章可循,另外要提升养老资源的发展水平,确保养老资源的供给。

3.养老方式整合机制

独生子女父母的养老困境具有多样性,独生子女父母内部也存在着差异性,高效率的养老困境解决机制需要针对不同情况的独生子女父母提供不同的帮助,实现资源利用效率的最大化。首先需要明晰的是独生子女父母内部的差异性,以及在各类特殊情况下的差异性,并从中总结出不同的困境等级,最终通过不同养老方式的安排,促使独生子女父母的养老困境得到解决。主要的思路如下:依据第一代独生子女父母年龄、养老风险遭遇状况、养老内容需求状况将独生子女父母进行分级,对不同状况等级的独生子女父母按照不同养老方式进行整合,起到养老方式相互对接、服务衔接的作用。

(1)独生子女父母基本状况与分级

第一代独生子女父母目前已经进入老年阶段,而在 2013 年单独二孩政策前生育独生子女的父母在未来几十年内也会逐渐老去,目前想要构建的独生子女父母养老困境的解决机制在日后仍旧需要对第二代独生子女父母的养老困境提供帮助,只要是因为独生子女政策带来的养老困境,解决机制应当一视同仁。当然本章是以第一代独生子女父母作为对象来探讨养老问题解决机制的。

表 11-10　独生子女父母养老风险与需求简表

年龄	养老风险						养老需求		
	空巢独居	贫困	灾变	失独	丧偶	失能失智	经济	照料	精神
低龄	√	√	√	√			1	1	1
中龄	√	√	√	√	√	√	2	2	2
高龄	√	√	√	√	√	√	3	3	3

简略整理不同年龄阶段的独生子女父母的风险与养老需要,如表 11-10 所示,在可能经历的养老风险中,可以分为三个层次的风险。第一层次是空巢独居、贫困、突发灾祸等风险,此类风险主要会影响独生子女父母的经济保障,也会影响到独生子女父母照料需求的满足。此类风险在各年龄段的第一代独生子女父母中都有可能发生。第二层次的风险较严重一些,是独生子女、配偶死亡的状况,这两类情况下独生子女父母的经济保障、生活照料会受到巨大影响,而且独生子女死亡、配偶的离去给独生子女父母带来的打击是非常巨大

的,其精神慰藉方面的需求会大幅度增长。随着独生子女父母从低龄发展到高龄,这方面风险出现的可能性不断增大。第三层次的风险为失能失智,作为独生子女父母的养老自主性被完全剥夺,看病就医的花费、失能失智缺乏自理能力、没有适合的精神慰藉活动,显示出第三层次风险的严重性,相应的对养老各方面的需求越来越大。

目前来说,第一代独生子女父母大部分处于低龄老年人阶段,身体状况较好。首先来考虑低龄阶段,即 60—70 岁的独生子女父母,此时他们身体较为健康,重病、失能、缺乏自理能力的还比较少,所以这个时期对经济、照料的需求最低,但对精神慰藉的需要较高,在缺失了社会角色后,对精神慰藉的需要较高是正常的。其经历第一种风险时,养老状况会变得严峻,但并不会发生很大的问题,可以说这是养老困境最不突出的阶段,得到政府对其贡献的补偿、社会救助的帮助,还是可以维持一定的稳定状态,此为Ⅰ阶段。而经历第二层次的风险后,失去独生子女、配偶的沉重打击会提高他们的照料需求、精神慰藉需求,此时的养老困境开始严重,此为Ⅱ阶段。如若遇到风险叠加的状况,其养老更加困难。

低龄阶段的两种风险状况导致的养老困境,主要可以依靠居家养老来解决。Ⅰ阶段的独生子女父母的养老自主性较高,对经济、照料等方面的需求并不高,此时居家养老的重点在于精神慰藉方面,无论是鼓励他们再就业还是参与社会活动,都是非常适宜的。Ⅱ阶段的居家养老需要层次升高,提供必要的上门照料、心理愈合服务是非常重要的内容,失独、失偶对独生子女父母的打击非同小可,如无法得到妥善解决,会影响独生子女父母的晚年生活质量,严重影响其心理健康状况。既需要社区服务不断跟进,也需要社会各主体的帮助扶持。

中高龄阶段,独生子女父母的身体健康状况下降,风险层次也增加了。中龄阶段遭遇第一层次风险,所处的养老困境也会加重,身体健康状况下降,半失能的独生子女父母数量也会增多。看病就医等花费会增加经济保障的负担,同时照料需求也提高了,此为Ⅲ阶段。Ⅲ阶段时,仍旧可以按照居家养老的安排进行保障,居于家中,也有配偶和子女作为照料帮手、心灵支柱。依托社区上门服务等内容可以保障其养老状况。

中高龄阶段经历第二层次的风险后,需要的经济、照料、精神慰藉需求也特别高,此为Ⅳ阶段。在Ⅳ阶段就可以开始考虑社区养老方式,参与社区日托中心,保证独生子女父母的日常接触,也能获得一定程度的生活照料。

中高龄阶段的第三层次风险发生的可能性逐渐提高,身患重病,进入失能失智阶段就较为严重了,基本缺乏养老的自主性,需要他人照顾,在经济保障、生活照料、精神慰藉方面的需求非常高,此为Ⅴ阶段。Ⅴ阶段主要依赖的是社会化养老机构的养老方式,因为失能的独生子女父母需要更多专业化的照料,而社区日间照料服务中心只能顾及日间照料,不足以解决他们的问题。而社会化养老机构的养老方式必须不断完善,加大力度建设失能失智独生子女父母的精神慰藉机制,否则入住养老机构只能解决照料问题,而独生子女父母的精神健康仍旧需要各养老主体的通盘考虑。

除此之外,当这些风险以叠加的形式出现,带给独生子女父母的养老困境则更加深重,当第一层次和第二、第三层次的风险叠加时,会使得独生子女父母陷入非常严重的养老困境,面临巨大的经济压力、照料缺口、巨大的精神压力,此为Ⅵ阶段。此阶段的独生子女父母需要社会化养老机构的供养,但全盘指望养老机构的帮助是不现实的,其他养老主体也必须着重、优先考虑Ⅵ阶段独生子女父母的养老需求。

(2)养老方式的衔接与整合

目前可选的养老方式主要有三种:一是老年人居于家中安度晚年,享受家庭成员照护以及由社区所提供的简单便捷的上门服务;二是依托社会化养老机构,如养老院、老年公寓、护老院、护理院等机构养老,花钱入住机构,享受养老照料等服务;三是依托社区日托机构,托老所、日间照料服务中心等机构来养老,也可称为社区养老,但这一方式同时也需要家庭帮助,日托机构只负责日间照料,夜晚还是会居于家中。这三种方式在养老事业发展规划中的建设目标有所不同,在实际中独生子女父母的接受程度也不太一样,应当依据独生子女父母的分级状况采取不同的养老方式。根据上所分析的内容,绘制了养老方式整合机制的简图,如图 11-6 所示。

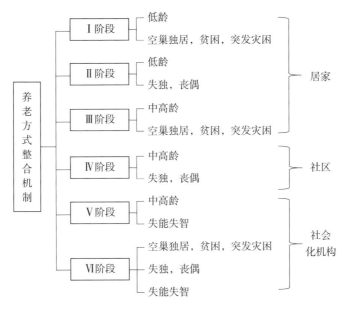

图 11-6 养老方式整合机制

4.养老政策创新机制

以家庭养老为基础,推进养老服务业简政放权、放管结合、优化服务改革,探索社会力量、市场资本进入养老服务业的政策创新机制。

首先,对独生子女父母的奖助政策的定位要准确。由前文对政策的梳理可知,目前专门针对独生子女父母的奖助政策存在政策定位模糊的问题。奖助制度不统一,更加注重特殊情况下的问题,如独生子女父母面临贫困、失独等状况时才给予相应帮助,这些政策实质上更贴近社会救助性质,而不是对独生子女父母过去牺牲的补偿。退休后奖助政策更加没有建立起来统一的制度,各地水平不一致。有些地方还没有相关补偿,即便是最高的奖助方式,也不过每月几百元的水平,并不能真正解决独生子女父母的养老困境。这些政策的定位更多关注独生子女父母的家庭发展问题,针对在独生子女父母家庭困难、失去独生子女后家庭溃散的风险,更加着眼于整个社会的稳定,而不是从历史和未来的角度考虑独生子女父母的养老问题。

目前很重要的任务就是要摆正政策定位,针对独生子女父母的养老困境制定行之有效的政策。独生子女父母的养老困境与过往政策息息相关,对生育政策后果的妥善解决是政府应尽的义务。独生子女父母养老困境的解决也有利于社会稳定,现行政策务必在定位上更加准确。可以规定全国统一的针对独生子女父母退休后待遇的制度,在目前全国各地的政策基础上建立相对一体化的制度。

其次,政策规划要对养老内容进行全面考虑。现行独生子女父母奖助政策体系、老年人养老体系的建设更加注重经济方面的帮助,而且更多从社会救助角度出发,对非常贫困、高龄等独生子女父母才有相应的帮助。在生活照料、精神慰藉方面的政策帮扶很少。针对独生子女父母的帮助中并没有照料方面的政策,唯一的护理假也没有成为全国统一的制度,而社会养老事业在照料方面的建设也不尽如人意,独生子女父母很难享受到机构养老的福利,居家养老也缺乏各类上门服务。

照料方面要分层次考虑,一是日常照料,二是生病照料。目前独生子女父母对日常生活照料的需求还没有得到很好满足,当前大多数第一代独生子女父母还处在身体较为健康的阶段,需要借助工具完成与日常生活相关的照顾的工具性需求大于日常生活自理能力的需求,如做重活、使用交通工具、就诊用药等需求较高。政府政策的制定需要从实际出发,找到切合实际的切入点,配置高效的执行机构。如规定社区提供独生子女父母的上门帮助,就需要对执行人员、社区机构进行培训,让社区人员感知到自身的责任,更好地服务独生子女父母。在生病照料方面,需要依托社会化力量来解决,对社会力量的发动也需要政策的鼓励与帮助。如目前仍在试点的长期护理保险制度,需要加大支持力度。精神慰藉方面应考虑两个方面:一是独生子女父母老年期的再就业支持政策;二是社会化服务,大力发展多种多样的精神慰藉形式。与此同时,社会化服务的提供有赖于社会力量的发展,对社会组织发展的帮助扶持政策体系的建设尤为重要。

参 考 文 献

中 文 期 刊

边燕杰:《独生子女家庭的增长与未来老年人的家庭生活问题》,《天津社会科学》1985 年第 5 期。

白兰、顾海:《子女代际支持对农村老年人健康水平的影响研究》,《现代经济探讨》2021 年第 7 期。

陈赛权:《养老资源自我积累制初探》,《人口学刊》1999 年第 5 期。

陈赛权:《中国养老模式研究综述》,《人口学刊》2000 年第 3 期。

陈自芳:《独生子女与父母供求关系的经济学考察》,《人口与经济》2005 年第 3 期。

陈友华:《独生子女政策风险研究》,《人口与发展》2010 年第 4 期。

陈雅、杨艳、余淑妮:《"啃老"与"孝道":青年与父母经济帮助关系中的数字反哺获得现象研究》,《中国青年研究》2022 年第 5 期。

陈屹立:《生儿育女的福利效应:子女数量及其性别对父母幸福感的影响》,《贵州财经大学学报》2016 年第 3 期。

陈功、郭志刚:《老年人家庭代际经济流动类型的分析》,《南京人口管理干部学院学报》1998 年第 1 期。

陈伟:《都市未婚青年的精神健康及生活满意度——来自"上海都市社区调查"的发现》,《华中科技大学学报(社会科学版)》2020 年第 5 期。

陈仁兴:《居住安排对老年人居家养老服务需求的影响——基于第四次中国城乡

老年人生活状况抽样调查山东省数据》,《调研世界》2020年第5期。

程亮:《老由谁养:养老意愿及其影响因素——基于2010年中国综合社会调查的实证研究》,《兰州学刊》2014年第7期。

程昭雯、叶徐婧子、陈功:《中老年人隔代照顾、居住安排与抑郁状况关联研究》,《人口与发展》2017年第2期。

程冉冉、周燕、王培培等:《社区失能老人对家庭型医养护一体化需求》,《中国老年学杂志》2018年第13期。

程新峰、刘一笑、葛廷帅:《社会隔离、孤独感对老年精神健康的影响及作用机制研究》,《人口与发展》2020年第1期。

慈勤英、宁雯雯:《多子未必多福——基于子女数量与老年人养老状况的定量分析》,《湖北大学学报(哲学社会科学版)》2013年第4期。

慈勤英、周冬霞:《失独家庭政策"去特殊化"探讨——基于媒介失独家庭社会形象建构的反思》,《中国人口科学》2015年第2期。

崔烨、靳小怡:《家庭代际关系对农村随迁父母心理福利的影响探析》,《中国农村经济》2016年第6期。

蔡昉:《人口转变、人口红利与经济增长可持续性——兼论充分就业如何促进经济增长》,《人口研究》2004年第2期。

丁志宏:《我国农村中年独生子女父母养老意愿研究》,《人口研究》2014年第4期。

丁志宏、胡强强:《20世纪90年代我国丧偶人口状况分析》,《南方人口》2006年第1期。

丁志宏、祁静:《如何关注"失独家庭"养老问题的思考》,《兰州学刊》2013年第9期。

丁志宏、夏咏荷、张莉:《城市独生子女低龄老年父母的家庭代际支持研究——基于与多子女家庭的比较》,《人口研究》2019年第2期。

丁志宏、陈硕、夏咏荷:《我国独生子女父母养老责任认知状况及影响因素研究》,《兰州学刊》2021年第1期。

丁杰、郑晓瑛:《第一代城市独生子女家庭及其养老问题研究综述》,《人口与发展》2010年第5期。

戴建兵、李琦:《城市中高龄独居老人自理能力与社区养老服务依赖性分析》,《社会保障研究》2017年第4期。

戴卫东、李茜:《农村失独家庭养老需求的差异性与精准扶助——基于四川省H县调查》，《社会保障研究》2020 年第 3 期。

狄金华、韦宏耀、钟涨宝：《农村子女的家庭禀赋与赡养行为研究——基于 CGSS2006 数据资料的分析》，《南京农业大学学报（社会科学版）》2014 年第 2 期。

刁鹏飞、臧跃、李小永：《机构养老的现状、问题及对策——以上海市为例》，《城市发展研究》2019 年第 8 期。

段世江、张岭泉：《农村独生子女家庭养老风险分析》，《西北人口》2007 年第 3 期。

董晓芳、刘茜、高堂在：《不宜远居吗？——基于 CHARLS 数据研究子女居住安排对父母健康的影响》，《中国经济问题》2018 年第 5 期。

杜守东：《自立养老：不可或缺的养老资源》，《齐鲁学刊》2002 年第 6 期。

杜建明、郑智航：《论我国经济与社会权利发展的"中国特色"》，《河南大学学报（社会科学版）》2020 年第 1 期。

风笑天：《城市独生子女父母的老年保障问题》，《北京大学学报（哲学社会科学版）》1991 年第 5 期。

风笑天：《论城市独生子女家庭的社会特征》，《社会学研究》1992 年第 1 期。

风笑天：《共处与分离：城镇独生子女家庭养老形式调查》，《人口与经济》1993 年第 2 期。

风笑天：《独生子女青少年的社会化过程及其结果》，《中国社会科学》2000 年第 6 期。

风笑天：《从"依赖养老"到"独立养老"——独生子女家庭养老观念的重要转变》，《河北学刊》2006 年第 3 期。

风笑天：《第一代独生子女婚后居住方式：一项 12 城市的调查分析》，《人口研究》2006 年第 5 期。

风笑天：《独生子女父母的空巢期：何时开始？会有多长？》，《社会科学》2009 年第 1 期。

风笑天：《第一代独生子女父母的家庭结构：全国五大城市的调查分析》，《社会科学研究》2009 年第 2 期。

风笑天：《城市独生子女与父母的居住关系》，《学海》2009 年第 5 期。

风笑天：《农村第一代独生子女的居住方式及相关因素分析》，《南京社会科学》2010 年第 4 期。

风笑天：《面临养老：第一代独生子女父母的心态与认识》，《江苏行政学院学报》2010 年第 6 期。

风笑天：《"四二一"：概念内涵、问题实质与社会影响》，《社会科学》2015 年第

11 期。

风笑天：《"空巢"养老？城市第一代独生子女父母的居住方式及其启示》，《深圳大学学报(人文社会科学版)》2020 年第 4 期。

风笑天：《"后独生子女时代"的独生子女问题》，《浙江学刊》2020 年第 5 期。

风笑天：《一个时代与两代人的生命历程：中国独生子女研究 40 年(1980 —2019)》，《人文杂志》2020 年第 11 期。

封铁英、马朵朵：《独生子女父母养老主体选择——基于子女特征与代际支持的影响研究》，《西安交通大学学报(社会科学版)》2019 年第 6 期。

封铁英、范晶：《独生子女父母养老准备——基于群体差异的潜在类别分析》，《统计与信息论坛》2020 年第 5 期。

费孝通：《家庭结构变动中的老年赡养问题——再论中国家庭结构的变动》，《北京大学学报(哲学社会科学版)》1983 年第 3 期。

方旭东：《孝心与孝行——从心灵哲学看李退溪的王阳明批判》，《道德与文明》2019 年第 4 期。

辜胜阻：《"未富先老"与"未富先骄"发展养老服务业的战略思考》，《人民论坛》2014 年第 S2 期。

郭志刚、张恺悌：《对子女数在老年人家庭供养中作用的再检验——兼评老年经济供给"填补"理论》，《人口研究》1996 年第 2 期。

郭志刚、张二力、顾宝昌等：《从政策生育率看中国生育政策的多样性》，《人口研究》2003 年第 5 期。

关颖：《改革开放以来我国家庭代际关系的新走向》，《学习与探索》2010 年第 1 期。

郭庆旺、贾俊雪、赵志耘：《中国传统文化信念、人力资本积累与家庭养老保障机制》，《经济研究》2007 年第 8 期。

桂世勋：《银色浪潮中的一个重大社会问题——关于独生子女父母年老后生活照顾问题的对策与建议》，《社会科学》1992 年第 2 期。

郭继：《农村发达地区中青年女性的养老意愿与养老方式——以浙江省为例》，《人口与经济》2002 年第 6 期。

高建新、李树苗：《农村家庭子女养老行为的示范作用研究》，《人口学刊》2012 年第 1 期。

高凤英、赵淼、周岩等：《社区老年人健康行为及影响因素》，《中国老年学杂志》2019 年第 24 期。

郝乐、苗诗扬:《人口老龄化测量方法的改进》,《统计与决策》2023 年第 12 期。

郝晓宁、朱松梅:《长寿风险治理:健康、财务、照护资源的共同储蓄》,《人口与发展》2021 年第 6 期。

郝静、王炜:《子代支持对养老担心问题的影响——基于 2015 年第一代独生子女家庭调查》,《调研世界》2017 年第 7 期。

洪娜:《上海第一代独生子女父母的养老方式选择及影响因素研究——基于健康状况视角的实证分析》,《南方人口》2013 年第 6 期。

胡仕勇、李佳:《子代数量对农村老年人代际经济支持的影响——以亲子两代分居家庭为研究对象》,《人口与经济》2016 年第 5 期。

贺雪峰:《农村家庭代际关系的变动及其影响》,《江海学刊》2008 年第 4 期。

贺雪峰、郭俊霞:《试论农村代际关系的四个维度》,《社会科学》2012 年第 7 期。

黄庆波、胡玉坤、陈功:《代际支持对老年人健康的影响——基于社会交换理论的视角》,《人口与发展》2017 年第 1 期。

胡宏伟、李玉娇、张亚蓉:《健康状况、社会保障与居家养老精神慰藉需求关系的实证研究》,《西华大学学报(哲学社会科学版)》2011 年第 4 期。

黄金玉、曹蒙、张甜甜等:《河南省老年人社会经济地位对精神健康的影响研究——以医疗保险和居住安排为中介变量》,《现代预防医学》2022 年第 4 期。

睢党臣、程旭、李丹阳:《积极应对人口老龄化与我国独生子女父母自我养老问题》,《陕西师范大学学报(哲学社会科学版)》2022 年第 2 期。

纪竞垚:《只有一孩,靠谁养老?——独生子女父母养老意愿及影响因素分析》,《老龄科学研究》2015 年第 8 期。

靳小怡、刘妍珺:《照料孙子女对老年人生活满意度的影响——基于流动老人和非流动老人的研究》,《东南大学学报(哲学社会科学版)》2017 年第 2 期。

冀云、孙鹃娟:《中国老年人居住方式、代际支持对抑郁的影响》,《宁夏社会科学》2018 年第 6 期。

姬玉、罗炯:《休闲参与、社会支持对老年忧郁及幸福感的影响》,《中国老年学杂志》2019 年第 6 期。

靳永爱、周峰、翟振武:《居住方式对老年人心理健康的影响——社区环境的调节作用》,《人口学刊》2017 年第 3 期。

江克忠、陈友华:《亲子共同居住可以改善老年人的心理健康吗?——基于 CLHLS 数据的证据》,《人口学刊》2016 年第 6 期。

陆凯欣、何文俊、何贵蓉:《城镇独生子女父母养老担心调查》,《中国老年学杂志》

2016 年第 15 期。

陆杰华:《新时代积极应对人口老龄化顶层设计的主要思路及其战略构想》,《人口研究》2018 年第 1 期。

陆杰华、林嘉琪:《高流动性迁徙的区域性特征、主要挑战及其战略应对——基于"七普"数据的分析》,《中共福建省委党校(福建行政学院)学报》2021 年第 6 期。

陆莹:《中年独生子女父母养老意愿及影响因素分析》,《保定学院学报》2019 年第 5 期。

陆万军、张彬斌:《中国生育政策对女性地位的影响》,《人口研究》2016 年第 4 期。

刘旭阳、原新:《青年流动人才的城市选择及影响机制——基于人才特征视角》,《西北人口》2022 年第 1 期。

刘二鹏、张奇林:《代际关系、社会经济地位与老年人机构养老意愿——基于中国老年社会追踪调查(2012)的实证分析》,《人口与发展》2018 年第 3 期。

刘志国、Ma,James:《谁进入了体制内部门就业——教育与家庭背景的作用分析》,《统计与信息论坛》2016 年第 7 期。

刘冰:《"医养结合",让"老有所依"更有保障》,《人民论坛》2019 年第 26 期。

刘汶蓉:《转型期的家庭代际情感与团结——基于上海两类"啃老"家庭的比较》,《社会学研究》2016 年第 4 期。

刘桂莉:《养老支持力中的"精神赡养"问题——试以"空巢家庭"为例》,《南昌大学学报(人文社会科学版)》2003 年第 1 期。

刘桂莉:《眼泪为什么往下流?——转型期家庭代际关系倾斜问题探析》,《南昌大学学报(人文社会科学版)》2005 年第 6 期。

刘昊、李强、薛兴利:《双向代际支持对农村老年人身心健康的影响——基于山东省的调查数据》,《湖南农业大学学报(社会科学版)》2019 年第 4 期。

刘西国:《经济赡养能增进老年人健康吗——基于 2011 年 CHARLS 数据的内生性检验》,《南方人口》2015 年第 1 期。

刘西国:《代际经济支持健康效应检验》,《西北人口》2016 年第 1 期。

刘西国、王健:《利还是弊:"啃老"对老年生活满意度的影响》,《南方人口》2014 年第 2 期。

刘生龙、胡鞍钢、张晓明:《多子多福? 子女数量对农村老年人精神状况的影响》,《中国农村经济》2020 年第 8 期。

刘爱玉、庄家炽、周扬:《什么样的男人做家务——情感表达、经济依赖或平等性别观念?》,《妇女研究论丛》2015 年第 3 期。

刘继同：《"中国社区福利体系与社区精神健康社会工作实务体系建设"研究专题》，《浙江工商大学学报》2019 年第 1 期。

刘宏、高松、王俊：《养老模式对健康的影响》，《经济研究》2011 年第 4 期。

刘丹丹、刘习羽、刘慧敏等：《中国农村老年人抑郁现状及影响因素分析》，《郑州大学学报(医学版)》2021 年第 5 期。

刘颖秋、宋建军：《世纪之交我国人口、资源、环境的趋势分析与对策》，《中国人口·资源与环境》1996 年第 1 期。

龙书芹、风笑天：《城市居民的养老意愿及其影响因素——对江苏四城市老年生活状况的调查分析》，《南京社会科学》2007 年第 1 期。

梁秋生：《"四二一"结构：一种特殊的社会、家庭和代际关系的混合体》，《人口学刊》2004 年第 2 期。

梁樱、侯斌、李霜双：《生活压力、居住条件对农民工精神健康的影响》，《城市问题》2017 年第 9 期。

李汉东、王然、任昱洁：《计划生育政策以来的独生子女数量及家庭结构分析》，《统计与决策》2018 年第 13 期。

李俏、姚莉：《父慈还是子孝：当代农村代际合作方式及其关系调适》，《宁夏社会科学》2020 年第 1 期。

李乐乐：《依赖与独立：养老方式选择的二维困境分析》，《西北农林科技大学学报(社会科学版)》2017 年第 6 期。

李春平、葛莹玉：《代际支持对城乡老年人生活质量的影响——基于中国健康与养老追踪调查数据的实证研究》，《调研世界》2017 年第 12 期。

李婷、范文婷：《生育与主观幸福感——基于生命周期和生命历程的视角》，《人口研究》2016 年第 5 期。

李淑媛：《老年疾病护理管理中常见问题及对策研究》，《中国卫生产业》2018 年第 30 期。

李兰永、王秀银：《重视独生子女意外死亡家庭的精神慰藉需求》，《人口与发展》2008 年第 6 期。

李春华、李建新：《居住安排变化对老年人死亡风险的影响》，《人口学刊》2015 年第 3 期。

李华、徐英奇：《分级诊疗对居民健康的影响——以基层首诊为核心的实证检验》，《社会科学辑刊》2020 年第 4 期。

李树、陈刚：《幸福的就业效应——对幸福感、就业和隐性再就业的经验研究》，《经济研究》2015 年第 3 期。

李珍、王海东:《基本养老保险目标替代率研究》,《保险研究》2012 年第 2 期。

冷晨昕、陈前恒:《子女数量与老年人幸福感关系研究——基于 CGSS2013 的实证分析》,《大连理工大学学报(社会科学版)》2019 年第 5 期。

马小红、段成荣、郭静:《四类流动人口的比较研究》,《中国人口科学》2014 年第 5 期。

穆光宗:《家庭养老面临的挑战以及社会对策问题》,《中州学刊》1999 年第 1 期。

穆光宗:《老年发展论——21 世纪成功老龄化战略的基本框架》,《人口研究》2002 年第 6 期。

穆光宗:《老龄人口的精神赡养问题》,《中国人民大学学报》2004 年第 4 期。

穆光宗:《独生子女家庭非经济养老风险及其保障》,《浙江学刊》2007 年第 3 期。

穆光宗:《独生家庭本质上是风险家庭》,《中国企业家》2014 年第 9 期。

穆光宗:《失独父母的自我拯救和社会拯救》,《中国农业大学学报(社会科学版)》2015 年第 3 期。

穆光宗:《论失独者养老的国家责任和公民权利》,《东岳论丛》2016 年第 8 期。

穆光宗:《成功老龄化之关键:以"老年获得"平衡"老年丧失"》,《西南民族大学学报(人文社科版)》2016 年第 11 期。

穆滢潭、原新:《居住安排对居家老年人精神健康的影响——基于文化情境与年龄的调解效应》,《南方人口》2016 年第 1 期。

宁雯雯、慈勤英:《老年人精神慰藉过程中的子女作用》,《重庆社会科学》2015 年第 1 期。

聂建亮、陈博晗、吴玉锋:《居住安排、居住条件与农村老人主观幸福感》,《兰州学刊》2022 年第 1 期。

齐险峰、郭震威:《"四二一"家庭微观仿真模型与应用》,《人口研究》2007 年第 3 期。

齐恩平、傅波:《完善失独老人养老路径的法律探析》,《天津商业大学学报》2013 年第 5 期。

齐佳、邓敏:《老年慢性病出院患者护理需求现状及影响因素分析》,《中国老年保健医学》2016 年第 6 期。

瞿凌云:《人口政策的经济效应分析——基于人口数量与质量替代效应的视角》,《人口与经济》2013 年第 5 期。

石金群:《当代西方家庭代际关系研究的理论新转向》,《国外社会科学》2015 年第

2 期。

石金群:《转型期家庭代际关系流变:机制、逻辑与张力》,《社会学研究》2016 年第 6 期。

石燕:《关于我国独生子女养老经济负担的调查研究——以镇江为例》,《中国青年研究》2008 年第 10 期。

石燕:《城市独生子女空巢家庭的阶段划分与特征》,《南京人口管理干部学院学报》2008 年第 1 期。

石智雷:《计划生育政策对家庭发展能力的影响及其政策含义》,《公共管理学报》2014 年第 4 期。

邵希言、赵仲杰:《北京城区首批独生子女家庭养老风险及规避对策研究》,《中国人口·资源与环境》2016 年第 S1 期。

山娜:《关注一孩政策后续效应:老年人晚年照料意愿及其影响因素分析》,《南方人口》2016 年第 4 期。

宋雅君:《上海第一代独生子女父母对于个人未来养老方式的预估及影响因素研究》,《浙江学刊》2017 年第 2 期。

宋健:《再论"四二一"结构:定义与研究方法》,《人口学刊》2010 年第 3 期。

宋健:《"四二一"结构家庭的养老能力与养老风险——兼论家庭安全与和谐社会构建》,《中国人民大学学报》2013 年第 5 期。

宋健、黄菲:《中国第一代独生子女与其父母的代际互动——与非独生子女的比较研究》,《人口研究》2011 年第 3 期。

沈苏燕、李放、谢勇:《中青年农民养老意愿及影响因素分析——基于南京五县区的调查数据》,《农业经济问题》2009 年第 11 期。

沈浩云、王科庆:《老年疾病护理中常见问题与建议》,《中医药管理杂志》2017 年第 16 期。

孙鹃娟:《中国老年人的居住方式现状与变动特点——基于"六普"和"五普"数据的分析》,《人口研究》2013 年第 6 期。

孙鹃娟、沈定:《中国老年人口的养老意愿及其城乡差异——基于中国老年社会追踪调查数据的分析》,《人口与经济》2017 年第 2 期。

孙鹃娟、冀云:《家庭"向下"代际支持行为对城乡老年人心理健康的影响——兼论认知评价的调节作用》,《人口研究》2017 年第 6 期。

孙涛:《儒家孝道影响下代际支持和养老问题的理论研究》,《山东社会科学》2015 年第 7 期。

孙涛、黄少安：《非正规制度影响下中国居民储蓄、消费和代际支持的实证研究——兼论儒家文化背景下养老制度安排的选择》，《经济研究》2010 年第 S1 期。

孙薇薇：《代际支持对城市老年人精神健康的影响》，《中国社会保障》2010 年第 3 期。

孙晓冬、张骏：《城乡丧偶老年人的精神健康：基于社会支持的研究》，《宁夏社会科学》2021 年第 1 期。

苏桦、张丹霞、董时广等：《社区空巢老人抑郁孤独状况与幸福感及生存质量干预研究》，《中国预防医学杂志》2016 年第 8 期。

申亚民、吴润：《陕西人口、资源、环境与可持续发展实证分析》，《理论导刊》2004 年第 10 期。

陶涛、刘雯莉：《独生子女与非独生子女家庭老年人养老意愿及其影响因素研究》，《人口学刊》2019 年第 4 期。

陶裕春、申昱：《社会支持对农村老年人身心健康的影响》，《人口与经济》2014 年第 3 期。

陶涛、杨凡：《计划生育政策的人口效应》，《人口研究》2011 年第 1 期。

唐利平、风笑天：《第一代农村独生子女父母养老意愿实证分析——兼论农村养老保险的效用》，《人口学刊》2010 年第 1 期。

唐钧：《中国有多少失能老人》，《中国社会保障》2016 年第 12 期。

谭琳：《新"空巢"家庭——一个值得关注的社会人口现象》，《人口研究》2002 年第 4 期。

谭远发、权力：《子女数量与质量对老年人主观幸福感的影响》，《西部发展研究》2020 年第 1 期。

谭翠莲、罗序亮、李琴：《丧偶对中国老年人抑郁状况的影响分析——基于 CHARLS 数据》，《南方人口》2021 年第 3 期。

田雪原：《人口、经济、环境的可持续发展》，《中国社会科学》1996 年第 2 期。

田雪原：《"未富先老"视角的人口老龄化》，《南方人口》2010 年第 2 期。

吴帆：《中国流动人口家庭的迁移序列及其政策涵义》，《南开学报(哲学社会科学版)》2016 年第 4 期。

吴帆、尹新瑞：《中国三代家庭代际关系的新动态：兼论人口动力学因素的影响》，《人口学刊》2020 年第 4 期。

吴小英：《流动性：一个理解家庭的新框架》，《探索与争鸣》2017 年第 7 期。

吴振云：《老年心理健康的内涵、评估和研究概况》，《中国老年学杂志》2003 年第

12 期。

吴振云、李娟、许淑莲：《不同养老方式下老年人心理健康状况的比较研究》，《中国老年学杂志》2003 年第 11 期。

吴伟、周钦：《房价与中老年人居住安排——基于 CHARLS 两期面板数据的实证分析》，《财经科学》2019 年第 12 期。

王萍、李树茁：《中国农村老人与子女同住的变动研究》，《人口学刊》2007 年第 1 期。

王萍、李树茁：《代际支持对农村老年人生活满意度影响的纵向分析》，《人口研究》2011 年第 1 期。

王萍、李树茁：《代际支持对农村老人生活自理能力的纵向影响》，《人口与经济》2011 年第 2 期。

王萍、潘霜、王静等：《家庭结构变动对农村老年人死亡风险的年龄差异影响》，《人口研究》2020 年第 6 期。

王萍、张雯剑、王静：《家庭代际支持对农村老年人心理健康的影响》，《中国老年学杂志》2017 年第 19 期。

伍海霞：《城市第一代独生子女父母的社会养老服务需求——基于五省调查数据的分析》，《社会科学》2017 年第 5 期。

伍海霞：《城市第一代独生子女父母的养老研究》，《人口研究》2018 年第 5 期。

伍海霞：《城市第一代独生子女家庭亲子代际经济流动分析》，《人口与发展》2018 年第 5 期。

伍海霞：《照料孙子女对城市第一代老年独生子女父母养老支持的影响》，《社会科学》2019 年第 4 期。

伍海霞、王广州：《独生子女家庭亲子居住特征研究》，《中国人口科学》2016 年第 5 期。

王学义、张冲：《农村独生子女父母养老意愿的实证分析——基于四川省绵阳市、德阳市的调研数据》，《农村经济》2013 年第 3 期。

王跃生：《中国传统社会家庭的维系与离析》，《社会学研究》1993 年第 1 期。

王跃生：《中国家庭代际关系的理论分析》，《人口研究》2008 年第 4 期。

王跃生：《农村家庭代际关系理论和经验分析——以北方农村为基础》，《社会科学研究》2010 年第 4 期。

王跃生：《城市第一代独生子女家庭代际功能关系及特征分析》，《开放时代》2017 年第 3 期。

王跃生:《社会变革中的家庭代际关系变动、问题与调适》,《中国特色社会主义研究》2019 年第 3 期。

王树新、赵智伟:《第一代独生子女父母养老方式的选择与支持研究——以北京市为例》,《人口与经济》2007 年第 4 期。

王树新、张戈:《我国城市第一代独生子女父母养老担心度研究》,《人口研究》2008 年第 4 期。

王磊:《第一代独生子女婚后居住模式——基于江苏省的经验研究》,《南方人口》2012 年第 4 期。

王宁:《个体主义与整体主义对立的新思考——社会研究方法论的基本问题之一》,《中山大学学报(社会科学版)》2002 年第 2 期。

王秀银、胡丽君、于增强:《一个值得关注的社会问题:大龄独生子女意外伤亡》,《中国人口科学》2001 年第 6 期。

王茂福、谢勇才:《失独群体的社会保障问题探析——以北京模式为例》,《兰州学刊》2013 年第 7 期。

王广州:《中国独生子女总量结构及未来发展趋势估计》,《人口研究》2009 年第 1 期。

王庆荣:《独生子女父母养老存在的问题及解决的思路——基于上海市闵行区独生子女父母的调查》,《法制与社会》2007 年第 3 期。

王积超、方万婷:《什么样的老人更幸福?——基于代际支持对老年人主观幸福感作用的分析》,《黑龙江社会科学》2018 年第 5 期。

王建辉、安思琪、陈长香:《高龄失能老年人身心健康状况的支持体系》,《中国老年学杂志》2018 年第 14 期。

王净、刘定刚、肖瑶:《失能老人对家庭照护者的不利影响及对策》,《中国老年学杂志》2018 年第 15 期。

王珊、陈欧、赵妹等:《中国老年人自杀意念发生率的 Meta 分析》,《护理研究》2020 年第 5 期。

王金水、许琪:《居住安排、代际支持与老年人的主观福祉》,《社会发展研究》2020 年第 3 期。

王金水、许琪、方长春:《谁最能从社会参与中受益?——社会参与对老年人精神健康的异质性影响分析》,《人口与发展》2021 年第 4 期。

王雪辉、彭聪:《老年人社会经济地位对健康的影响机制研究——兼论生活方式、公共服务和社会心理的中介效应》,《中国卫生政策研究》2020 年第 3 期。

王金营:《1990~2000 年中国生育模式变动及生育水平估计》,《中国人口科学》2003 年第 4 期。

王金营:《中国计划生育政策的人口效果评估》,《中国人口科学》2006 年第 5 期。

王金营、杨磊:《中国人口转变、人口红利与经济增长的实证》,《人口学刊》2010 年第 5 期。

王桂新:《生育率下降与计划生育政策的作用——对我国实行计划生育政策的认识与思考》,《南京社会科学》2012 年第 10 期。

王桂新:《中国人口流动与城镇化新动向的考察——基于第七次人口普查公布数据的初步解读》,《人口与经济》2021 年第 5 期。

王广州:《中国独生子女总量结构及未来发展趋势估计》,《人口研究》2009 年第 1 期。

汪伟:《计划生育政策的储蓄与增长效应:理论与中国的经验分析》,《经济研究》2010 年第 10 期。

韦艳、高迎霞、方祎:《关注残独与精准扶助:独生子女伤残家庭生活困境及政策促进研究》,《人口与发展》2019 年第 1 期。

韦克难、许传新:《家庭养老观:削弱抑或强化——来自四川省的实证调查》,《学习与实践》2011 年第 11 期。

魏传光:《中国农村家庭"恩往下流"现象的因果链条分析》,《内蒙古社会科学(汉文版)》2011 年第 6 期。

魏东霞、谌新民:《婚姻对个体精神健康的影响——基于中国健康与养老追踪调查的实证分析》,《西北人口》2017 年第 4 期。

徐海东:《家庭认同的代际差异与变迁趋势探究》,《青年研究》2016 年第 2 期。

徐俊:《农村独生子女父母居住方式及其影响因素分析——以江苏、四川两省为例》,《兰州学刊》2015 年第 10 期。

徐俊:《农村第一代已婚独生子女父母养老意愿实证研究》,《人口与发展》2016 年第 2 期。

徐俊:《农村第一代已婚独生子女父母养老心态及其影响因素分析》,《人口与经济》2016 年第 3 期。

徐俊:《我国农村第一代已婚独生子女父母的养老认识研究》,《华中科技大学学报(社会科学版)》2016 年第 3 期。

徐俊:《我国农村已婚独生子女养老支持及其影响因素研究——以江苏、安徽、四川为例》,《武汉科技大学学报(社会科学版)》2018 年第 3 期。

徐俊、风笑天:《我国第一代独生子女家庭的养老问题研究》,《人口与经济》2011年第5期。

徐俊、风笑天:《独生子女家庭养老责任与风险研究》,《人口与发展》2012年第5期。

徐小平:《城市首批独生子女父母养老方式选择》,《重庆社会科学》2010年第1期。

徐延辉、赖东鹏:《民生风险感知与城市居民的精神健康研究》,《华东师范大学学报(哲学社会科学版)》2021年第2期。

徐延辉、刘彦:《居住环境、社会地位与老年人健康研究》,《厦门大学学报(哲学社会科学版)》2020年第1期。

许琪:《子女需求对城市家庭居住方式的影响》,《社会》2013年第3期。

许琪:《居住安排对中国老年人精神抑郁程度的影响——基于CHARLS追踪调查数据的实证研究》,《社会学评论》2018年第4期。

许琪、王金水:《代际互惠对中国老年人生活满意度的影响》,《东南大学学报(哲学社会科学版)》2019年第1期。

许新鹏:《代际支持、身心健康与老年人生活满意度》,《社会工作与管理》2017年第2期。

许学华、李晓鹏、李菲等:《老年人主观幸福感的影响因素及感恩的调节作用》,《中国老年学杂志》2021年第17期。

夏怡然、苏锦红:《独生子女政策对人力资本水平的影响研究——基于2005年1%人口抽样调查微观数据的实证研究》,《南方人口》2016年第6期。

夏传玲、麻凤利:《子女数对家庭养老功能的影响》,《人口研究》1995年第1期。

向德平、周晶:《失独家庭的多重困境及消减路径研究——基于"风险—脆弱性"的分析框架》,《吉林大学社会科学学报》2015年第6期。

向运华、姚虹:《城乡老年人社会支持的差异以及对健康状况和生活满意度的影响》,《华中农业大学学报(社会科学版)》2016年第6期。

谢勇才、潘锦棠:《从缺位到归位:失独群体养老保障政府责任的厘定》,《甘肃社会科学》2015年第2期。

谢勇才:《老龄化背景下失独家庭养老模式向何处去》,《东岳论丛》2016年第8期。

熊汉富:《独生子女对父母精神赡养的道德责任探析》,《道德与文明》2009年第3期。

邢占军、金瑜:《城市居民婚姻状况与主观幸福感关系的初步研究》,《心理科学》2003 年第 6 期。

尹志刚:《北京城市首批独生子女父母养老方式选择与养老战略思考——依据北京市西城区、宣武区首批独生子女家庭调查数据》,《南京人口管理干部学院学报》2008 年第 2 期。

尹志刚:《我国城市首批独生子女父母养老方式选择与养老模型建构》,《人口与发展》2009 年第 3 期。

乐章、陈璇、风笑天:《城市独生子女家庭养老问题》,《福建论坛(经济社会版)》2000 年第 2 期。

乐国安、王恩界:《国外人口老化理论的心理学研究述评》,《心理科学》2004 年第 6 期。

于长永:《农村独生子女家庭的养老风险及其保障》,《西北人口》2009 年第 6 期。

于长永、乐章:《城镇独生子女家庭的养老风险及其规避》,《社会科学管理与评论》2009 年第 2 期。

杨善华:《"责任伦理"主导下的积极养老与老龄化的社会治理》,《新视野》2019 年第 4 期。

杨静:《新空巢期独生子女与其父母的代际生活互动——与非独生子女的比较研究》,《哈尔滨工业大学学报(社会科学版)》2018 年第 5 期。

原新:《独生子女家庭的养老支持——从人口学视角的分析》,《人口研究》2004 年第 5 期。

原新、金牛:《中国人口红利的动态转变——基于人力资源和人力资本视角的解读》,《南开学报(哲学社会科学版)》2021 年第 2 期。

闫辰聿:《老年人养老规划对家庭消费的影响——基于 CLASS 2016 数据的分析》,《调研世界》2020 年第 11 期。

殷俊、游姣:《子女支持能够提升农村老年人生活满意度吗?》,《华中农业大学学报(社会科学版)》2020 年第 4 期。

尤吾兵:《我国老年人口"精神赡养"的图景勾勒及支持系统构建——基于"年轻人—老年人"综合调查视角》,《云南民族大学学报(哲学社会科学版)》2020 年第 6 期。

鄢盛明、陈皆明、杨善华:《居住安排对子女赡养行为的影响》,《中国社会科学》2001 年第 1 期。

余央央、陈杰:《子女近邻而居,胜于同一屋檐? ——居住安排与中国农村老年人认知健康》,《财经研究》2020 年第 8 期。

叶欣:《中国丧偶老年人居住安排对心理健康的影响研究——基于CHARLS 2015全国追踪调查数据的分析》,《人口与发展》2018年第5期。

叶华、吴晓刚:《生育率下降与中国男女教育的平等化趋势》,《社会学研究》2011年第5期。

姚引妹:《长江三角洲地区农村老年人居住方式与生活质量研究》,《浙江大学学报(人文社会科学版)》2002年第6期。

阎志强、宋淑洁:《老年人口居住安排、健康状况与广东养老机构发展》,《南方人口》2020年第6期。

晏月平、黄美璇、郑伊然:《中国人口年龄结构变迁及趋势研究》,《东岳论丛》2021年第1期。

周德禄:《农村独生子女家庭养老保障的弱势地位与对策研究——来自山东农村的调查》,《人口学刊》2011年第5期。

周皓:《中国人口流动模式的稳定性及启示——基于第七次全国人口普查公报数据的思考》,《中国人口科学》2021年第3期。

周长洪,刘颂,毛京沭等:《农村50岁以上独生子女父母家庭经济状况分析——基于2010年对全国5县的调查》,《人口研究》2011年第5期。

周学馨、刘美华:《我国失独家庭养老体系中机构养老兜底保障作用研究——基于对全国709个失独者调研数据的分析》,《重庆社会科学》2020年第1期。

周沛、周进萍:《独生子女风险及其保障研究》,《社会科学研究》2009年第1期。

周坚、何梦玲:《代际支持对老年人生活满意度的影响——基于CLHLS 2014年数据的实证分析》,《中国老年学杂志》2019年第7期。

周绍斌:《从物质保障到精神保障——老年保障的新趋势》,《福建论坛》2007年第7期。

周榕、李光勤、王娟:《代际居住距离对独居老人孤独感的影响研究——基于2661名城市独居老人的经验分析》,《西北人口》2020年第6期。

钟涨宝、冯华超:《论人口老龄化与代际关系变动》,《北京社会科学》2014年第1期。

钟冬红:《空巢老人的心理问题与社会工作的介入》,《河北能源职业技术学院学报》2009年第4期。

赵仲杰:《城市独生子女伤残、死亡给其父母带来的困境及对策——以北京市宣武区调查数据为依据》,《南京人口管理干部学院学报》2009年第2期。

赵仲杰、郭春江:《社会支持理论视阈下农村失独家庭困境应对策略——基于川渝两地的调研》,《理论月刊》2020 年第 1 期。

赵莉莉:《我国城市第一代独生子女父母的生命历程——从中年空巢家庭的出现谈起》,《青年研究》2006 年第 6 期。

赵国庆、姚青松:《年龄结构与经济增长——理论框架与基于中国数据的实证分析》,《上海金融》2018 年第 3 期。

张戈:《我国城市第一代独生子女父母的养老焦虑》,《人口与经济》2008 年第 S1 期。

张必春、江立华:《丧失独生子女父母的三重困境及其扶助机制——以湖北省 8 市调查为例》,《人口与经济》2012 年第 5 期。

张鹏:《家庭照料能力与机构养老意愿实证分析——基于苏州市相城区 52273 位老人的调查》,《当代经济》2016 年第 16 期。

张文娟、纪竞垚:《中国老年人的养老规划研究》,《人口研究》2018 年第 2 期。

张静:《道德权利视阈下我国农村养老保障伦理研究》,《郑州大学学报(哲学社会科学版)》2018 年第 5 期。

张金荣、杨茜:《"后家庭时代的家庭"理论的中国适用性研究》,《社会科学辑刊》2014 年第 3 期。

张宝莹、韩布新:《隔代教养老年人心理健康状况及影响因素研究》,《中国全科医学》2016 年第 7 期。

张海峰、林细细、张铭洪:《子女规模对家庭代际经济支持的影响——互相卸责 or 竞相示范》,《人口与经济》2018 年第 4 期。

张洪美、李秀艳、毕春华:《社区失能老年人照护服务需求调查研究》,《卫生监督管理》2018 年第 20 期。

张曈、赵富才:《失能老人主要居家照顾者的照顾评价、社会支持与心理健康的关系》,《中国健康心理学杂志》2011 年第 5 期。

张丽萍:《老年人口居住安排与居住意愿研究》,《人口学刊》2012 年第 6 期。

张文宏、于宜民:《社会网络、社会地位、社会信任对居民心理健康的影响》,《福建师范大学学报(哲学社会科学版)》2020 年第 2 期。

郑功成:《实施积极应对人口老龄化的国家战略》,《人民论坛·学术前沿》2020 年第 22 期。

郑文风、王素素、吕介民:《逆向代际支持对老年人主观幸福感影响的实证检验——基于 CHARLS 数据的实证分析》,《制度经济学研究》2018 年第 1 期。

郑志丹、郑研辉:《社会支持对老年人身体健康和生活满意度的影响——基于代际经济支持内生性视角的再检验》，《人口与经济》2017 年第 4 期。

郑莉、李鹏辉：《社会资本视角下农村留守老人精神健康的影响因素分析——基于四川的实证研究》，《农村经济》2018 年第 7 期。

曾礼华、何健：《边缘政治的生产：惠民政策背景下社区居民的利益情感与行动取向——以 P 市 S 社区为例》，《晋阳学刊》2013 年第 4 期。

曾宪新：《居住方式及其意愿对老年人生活满意度的影响研究》，《人口与经济》2011 年第 5 期。

朱静辉、朱巧燕：《温和的理性——当代浙江农村家庭代际关系研究》，《浙江社会科学》2013 年第 10 期。

宗雨晴、皋文君、施凤香等：《空巢老人的住院感受及护理需求研究》，《解放军护理杂志》2017 年第 10 期。

翟绍果、王健荣：《社会支持对老年人主观幸福感的影响研究——基于精神健康因素的多重中介效应》，《西北人口》2018 年第 4 期。

《关于加快推进健康与养老服务工程建设的通知》，《劳动和社会保障法规政策专刊》2014 年第 11 期。

《民政部等四部门召开 2019 年全国养老院服务质量建设专项行动动员部署视频会议》，《中国民政》2019 年第 10 期。

中 文 著 作

陈树强：《成年子女照顾老年父母日常生活的心路历程：以北京市 15 个案为基础》，中国社会科学出版社 2003 年版。

陈向明：《质的研究方法与社会科学研究》，教育科学出版社 2000 年版。

董红亚：《中国社会养老服务体系建设研究》，中国社会科学出版社 2011 年版。

风笑天：《独生子女——他们的家庭、教育和未来》，社会科学文献出版社 1992 年版。

风笑天：《社会学研究方法》，中国人民大学出版社 2009 年版。

风笑天：《社会研究：设计与写作》，中国人民大学出版社 2014 年版。

高云鹏、胡军生、肖健：《老年心理学》，北京大学出版社 2013 年版。

化前珍、胡秀英：《老年护理学（第 4 版）》，人民卫生出版社 2017 年版。

梅运彬：《老年残疾人及其社会支持研究——以北京市为例》，武汉理工大学出版社 2010 年版。

潘金洪:《独生子女家庭养老风险研究》,中国社会出版社 2009 年版。

上海财经大学人文学院经济与社会发展研究中心:《上海暨长三角城市社会发展报告 2009—2010——老龄化与社会发展》,上海三联书店出版社 2011 年版。

王小林:《贫困测量理论与方法》,社会科学文献出版社 2012 年版。

向洪、张文贤、李开兴:《人口科学大辞典》,成都科技大学出版社 1994 年版。

阎云翔:《私人生活的变革 一个中国村庄里的爱情、家庭与亲密关系:1949—1999》,龚晓夏译,上海书店出版社 2006 年版。

阎云翔:《中国社会的个体化》,上海译文出版社 2012 年版。

赵秋成:《中国农村养老服务体系建设研究》,清华大学出版社 2016 年版。

赵仲杰:《北京城区独生子女家庭的养老问题研究》,知识产权出版社 2012 年版。

[美]C.赖特·米尔斯:《社会学的想象力》,李康译,北京师范大学出版社 2017 年版。

[美]麦克斯维尔:《质性研究设计》,陈浪译,中国轻工业出版社 2008 年版。

[法]埃米尔·迪尔凯姆:《自杀论》,冯韵文译,商务印书馆 2011 年版。

《2020 年第七次全国人口普查主要数据》,中国统计出版社 2021 年版。

《马克思恩格斯选集》(第一卷),人民出版社 2012 年版。

《中国统计年鉴 2009》,中国统计出版社 2009 年版。

《中国统计年鉴 2019》,中国统计出版社 2019 年版。

《中国统计年鉴 2020》,《中国统计出版社》2020 年版。

《中国统计年鉴 2021》,中国统计出版社 2021 年版。

《上海统计年鉴 2020》,中国统计出版社 2020 年版。

外 文 期 刊

Beate, S., Isabelle, A., Gisela, T., et al., "Intergenerational Support and Life Satisfaction: A Comparison of Chinese, Indonesian, and German Elderly Mothers", *Journal of Cross-Cultural Psychology*, Vol.41, No.5-6(2010), pp.706-722.

Broadbent, K., "I'd Rather Work in a Supermarket: Privatization of Home Care Work in Japan", *Work, Employment and Society*, Vol.28, No.5(2014), pp.702-717.

Cui Rui, Yu Jiani & Zhu Yuxia, "Research on Endowment Rural Only Child", *Studies in*

Asian Social Science, Vol.2, No.1(2015), pp.19-23.

Cao, X., Yang, C., Wang, D., "The Impact on Mental Health of Losing an Only Child and the Influence of Social Support and Resilience", *OMEGA—Journal of Death and Dying*, Vol.80, No.4(2020), pp.1-19.

Cao, W.M., Li, L., Zhou, X.D., et al., "Social Capital and Depression: Evidence from Urban Elderly in China", *Aging & Mental Health*, Vol.19, No.5(2015), pp.418-429.

Cox, D., Rank, M.R., "Inter-Vivos Transfers and Intergenerational Exchange", *The Review of Economics and Statistics*, Vol.74, No.2(1992), pp.305-314.

Cong, Z., Silverstein, M., "Intergenerational Support and Depression Among Elders in Rural China: Do Daughters-In-Law Matter?", *Journal of Marriage and Family*, Vol.70, No.3 (2008), pp.599-612.

Cong, Z., Silverstein, M., "Parents' Preferred Care-givers in Rural China: Gender, Migration and Intergenerational Exchanges", *Ageing and Society*, Vol. 34, No. 5 (2014), pp. 727-752.

Caldwell, J.C., "Towards a Restatement of Demographic Theory", *Population and Development Review*, Vol.2, No.3(1976), pp.321-366.

Chiou, C.J., Chang, H.Y., Chen, I.P., et al., "Social Support and Caregiving Circumstances as Predictors of Caregiver Burden in Taiwan", *Archives of Gerontology and Geriatrics*, Vol.48, No.3(2009), pp.419-424.

Chen, Y.M., Hedrick, S.C., Young, H.M., "A Pilot Evaluation of the Family Caregiver Support Program", *Evaluation and Program Planning*, Vol.33, No.2(2010), pp.113-119.

Chida, Y., Steptoe, A., "Positive Psychological Well-being and Mortality: A Quantitative Review of Prospective Observational Studies", *Psychosomatic Medicine*, Vol.70, No.7(2008), pp.741-756.

Connelly, R., Maurer-Fazio, M., "Left Behind, At-risk, and Vulnerable Elders in Rural China", *China Economic Review*, No.37(2016), pp.140-153.

Chen, F., Short, S.E., "Household Context and Subjective Well-Being Among the Oldest Old in China", *Journal of Family Issues*, Vol.29, No.10(2008), pp.1379-1403.

Diener, E., "Subjective Well-being", *Psychology Bulltin*, Vol. 95, No. 3 (1984), pp. 542-575

Diener, E., Larsen, R.J., Levine, S., et al., "Intensity and Frequency: Dimensions Underlying Positive and Negative Affect", *Journal of Personality & Social Psychology*, Vol.48, No.5

（1985）,pp.1253-1265.

Dresser,L.,"Cleaning and Caring in the Home:Shared Problems? Shared Possibilities?",*Ssrn Electronic Journal*,2008,pp.96-118.

Fassberg,M.M.,et al.,"A Systematic View of Social Factors and Suicidal Behavior in Older Adulthood",*International Journal of Environmental Research and Public Health*,Vol.9,No.3(2012),pp.722-745.

Forster,L.E.,Stoller,E.P.,"The Impact of Social Support on Mortality:A Seven-Year Follow-Up of Older Men and Women",*Journal of Applied Gerontology*,Vol.11,No.2(1992),pp.173-186.

Fyrand,L.,"Reciprocity:A Predictor of Mental Health and Continuity in Elderly People's Relationships? A Review",*Current Gerontology and Geriatrics Research*,No.4(2010),pp.1-14.

Gee,E.M.,"Living Arrangements and Quality of Life Among Chinese Canadian Elders",*Social Indicators Research*,Vol.51,No.3(2000),pp.309-329.

Henretta,J.C.,Van Voorhis,M.F.,Soldo,B.J.,"Cohort Differences in Parental Financial Help to Adult Children",*Demography*,Vol.55,No.4(2018),pp.1567-1582.

Han,W.J.,Li Y.,Whetung,C.,"Who We Live With and How We Are Feeling:A Study of Household Living Arrangements and Subjective Well-Being Among Older Adults in China",*Research on Aging*,Vol.43,No.9-10(2021),pp.388-402.

Hughes,M.E.,Waite,L.J.,"Health in Household Context:Living Arrangements and Health in Late Middle Age",*Journal of Health & Social Behavior*,Vol.43,No.1(2002),pp.1-21.

Hayslip,B.,Blumenthal,H.,Garner,A.,"Social Support and Grandparent Caregiver Health:One-Year Longitudinal Findings for Grandparents Raising Their Grandchildren",*The Journals of Gerontology Series B,Psychological Sciences and Social Sciences*,Vol.70,No.5(2015),pp.804-812.

Hwang,E.J.,Sim,I.O.,"Association of Family Type with Happiness Attributes Among Older Adults",*BMC Geriatrics*,Vol.21,No.1(2021),pp.100.

Jiang,Q.B.,Sanchez-Barricarte,J.J.,"The 4-2-1 Family Structure in China:A Survival Analysis Based on Life Tables",*European Journal of Ageing*,Vol.8,No.2(2011),pp.119-127.

Johnson,E.K.,"The Business of Care:The Morallabour of Care Workers",*Sociology of*

Health & Illness, Vol.37, No.1(2015), pp.112-126.

Jopp, D., Smith, J." Resources and Life-management Strategies as Determinants of Successful Aging: On the Protective Effect of Selection, Optimization, and Compensation", *Psychology and Aging*, Vol.21, No,2(2006), pp.253-265.

Krause, N., Liang, J., Gu, S.Z., " Financial Strain, Received Support, Anticipated Support, and Depressive Symptoms in the People's Republic of China", *Psychology and Aging*, Vol.13, No.1(1998), pp.58-68.

Krause, N., "Understanding the Stress Process: Linking Social Support with Locus of Control Beliefs", *Journal of Gerontology*, No.6(1987), pp.589-593.

Knodel, J., Friedman, J., Anh, S.T., et al., "Intergenerational Exchanges in Vietnam: Family Size, Sex Composition, and the Location of Children", *Population Studies*, Vol.54, No.1 (2000), pp.89-104.

Kozma, A., Stones, M.J., "The Measurement of Happiness: Development of the Memorial University of Newfoundland Scale of Happiness (munsh)", *Journal of Gerontology*, No.6 (1980), pp.906-912.

Klemm, P.R., Hayes, E.R., Diefenbeck, C.A., et al., "Online Support for Employed Informal Caregivers Psychosocial Outcomes", *Computers, Informatics*, Vol.32, No.1(2014), pp. 10-20.

Koopmans, T.A., Geleijnse, J.M., Zitman, F.G., et al., "Effects of Happiness on All-Cause Mortality During 15 Years of Follow-Up: The Arnhem Elderly Study", *Journal of Happiness Studies*, Vol.11, No.1(2010), pp.113-124.

Lee, S., Kawachi, I., Colditz, G., et al., "Caregiving to Children and Grandchildren and Risk of Coronary Heart Disease in Women", *American Journal of Public Health*, Vol.93, No, 11(2003), pp.1939-1944.

Li, Y., "Who Will Care for the Health of Aging Chinese Parents Who Lose Their Only Child? Areview of the Constraints and Implications", *International Social Work*, Vol.61, No.1 (2018), pp.40-50.

Light, R.J., "Investigating Health and Subjective Well-Being: Methodological Challenges", *The International Journal of Aging & Human Development*, Vol.19, No.2(1985), pp. 167-172.

Lee, E.-K.O., Brennan, M., "Stress Constellations and Coping styles of older Adults with Age-Relate Visual Impairment", *Health and Social Work*, No.32(2006), pp.289-299.

McCulloch, B.J., "The Relationship of Intergenerational Reciprocity of Aid to the Morale of Older Parents: Equity and Exchange Theory Comparisons", *Journal of Gerontology*, Vol.45, No.4(1990), pp.150-155.

Mastekaasa, A., "Marriage and Psychological Well-Being: Some Evidence on Selection into Marriage", *Journal of Marriage & Family*, Vol.54, No.4(1992), pp.901-911.

Maruyama, S., "The effect ofcoresidence on parental health in Japan", *Journal of the Japanese and International Economies*, No.35(2015), pp.1-22.

Muhammad, T., Srivastava, S., "Why Rotational Living Is Bad for Older Adults? Evidence from a Cross-Sectional Study in India", *Journal of Population Ageing*, No.15(2022), pp.61-78.

Michael, Y.L., Berkman, L.F., Colditz, G.A., et al., "Living Arrangements, Social Integration, and Change in Functional Health Status", *American Journal of Epidemiology*, No.2 (2001), pp.123-131.

Okamoto, K., Harasawa, Y., "Emotional Support from Family Members and Subjective Health in Caregivers of the Frail Elderly at Home in Japan", *Archives of Gerontology & Geriatrics*, Vol.49, No.1(2009), pp.138-141.

Rong, C., Wan, D., Xu, C., et al., "Factors Associated with Preferences for Elderly Care Mode and Choice of Caregivers Among Parents Who Lost Their Only Child in a Central China City", *Geriatrics & Gerontology International*, Vol.20, No.2(2020), pp.1-6.

Reinhardt, J.P., Blieszner, R., "Predictors of Perceived Support Quality in Visually Impaired Elders", *Journal of Applied Gerontology*, No.3(2000), pp.345-362.

Sun, R., "Old Age Support in Contemporary Urban China from Both Parents' and Children's Perspectives", *Research on Aging*, Vol.24, No.3(2002), pp.337-359.

Szinovacz, M.E., "Contexts and Pathways: Retirement as Institution, Process, and Experience", in *Retirement: Reasons, Processes, and Results*, Adams, G.A., Beehr, T.A., New York: Springer Publishing Company, 2003, pp.6-52.

Silverstein, M., Bengtson, V.L., "Does Intergenerational Social Support Influence the Psychological Well-being of Older Parents? The Contingencies of Declining Health and Widowhood", *Social Science and Medicine*, Vol.38, No.7(1994), pp.943-957.

Silverstein, M., Cong, Z., Li, S., "Intergenerational Transfers and Living Arrangements of Older People in Rural China: Consequences for Psychological Well-being", *The Journals of Gerontology Series B, Psychological Sciences and Social Sciences*, Vol.61B, No.5(2006), pp.

S256-S266.

Srivastava, S., Muhammad, T., "In Pursuit of Happiness: Changes in Living Arrangement and Subjective Well-Being among Older Adults in India", *Journal of Population Ageing*, No. 2(2021), pp.459-475.

Thompson, E., Whearty, P., "Older Men's Social Participation: the Importance of Masculinity Ideology", *Journal of Men's Studies*, Vol.13, No.1(2004), pp.5-24.

Thomas, P.A., "Is it better to give or to receive? Social Support and the Well-being of Older Adults", *The Journals of Gerontology Series B, Psychological Sciences and Social Sciences*, No.3(2010), pp.351-357.

Wang, H.Y., Chaiyawat, W., Yunibhand, J., "Struggling to Live a New Normal Life Among Chinese Women After Losing an Only Child: A Qualitative Study", *International Journal of Nursing Sciences*, Vol.8, No.1(2021), pp.43-50.

Wang, N., Hu, Q., "It Is not Simply the Loss of a Child: The Challenges Facing Parents Who Have Lost Their Only Child in Post-reproductive Age in China", *Death Studies*, No.1 (2019), pp.1-10.

Wang, C.W., Chan, C., Yip P., "Suicide Rates in China from 2002 to 2011: An Update", *Social Psychiatry & Psychiatric Epidemiology*, Vol.49, No.6(2014), p.929.

Yin, Q., Shang, Z., Zhou, N.et al., "An Investigation of Physical and Mental Health Consequences Among Chinese Parents Who Lost Their Only Child", *Bmc Psychiatry*, Vol.18, No.1, pp.45-53.

Yu, G., Lenny, C-H., Yu, F., et al., "Exploring the Lived Experience of Older Chinese 'Shidu' Parents Who Lost Their Only Child: A Phenomenology Study", *Culture & Psychology*, Vol.26, No.4(2020), pp.837-849.

Zheng, Y.Q., Lawson, T.R., Head, B.A., "'Our Only Child Has Died'—A Study of Bereaved Older Chinese Parents", *OMEGA-Journal of Death and Dying*, Vol.74, No.4(2015), pp.410-425.

Zhou, N.N., Yu, W., Huang, H., et al., "Latent Profiles of Physical and Psychological Outcomes of Bereaved Parents in China Who Lost Their Only Child", *European Journal of Psychotraumatology*, Vol.9, No.1(2018), pp.1-10.

Zhang, Y.D., Jia, X.M., "The Effect of Autobiographical Memory Function on Depression and Anxiety in Chineseshiduers(Parents Who Have Lost Their Only Child): The Moderating Role of Familistic Emotion", *Death Studies*, Vol.45, No.4(2021), pp.273-281.

Zhang, W., Chen, M., "Psychological Distress of Older Chinese: Exploring the Roles of Activities, Social Support, and Subjective Social Status", *Journal of Cross-cultural Gerontology*, Vol.29, No.1(2014), pp.37-51.

Zachary, Z., Toshiko, K., Tang, Z., et al., "Explaining Late Life Urban vs. Rural Health-Discrepancies in Beijing", *Social Forces*, Vol.88, No.4(2010), pp.1885-1908.

Zhong, B.L., Liu, T.B., Chiu, H.F.K., et al., "Prevalence of Psychological Symptoms in Contemporary Chinese Rural-to-urban Migrant Workers: An Exploratory Meta-analysis of Observational Studies Using the SCL-90-R", *Social Psychiatry & Psychiatric Epidemiology*, Vol.48, No.10(2013), pp.1569-1581.

外 文 著 作

Goode, W.J., *World Revolution and Family Patterns*, New York: Free Press, 1963, p.26.

Rowntree, B.S., *Poverty: A Study of Town Life*, Bristol: Policy Press, 1901, p.328.

Pfeffer, J., Salancik, G., *The External Control of Organization: A Resource Dependence Perspective*, New York: Haper&Row Publishers, 1978, pp.43-47.

Urie Bronfenbrennr, *The Ecology of Human Development: Experiments by Nature and Design*, Cambridge: Harvard University Press, 1979.

电 子 文 献

中华人民共和国民政部:《2021 年 4 季度民政统计数据》,2022 年 3 月 18 日,见 https://www.mca.gov.cn/mzsj/tjjb/2021/202104qgsj.html。

《2021 年国民经济和社会发展统计公报》,2022 年 2 月 28 日,见 http://www.stats.gov.cn/xxgk/sjfb/zxfb2020/202202/t20220228_1827971.html。

清华大学经济管理学院、同方全球人寿保险有限公司:《2019 中国居民退休准备调研指数报告》2019 年 11 月 15 日,见 https://www.sem.tsinghua.edu.cn/__local/8/1D/92/294853BFF50DA4F3E76B38502A3_1CBD5164_31511B7.pdf? e=.pdf。

国家统计局:《第七次全国人口普查公报(第二号)》2021 年 5 月 11 日,见 http://www.stats.gov.cn/sj/zxfb/202302/t20230203_1901082.html。

国家统计局北京调查总队:《北京市 2019 年国民经济和社会发展统计公报》2020

年 3 月 2 日，见 http://www.beijing.gov.cn/zhengce/zhengcefagui/202003/t20200302_1673464.html。

南京市统计局：《南京市 2019 年国民经济和社会发展统计公报》2020 年月 13 日，见 http://tjj.nanjing.gov.cn/bmfw/njsj/202201/t20220107_3256241.html。

郑州市统计局：《2019 年郑州市国民经济和社会发展统计公报》，2020 年 4 月 3 日，见 http://tjj.zhengzhou.gov.cn/tjgb/3112732.jhtml。

国家统计局佛山调查队.：《2019 年佛山市国民经济和社会发展统计公报》，2020 年 3 月 16 日，见 http://www.foshan.gov.cn/attachment/0/139/139694/4207257.pdf。

绵阳市统计局.：《2019 年绵阳市国民经济和社会发展统计公报》，2020 年 4 月 2 日，见 http://tjj.my.gov.cn/tjgb/24415981.html。

朱华：《长沙老年人现状调查：精神渴望远超物质需求》，2015 年 10 月 19 日，见 https://www.icswb.com/h/152/20151019/357858_m.html。

中华人民共和国住房和城乡建设部：《无障碍设计规范（GB50763-2012）》，2012 年 3 月 30 日，见 http://zjj.ahsz.gov.cn/download/5bbe97c7b760b4e97150fcb8。

《未育抱养子女和独子或者双女家庭的区别》，2017 年 12 月 13 日，见 http://xfj.sc.gov.cn/scszmail/public/detail/4be47985d3684a48b0cf8bc133086114。

上海市人民政府：《关于印发修订后的〈上海市计划生育奖励与补助若干规定〉的通知》，2011 年 6 月 1 日，见 https://www.shanghai.gov.cn/nw26275/20200820/0001-26275_28037.html。

重庆市人力资源和社会保障局重庆市财政局：《关于建立城乡居民基本养老保险待遇确定和基础养老金正常调整机制的实施意见》，2019 年 9 月 26 日，见 https://rlsbj.cq.gov.cn/zwgk_182/zfxxgkml/zcwj_145360/jfxzgfxwj/202004/t20200403_6970674.html。

吉林省人民政府：《关于印发吉林省城镇计划生育家庭独生子女父母退休后奖励实施意见的通知》，2004 年 4 月 12 日，见 http://xxgk.jl.gov.cn/szf/gkml/201812/t20181204_5347568.html。

广州市人民政府：《广州市人民政府办公厅关于印发广州市独生子女父母计划生育奖励办法的通知》，2019 年 12 月 24 日，见 https://www.gz.gov.cn/zwgk/fggw/sfbgtwj/content/post_4758396.html。

湖北省人民政府办公厅：《转发省人口计生委等部门关于落实企业退休职工计划生育奖励政策实施方案的通知》，2007 年 11 月 22 日，见 http://www.hubei.gov.cn/zfwj/ezbf/201112/t20111207_1712608.shtml。

《第四次中国城乡老年人生活状况抽样调查成果发布》，2016 年 10 月 10 日，见

http://old.cnr.cn/2016csy/gundong/20161010/t20161010_523186698.shtml。

《姚义贤介绍我省对独生子女父母家庭的奖励政策》,2007 年 11 月 22 日,见 https://www.sc.gov.cn/10462/10910/12828/12830/2013/12/20/10288973.shtml? from = singlemessage。

四川省人力资源和社会保障厅四川省财政厅:《关于机关事业单位养老保险制度改革后调整部分工作人员原退休费加发政策的通知》,2017 年 2 月 14 日,见 http://rsj. luzhou.gov.cn/Upload/rsj/%7BMime%7D/2017/11/17/201711170955567580.pdf。

湖南省人民政府:《关于印发湖南省完善城镇独生子女父母奖励办法若干规定的通知》,2014 年 9 月 3 日,见 http://www.hunan.gov.cn/hnszf/szf/hnzb_18/2014_18/2014nd16q_18/szfwj_98168_18/201409/t20140903_4700987.html。

河南省卫生计生委、河南省财政厅:《关于实施城镇独生子女父母奖励扶助制度的通知》,2015 年 3 月 30 日,见 https://wsjkw.henan.gov.cn/2021/08-23/2298806.html。

重庆市劳动局:《关于印发重庆市企业职工基本养老保险实施办法若干政策问题的处理意见的通知》,2015 年 12 月 19 日,见 https://rlsbj.cq.gov.cn/zwgk_182/zfxxgkml/zcwj_145360/jfxzgfxwj/201512/W020230214610915142042.pdf。

《河南省人大常委会审议通过〈河南省老年人权益保障条例〉》,2018 年 8 月 6 日,见 https://www.mca.gov.cn/n152/n168/c76640/content.html。

重庆市人民政府:《关于印发〈重庆市企业职工基本养老保险实施办法〉的通知》,2021 年 2 月 26 日,见 http://rlsbj.cq.gov.cn/zwgk_182/fdzdgknr/lzyj/xzgfxwj_1/szfg-fxwj/202102/t20210226_8944799.html。

《老年人高龄津贴、服务补贴和护理补贴制度基本覆盖全国》,2019 年 1 月 4 日,见 http://china.cnr.cn/news/20190104/t20190104_524470622.shtml。

《养老政策新思路:从"机构为支撑"到"机构为补充"》,2015 年 11 月 3 日,见 http://www.gov.cn/zhengce/2015-11/03/content_2959628.htm。

中华人民共和国民政部:《2019 年民政事业发展统计公报》,2022 年 6 月 21 日,见 http://images3.mca.gov.cn/www2017/file/202009/1601261242921.pdf。

国务院:《关于印发"十三五"国家老龄事业发展和养老体系建设规划的通知》,2017 年 3 月 6 日,见 http://www.gov.cn/zhengce/content/2017-03/06/content_5173930.htm。

《中华人民共和国老年人权益保障法》,2018 年 12 月 29 日,见 http://gkml. xiaogan.gov.cn/c/alsmzj/ylfw/218083.jhtml。

《中共中央　国务院关于加强新时代老龄工作的意见》,2021 年 11 月 24 日,见 http://www.gov.cn/zhengce/2021-11/24/content_5653181.htm。

报　　纸

《老人精神慰藉如何走进社区？听听专家怎么说》,《北京晚报》2017 年 6 月 12 日。

博　硕　论　文

黎秋菊:《独生子女家庭老年人养老准备及其对养老压力的影响研究》,博士学位论文,浙江大学,2018 年。

附录一　城镇养老状况调查问卷

问卷编号：＿＿＿＿＿／ID001／

城镇养老状况调查

您好！我是"城镇养老状况调查"课题组的社会访问员。我们随机选中您作为访问对象，想了解您本人及养老方面的情况，以助于政府制定措施来改善老年人的生活质量。问卷内容只求真实，没有对错之分，所收集的信息只用于研究，不作他用。感谢您的支持！

受访者姓名：＿＿＿＿＿＿＿＿＿＿＿＿＿＿＿＿／ID002／

联系电话：＿＿＿＿＿＿＿＿＿＿＿＿／ID003／

访问时间：＿＿＿＿ ID004 月 ＿＿＿＿ ID005 日 ＿＿＿＿ ID006 时 ＿＿＿＿
ID007 分

访问地点：＿＿＿＿＿＿＿＿＿＿＿＿＿＿＿＿＿＿＿ID008

国家社会科学基金项目"城镇养老状况调查"课题组
2019 年 12 月

过滤部分【该部分必须由访问员问答】

T1 执行城市(访问员直接记录):【单选】

1. 北京市	2. 南京市	3. 郑州市	4. 佛山市	5. 绵阳市

T2 您的性别(访问员直接记录):【单选】

1. 男	2. 女

T3 您是哪一年出生的? _____年(限 1939—1969 年,50—80 岁)

T4 您家里第一个孩子(包括收养子女)是哪一年出生的?【单选】

1. 1986 年之后(小于 33 岁)【结束访问】
2. 1976 年之前(大于 43 岁)【结束访问】
3. 1976 年至 1986 年之间(33—43 岁),具体出生于_____年【继续访问】
4. 一直没有小孩【结束访问】

T5 在您家里第一个孩子(包括收养子女)出生时,您具有城镇户口吗?
【单选】

1. 是【继续访问】	2. 否【结束访问】

T6【T6=0,跳至 A2】您现在共有_____个子女(包括收养子女)(目前无子女的填"0",后续关于子女的问题都不答;独生子女父母包括只生育一个孩子、只收养一个孩子、失独等三种情况)

一、基本情况

A1 关于您的子女的基本情况,请回答(将答案序号填入相应空格,有几个子女就填几个子女的情况,目前无子女的不答)。

	a 性别	b 文化水平	c 婚姻状况	d 生育情况	e 就业情况	f 是否买房	g 与您之间的距离
【逐一单选】	1. 男 2. 女	1. 本科及以上 2. 本科以下	1. 在婚 2. 不在婚	1. 已生育 2. 未生育	1. 有工作 2. 无工作	1. 是 2. 否	1. 同住 2. 同一个城区 3. 同一个城市 4. 同一个省 5. 不同省 6. 国外
1. 老大							
2. 老二							
3. 老三							
4. 老四							

A2 您的民族:【单选】

1. 汉族	2. 少数民族

A3 您是否信仰宗教?【单选】

1. 是	2. 否

A4 您的受教育程度:【单选】

1. 小学及以下	2. 初中	3. 高中	4. 中专/中技/高职	5. 大专	6. 大学本科及以上

A5 您的婚姻状况:【单选】

1. 在婚(包括第一次婚姻、再婚、复婚、同居)	2. 离异	3. 丧偶

* 在婚(包括第一次婚姻、再婚、复婚、同居等)视为有配偶。离异、丧偶的视为无配偶。

A6 您现在需要帮子女带小孩吗?（无子女的不答)【单选】

1. 需要	2. 不需要

A7 您的配偶现在需要帮子女带小孩吗?（无子女的不答;无配偶的不答)【单选】

1. 需要	2. 不需要

A8 您自己的父母还健在吗?【单选】

1. 父母均过世	2. 父母均健在	3. 仅父亲健在	4. 仅母亲健在

A9 目前您居住在哪里:【单选】

1. 自己或子女家里	2. 亲戚或朋友家里	3. 养老机构(如养老院等)
4. 部分时间在家住(含 1 和 2 两种情况),部分时间在养老机构住(如老人日托中心)		5. 其他

A10 目前与您居住在一起的主要有哪些人?（可多选）

1. 独自居住 【互斥】	2. 配偶	3. 未婚儿子	4. 未婚女儿	5. 已婚儿子	6. 已婚女儿	7. 孙子女	8. 保姆	9. 其他(在养老机构住选其他)

二、劳动参与

B1 您亲身经历过下列事情吗?（可多选）

1. 饥饿	2. 被动辍学	3. 上山下乡	4. 上大学	5. 晋升为正科级以上领导干部	6. 下岗失业	7. 下岗再就业	8. 提前退休	9. 无

B2 您工作时间最长的工作单位属于:【单选】

1. 政府机关	2. 事业单位	3. 国有企业	4. 集体企业	5. 民营/私营企业	6. 外企	7. 自营公司	8. 自由职业	9. 个体经济	10. 非政府/非营利组织	11. 其他

B3 您是否已经退休?【单选】

1. 是,已退休_____年(不足 1 年,填 0.5)	2. 否(跳过 B4 —B14,从 C1 回答;跳至 C1)

B4 退休前您的岗位属于:【单选】

1. 干部/管理人员	2. 专业技术人员	3. 工人	4. 职员	5. 以工代干(工人身份享受干部待遇)	6. 其他(未上班选其他)

B5 您退休后是否愿意再就业?【单选】

1. 很不想	2. 不太想	3. 说不准	4. 比较想	5. 很想

B6 实际上您退休后再就业了吗?【单选】

1. 是	2. 否(跳过 B7—B14,从 C1 回答;跳至 C1)

B7 您退休后再就业的工作性质?【单选】

1. 长期固定工作	2. 临时性工作	3. 季节性工作	4. 其他

B8 您退休后的再就业是否签订劳动合同?【单选】

1. 是	2. 否

B9 您再就业找工作时是否得到了他人的帮助?【单选】

1. 是	2. 否(跳过 B10,从 B11 回答)

B10 您再次就业时得到了哪些方面的帮助?(可多选)

1. 子女	2. 亲友	3. 政府	4. 社区	5. 前同事	6. 其他

B11 您是通过哪种途径实现再就业?【单选】

1. 朋友亲属介绍	2. 社区的就业培训	3. 组织机构帮助求职	4. 自己寻找	5. 退休返聘	6. 其他

B12 您退休后再就业_____年(不满一年的填"0.5",限 30)。

亲朋好友对您再就业的态度(请在最符合您的实际情况的选项下打"√",无相关人员的不答)【逐一单选】	1. 非常反对	2. 比较反对	3. 说不准	4. 比较支持	5. 非常支持
B13 配偶(无配偶的不答,有同居伴侣的算有配偶)					
B13a 子女(无子女的不答)					
B13b 亲友					

B14 对于退休后再就业,您同意下列说法吗?(请在最符合您的实际情况的选项下打"√")【逐一单选】	1. 很不同意	2. 不太同意	3. 一般	4. 比较同意	5. 很同意
1. 会因为经济因素选择再就业					
2. 再就业单位的福利待遇好、工作环境舒适安全很重要					
3. 再就业工作的稳定性很重要					
4. 同事之间友好和谐的工作气氛很重要					
5. 部门团队建设工作很重要					
6. 希望自己的知识技能在退休后还有用处,能够实现自己的价值、延长自己的职业生涯					
7. 退休后继续工作是对自己的一种挑战					
8. 退休后再就业能继续做贡献很骄傲					

三、经济情况

C1 在过去一年(12 个月),您和您的配偶下列收入是多少?(本人与配偶的一起计算,如没有此项收入就填"0",没有配偶就填本人的情况,在婚或有同居伴侣的算有配偶)	
1. 养老保险金/离退休金	[　　　]元
2. 劳动工资收入(包括再就业工资)	[　　　]元
3. 企业年金收入	[　　　]元
4. 租金	[　　　]元
5. 投资红利(如证券等)	[　　　]元
6. 商业保险分红	[　　　]元
7. 子女给的经济补助(疾病医疗费用除外)(目前无子女的不答)	[　　　]元
8. 子女给的疾病医疗费用补助(目前无子女的不答)	[　　　]元
9. 亲友资助收入	[　　　]元

10. 社会援助收入（如捐款等）	[ ]元
11. 政府救助收入（如低保等）	[ ]元
12. 其他收入	[ ]元

C2 在过去一年（12 个月），您和您的配偶下列消费支出是多少？（本人与配偶的一起计算，如没有此项支出就填"0"，没有配偶就填本人的情况，在婚或有同居伴侣算有配偶）	
1. 日常衣食开支（包括吃饭费用、买衣服等）	[ ]元
2. 日常居住开支（包括水、电、燃气、油费等）	[ ]元
3. 医疗费用开支	[ ]元
4. 文体健身开支	[ ]元
5. 户外旅游开支	[ ]元
6. 机构养老开支	[ ]元
7. 对子女的补贴（包括买房买车等）（目前无子女的不答）	[ ]元
8. 人际交往开支（包括红包、会费、捐款等）	[ ]元
9. 其他开支	[ ]元

C3 在过去一年（12 个月），您是否享有下列各种社会保障？【逐一单选】	有	无	不清楚
1. 城镇职工医疗保险（包括公费医疗、劳保医疗等）			
2. 城镇居民医疗保险			
3. 护理保险			
4. 政府养老服务补贴（服务券、高龄补贴、失能老人护理补贴、困难老年人养老补贴等）			
5. 计划生育家庭奖励扶助金			

C4 您对下列情况感到满意吗?(请在最符合您当前的实际情况的选项下打"√")【逐一单选】	1. 很不满意	2. 不太满意	3. 一般	4. 比较满意	5. 很满意
1. 自己目前的经济收入					
2. 自己目前的财产情况(房产、存款、汽车等)					
3. 自己目前的经济支出					
4. 自己对子女的经济支持(目前无子女者不答)					
5. 子女对自己的经济支持(目前无子女者不答)					
6. 社区养老设施					
7. 社会养老机构及设施					
8. 社会经济保障政策(包括养老保险、医疗保险、社会救助政策、老年人福利政策、残疾人福利政策等)					
9. 子女的婚姻家庭(目前无子女者不答;子女未结婚者不答)					
10. 子女的事业发展(目前无子女者不答)					
11. 家庭亲情与天伦之乐					

四、健康状况

D1 您现在是否患有疾病?【单选】

1. 是	2. 否(跳过 D2,从 D3 开始回答;跳至 D3)

D2 您现在是否患有以下疾病:(可多选)

1. 肺气肿	2. 支气管炎	3. 气管炎	4. 哮喘	5. 慢阻肺	6. 肺大泡	7. 腰间盘突出	8. 脑血栓	9. 脑出血	10. 消化不良
11. 慢性胃炎	12. 胃溃疡	13. 肝炎	14. 慢性贫血	15. 心脏病	16. 高血压	17. 高血脂	18. 前列腺炎	19. 肾炎	20. 糖尿病	21. 其他疾病

D3 您在生活中得到的照料能满足您的需要吗?【单选】

1. 不能满足	2. 能满足(跳过 D4,从 D5 开始作答;跳至 D5)

D4 如果您得到的照料不能满足您的需求,您认为是什么原因:(可多选)

1. 居住附近没有提供服务的机构	2. 提供帮助(服务)的人员太少或素质不高	5. 其他
3. 能提供的帮助(服务)太少或质量不高	4. 费用负担太重	

D5 以下活动您是否需要他人协助完成?(请在符合您当前实际情况的选项打"√")【逐一单选】	1. 完全不需要	2. 部分需要	3. 完全需要
1. 吃饭			
2. 穿脱衣服			
3. 上下床			
4. 上厕所			
5. 洗澡			
6. 室内走动			
7. 做重活			
8. 使用交通工具			
9. 做家务			
10. 打电话			
11. 外出购物			
12. 管理自己的钱物			
13. 就诊用药			

D6 下列事项您需要帮助时,谁有可能帮助您(请在符合自己实际情况的选项打"√",最多选三项)	老伴	子女	孙子女	其他亲属	朋友	保姆或小时工	家庭医生	社区工作人员	机构工作人员	志愿者	无人帮助
1. 吃饭											
2. 穿脱衣服											
3. 上下床											
4. 上厕所											
5. 洗澡											
6. 室内走动											
7. 做重活											
8. 使用交通工具											
9. 做家务											
10. 打电话											
11. 外出购物											
12. 管理自己的钱物											
13. 就诊用药											

D7 最近一个月来,下列说法符合您的实际吗?(请在相应的选项下打"√")【逐一单选】	1. 很不符合	2. 不太符合	3. 一般	4. 比较符合	5. 很符合
1. 感到心情低落,非常不愉快					
2. 您反复思考一些没有目的的事情,思维内容无条理,大脑持续处于紧张状态					
3. 您自我评价过低,自责或有内疚感					
4. 您记忆力退化严重					
5. 您反复出现轻生想法或行为					
6. 您食欲不振,体重减轻,无原因的疲劳					

D7 最近一个月来,下列说法符合您的实际吗?(请在相应的选项下打"√")【逐一单选】	1. 很不符合	2. 不太符合	3. 一般	4. 比较符合	5. 很符合
7. 您感到羞涩、容易紧张,无缘无故感到害怕或惊慌					
8. 您觉得一切都很好,心平气和					
9. 您经常觉得手脚发抖或麻木刺痛,心跳很快					
10. 您常常为头痛、胃痛、发晕等不适而感到苦恼					
11. 您常常会感到呼吸困难,脸红发热					
12. 您经常有睡眠障碍,做噩梦					
13. 您常感到缺少伙伴,没人可以信赖					
14. 您经常感到属于朋友中的一员,只要愿意就能找到朋友					
15. 您经常感到与任何人都不亲密,与周围人想法不一样					
16. 您经常愿意与别人交谈,能接受别人的建议、对人宽容					
17. 您经常感到被冷落,与人隔离					
18. 您经常认为与人交往毫无意义,别人也不了解你,感到别人即使围着你也不是真的关心你					
19. 您经常感到别人愿意与你交谈					
20. 您保持自己性格开朗,不孤僻、随和,不固执己见					
21. 您遇事会想得开,善于自我调控					
22. 您经常与周围环境保持接触,并保持兴趣					
23. 您能在集体允许范围内发挥个性,认为自己仍能发挥作用					

续表

D7 最近一个月来,下列说法符合您的实际吗?(请在相应的选项下打"√")【逐一单选】	1. 很不符合	2. 不太符合	3. 一般	4. 比较符合	5. 很符合
24. 您具有从经验中总结学习的能力					
25. 您生活目标切合实际,处理问题较现实,有自知之明					

D8 最近一个月来,下列说法符合您的实际吗?(请在相应的选项下打"√")【逐一单选】	1. 很不符合	2. 不太符合	3. 说不准	4. 比较符合	5. 很符合
1. 情绪很好					
2. 很走运					
3. 非常孤独或与人疏远					
4. 感到生活处境变得艰苦					
5. 总的来说,生活处境变得使您感到满意					
6. 这段时间是一生中最难受的时期					
7. 所做的大多数事情都令人厌烦或单调					
8. 所做的事像以前一样使您感兴趣					
9. 当您回顾您的一生时,感到相当满意					
10. 随着年龄的增加,一切事情更加糟糕					
11. 最近一个月一些事情使您烦恼					
12. 有时感到活着没意思					
13. 现在像年轻时一样高兴					
14. 对当前的生活满意					
15. 健康情况与年龄相仿的人相比差不多甚至还好些					

五、居住安排

E1 您最愿意选择怎样的养老方式?【单选】

1. 由子女养老	2. 社区托老养老	3. 社会养老,如养老院、养老公寓等	4. 夫妻作伴养老	5. 自我养老	6. 亲友结伴养老	7. 其他

*1. 社区托老养老指以社区为依托,老年人在家居住或者由社区日托,由养老机构对老年人进行专业化养老服务;2. 社会养老指由政府、社会组织、企业、志愿者为老年人提供各种养老服务。

E2【T6＝0 不答】您是否经历过子女离开家单独居住的情况?（不包括离家上学住校这种情况,无子女者不答)【单选】

1. 是	2. 否(跳过 E3—E3a,从 E4 作答;跳至 E4)

E3【T6＝0 不答】您的第一个小孩离家单独居住是哪一年? _____ 年
(无子女者不答,限 1976—2019 年)

E3a【T6＝0,1 不答】您的最后一个小孩离家单独居住是哪一年? _____ 年(只有一个孩子和无子女者不答,限 1976—2019 年)

E4 您居住的房子总面积大约_____平方米。

E5 不包括厨房和卫生间,您居住的房子有_____个房间。

E6 您目前居住的房子有下列设施和用具吗?（可多选）

1. 电梯	2. 自来水	3. 煤气/天然气	4. 安全扶手	5. 防护地垫或防滑地板	6. 感应夜灯
7. 呼叫器/GPS 定位器	8. 沐浴凳	9. 便椅	10. 洗衣机	11. 拐杖	12. 轮椅

E7 下列哪些情况符合你目前的住房情况?（可多选）

1. 有独立的房间	2. 有独立的卫生间	3. 目前居住房子的产权属于您自己(含配偶)	4. 还有其他房产

E8 您在哪个年龄阶段开始考虑以下事项？（请按您的实际在相应选项打"√"）【逐一单选】	40 岁前	40 — 45 岁	46 — 50 岁	51 — 55 岁	56 — 60 岁	61 — 65 岁	65 岁后	没有发生
1. 买房时开始考虑年老时的居住需求								
2. 开始对居住的房子进行适老化改造（使其更适合老人居住）								
3. 开始为自己购买商业保险								
4. 开始有意识的为养老增加储蓄								
5. 开始更加注意养生（比如注意锻炼身体、健康规律饮食、关注健康知识）								
6. 开始意识到靠子女养老不靠谱（目前无子女的不答）								
7. 开始考虑自己老年的生活安排								
8. 开始关注养老院的情况								
9. 开始关注居住地附近医疗条件								

E9 下列说法符合您的实际吗？请在相应的选项下打"√"【逐一单选】	1. 很不符合	2. 不太符合	3. 说不准	4. 比较符合	5. 很符合
1. 您觉得对配偶还是个有用的人（目前无配偶的不答，在婚或有同居伴侣算有配偶）					
2. 您觉得对子女还是个有用的人（目前无子女的不答）					
3. 您觉得对社区还是个有用的人					
4. 您觉得对社会还是个有用的人					
5. 您觉得对孙子女还是个有用的人（目前无孙辈的不答）					
6. 您觉得对原工作单位还是有用的人（一直未就业的不答）					

六、人际交往

F1 您的人际交往能力如何?【单选】

1.很差	2.不太好	3.一般	4.比较好	5.很好

F2 您目前主要从事的活动有:(可多选)

1. 照顾孙辈	2.做家务	3.看电视	4. 读书看报	5.上网	6. 继续工作	7.文体娱乐活动	8. 锻炼身体
9.旅游	10. 义工、志愿者	11.知识性学习(如参加老年大学)	12. 种花种菜养鸟	13. 交朋友	14.其他	15.都没有	

F3 您所在社区及附近有哪些设施:(可多选)

1. 健身器材	2.老年活动中心	3. 老年餐桌	4.日间照料中心	5.棋牌室	6.社区文化中心	7.文化休闲广场	8.阅览室
9.科普知识宣传区	10.社区医院或诊所	11.心理健康辅导站	12. 养老院	13. 聊天室	14.其他	15.目前都没有	

F4 近半年来您所在社区举行了哪些活动:(可多选)

1.免费的健康咨询	2.心理或健康知识讲座		3.跳舞唱歌	4.绘画诗歌
5.组织集体旅游	6. 小品曲艺	7. 棋牌娱乐	8.其他	9.目前都没有

F5 您经常参加社区及附近开展的活动吗?【单选】

1.经常参加	2.偶尔参加	3.从不参加

F6 在过去一年(12 个月),您出去旅游了_____次(没有旅游填"0";限 365)。

F7 下列事项请您根据实际情况打"√"(每题最多选三项)	配偶	子女	孙辈	亲戚	朋友	机构人员	社区人员	同事	其他	都没有
1.过去一个月,您跟谁有联系?										

续表

F7 下列事项请您根据实际情况打"√"(每题最多选三项)	配偶	子女	孙辈	亲戚	朋友	机构人员	社区人员	同事	其他	都没有
2. 过去一个月,与您交往最多的人是谁?										
3. 当您心情沮丧时您找谁安慰或聊天倾诉?										
4. 当您拿不定主意时,您找谁提供意见?										
5. 当您平时外出时,您找谁陪伴?										

F8 总体上来说过去一个月您与上述人(F7 提到的)主要联系方式是?(可多选)

1. 面对面	2. 电话	3. 网络文字或音频视频	4. 电子邮件	5. 其他

F9 总体上来说过去一个月您与上述人(F7 提到的)联系的频率如何?【单选】

1. 很少	2. 偶尔	3. 经常

F10 过去一个月内您与其他人发生冲突(包括口角、争执、谩骂、肢体冲突):_____次(没有发生填"0";限 20)。

F11 您发生过财产纠纷吗? 比如房产、继承权纠纷。【单选】

1. 没有发生过(跳过 F12,从 F13 回答;跳至 F13)	2. 发生过

F12 发生财产纠纷,您会求助法律吗?【单选】

1. 会	2. 不会

F13 您发生过消费者权益受损的情况吗? 比如上当受骗、假冒伪劣。【单选】

1. 没有发生过(跳过 F14,从 F15 回答;跳至 F15)	2. 发生过

F14 发生消费者权益受损的情况,您会求助法律吗?【单选】

1. 会	2. 不会

F15 您的子女孝顺您吗?（目前无子女的不答)【单选】

1. 孝顺(跳过 F16,从 F17 答题)	2. 不孝顺

F16 子女对您不孝顺,您会求助法律吗?（目前无子女的不答)【单选】

1. 会	2. 不会

F17 请在最符合您实际情况的一项打"√"（目前无子女的不答)【逐一单选】	1. 没有	2. 较少	3. 说不准	4. 较多	5. 很多
1. 总体来说子女对您关心问候的频率					
2. 总体来说子女陪您体检看病的频率					
3. 总体来说您给子女出主意、提建议的频率					
4. 总体来说子女帮助您做家务的频率					
5. 总体来说子女支持您的意愿或决定的频率					

F18 您同意下列说法吗? 请在最符合您当前实际的一项打"√"【逐一单选】	1. 很不同意	2. 不太同意	3. 一般	4. 比较同意	5. 很同意
1. 您的家庭关系和睦友好					
2. 您在家中很受尊重					
3. 您对未来生活充满信心					
4. 您一点也不担心自己的养老问题					
5. 您认为变老是一个不断失去的过程,如失去健康、朋友亲人和失去能力					

续表

F18 您同意下列说法吗? 请在最符合您当前实际的一项打"√"【逐一单选】	1. 很不同意	2. 不太同意	3. 一般	4. 比较同意	5. 很同意
6. 总体来说,您和您的子女相处融洽和谐(目前无子女的不答)					
7. 总体来说,您的子女非常孝顺,您也很依赖子女(目前无子女的不答)					

七、流动与迁移

G1 您是退休后才迁到这个城市居住的吗?【单选】

1. 是	2. 否【跳至 G20】

G2 您的户口现在落在哪里?【单选】

1. 同市不同县	2. 同省不同市	3. 外省

G3 您来现居住地_____年(不足半年的填"0.5",限 80)。

G4 您来现居住地是谁的主意?【单选】

1. 自己	2. 老伴	3. 子女提出,自愿接受	4. 子女提出,被动接受	5. 其他

G5 您来现居住地的目的是什么?【单选】

1. 投靠子女	2. 支援子女	3. 提高生活品质	4. 落叶归根	5. 其他

G6 您觉得您是哪里人?【单选】

1. 本地人	2. 外地人	3. 既不是本地人也不是外地人	4. 说不清

G7 本地人认为您是哪里人?【单选】

1. 本地人	2. 外地人	3. 既不是本地人也不是外地人	4. 说不清

G8 您个人的经济地位在当地属于:【单选】

1. 上等	2. 中上等	3. 中等	4. 中下等	5. 下等

G9 您个人的社会地位在当地属于:【单选】

1. 上等	2. 中上等	3. 中等	4. 中下等	5. 下等

G10 您到最近的菜市场步行大约_____分钟。

G11 您到最近的汽车站步行大约_____分钟。

G12 您到最近的广场或公园步行大约_____分钟。

G13 您在当地是否有购房打算?【单选】

1. 已购	2. 三年内会考虑	3. 考虑了,但不打算在本地买	4. 没有考虑买房问题

G14 下列说法属实吗?(请在符合您当前的实际情况的选项下打"√")【逐一单选】	1. 属实	2. 不属实	3. 不清楚
1. 您选择医保定点医院时有资质要求(如社区医院、市级医院、省级医院等)			
2. 您在本地和在老家的就医结算方式一致			
3. 您的医疗费用能和老家一样报销			
4. 医疗费用先垫付费用再报销这种方式对您来说很困难			
5. 医疗费用报销手续比在老家更加烦琐			
6. 在本地的报销待遇水平与家乡一致			
7. 您在本地办理了当地老年人优待卡(60周岁以下者不答)			
8. 您在本地乘坐公共交通享受优待或优惠(60周岁以下者不答)			
9. 您去本地的博物馆、美术馆、旅游景点、公园等享受门票减免(60周岁以下者不答)			
10. 您目前所居住的社区为您免费建立健康档案			
11. 您所居住的社区为您提供过至少一次的免费体检			
12. 您在本地领取养老金很方便			
13. 您觉得养老金异地生存认证(证明老人还在世)很麻烦			

G15 您认为医疗报销方面存在的问题是：(可多选)

1. 各地报销的待遇标准不一致	2. 各地报销的药品目录不一致	3. 只有指定的医院才能报销	
4. 报销程序过于烦琐	5. 个人自付比例高	6. 要回户籍所在地报销	7. 其他(没有问题选其他)

G16 您认为目前养老金领取方面存在的问题有：(可多选)

1. 生存认证(证明老人还在世)程序过于烦琐	2. 办理过程耗费时间多	3. 领取养老金金额少	4. 其他(没有问题选其他)

G17 下列说法符合您的实际吗？请在最符合您当前的实际情况的选项下打"√"【逐一单选】	1. 很不符合	2. 不太符合	3. 说不准	4. 比较符合	5. 很符合
1. 想念以前居住地方的熟人					
2. 怀念原来的生活					
3. 经常想要回到原来居住的地方					
4. 现在居住的地方环境优美、交通便利					
5. 现在居住的地方很繁华					
6. 现在的邻里非常值得信赖、邻里关系融洽					
7. 有困难大部分的邻里愿意帮助您					
8. 在生活上您和您的子女总是互相帮助(目前无子女者的不答)					
9. 您与您的亲朋邻里经常交流					
10. 您和您的家人相互理解					
11. 您和您的配偶从来不因为用钱的问题吵架(无配偶的不答，在婚或有同居伴侣算有配偶)					
12. 很习惯别人把您当成老年人					
13. 现在的社会变化对老年人来说是越来越有利					

G18 下列说法符合您的实际吗？请在最符合您当前的实际情况的选项下打"√"【逐一单选】	1. 很不符合	2. 不太符合	3. 说不准	4. 比较符合	5. 很符合
1. 会讲本地的语言					
2. 与本地人沟通非常顺畅					
3. 完全认可本地的风俗习惯					
4. 日常生活中您完全按本地的风俗习惯办事					
5. 和家人很喜欢过本地的节日					
6. 会向您的朋友推荐本地人过的节日					
7. 愿意和本地人聊天、成为亲密朋友					
8. 愿意和本地人成为邻居一起参与社区管理					
9. 愿意您的亲人和本地人通婚或结成亲戚					
10. 愿意让别人知道自己是外地人					
11. 经常意识到本地人与外地人的不同					
12. 很喜欢目前所在的这座城市，生活很容易					
13. 在这座城市有值得依赖、信赖的人					
14. 很喜欢您原来居住的地方，生活很容易					
15. 在您原来生活的地方有值得信赖的人					
16. 未来很想继续在这座城市生活					

G19 您对下列情况感到满意吗？请在最符合您当前的实际情况的选项下打"√"【逐一单选】	1. 很不满意	2. 不太满意	3. 一般	4. 比较满意	5. 很满意
1. 您居住的房子的类型（如普通住宅、高档住宅等）					
2. 您居住的房子的拥挤程度					

G19 您对下列情况感到满意吗？请在最符合您当前的实际情况的选项下打"√"【逐一单选】	1. 很不满意	2. 不太满意	3. 一般	4. 比较满意	5. 很满意
3. 您居住的房子物质生活设备（如洗衣机、冰箱等）					
4. 您拥有的精神生活设备（如电视电脑书籍等）					
5. 您的邻里关系					
6. 您居住的社区的外部环境（如噪声、烟尘、水污染、卫生）					
7. 您居住社区的人身财产安全					
8. 本地交通工具的便捷性					
9. 本地交通工具拥挤程度					
10. 本地的交通秩序					
11. 与配偶共同承担家务劳动（无配偶的不答,在婚或有同居伴侣算有配偶）					
12. 与配偶之间的相互理解程度（无配偶的不答,在婚或有同居伴侣算有配偶）					
13. 与配偶之间的相互照料（无配偶的不答,在婚或有同居伴侣算有配偶）					
14. 您在家庭中的发言权					

G20.您填写这份问卷,用了_____分钟。

附录二　质性研究访谈提纲

一、独居与疾病护理半结构式访谈

（一）背景资料

访问日期;访问地点;访问时间;访问概况;是否需要"三角校正法"进行完善。

（二）被访者基本情况

1.年龄。

2.文化程度。

3.退休前的职业。

4.独居时间。

5.请问您的独居原因?（夫妻分开居住、丧偶独居、离婚独居? 有没有考虑找老伴儿或者搬去和子女同住,抑或是请保姆或者去养老院）

6.请问您子女的情况?（子女性别、婚否、子女孩子数量、居住地区）

7.请问您的社会保障状况?（医保和养老保险）

8.请问您的社会交往情况?（爱好、平时去哪些地方活动、做什么事情、

和儿女及亲朋好友等交往的密切程度)

（三）被访者的疾病护理

1.请问您的健康状况？（患有哪种或哪些疾病,患病时间、原因、康复情况?）

2.请问您生病时的日常生活照顾情况？（自我照顾活动,包括穿衣、洗澡、修饰等;更复杂、更高级的自我照顾活动,包括做饭、洗衣、理财等。患病期间,遇到了什么困难?）

3.请问您在患病期间的情绪怎么样？（是否有情绪波动、压力负担、心情烦躁愤怒、焦虑感、孤独感等?）

4.请问您的看病就诊情况？（平时做健康检查吗？看病就医有人陪同吗？陪护人是谁？药品购买情况？看病就医地点的选择？为什么？您在疾病治疗和康复过程中有困难吗？什么困难?）

（四）被访者的社会支持状况

1.请问您的医药费支付情况？（由谁来付？是否有医保报销?）

2.请问您和子女的关系怎么样？（子女平时和您联系频繁吗？子女对您经济生活上有哪些照料？对您的身心健康的关注程度以及照料情况?）

3.请问您和邻里以及亲朋好友的关系如何？（邻居、亲戚、朋友、同事等谁与您交往最密切、频繁？他们会给您哪些方面的支持？谁对您的帮助最大？生病时他们给予了支持吗？给予了何种支持)

4.您所在的社区对您提供帮助了吗？（社区内有没有志愿者提供服务？社区有没有专门负责老年人的工作人员？社区有没有老年活动室？社区组织过老年人聚会活动吗？您有没有参加过？居委会有没有帮助过您?）

（五）被访者的需求

1.请问您生病时最希望由谁来照顾您？最希望获得哪方支持？（家庭、社区、社会等）

2.您希望获得哪方面的照顾？

3.请问您还有什么样的需求？

（六）针对被访者的儿女、朋友、熟人等所提出的问题（"三角校正法"）

1.请问您知道××老人的患病情况吗？（时间、原因、是否对老人的生活产生影响？）

2.××老人经常与您联系吗？主要方式是什么？一般聊些什么？

3.您对老年人提供了什么帮助？

4.您是老年人的主要照护人吗？

5.在照顾老年人的过程中对您的生活和心理产生了影响吗？有哪些影响？

6.针对访谈中的疑点，向被访者求助。

二、失能与精神慰藉半结构式访谈

（一）背景资料

访问日期；访问地点；访问时间；访问概况；是否需要用"三角校正法"进行完善。

（二）被访者基本情况

1.年龄。

2. 文化程度。

3. 退休前的职业。

4. 子女数量。

5. 子女性别。

6. 失能状况。（是否处于失能状态，何时失能，患上何种疾病导致失能，失能程度，对日常生活有无影响？）

7. 现在和谁一起生活。（主要照顾者是谁？）

（三）被访者对"精神慰藉获取"问题的看法

1. 请问您平时有没有什么生活爱好？何时养成？为什么会养成？您觉得在进行这些爱好活动时能不能让你觉得快乐？

2. 您的老伴或子女是否知道您有这些爱好？他们的态度如何？您有没有跟他们谈起过您所希望的爱好？他们的态度如何？

3. 这种爱好是否是您真正喜欢做的？失能有没有导致您的爱好发生改变？有没有想过重新培养一点兴趣爱好呢？

4. 请问您是否信教（道教、佛教、伊斯兰教、基督教）？请问您是在失能前还是失能后信教的？平时的主要活动有哪些？您的老伴、儿女、媳婿、孙子女等对您的信仰持什么样的态度？

5. 您觉得内心烦闷的时候，一般是如何排解这些糟糕的心情的？您认为自身在产生这些不好的情绪时该做出怎样的应对？

6. 您的家人（老伴、子女）平时主动的关心您的精神状况（情绪、心情）吗？这种关心您觉得足够吗？

7. 您与配偶、子女会聊点什么？平时遭遇到内心烦闷的时候会选择向谁倾诉？配偶、子女还是朋友等？

8. 您会不会帮助家里做一些力所能及的事情？老伴和子女对此态度如何？您希望获得他们的鼓励和夸赞吗？

9. 家里的大事小情是谁做主？配偶和子女在决定某件事情上会征求您的意见吗？

10. 其他亲属如亲戚会主动询问您的状况吗？一般会提及什么内容？

11. 当您的一些心愿获得亲属支持和满足时,您的感受如何？

12. 您与您的朋友(同事)还联系吗？主要方式是什么？您与朋友同事在一起时会做些什么？您与他们在一起时感受如何？那您希望经常和他们来玩吗(失能对您的这种来往产生了怎样的影响?)如果联系不紧密了您觉得其原因是什么？

13. 您希望和社区内的老年人多交流吗？（如果愿意的话,您是否已经形成了这种交往关系？为什么？如果不愿意的话,原因是什么?）

14. 您平时会去社区以外的地方活动吗？（可追问是否与朋友同去,其主要目的,次数等）

15. 您与养老院或家里的护工关系如何？您会和他们提起您的心事吗？

16. 所在的社区平时有人(居委会工作人员、邻里等)对您进行过慰问吗？慰问的形式是怎么样的？您希望志愿者过来慰问您吗？您觉得他们做些什么事才让您觉得满足与快乐呢？

17. 您的老伴、子女、社区邻里平时对您的态度如何？就您个人来看,您觉得这种态度在您发生失能情况前后有没有什么不同？

18. 在您看来,老伴、子女、社区三方面,来自哪一方面的精神关爱,对您的重要性是最大的？这种精神关爱能否满足您的精神需求？您觉得现在社会上是否关注失能老人的精神关爱方面的问题？

19. 您觉得现在社会敬老助老的风气怎么样？您觉得社会上对失能老年人是一种什么态度？

20. 社区内有没有志愿者服务、专门负责老年人或老年失能者事务的工作人员、老年活动室？您觉得社区提供的服务怎么样？您觉得社区应该做点什么才能让您觉得您是受到关怀的？

21. 社区组织过老年人聚会活动吗？您参加过吗？如果社区组织老年人聚会活动,您是否愿意参加？为什么？您愿意参加什么形式的社区活动？

22. 有没有想过帮家里做家务、带带小孩？做完这些事你的心里感受如何,为什么？

23. 想去上老年大学,喜欢参加老年集体活动吗？为什么？

24. 您有没有想过帮居委会做点事情？或者继续发挥自己的作用？为什么？

25. 上面三个问题的实现是否受到了身体状况的影响？

26. 在您看来,自己的爱好、子女、老伴、朋友等给予您的关爱,参加社区活动和继续投身社会等方面,有没有重要性差异之分,是否意味着您认为以上各方面都居于同等重要的位置？

（四）针对失能老人的朋友、熟人等所提出的问题（“三角校正法”）

1. 我想请问一下有关××老人的失能背景。（发生时间、起因、是否对老人的生活产生很大影响?）

2. ××老人平时是否经常与您沟通联系？主要方式是什么？有没有经常找您诉苦之类的？

3. 针对访谈中的疑点问题,向被访者求助。（例如,C1老人语调低沉、语速缓慢,看起来好像郁郁寡欢的样了,请问您了解这方面的背景吗?）

三、居住安排与空巢半结构式访谈

（一）背景资料

访问日期;访问地点;访问时间;访问概况。

（二）被访者基本情况

1. 性别。

2. 年龄。

3. 文化程度。

4. 婚姻状况(已婚、未婚、离异、丧偶、同居)。

5. 工作及收入(退休前、退休后)、经济来源。

（三）子女情况

1. 子女的小家庭情况。（地点、人口、职业）

2. 与子女分开居住的时长、原因。

3. 与子女的见面次数,打电话频率。

4. 和子女关系亲密度评价。

5. 子女对自己提供的经济、生活支持情况。

6. 和孙辈的关系。

（四）个人生活方面

1. 家务主要是谁做,哪种家务比较难?

2. 身体健康程度(好、一般、坏),是否身患疾病?

3. 看病就医的经历? 是否觉得看病就医困难? 原因?

4. 对养老院的了解、意愿。

5. 最近生活上最大的困难? 最糟心的事? 最开心的事?

（五）人际交往到精神慰藉

1. 和谁来往多? 遇事求助谁?

2. 和伴侣、邻居、亲戚是否关系融洽?

3.喜欢玩什么？在哪里？频率？

4.有参加舞蹈队之类的团体吗？

5.接受过什么志愿服务？

6.社区提供什么娱乐设施？是否满意？

7.对社区、周边的意见。

8.对年老的看法。

图表索引

后　记

这本书自产生这项研究的念头到现在的付梓,掐指一算已经过去了整整八年。2015 年前后我对工作产生了一定的疲劳感,评上教授已经有几年,而且还遴选为博士生导师,在大学的职业进阶里面似乎是已经到头了。年复一年,几乎同样的节奏做着几乎同样的事情,哪怕是讲究创新的学术研究,也有了明显的重复感,真是没有多少趣味。就想着要给平凡的生活添加一点新鲜花样,于是选择了去犹他大学做访问学者,正是 2016—2017 年在美国访问期间开始了这项研究的准备工作。要感谢时任犹他大学社会学系主任、现任香港大学社会科学学院院长的文鸣教授,如果她不接收我去访问,也可能就没有这项研究的开始,而且她还对课题申报给予了重要支持。

这项研究起源于在犹他大学访问期间经历过的两件事。2016 年深秋,房东哈罗德花费五六万美元要给他的两层楼的房子从一楼到二楼安装电梯。我理解房东太太倩倩的抱怨,毕竟这笔花费相当于哈罗德一年的退休金,而且房子就两层,似乎没有安装电梯的必要,因此我对哈罗德大费周章安装电梯的行为并不理解。同年冬天,我二姐在越洋电话里几次提到我妈妈的一些变化:出门买菜有时找不到回家的路,米饭一天煮很多但有时菜炒不熟,衣裤洗不干净,床上有大小便的异味。当时我感慨把我们兄妹七个养大成人的妈妈怎么会变成这样,然而我脑子里压根就不知道阿尔茨海默症这回事。后来我明白了,勤劳坚韧的妈妈短时间里身体机能明显衰退,房东哈罗德斥巨资安装电梯,都是因为人老了。对于中国已经进入老龄社会、人口年龄结构倒金字塔型这些术语我自然是晓得的,但养老这件事真实发生在自己的生活当中,其感受的真实性、严峻性则完全不一样。正是因为如此,养老这个话题进入了我研究的视野。

出国访问前我把所有的科研任务都做了一个了结,该写的字该结的课题通通做完,大有从此不再和无趣的科研有任何瓜葛的意思,想的是要一身轻松地去见不同的人、做不同的事、说不同的语言、看不同的风景。可是因为上述两件事情,研究养老的欲望被撩拨了起来。于是在 2017 年农历新年前后,我开始申报国家社科基金项目,题目是"城镇第一代独生子女父母的养老困境及解决机制研究"。这是我第二次申请国家社科基金项目,我做得比第一次还认真,不断地阅读和思考,不断地向师友咨询,本子改了又改。南京大学风笑天教授、南京农业大学王小璐副教授、成都理工大学许传新教授、浙江工业大学祝建华教授、中南大学董海军教授,都是我的咨询对象。在我结束访问的当月国家社科规划办公布了当年的国家社科基金项目评审结果,我申报的这个课题幸运地入围了。可以说这个课题的立项是我在犹他大学访问期间所做的唯一肉眼可以看见结果的事,而八年之后的今天要呈现给读者的这本书就是这个课题的结题成果。

这本关于养老的书的研究、写作和出版,伴随着我妈妈生命的最后七年。2017 年 6 月我结束在犹他大学的访问返回国内,8 月我就把妈妈从老家的县城接到我生活的桂林,安置在我放心的养老院。在此后的七年里,除了满足妈妈的物质所需、寻医问诊、疾病护理之外,我几乎每天都要去养老院跟妈妈聊聊天,过去她生活中的那些人、那些事、那些场景,我引导她温习了成百上千遍,妈妈不知道厌倦,我也不觉得无聊。妈妈说傍晚的时候她会盼望着我去看她,就像小孩在太阳落山的时候会想妈妈一样。每次去养老院在楼梯上、拐角处我就会提高声音跟护工说话或者吹着响亮的口哨,以便提前一点告诉妈妈我来了。每次我离开养老院妈妈都会颤巍巍地起来送我到房门口、楼梯口。很感激妈妈让我有了一段别样的生命历程,这七年里妈妈在我身边,我对儿子这个角色有了更深刻的体验,我挣的收入花得更有价值,我的业余时间过得更有意义。这个课题结题了,书稿也写好了,妈妈的生命之舟也于2024年1月靠岸了。谨以此书献给我那身处彼岸的妈妈,愿妈妈在彼岸不再目不识丁,能读懂我写的文字;愿妈妈下辈子做我的宝贝女儿,这样我可以穷尽我一生的爱给她。

这个八年里有很多人参与到这个课题、这本书当中来。课题的问卷调查是委托给师妹乔玲玲所在的零点调查公司做的,看到公司出具的程序复杂且要求极高的调查质量监控手册,难以想象分布在北京、南京、郑州、佛山、绵阳的街头巷尾的调查员们需要克服多大的困难才能完成数据收集,难以想象那1296位接受调查的老人们需要多大的耐心才能完成问卷填答。还有来自河南信阳、湖南常德、广西桂林的44位老人,他们居家或者住在养老院,前前后后被课题组跟踪调查了半年之久,想必他们也会很烦吧,感谢他们的配合。我的研究生周宇、李静怡、陶红琳、李玉娟、梁伶潇、胡文静、祝梦琦、张欣、王雪斐、梁昌秀、彭芬、郭丽、包彩娟、钟思翘,从文献的收集阅读到研究设计,从个案访问到数据分析,从初稿写作到文档编排,她们都参与其中。作为学术研究的初学者,她们有时候需要手把手地教,但她们的态度是没得说的,当时都穷尽了各自的聪明才智。绝大多数同学也利用课题组的数据资料完成了学位论文,这个过程再一次告诉我:只有好的课题才能更好地训练学生的研究能力。于是这个课题结题之后我赶紧又申请了一个国家社科基金项目,避免后续的研究生培养陷入"无米之炊"的困境。广西师范大学图书馆的袁振丽老师在文献查阅、图表制作、参考文献编排方面做了大量工作,且表现出了专业水准。没有人民出版社陈登编审高效而优质的编辑与服务工作,本书也没有那么快就能与读者见面。

这个课题从立项到结题耗时六年,从书稿的修改到投稿出版又历时两年。

感谢匿名评审的五位专家让我提交的结题成果顺利过关,并且给予了"优秀"等级的评价。当然我并没有沾沾自喜,而且深知这本书还有诸多不足。养老问题,既涉及千家万户,又是个结构性的社会问题。而且独生子女父母的养老问题具有时代的特殊性,既与我国的改革开放同步,又与我国执行了三十多年的独生子女政策相关联,普遍与特殊、贡献与回报、家庭与社会等复杂因素杂糅在一起,剪不断理还乱。虽然我国第一代独生子女父母在 2015 年已经整体上进入 60 岁,开始他们的养老生活,但他们的养老真正成为棘手的问题要在 2025 年之后,只有真正到了年老体衰、难以自理的时候,养老作为问题才会鲜活而生硬地凸显出来。从这个角度上讲,本书还只是一项没有做完的研究。就现在来看,我还有冲动和意愿将这个问题继续研究下去,希望还有这样的机会。

肖富群
2024 年 9 月 3 日于桂林

责任编辑：陈　登
封面设计：石笑梦
版式设计：胡欣欣

图书在版编目（CIP）数据

城镇第一代独生子女父母养老及困境解决机制研究 ／
肖富群著. -- 北京 ： 人民出版社，2024. 12.
ISBN 978－7－01－026724－1

Ⅰ. D669. 6

中国国家版本馆 CIP 数据核字第 20241ZQ879 号

城镇第一代独生子女父母养老及困境解决机制研究
CHENGZHEN DIYIDAI DUSHENG ZINÜ FUMU YANGLAO JI
KUNJING JIEJUE JIZHI YANJIU

肖富群　著

人民出版社 出版发行
（100706　北京市东城区隆福寺街 99 号）

中煤（北京）印务有限公司印刷　新华书店经销

2024 年 12 月第 1 版　2024 年 12 月北京第 1 次印刷
开本：710 毫米×1000 毫米 1/16　印张：34. 25
字数：470 千字

ISBN 978－7－01－026724－1　定价：108.00 元

邮购地址 100706　北京市东城区隆福寺街 99 号
人民东方图书销售中心　电话（010）65250042　65289539